高等院校精品课程系列教材

《运营管理（第5版）》学习指导与习题集

LEARNING GUIDE AND EXERCISE FOR OPERATIONS MANAGEMENT

马风才 编著

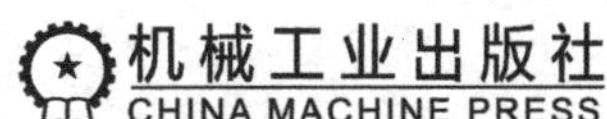

图书在版编目（CIP）数据

《运营管理（第 5 版）》学习指导与习题集 / 马风才编著．—北京：机械工业出版社，2020.1（2024.4 重印）
（高等院校精品课程系列教材）

ISBN 978-7-111-64144-5

I. 运⋯ II. 马⋯ III. 企业管理 – 运营管理 – 高等学校 – 教学参考资料 IV. F273

中国版本图书馆 CIP 数据核字（2019）第 242412 号

本书是与《运营管理（第 5 版）》配套的学习指导与习题集，与教材对应，全书共 15 章，每章包括知识点、习题与案例、习题参考答案与案例使用说明。在附录部分，本书提供了三套模拟试题及参考答案与试题解析。

本书可作为高等院校管理类专业本科生、研究生“运营管理”课程的辅助教材，也可供教师教学参考和学生自学，还可供企业管理人员学习使用。

出版发行：机械工业出版社（北京市西城区百万庄大街 22 号 邮政编码：100037）

责任编辑：邵淑君　　责任校对：李秋荣

印　　刷：北京捷迅佳彩印刷有限公司　　版　　次：2024 年 4 月第 1 版第 2 次印刷

开　　本：185mm × 260mm 1/16　　印　　张：19.25

书　　号：ISBN 978-7-111-64144-5　　定　　价：45.00 元

客服电话：（010）88361066 68326294

前　言

PREFACE

2007年的《运营管理（第1版）》到今天的第5版，十多年过去了。其间，广大高校师生和读者不断提出要求：希望能够出版一本和教材相配套的学习指导与习题集。在机械工业出版社吴亚军先生的支持下，这本学习指导与习题集和《运营管理（第5版）》同步发行，终于与读者见面了。

与教材相对应，学习指导与习题集共15章，每章都包括知识点、习题与案例、习题参考答案与案例使用说明。

（1）知识点。以清单的形式列出了全书约920个知识点，并对所有知识点进行了解析。

（2）习题与案例。针对每个知识点，设计了配套的习题。习题涵盖了全书所有的知识点，习题总量近1 300个。此外，每章都配置了一个综合案例，以便通过案例分析来巩固重要的知识点。

（3）习题参考答案与案例使用说明。本书给出了全部习题的参考答案，并提供了15个案例的使用说明。

在附录部分，本书提供了三套模拟试题及参考答案与试题解析。每套试题的题型涵盖名词解释、单项选择题、多项选择题、判断题、填空题、简答题、计算题、论述题八种题型。对于每一道题目，除了给出参考答案与评分标准外，还给出了试题解析，说明了试题的难易程度与对应的知识点。

在编写本书的过程中，编者参考了国内外诸多文献资料，在此，谨向国内外有关作者表示深深的感谢。

由于编者水平有限，书中难免有不妥之处，恳请专家、同行及读者批评指正。

没有数据，就没有管理，
没有正确的数据，就没有正确的管理，
只有正确的数据，也没有科学的管理，
……

马风才

2019年9月于北京

目　录

CONTENTS

第一篇

PART 1

通过运营管理赢得竞争优势

第 1 章
CHAPTER 1

运营管理概论

1.1 知识点

1.1.1 知识点清单

- 运营系统
- 运营管理
- 企业组织的三个基本职能
- 运营管理的重要性
- 运营管理的目标
- 运营管理的实质
- 竞争优势
- 竞争优势的最终表现
- 赢得竞争优势的途径
- 赢得并保持竞争优势的出路
- 运营系统规划与设计的内容
- 新产品开发或服务设计要解决的问题
- 运营能力规划要解决的问题
- 选址规划与设施布置要解决的问题
- 工作系统研究要解决的问题
- 运营系统运行与控制的对象
- 质量控制的任务
- 费用控制的任务
- 进度控制的任务
- 运营系统更新与改善的任务
- 项目管理的任务
- 供应链管理的必要性
- 运营视图
- 工业革命
- 劳动分工
- 标准化
- 科学管理原理
- 弗兰克·吉尔布雷斯（Frank Gilbreth）对科学管理的贡献
- 亨利·甘特（Henry Gantt）对科学管理的贡献
- 亨利·福特（Henry Ford）对科学管理的贡献
- F. W. 哈里斯（F. W. Harris）在数量模型方面的贡献
- H. F. 道奇（H. F. Dodge）、H. G. 罗米格（H. G. Romig）和 W. A. 休哈特（W. A. Shewhart）在数量模型方面的贡献
- 典型的运筹学问题

- 网络计划技术
- 霍桑实验
- 马斯洛需求层次理论
- 运营管理作为一门独立学科出现的标志性事件
- 日本制造商对运营管理的贡献
- 21 世纪初运营管理面临的新变化
- 大规模定制
- 运营管理的发展历程
- 企业社会责任
- 低碳经济
- 运营战略的重要性
- 新型运营方式
- 工业 4.0
- 工业 4.0 的支撑措施
- 工业 4.0 给运营管理带来的影响

1.1.2　知识点解析

1. 运营管理及其实质

（1）运营系统

运营系统是指引入了反馈机制，致力于实现增值并最终实现顾客满意和经济效益的“输入—转换—输出”的运营过程。

（2）运营管理及其重要性

运营管理就是对提供产品或服务的运营系统进行规划、设计、组织与控制。

企业组织的三个基本职能是指运营、市场营销和财务管理。其中，运营是核心职能。

运营管理的重要性体现在：企业组织的其他所有活动，如市场营销、财务管理、人力资源、公共关系等都与运营管理活动有直接或间接的联系。

（3）运营管理的目标和实质

运营管理的直接目标是增值，最终目标是达到顾客满意以及持续获得经济效益。

运营管理的实质可概括为三句话：通过有效管理实现增值，在技术可行、经济合理基础上的资源集成，满足顾客对产品和服务特定的需求。

2. 运营管理的主要内容

（1）通过运营管理赢得竞争优势

竞争优势就是与竞争对手相比所拥有的可持续的优势，这种优势会通过一定的指标体现出来。

企业竞争优势最终体现为更高的质量水平、更低的成本或者更高的准时交货率。

赢得竞争优势的途径包括运营管理、人力资源管理、资本运作等。

企业赢得并保持竞争优势的唯一出路是从战略上重视运营管理，从行动上实现精细化运营管理。

（2）运营系统的规划与设计

运营系统的规划与设计包括以下内容：新产品开发或服务设计及其流程管理、运营能力规划、选址规划、设施布置、工作系统研究等。

新产品开发或服务设计要解决的问题是针对细分市场需要为顾客提供什么样的产品或服务。

运营能力规划要解决的问题是企业的规模有多大。

选址规划与设施布置要解决的问题是把企业建在哪里，以及如何布置生产或服务所需的基本设施。

工作系统研究要解决的问题是标准化工作方法的建立以及岗位设置和定编定员。

（3）运营系统的运行与控制

运营系统运行与控制的对象可概括为质量、费用和进度。

质量控制的任务是采用先进实用的质量管理方法与工具识别质量问题、分析质量问题、解决质量问题。

费用控制的任务是保证产品的价格既为顾客所接受，同时又为企业带来一定的利润。

进度控制的任务是把运营中涉及的人员、物料设备、资金等资源在需要的时候组织起来、筹措到位，以保证适时、适量地将产品投放到市场上。

（4）运营系统的更新与改善

运营系统更新与改善的任务是对运营系统出现的各种问题进行维护、更新与改善。

项目管理的任务是对项目的范围、时间、费用、质量等进行规划、建设、运营、更新与改善。

供应链管理的必要性体现在：任何一个企业都是供应链的一个节点，必须站在供应链的角度管理运营系统。

运营视图是将通过运营管理赢得竞争优势、运营系统的规划与设计、运营系统的运行与控制、运营系统的更新与改善等内容整合为一体，并致力于实现顾客满意、经济效益的逻辑关系图。

3. 运营管理的发展历程

（1）工业革命（18 世纪 60 年代～19 世纪初）

工业革命是以机器取代人力，以工厂大规模生产取代工场个体手工作业的一场生产与科技革命。

劳动分工是指让每个劳动者专门从事生产活动的某一部分工作。

标准化是指为在一定范围内获得最佳秩序，对实际或潜在的问题制定共同且重复使用的规则的活动。

（2）科学管理（1910～1920 年）

科学管理原理的精髓体现在以下五个方面：科学的作业方法；差别计件工资制；科学地选择并培训工人；管理职能与执行业务相分离；伟大的思想革命。

弗兰克 · 吉尔布雷斯对科学管理的贡献在于：研究有关工人疲劳方面的问题，最后提出了节约动作的 10 个原则。

亨利 · 甘特对科学管理的贡献在于：看到了非物质利益对激励工人的价值，提出了至今仍被广泛使用的甘特图。

亨利 · 福特对科学管理的贡献在于：在劳动分工、标准化、科学管理原理的指导下，组建了世界上第一条汽车装配线，使汽车的大量生产成为现实。

（3）管理科学与行为科学对运营管理的影响（1920～1970 年）

F. W. 哈里斯在数量模型方面的贡献是建立了经济订货批量模型。

H. F. 道奇、H. G. 罗米格和 W. A. 休哈特在数量模型方面的贡献是建立了统计过程控制的质量管理理论。

典型的运筹学问题有：数学规划、对策论、排队论、库存模型等。

网络计划技术包括：PERT 和 CPM。

霍桑实验是由哈佛大学心理学教授梅奥主导，在美国芝加哥西方电器公司所属的霍桑工厂进行的心理学研究。

霍桑实验的四个阶段分别为：照明实验、福利实验、访谈实验和群体实验。

霍桑实验的重要结论有：工人是"社会人"；社会和心理因素对工作效率有更大的影响；组织应重视工作团体中非正式组织的存在及其作用。

马斯洛需求层次理论的主要内容有：人的需求从低到高分为生理需求、安全需求、社交需求、尊重需求和自我实现需求五个层次；人对不同层次的需求虽然可以同时存在，但只有低一层次的需求得到满足后，才会注重高一层次的需求；在同一时期内，总有一种需求占主导、支配地位；对同一个人来说，环境变化会让人的需求层次发生变化。

运营管理作为一门独立学科出现的标志事件是 1957 年爱德华·鲍曼（Edward Bowman）和罗伯特·费特（Robert Fetter）的著作《生产与运作管理分析》的出版，以及 1961 年埃尔伍德·布法（Elwood S. Buffa）的《现代生产管理》一书面世。

日本制造商对运营管理的贡献在于创立了逐步演变为精益生产的准时制生产（JIT）。

21 世纪初运营管理面临的新变化有：产品生命周期的缩短、科学技术的长足发展、社会需求的快速多变。

实现大规模定制的策略是模块化与延迟化。

实施大规模定制的条件包括：以顾客需求深度调查为基础的客户关系管理；以最先进的信息技术为支撑的电子商务；以价值链为核心的供应链管理；基于流程优化或流程再造的精益 6σ。

运营管理经历的三大阶段为：关注成本、关注质量、关注定制化。

4. 运营管理的新发展

（1）企业社会责任归位

企业社会责任（corporate social responsibility，CSR）是指企业在创造利润、对股东和员工承担法律责任的同时，还要承担对消费者、社区和环境的责任。

低碳经济就是以低能耗、低污染、低排放为基础的经济模式。

（2）运营战略正在并越来越受重视

运营战略的重要性体现在其事关组织的生存和发展，以及运营战略对企业发展战略的支撑作用和对运营策略的引领作用。

（3）新型运营方式在服务业和非营利性组织中得到越来越广泛的应用

典型的新型运营方式包括：精益生产、敏捷制造、大规模定制、收益管理、互联网运营、最优服务技术、即时顾客化定制等。

（4）工业 4.0 对运营管理模式的重构

工业 4.0 是指以信息物理系统（cyber-physical system，CPS）为基础，实现企业制造系统的网络化集成以及价值链数字化集成，进而构建智能工厂，实现智能制造，全面提升生产过程的智能化水平和制造业的商业价值的工业变革。

工业 4.0 的支撑措施包括：创新组织管理；实现技术标准化和开放标准的参考体系；建立复杂管理系统的优化模型；建立一套综合的工业宽带基础设施；建立安全保障机制和规范；加强专业教育。

工业 4.0 给运营管理带来的影响体现在：在工业 4.0 时代，管理者需要重新思考企业的价值取向、组织架构、管理模式，需要重新构建企业的运营体系，需要创新产品研发方式、生产过程控制技术、物流配送方案、顾客服务流程等运营管理模式。

1.2 习题与案例

1.2.1 习题

1. 名词解释

（1）运营系统；（2）运营管理；（3）竞争优势；（4）工业革命；（5）劳动分工；（6）标准化；（7）霍桑实验；（8）企业社会责任；（9）低碳经济；（10）工业 4.0。

2. 单选题（有且只有一个选项正确）

（1）最早提出劳动分工概念的是（　　）。

A. 亚当 · 斯密　B. 泰勒　C. 惠特尼　D. 福特

（2）《国富论》的作者是（　　）。

A. 亚当 · 斯密　B. 泰勒　C. 惠特尼　D. 吉尔布雷斯

（3）《科学管理原理》的作者是（　　）。

A. 亚当 · 斯密　B. 泰勒　C. 惠特尼　D. 吉尔布雷斯

（4）科学管理原理的创始人是（　　）。

A. 亚当 · 斯密　B. 泰勒　C. 惠特尼　D. 吉尔布雷斯

（5）被尊称为“动作研究之父”的是（　　）。

A. 亚当 · 斯密　B. 泰勒　C. 惠特尼　D. 吉尔布雷斯

3. 多选题（至少有一个选项正确）

（1）企业组织的三个基本职能是指（　　）。

A. 运营　B. 人力资源　C. 财务管理　D. 市场营销

（2）企业的竞争优势有各种表现，最终将体现的指标有（　　）。

A. 柔性　B. 质量　C. 成本　D. 准时交货率

（3）运营系统运行与控制的对象有（　　）。

A. 质量　B. 费用　C. 进度　D. 预算

4. 判断题（在括号中直接填写“对”或“错”，也可以打“√”或“×”）

（1）运营管理的直接目标是增值。（　　）

（2）运营管理的最终目标是增值。（　　）

（3）赢得并保持竞争优势的出路是通过资本运作扩大企业规模。（　　）

（4）运营管理涉及的就是企业的日常运营活动。（　　）

（5）工业革命始于 19 世纪 60 年代的法国。（　　）

（6）工业 4.0 的基础是物联网。（　　）

5. 填空题

（1）企业组织的三个基本职能包括（　　）、（　　）、（　　）。

（2）竞争优势最终体现在三个方面即（　　）、（　　）、（　　）。

（3）运营系统运行与控制的对象有三个即（　　）、（　　）、（　　）。

（4）列举五项典型的新型运营方式即（　　）、（　　）、（　　）、（　　）、（　　）。

（5）列举四项典型的运筹学问题即（　　）、（　　）、（　　）、（　　）。

（6）网络计划技术有（　　）、（　　）。

（7）霍桑实验的四个阶段为（　　）、（　　）、（　　）、（　　）。

（8）运营管理作为一门独立学科出现的标志事件是（　　）、（　　）两本著作的面世。

（9）实现大规模定制的策略有（　　）、（　　）。

（10）按照管理重点的不同，通常将运营管理的发展历程划分为三个阶段即（　　）、（　　）、（　　）。

6. 简答题

（1）绘制运营系统示意图。

（2）简述运营管理的重要性。

（3）简述满足需求与顾客满意之间的关系。

（4）简述运营管理的实质。

（5）简述赢得竞争优势的途径。

（6）简述运营系统规划与设计要解决的主要问题。

（7）分别说明质量控制、费用控制、进度控制的主要任务。

（8）简述运营系统更新与改善的任务。

（9）简述项目管理的任务。

（10）简述供应链管理的必要性。

（11）简述运营视图各部分的含义及逻辑关系。

（12）简述劳动分工带来的经济效果。

（13）简述工业革命和标准化给运营管理带来的影响。

（14）简述科学管理原理的中心思路或精髓。

（15）简述吉尔布雷斯和甘特对科学管理的贡献。

（16）简述亨利·福特对科学管理的贡献。

（17）简述哈里斯以及道奇、罗米格和休哈特在数量模型方面的贡献。
（18）简述霍桑实验的重要结论。
（19）简述马斯洛需求层次理论的主要内容。
（20）简述日本制造商对运营管理的贡献。
（21）简述 21 世纪初运营管理面临的新变化。
（22）简述实施大规模定制的条件。
（23）简述运营战略的重要性。
（24）简述工业 4.0 的支撑措施。
（25）简述工业 4.0 给运营管理带来的影响。

7. 计算题

无

8. 论述题

论述工业 4.0 将如何重构运营管理模式。

1.2.2　案例

北京水泥厂的低碳运营模式

2009 年 7 月 12 日上午，在北京金隅红树林环保技术有限公司副经理詹永利的带领下，来自全国 100 多名主讲“运营管理”课程的教师参观了位于北京昌平马池口镇的北京水泥厂。

来到公司大门口，教师们看到的是并列悬挂着的“北京水泥厂有限责任公司”和“北京金隅红树林环保技术有限责任公司”两块牌子。

就让我们从这两块牌子说起吧。

近年来，我国水泥行业积极尝试利用水泥窑协同处置废弃物，并取得了显著的成果。国内有数家专业公司和水泥生产企业研发出具有中国特色的水泥窑协同处置技术，并已逐步建立起协同处理技术体系。事实上，早在 1998 年，金隅集团旗下的北京水泥厂有限责任公司就开始利用 1 条 2 000 吨 / 天水泥熟料窑生产线进行废弃物处置。为了更好地研究和推广水泥窑协同处置废弃物技术，2005 年 12 月，金隅集团成立了北京金隅红树林环保技术有限责任公司（以下简称“金隅红树林”）。金隅红树林是北京市最大的工业危险废弃物专业处置单位，处置能力为每年 8 万～10 万吨。截至目前，《国家危险废弃物名录》中所列的 47 类废弃物中有 34 类能够在北京水泥厂被安全处置。

金隅红树林主要以液态（如工业废液）、固态（如工业废料）和半固态（如工业污泥）三大类城市工业废弃物的无害化、资源化处置为主，拥有世界上先进的废弃物预处理工艺设备、国内新型回转式焚烧炉系统。该焚烧炉系统装配了法国皮拉德公司的多通道低氮燃烧器，可同时焚烧煤粉、废液、飞灰、替代燃料等。

北京水泥厂下一步的设想是增加大宗废物（如生活污泥、生活垃圾）的处置规模。但是，生活污泥的干基热值对水泥窑节煤的贡献毕竟有限。因此，要想实现这一规划，除了技术攻关外，还需要相关的政策支撑。

水泥生产是工业领域中自净能力最强的行业之一，它能够将工业废渣作为原料、混合材，也可以做到有毒、有害废弃物的解毒和无害化处理，还能把部分废弃物转化为资源循环利用。通过技术、管理和制度创新，在不影响水泥窑产品质量及安全无害化处置的前提下，水泥窑协同处置废弃物，将向无害化、减量化发展，进而向资源化方向迈进。这一转变路径如图 1-1 所示。正是通过这种转变，北京水泥厂实现了低碳运营模式。

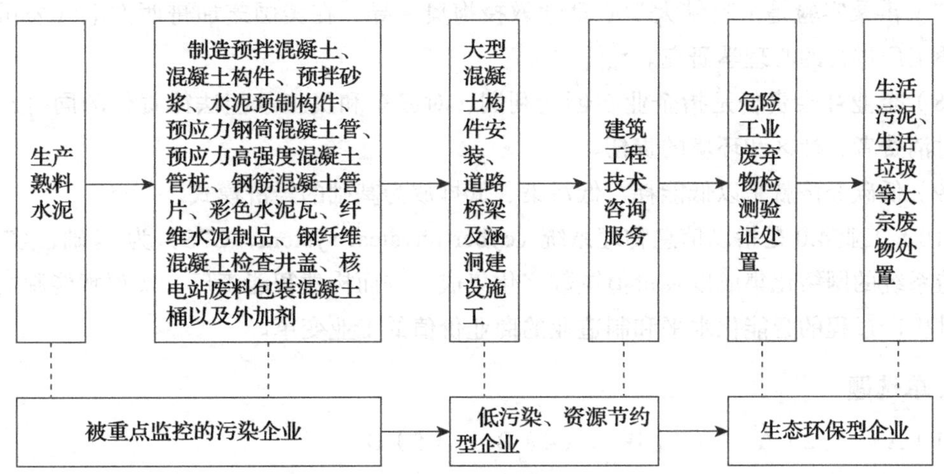

图 1-1　北京水泥厂的经营转变路径

可以看到，随着北京水泥厂经营业务重点的转移，企业正在实现从被重点监控的污染企业向生态环保型企业的转变。

水泥厂尘土飞扬、乌烟瘴气的场景不见了，工业危险废弃物和生活垃圾得到了有效处置。经济效益、环境效益和社会效益在这里得到了有机统一。北京水泥厂的低碳运营模式为资源消耗型企业履行社会责任树立了典范。

问题

1. 水泥厂的传统生产方式如何实现清洁生产？
2. 水泥厂如何从根本上改变污染型企业的形象？
3. 水泥厂在实现从被重点监控的污染企业到生态环保型企业转变的过程中应得到哪些政策支持？
4. 北京水泥厂的低碳运营模式对其他企业履行社会责任的启发意义何在？

1.3　习题参考答案与案例使用说明

1.3.1　习题参考答案

1. 名词解释

（1）运营系统是指引入了反馈机制，致力于实现增值并最终实现顾客满意和经济效益的“输入—转换—输出”的运营过程。

（2）运营管理是对提供产品或服务的运营系统进行规划、设计、组织与控制。

（3）竞争优势就是与竞争对手相比所拥有的可持续的优势。

（4）工业革命是以机器取代人力，以工厂大规模化生产取代工场个体手工作业的一场生产与科技革命。

（5）劳动分工是指让每个劳动者专门从事生产活动的某一部分工作。

（6）标准化是指为在一定范围内获得最佳秩序，对实际或潜在的问题制定共同且重复使用的规则的活动。

（7）霍桑实验是由哈佛大学心理学教授梅奥主导，在美国芝加哥西方电气公司所属的霍桑工厂进行的心理学研究。

（8）企业社会责任是指企业在创造利润、对股东和员工承担法律责任的同时，还要承担对消费者、社区和环境的责任。

（9）低碳经济就是以低能耗、低污染、低排放为基础的经济模式。

（10）工业 4.0 是指以信息物理系统（cyber-physical system，CPS）为基础，实现企业制造系统的网络化集成以及价值链数字化集成，进而构建智能工厂，实现智能制造，全面提升生产过程的智能化水平和制造业的商业价值的工业变革。

2. 单选题

（1）A （2）A （3）B （4）B （5）D

3. 多选题

（1）ACD （2）BCD （3）ABC

4. 判断题

（1）对 （2）错 （3）错 （4）错 （5）错 （6）错

5. 填空题

（1）运营 财务 营销

（2）质量 成本 准时交货率

（3）质量 费用 进度

（4）精益生产 敏捷制造 大规模定制 收益管理 互联网运营

（5）数学规划 对策论 排队论 库存模型

（6）PERT CPM

（7）照明实验 福利实验 访谈实验 群体实验

（8）爱德华·鲍曼（Edward Bowman）和罗伯特·费特（Robert Fetter）的《生产与运作管理分析》 埃尔伍德·布法（Elwood S. Buffa）的《现代生产管理》

（9）模块化 延迟化

（10）关注成本 关注质量 关注定制化

6. 简答题

（1）运营系统如图 1-2 所示。

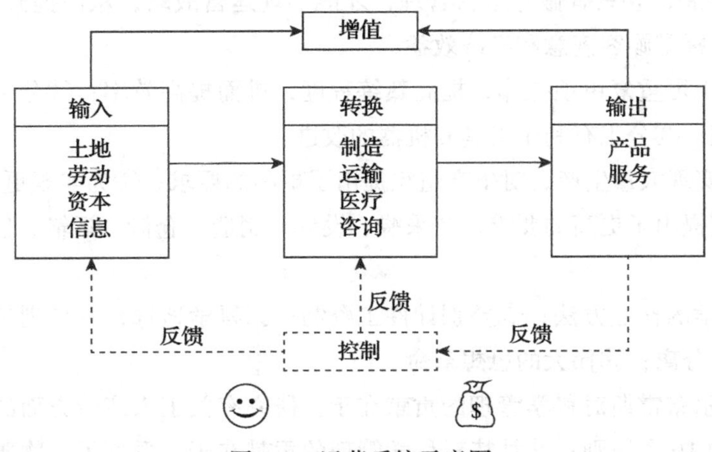

图 1-2　运营系统示意图

（2）运营管理的重要性体现在：企业组织的其他所有活动，如市场营销、财务管理、人力资源、公共关系等都与运营管理活动有直接或间接的联系。

（3）满足需求是前提，顾客满意是目的。要想让顾客满意，必须满足甚至超越其需求，为此，企业需要识别顾客真正的需求。

（4）通过有效管理实现增值；在技术可行、经济合理基础上的资源集成；满足顾客对产品和服务特定的需求。

（5）①企业可以通过运营、财务、营销、人力资源等赢得竞争优势；②财务、营销、人力资源等与运营有或多或少的关系；③从战略上重视运营管理，从行动上实现精细化运营管理是企业赢得并保持竞争优势的唯一出路。

（6）①新产品开发或服务设计要解决的问题是针对细分市场需要为顾客提供什么样的产品或服务；②运营能力规划要解决的问题是企业的规模有多大；③选址规划与设施布置要解决的问题是把企业建在哪里，以及如何布置生产或服务所需的基本设施；④工作系统研究要解决的问题是标准化工作方法的建立以及岗位设置和定编定员。

（7）①质量控制的任务是采用先进实用的质量管理方法与工具识别质量问题、分析质量问题、解决质量问题；②费用控制的任务是保证产品的价格既为顾客所接受，同时又为企业带来一定的利润；③进度控制的任务是把运营中涉及的人员、物料设备、资金等资源在需要的时候组织起来、筹措到位，以保证适时适量地将产品投放到市场上。

（8）运营系统更新与改善的任务是对运营系统出现的各种问题进行维护、更新与改善。

（9）项目管理的任务是对项目范围、时间、费用、质量等进行规划、建设、运营、更新与改善。

（10）供应链管理的必要性体现在：任何一个企业都是供应链的一个节点，必须站在供应链的角度管理运营系统。

（11）①运营系统的规划与设计以及运营系统的运行与控制是运营管理的两大支柱，必须坚固；②企业只有不断地运用先进的运营管理方法来维护与改善运营系统，才能得到很好的生存与发展；③只有做好运营管理，才能实现运营战略，从而提升企业的竞争力；④运营管理的目标是顾客满意和经济效益。

（12）①分工可重复单项操作，提高熟练程度，进而提高效率；②分工可减少变换工作所损失的时间；③分工有利于工具和机器的改进。

（13）①为实现大量生产，对生产组织提出了更高的要求；②为实现更好的质量控制，对过程质量控制提出了更高的要求；③采购、设计、制造、仓储、运输、售后服务等都发生了变化。

（14）①科学的作业方法；②差别计件工资制；③科学地选择并培训工人；④管理职能与执行业务相分离；⑤伟大的思想革命。

（15）①吉尔布雷斯对科学管理的贡献在于：研究有关工人疲劳方面的问题，最后提出了节约动作的 10 个原则；②甘特对科学管理的贡献在于：看到了非物质利益对激励工人的价值，提出了至今仍被广泛使用的甘特图。

（16）福特对科学管理的贡献在于：在劳动分工、标准化、科学管理原理的指导下，组建了世界上第一条汽车装配线，使汽车的大量生产成为现实。

（17）① F. W. 哈里斯在数量模型方面的重要贡献是建立了经济订货批量模型；② H. F. 道奇、H. G. 罗米格和 W. A. 休哈特在数量模型方面的重要贡献是建立了统计过程控制的质量管理理论。

（18）①工人是“社会人”；②社会和心理因素对工作效率有更大的影响；③组织应重视工作团体中非正式组织的存在及其作用。

（19）①人的需求从低到高分为生理需求、安全需求、社交需求、尊重需求和自我实现需求五个层次；②人对不同层次的需求虽然可以同时存在，但只有低一层次的需求得到满足后，才会注重高一层次的需求；③在同一时期内，总有一种需求占主导、支配地位；④对同一个人来说，环境变化会让人的需求层次发生变化。

（20）日本制造商对运营管理的贡献在于创立了逐步演变为精益生产的准时制生产（JIT）。

（21）①产品生命周期的缩短；②科学技术的长足发展；③社会需求的快速多变。

（22）①以顾客需求深度调查为基础的客户关系管理；②以最先进的信息技术为支撑的电子商务；③以价值链为核心的供应链管理；④基于流程优化或流程再造的精益 6σ。

（23）运营战略的重要性体现在其事关组织的生存和发展，以及运营战略对企业发展战略的支撑作用和对运营策略的引领作用。

（24）①创新组织管理；②实现技术标准化和开放标准的参考体系；③建立复杂管理系统的优化模型；④建立一套综合的工业宽带基础设施；⑤建立安全保障机制和规范；⑥加强专业教育。

（25）工业 4.0 给运营管理带来的影响体现在：在工业 4.0 时代，管理者需要重新思考企业的价值取向、组织架构、管理模式，需要重新构建企业的运营体系，需要创新产品研发方式、生产过程控制技术、物流配送方案、顾客服务流程等运营管理模式。

7. 计算题

无

8. 论述题

如果说工业 1.0 是机械制造时代，工业 2.0 是电气化与自动化时代，工业 3.0 是电子信息化时代，那么，工业 4.0 就是智能制造时代。在这个时代，传统产业将被重新定义，智能机床、工业自动化、工业机器人、RFID 传感器、3D 打印、互联网、移动通信、物联网、大数据、云计算等新兴产业将得到进一步发展。

从运营管理视角来看，在工业 4.0 时代，管理者需要重新思考企业的价值取向、组织架构、管理模式，需要重新构建企业的运营体系，需要创新产品研发方式、生产过程控制技术、物流配送方案、顾客服务流程等运营管理模式。

以下运营管理方案正在或将要得到实现。

首先，顾客个性化需求的满足。企业能够直接从顾客那里获取个性化需求，并通过设计与制造的大规模定制予以实现。

其次，柔性化的制造。企业能够更好地响应来自内外部的各种变化。需求管理、设计变更、过程管理、维护更新等变得更灵活。

最后，智能化的运营管理。企业以 CPS 为基础，实现人、设备、产品的互联互通，对价值链节点企业数据以及市场数据、销售数据、采购数据、研发数据、工艺技术数据、设备数据、生产过程实时数据、产品与服务数据、物流配送数据等进行深度挖掘，以给出更加科学的运营管理方案。

1.3.2　案例使用说明

1. 案例分析目的

（1）引导学生思考传统的高消耗、高污染企业如何转变为生态环保型企业，以增强企业低碳运营的意识。

（2）引出与环境治理和低碳运营有关的运营管理知识点，如产品设计与流程管理、选址规划、物流配送等。

（3）让学生认识到可以通过低碳运营来实现环境治理甚至城市拥堵治理。

（4）指导个别对这类问题有特别兴趣的学生，就低碳运营管理进行一些深入思考，可能的话，尝试做一些创新研究。

2. 案例分析步骤

（1）学生阅读案例文本，尝试回答后面的问题。

（2）让接触过水泥厂、钢铁厂、煤化工厂、造纸厂、皮革厂的学生描述他们看到的情况。

（3）让学生列出清单，提出 3 个高消耗、高污染企业环境治理方案。

（4）教师简要介绍水泥厂的原料、产品、工艺路线，埋下伏笔：从技术与国家政策层面来看，这类企业治理环境污染的可能性及重要意义。

（5）以北京水泥厂为例，说明在技术与国家政策层面治理环境污染的可能性和具体做法。

（6）教师深入解析北京水泥厂履行社会责任、实现低碳运营对其他类似企业有何启发意义。

案例分析过程如图 1-3 所示。

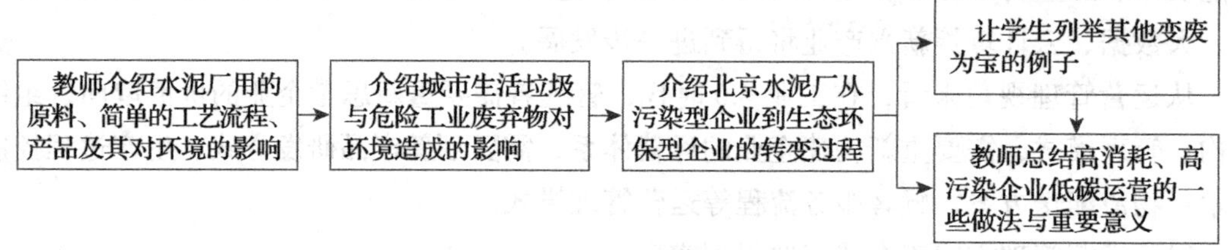

图 1-3 案例分析过程

第 2 章
CHAPTER 2

运营战略、竞争力与生产率

2.1 知识点

2.1.1 知识点清单

- 使命
- 价值观
- 价值观与使命的关系
- 愿景
- 愿景与价值观的关系
- 发展战略
- 发展战略与愿景、价值观、使命的关系
- 运营战略
- 运营战略与发展战略的关系
- 策略
- 运营策略
- 运营策略与运营战略的关系
- 方案
- 方案与策略的关系
- 战略金字塔
- SWOT 分析
- 波特五力模型
- BCG 矩阵
- 四维度 BCG 矩阵
- 平衡计分卡
- 商业模式
- 商业模式画布
- 运营战略与商业模式的联系
- 运营模式
- 运营模式与商业模式的关系
- 竞争力
- 质量
- 成本
- 准时交货率
- 订单资格要素
- 订单赢得要素
- KANO 模型
- 基本型需求
- 期望型需求
- 兴奋型需求
- 管理顾客需求的思路
- 生产率

- 效率
- 单要素生产率
- 多要素生产率
- 全要素生产率
- 影响生产率的主要因素
- 管理与技术之间的匹配关系
- 提高生产率的步骤

2.1.2 知识点解析

1. 运营战略

（1）使命、价值观与愿景

使命是组织存在的原因和基础。使命承载着企业的社会责任。

确立使命有三个基本要求：站位要高、呈现行业性、简洁明了。

价值观是指组织所坚持和奉行的基本信念与准则。企业价值观是组织对其经营理念所做出的选择，是组织成员对组织运营是非观的一致判断。价值观为组织的生存与发展确立了精神支柱。

确立价值观的基本要求为：组织应在充分考虑其所处行业及价值主张的基础上，经过上下反复论证，取得全体员工（至少绝大多数员工）的认同后确立其价值观。此外，组织的价值观要体现区别于其他组织的个性化。

价值观与使命的关系为：使命决定价值观，价值观服从于使命。使命回答了组织存在的意义，体现了组织的社会责任；价值观明确了组织的行为伦理，描述了组织运营的规则。

愿景是对组织未来的一种期望和描绘。

愿景与价值观的关系表现为：两者既有区别又有联系。愿景是对组织未来的一种期盼；价值观是对组织经营理念的定位，是组织成员对组织运营是非观的判断。愿景与价值观的联系在于愿景的实现依赖于价值观的践行。

（2）发展战略与运营战略

发展战略是根据组织的内部条件和所处外部环境的现状与发展变化，就组织的发展方向、发展目标、发展重点及发展能力所做出的全局性、长远性、纲领性的谋划。

发展战略呈现的内容包括：发展方向、发展目标、发展重点、发展能力。

发展战略的制定过程一般遵循顶层设计、上下结合的原则。首先，高层决策者要对整个形势做出判断，提出总体思路和总体方向，然后交由各个业务部门展开讨论。经过反复磨合，形成简明扼要的发展战略。

发展战略与愿景、价值观、使命的关系可概括为：通过实施所制定的发展战略来达到所确定的愿景，践行价值观，进而实现组织的使命。

运营战略就是在使命、价值观、愿景、发展战略的引领下，对目标市场的定位、价值主张、核心能力的培养、产品和服务的提供等所做出的中长期谋划。

运营战略与发展战略的关系可以概括为：发展战略用于指导运营战略与其他职能战略的制定，而运营战略与其他职能战略一起对发展战略起支撑作用。

制定运营战略的目的表现为：通过运营管理提升组织的竞争力，实施的效果最终体现在质量（quality）、成本（cost）和准时交货率（deadline）等指标的改善上。

（3）策略与方案

策略就是与某一职能战略相对应的手段、模式或方法，是对职能战略的细化与落实。

运营策略则是针对某一运营战略而形成的运营模式。

运营策略与运营战略的关系可概括为：运营战略为运营策略提供指导，运营策略确定了运营战略的实施模式、路线图或方法。

方案就是根据某一策略确定的手段、模式或方法而采取的具体行动。

策略与方案的关系可概括为：策略是基础和指导，方案是对策略的具体实施。

（4）战略金字塔

战略金字塔是从使命、价值观和愿景到发展战略和职能战略，再到策略和方案所构成的一种层级关系。

战略金字塔的层级关系表现为：由上到下是细化和落实过程；由下到上则是保证和支持过程。为此，需要一个贯穿各层级的核心元素。

（5）运营战略的制定

SWOT 分析是基于企业内部条件和外部环境分析的一种战略管理方法。采用这种方法时，首先，以运营部门为主导对内部条件进行分析评估，哪些是自身的优势（strengths），哪些是自身的劣势（weaknesses）；然后，以营销部门为主导分析企业所处的外部运营环境可能给本企业带来的机会（opportunities）和造成的威胁（threats）；最后，根据内部条件和外部环境分析结果制定相应的运营战略。

SWOT 分析法要分析的主要内容包括：外部环境给企业带来的机会和造成的威胁；企业内部的优势与劣势。

波特五力模型是由迈克尔·波特于 20 世纪 80 年代初提出的一种基于外部环境分析的战略管理方法。该方法旨在分析行业竞争对手、潜在进入者、替代品生产者、供应商和用户五种力量综合起来对行业的吸引力和竞争态势的影响。

BCG 矩阵是由波士顿咨询集团首创的一种规划业务组合的战略分析工具。应用 BCG 矩阵时，通常从两个维度进行分析，即“业务增长率”和“相对市场占有率”（市场份额）。根据这两个维度可以把企业的业务分为以下四种类型：高增长低份额为问题型业务；高增长高份额为明星型业务；低增长高份额为金牛型业务；低增长低份额为瘦狗型业务。

四维度 BCG 矩阵是为了对决策对象的情况有更多的了解，对通常的 BCG 矩阵进行扩展，增加了“决策对象营业收入占总公司营业收入的百分比”和“决策对象所得利润占总公司利润的百分比”两个维度而得到的管理方法。

（6）平衡计分卡

平衡计分卡（the balanced scorecard，BSC）是一种把使命、价值观、愿景和战略转换为策略与方案的战略管理方法。平衡计分卡实现了从纯粹的财务角度转变为与其他方面进行整合，把财务、顾客、内部业务流程和学习与成长整合在一起，从过去和未来两大视角，用四个维度来平衡财务绩效与非财务绩效、外部绩效与内部绩效。

2. 运营战略与商业模式的匹配

（1）商业模式概述

商业模式是针对所细分的客户，在明确为客户所提供的价值的基础上，充分利用企业的核心资源，并管控其重要业务，创建一个具有核心竞争力的运营系统，以满足和保障顾客需求和利益相关者的权益，同时实现企业的可持续经济效益的商业逻辑或整体解决方案。

商业模式的九大要素，即客户细分、客户关系、渠道通路、价值主张、核心资源、关键业务、重要伙伴、成本结构、收入来源。

商业模式的四个模块，即为谁提供、提供什么、如何提供、成本收益如何。在“为谁提供”模块中，需要确定客户细分、客户关系与渠道通路。在“提供什么”模块中，需要明确价值主张。在“如何提供”模块中，明确了核心资源、关键业务与重要伙伴。在“成本收益如何”模块中，描述了成本结构与收入来源。

商业模式画布就是把商业模式的四个模块、九大要素结合在一起所形成的画布结构。商业模式画布以价值主张为中心，强调了企业将为客户带来什么价值。

绘制商业模式画布的步骤为：明确客户细分，即确定目标客户；思考如何维系所确定的目标客户，做好客户关系管理；思考如何接触到目标客户，即确定渠道通路；确定目标客户的需求，明确价值主张；明确企业所拥有的、能够实现价值主张的核心资源；思考通过哪些关键业务为目标客户提供产品和服务，以实现价值主张；思考企业运营过程中所涉及的重要伙伴，并与之建立良好的关系；思考企业运营过程中将引发的成本以及成本结构；思考收入来源，明确价格定位。

（2）运营战略与商业模式的联系

运营战略与商业模式的关系表现为：①商业模式解决的是为谁提供产品和服务，提供什么产品和服务，如何提供产品和服务，成本收益如何等问题，是对企业的整体布局。运营战略则重点考虑目标市场定位、价值主张、核心能力培养、产品服务提供等。②运营战略所考虑的目标市场定位、价值主张、核心能力培养以及产品和服务提供等均是商业模式中的关键要素。

（3）从商业模式到运营模式

运营模式是企业较短时期的主要职能或业务的运营维护方案。

运营模式应回答以下五个方面的问题：客户核心需求确认；包含供应商、顾客在内的价值链的设计与管控；高附加值业务设计与核心资源投放；包括订单履行、CRM、资源管理在内的关键流程识别与设计；包括 HR、财务支持、营销支持、公关支持、技术支持在内的支持系统创建。

运营模式与商业模式之间的关系表现为：运营模式所应明确的五个方面的问题都是对商业模式九大要素的执行。例如，客户核心需求确认是对商业模式中的客户细分的深入。价值链的设计与管控则与商业模式中的客户关系、渠道通路、关键业务、价值主张、核心资源、重要伙伴、成本结构、收入来源相联系。高附加值业务设计与核心资源投放是对关键业务和核心资源的深入。关键流程识别与设计直接关系着商业模式中的客户关系、渠道通路、关键业务、重要伙伴、成本结构、收入来源。支持系统整合与商业模式九大要素均有直接或间接的联系。

3. 竞争力

（1）企业竞争力

竞争力是企业在自由和公平的市场环境下生产优质产品或提供优质服务，创造附加价值，从而维持和增加企业实际收入的能力。

竞争力最终体现在质量、成本、准时交货率的差异上。

质量是产品或服务的“一种固有特性满足要求的程度”。

成本是为获得收益已付出或应付出的资源代价。

准时交货率是指供应商在一定时间内准时交货的次数占总交货次数的百分比。

（2）订单资格要素与订单赢得要素

订单资格要素是指组织的产品或服务值得购买所必须具备的基本要素。

订单赢得要素是指组织的产品或服务优于其竞争对手，从而赢得订单所必须具备的要素。

（3）KANO 模型

KANO 模型是由日本的狩野纪昭（Noritaki Kano）提出的，按照影响顾客满意的模式把顾客需求分为基本型需求、期望型需求和兴奋型需求三类，并描述每类需求与顾客满意之间逻辑关系的一种模型。

基本型需求是指使顾客达到基本满意必须满足的需求。

期望型需求是可以持续地提高顾客满意度的需求。

兴奋型需求是能最显著地增加顾客满意度的需求。

管理顾客需求的思路为：在企业制定运营战略时，应确保满足基本型需求，即确保订单资格要素，然后把关注点集中在期望型需求和兴奋型需求上，以此来识别并培植企业的订单赢得要素，进而形成企业的现实竞争力。

4. 生产率

（1）生产率的概念

生产率即投入产出比。生产率反映了产出（产品和服务）与生产过程中的投入（劳动、材料、能量及其他资源）之间的关系，是一个相对指标。

效率是指在给定的资源下实现的产出。

（2）生产率的计算

单要素生产率是指单一要素的投入产出比。

多要素生产率是指两种或两种以上要素的投入产出比。

全要素生产率是指全部要素的投入产出比。

（3）影响生产率的因素

影响生产率的主要因素有四个：管理、资本、质量和技术。

管理与技术之间的匹配关系表现为：技术是影响生产率的主要因素，但是，技术本身并不能保证生产率的提高，必须有先进的管理与之匹配。

（4）提高生产率的步骤

提高生产率的步骤如下：确定生产率测评指标；识别影响整体生产率的“瓶颈”环节；以管理、资本、质量、技术等为切入点，提高“瓶颈”环节的生产率；巩固提高生产率的成果，进行宣传和推广。

2.2 习题与案例

2.2.1 习题

1. 名词解释

（1）使命；（2）价值观；（3）愿景；（4）发展战略；（5）运营战略；（6）策略；（7）运营策略；（8）方案；（9）战略金字塔；（10）SWOT 分析；（11）波特五力模型；（12）BCG 矩阵；（13）四维度 BCG 矩阵；（14）平衡计分卡；（15）商业模式；（16）商业模式画布；（17）运营模式；（18）竞争力；（19）质量；（20）成本；（21）准时交货率；（22）订单资格要素；（23）订单赢得要素；（24）KANO 模型；（25）基本型需求；（26）期望型需求；（27）兴奋型需求；（28）生产率；（29）效率；（30）单要素生产率；（31）多要素生产率；（32）全要素生产率。

2. 单选题（有且只有一个选项正确）

（1）使命位于战略金字塔的层级是（　　）。

A. 第 1 层级　　B. 第 2 层级　　C. 第 3 层级　　D. 第 4 层级

（2）价值观位于战略金字塔的层级是（　　）。

A. 第 1 层级　　B. 第 2 层级　　C. 第 3 层级　　D. 第 4 层级

（3）愿景位于战略金字塔的层级是（　　）。

A. 第 1 层级　　B. 第 2 层级　　C. 第 3 层级　　D. 第 4 层级

（4）发展战略位于战略金字塔的层级是（　　）。

A. 第 1 层级　　B. 第 2 层级　　C. 第 3 层级　　D. 第 4 层级

3. 多选题（至少有一个选项正确）

（1）以下选项中，属于竞争力最终表现指标的有（　　）。

A. 质量　　B. 速度　　C. 成本　　D. 准时交货率

（2）一家饮料公司，一天生产 100 箱饮料，产品售价为 200 元 / 箱。为灌装这些饮料，投入了 100 个标准工时，标准工时费用为 20 元 / 小时。关于这家饮料公司劳动生产率的计算，正确的有（　　）。

A. 1 箱 / 工时　　B. 0.05 箱 / 工时费用

C. 200 元 / 工时　　D. 10 元 / 工时费用

4. 判断题（在括号中直接填写“对”或“错”，也可以打“√”或“×”）

（1）组织的使命是至高无上的。（　　）

（2）组织的价值观是至高无上的。（　　）

（3）组织的愿景是至高无上的。（　　）

（4）在利用 SWOT 分析制定战略时，应把关注点放在 ST 组合上。（　　）

（5）根据 KANO 模型，满足顾客的期望型需求或兴奋型需求，可以显著增加顾客满意度，所以，企业应该把有限的资源用于满足顾客的期望型需求或兴奋型需求，并且满足的程度越高越好。（　　）

（6）生产率与效率具有同样的含义。（　　）

（7）劳动生产率低多半是因为工人工作态度不端正。（　　）

5. 填空题

（1）在确立使命时，应满足三个方面的要求，即（　　）、（　　）、（　　）。

（2）发展战略要呈现的四个方面的内容，即（　　）、（　　）、（　　）、（　　）。

（3）SWOT 分析有两个维度，即（　　）、（　　）。

（4）SWOT 分析的内部条件有两个方面，即（　　）、（　　）。

（5）SWOT 分析的外部环境有两个方面，即（　　）、（　　）。

（6）波特五力模型有五个维度，即（　　）、（　　）、（　　）、（　　）、（　　）。

（7）BCG 矩阵的两个维度为（　　）、（　　）。

（8）根据 BCG 矩阵的个维度的测评，可把企业的业务分为四种类型，即（　　）、（　　）、（　　）、（　　）。

（9）四维度 BCG 的四个维度为（　　）、（　　）、（　　）、（　　）。

（10）平衡计分卡有两个视角，即（　　）、（　　）。

（11）平衡计分卡有四个维度，即（　　）、（　　）、（　　）、（　　）。

（12）商业模式有九大要素，即（　　）、（　　）、（　　）、（　　）、（　　）、（　　）、（　　）、（　　）、（　　）。

（13）商业模式由四个模块组成，即（　　）、（　　）、（　　）、（　　）。

（14）竞争力最终体现在与竞争对手相比的某些差异上，即（　　）、（　　）、（　　）。

（15）根据 KANO 模型，顾客需求分为三种类型，即（　　）、（　　）、（　　）。

（16）影响生产率的因素有四个，即（　　）、（　　）、（　　）、（　　）。

（17）按照所考虑的要素投入情况，生产率可分为三种测评指标，即（　　）、（　　）、（　　）。

6. 简答题

（1）简述确立价值观的基本要求。

（2）简述价值观与使命的区别和联系。

（3）简述愿景与价值观的区别和联系。

（4）简述发展战略中发展方向、发展目标、发展重点、发展能力四个方面内容之间的关系。

（5）简述制定发展战略的基本要求。

（6）简述发展战略与愿景、价值观、使命的关系。

（7）简述运营战略与发展战略之间的关系。

（8）简述制定运营战略的目的。

（9）简述运营策略与运营战略的关系。

（10）简述方案与策略的关系。

（11）简述战略金字塔的层级关系。

（12）简述利用 SWOT 组合矩阵进行战略选择的基本思路。

（13）举例说明细分客户的含义。

（14）举例说明客户关系的含义。

（15）举例说明渠道通路的含义。

（16）举例说明价值主张的含义。

（17）举例说明核心资源的含义。

（18）举例说明关键业务的含义。

（19）举例说明重要伙伴的含义。

（20）举例说明成本结构的含义。

（21）举例说明收入来源的含义。

（22）简述绘制商业模式画布的步骤。

（23）简述运营战略与商业模式的关系。

（24）简述运营模式应回答的问题。

（25）简述运营模式与商业模式之间的关系。

（26）简述管理顾客需求的思路。

（27）简述管理与技术之间的匹配关系。

（28）简述提高生产率的步骤。

7. 计算题

（1）一家包装纸公司一天生产 2 000 箱纸，产品售价为 100 元 / 箱。为生产这些产品投入了折合价值为 1 000 元的原材料和 2 000 元的管理费用。试计算多要素（原材料和管理费用）生产率。

（2）某运营部门的废品率是 10%，该部门每小时生产 72 件成品。试问，如果该部门的废品率降为零的话，它的劳动生产率可以提高多少？

8. 论述题

（1）分析说明战略金字塔的层级关系。

（2）论述运营战略的重要性。

2.2.2 案例

麦当劳抓住了快餐的要旨："快"与"餐"

梁女士拉着 5 岁女儿的手迈出了车门。正要走进超市，女儿突然说："我要吃麦当劳！"梁女士下意识地看了一下表，现在还不到 11 点，不到吃午餐的时间呀。顺着女儿手指的方向，梁女士看到了麦当劳标志性的黄金双拱门。这时，梁女士明白了，女儿一定是回忆起了上次在麦当劳儿童乐园的愉快经历。

麦当劳是总部设在美国的一家快餐连锁企业，提供以汉堡等食品为主的标准菜单。自 1955 年雷·克洛克（Ray Kroc）开设第一家餐厅以来，麦当劳餐厅迅速向国内外扩张。到目前为止，麦当劳在 121 个国家拥有超过 30 000 家餐厅，每天为 4 600 万顾客提供服务。

麦当劳的愿景就是成为世界上最好的快餐厅，其使命植根于以下三个方面：

- 成为全世界每个社区中的最佳雇主；
- 每家餐厅都为顾客提供最卓越的服务；
- 通过品牌扩张，借助创新及技术优势，实现利润的持久增长。

那么，麦当劳如何通过运营战略来实现其使命和愿景呢？

人们可能并不认为麦当劳提供的食物是世界上最好的，但都认为它是世界上最好的快餐店。万变不离其宗，作为快餐，最核心的一定是"快"与"餐"。麦当劳就牢牢地抓住了这两个要旨。

1. 快

假设你中午想去快餐店就餐，而不是去通常的饭店或自己做菜，其中最主要的动因是什么？一定是想节省时间。

（1）一切从选址开始。科学的选址加上醒目的标志让顾客很快就可以找到附近的麦当劳餐厅。在你生活和工作的地区，你肯定知道离你最近的麦当劳餐厅在哪里。当你到了一个陌生的城市，随便问一下周围的居民，他们准会指给你周边麦当劳餐厅的位置。

麦当劳在选址时主要考虑以下因素。

- 居民的收入水平及消费习惯；
- 已有餐饮网点的布局；
- 大型商场或超市、娱乐场所的分布；
- 大型企事业单位、住宅小区的分布；
- 公交线路、人流量和停车场的面积；
- 厨余垃圾处理的便利性；
- 地价与房租；
- 社区治安和消防。

事实上，经营餐饮的公司都会考虑这些因素。而麦当劳的过人之处在于它把选址分析工作做到了极致。

首先，规划目标商圈。麦当劳会将特定的城市划分为若干商圈，并对每一商圈规划出餐厅的具体位置。在商圈内，每一个餐厅都有特定的目标顾客：有些指向商务人士，有些指向购物者，有些指向学校教职工，有些指向旅游者，有些指向大型社区的居民，等等。

其次，麦当劳设计了一种计分方法辅助选址。例如，如果附近有一个大型商场，那么麦当劳可以按客流量进行计分，也可以按照营业额进行计分。如果有公交线路经过目标商圈，则按照经过的公交线路或地铁条数折合为相应的分值。另外，对影响选址的其他因素也设计相应的计分规则。单项因素分值确定以后再进行汇总。

最后，精准化确定聚客点。麦当劳会用秒表测时的方法记录人们从公交车下车或从地铁出来后到达目标地点的时间，记录并测算平均每天从公交车下车或从地铁出来后途经目标地点的人数，还会调查从公共交通落客点到目标地点之间有无像肯德基这样强劲的竞争对手。

（2）醒目且选择有限的套餐。醒目且选择有限的套餐最大限度地缩短了顾客点餐的时间。顾客清楚地喊出 1 号或 2 号套餐，又极大地方便了服务人员配餐。所有这些不都是在为顾客节省时间吗？对照一下国内某些小吃店的做法。墙上挂满了做工精致的木牌，但上面的字却那么小，顾客不到近处很难看清楚上面的食品名称和价格。加之没有固定组合，顾客选来选去，既耽误了自己的时间，又影响到别的顾客做选择。

（3）标准化的作业流程。麦当劳制定了详细的标准化作业流程，以便顾客在无须排队等候的情况下，2 分钟以内就能得到他们所需要的全部食品。

麦当劳使用标准化设备，按照标准规范培训操作人员，以执行标准化的食品加工流程。麦当劳餐厅仿佛是一家高度自动化的工厂。为了达到规范与统一，麦当劳在食品加工线上大量采用自动化设备，这样就减少了人的判断和由此造成的误差。麦当劳把烤制食品的时间精确到秒。怎样翻动面包、面包烤好后怎样在上面添加配料、肉饼怎样起锅等都是标准化的。标准化作业流程极大地缩短了食品准备和配送的时间。

为了体现标准化作业流程，麦当劳还严格执行一站式服务，顾客只需排一次队就可以得到所需的全部食品。这一点值得国内快餐企业借鉴。此外，经常去麦当劳就餐的顾客都知道，麦当劳的礼貌用语也是标准化的。服务人员用统一的问候语表示欢迎或欢送，甚至对顾客应答的声音大小也是标准化的！

（4）标准化的设施布置。麦当劳实行标准化的设施布置，将标准化的设施布置应用于以下两个方面。

第一，厨房布置和物料摆放标准化，所有的食物都事先放在纸盒或饮料机里。

第二，为实现“得来速”餐厅真正的快捷性，麦当劳设计了环绕型车道。在距餐厅不远的地方安装通话器，上面标有醒目的食品名称和价格。乘客经过时，只要打开车门，对着通话器报上所需食品，当车行驶到食品配送窗口时，就能一手交钱，一手拿取食品，并能立刻驱车上路。

2. 餐

对于快餐，顾客最关心的莫过于食品的质量与安全。麦当劳的创始人雷·克洛克在创业之初就确定了 QSC&V 的经营理念。这里 Q 代表质量（quality）、S 代表服务（service）、C 代表清洁（cleanliness）、V 代表价值（value）。几十年来，麦当劳始终致力于贯彻这一理念。而这一理念的确立正是为了保证食品的质量与安全。

（1）一切从食材选择开始。高质量和安全的食品依赖于高质量的原材料。麦当劳为保证食品原材料的品质，可谓下足了本钱。每天，成品面包、鸡肉、牛排、奶酪、袋装切好的生菜、调味酱包、面粉、调料、烹炸用油、汉堡包装盒等各种食品原材料，从分散在中国各地的 40 多个食品供应商，运送到麦当劳分布在北京、上海、广州等城市的分发中心，再由分发中心送到遍布中国的千余家餐厅。面对大量的食品和复杂的供应链，为在各个环节保证食品的质量与安全，麦当劳采取了严格的控制手段。

麦当劳要求其供应商必须是行业专家。例如，作为麦当劳面包主要供应商的 East Balt Inc. 就是一家国际知名的面包生产集团，专门生产汉堡面包、麦香鸡面包、巨无霸面包和长芝麻面包。该供应商与麦当劳的合作已持续了 50 余年。

为保证食品的独特风味和新鲜感，麦当劳制定了一系列近乎苛刻的指标。例如，肉饼必须由 83% 的肩肉与 17% 的精选五花肉混制而成，脂肪含量控制在 16%～19%，甚至绞碎后制成的肉饼的规格也有严格的尺寸要求。同时，所有原材料在进店之前都要接受多项质量检查。其中，对牛肉的检查指标超过 40 个。

（2）始终如一的规范。笔者第一次去麦当劳就餐是在 1992 年。虽然 20 多年已经过去了，但那几位手里拿着抹布，腰里插条手巾，眼光敏锐、手脚勤快，顾客一走，马上就来清理桌面和地面残余物的服务员仿佛就在眼前。事实上，麦当劳对餐厅内外的清洁和消毒均制定了严格的标准操作规程。

人们去快餐店就餐，在考虑快捷的同时，最关心的是食品质量和安全。麦当劳严格的质量标准、规范的作业流程、标准化的设备使得它在保证食品快速配送的同时，也最大限度地保证了食品的品质和安全。

为保证这些规范落到实处，麦当劳建立了严格的检查监督制度。麦当劳建立了三种检查制度：常规性月度考评；公司总部的检查；抽查。检查的主要项目有：

- 食品的新鲜度、温度和味道等；
- 地板、天花板、墙壁、桌椅等的洁净度；
- 柜台服务员的服务态度和速度等；
- 食品制作过程和柜台工作流程等；
- 营运绩效。

为保证抽查的随机性以反映真实情况，对于第 2 项和第 3 项检查内容，地区督导常以普通顾客的身份进行抽查。

麦当劳除了最为核心的“快”与“餐”外，还提供其他服务，例如生日聚会、游戏和奖品、麦当劳叔叔慈善之家等。有些餐厅还开设有儿童乐园。

儿童乐园的空间虽然不大，但在干净整洁的环境里，有吃的，有玩的，还有哪个孩子能不动心呢？还有哪个母亲会拒绝孩子的这点要求呢？梁女士当然也不会！梁女士把女儿带进了麦当劳。果然，女儿直奔儿童乐园去了。梁女士把女儿交给麦当劳阿姨之后点了一杯可乐，她本来是想点一杯茉莉花茶的，可是，这个真没有。梁女士一边喝着可乐，一边看着女儿在儿童乐园里做游戏，时间在不知不觉中过去了。

3. 没有结束的故事

2002 年，麦当劳的竞争对手肯德基开始在中国部分城市的餐厅供应早餐，并于同年推出了两款极具中国本土特色的花式早餐粥：海鲜蛋花粥和香菇鸡肉粥，至此正式拉开了肯德基加快产品本土化的大幕。此后每年，无论早餐，还是正餐，肯德基都会推出一定数量符合中国消费者口味需求的本土化产品。

2008 年 1 月 21 日，油条这种任何一个中国人都再熟悉不过的早餐品种，开始出现在全国各大肯德基餐厅。肯德基这次推出的“安心油条”，是继花式粥之后的又一个本土化全新产品。

2010 年，阳春三月，当你走进肯德基

餐厅，闻到米饭和“醇豆浆”四溢的清香时，不要以为走错了地方。肯德基正大张旗鼓地把中国人最传统的饮品摆上洋快餐的餐桌。

此外，一直专注于推广咖啡文化的星巴克，饮料单上居然出现了白牡丹、碧螺春以及乌龙茶等几款传统的中国茶。而且，星巴克还热衷于推出一些“节令”食品，如在端午节推广自己的“星冰粽”。在中秋节，它曾经还推出过月饼。而另一杀入中国市场的世界知名餐饮品牌哈根达斯每年都会在中秋节推出自己的冰激凌月饼，年销售量可达200万盒。

肯德基是要把本土化食品进行到底，而其他一些世界级餐饮巨头也在试水本土化。麦当劳呢？它要隐忍到何时？

2012年11月上旬，中国的传统早点豆浆陆续出现在了麦当劳的早餐菜单上。只不过，盛豆浆的是印着McCafe的杯子，而不是地道的敞口大瓷碗。看来，麦当劳并不想完全入乡随俗。

问题

1. 麦当劳的使命和愿景是什么？
2. 麦当劳是如何通过运营战略实现其使命和愿景的？
3. 麦当劳将其目标顾客定位在哪里？
4. 麦当劳通过什么手段来实现食品的快速配送？
5. 麦当劳通过哪些手段来保证食品的质量与安全？
6. 麦当劳除了提供快餐以外，还提供哪些服务？这些服务项目是如何支持麦当劳实现其QSC&V经营理念的？
7. 未来麦当劳如何在餐饮的本土化与国际化之间做出选择？

2.3 习题参考答案与案例使用说明

2.3.1 习题参考答案

1. 名词解释

（1）使命是指组织存在的原因和基础。

（2）价值观是指组织所坚持和奉行的基本信念与准则。

（3）愿景是对组织未来的一种期望和描绘。

（4）发展战略是根据组织的内部条件和所处外部环境的现状与发展变化，就组织的发展方向、发展目标、发展重点及发展能力所做出的全局性、长远性、纲领性的谋划。

（5）运营战略就是在使命、价值观、愿景、发展战略的引领下，对目标市场的定位、价值主张、核心能力的培养、产品和服务的提供等所做出的中长期谋划。

（6）策略是指与某一职能战略相对应的手段、模式或方法，是对职能战略的细化与落实。

（7）运营策略是指针对某一运营战略而形成的运营模式。

（8）方案就是根据某一策略确定的手段、模式或方法而采取的具体行动。

（9）战略金字塔是从使命、价值观和愿景到发展战略和职能战略，再到策略和方案所构成的一种层级关系。

（10）SWOT 分析是基于企业内部条件和外部环境分析的一种战略管理方法。

（11）波特五力模型是一种基于外部环境五维度分析的战略管理方法。

（12）BCG 矩阵是由波士顿咨询集团首创的一种规划业务组合的战略分析工具。

（13）四维度 BCG 矩阵是为了对决策对象的情况有更多的了解，对通常的 BCG 矩阵进行扩展，增加了"决策对象营业收入占总公司营业收入的百分比"和"决策对象所得利润占总公司利润的百分比"两个维度而得到的管理方法。

（14）平衡计分卡是一种把使命、价值观、愿景和战略转换为策略与方案的战略管理方法。

（15）商业模式是针对所细分的客户，在明确为客户所提供的价值的基础上，充分利用企业的核心资源，并管控其重要业务，创建一个具有核心竞争力的运营系统，以满足和保障顾客需求与利益相关者的权益，同时实现企业的可持续经济效益的商业逻辑或整体解决方案。

（16）商业模式画布是把商业模式的四个模块、九大要素整合在一起所形成的画布结构。

（17）运营模式是企业较短时期的主要职能或业务的运营维护方案。

（18）竞争力是企业在自由和公平的市场环境下生产优质产品或提供优质服务，创造附加价值，从而维持和增加企业实际收入的能力。

（19）质量是产品或服务的"一组固有特性满足要求的程度"。

（20）成本是为获得收益已付出或应付出的资源代价。

（21）准时交货率是指供应商在一定时间内准时交货的次数占总交货次数的百分比。

（22）订单资格要素是指组织的产品或服务值得购买所必须具备的基本要素。

（23）订单赢得要素是指组织的产品或服务优于其竞争对手，从而赢得订单所必须具备的要素。

（24）KANO 模型是指按照影响顾客满意的模式把顾客需求分为基本型需求、期望型需求和兴奋型需求三类，并描述每类需求与顾客满意之间逻辑关系的一种直观模型。

（25）基本型需求是指顾客达到基本满意必须满足的需求。

（26）期望型需求是指可以持续地提高顾客满意度的需求。

（27）兴奋型需求是指能最显著地增加顾客满意度的需求。

（28）生产率就是投入产出比。

（29）效率是指在给定的资源下实现的产出。

（30）单要素生产率就是单一要素投入产出比。

（31）多要素生产率就是两种或两种以上要素投入产出比。

（32）全要素生产率就是全部要素投入产出比。

2. 单选题

（1）A　（2）B　（3）C　（4）D

3. 多选题

（1）ACD （2）ABCD

4. 判断题

（1）对 （2）错 （3）错 （4）错 （5）对 （6）错 （7）错

5. 填空题

（1）站位要高 呈现行业性 简洁明了

（2）发展方向 发展目标 发展重点 发展能力

（3）内部条件 外部环境

（4）优势 劣势

（5）机会 威胁

（6）行业竞争对手 潜在进入者 替代品生产者 供应商 用户

（7）业务增长率 相对市场占有率（市场份额）

（8）问题型业务 明星型业务 金牛型业务 瘦狗型业务

（9）业务增长率 相对市场占有率（市场份额） 决策对象营业收入占总公司营业收入的百分比 决策对象所得利润占总公司利润的百分比

（10）过去 未来

（11）财务 顾客 内部业务流程 学习与成长

（12）客户细分 客户关系 渠道通路 价值主张 核心资源 关键业务 重要伙伴 成本结构 收入来源

（13）为谁提供 提供什么 如何提供 成本收益如何

（14）质量 成本 准时交货率

（15）基本型需求 期望型需求 兴奋型需求

（16）管理 资本 质量 技术

（17）单要素生产率 多要素生产率 全要素生产率

6. 简答题

（1）①组织应在充分考虑其所处行业及价值主张的基础上，经过上下反复论证，取得全体员工（至少绝大多数员工）的认同后确立价值观。②组织的价值观要体现区别于其他组织的个性化。

（2）区别在于：价值观明确了组织的行为伦理，描述了组织运营的规则；使命回答了组织存在的意义，体现了组织的社会责任。联系在于：使命决定价值观，价值观服从于使命。

（3）区别在于：愿景是对组织未来的一种期盼；价值观是对组织经营理念的定位，是组织成员对组织运营是非观的判断。联系在于：愿景的实现依赖于价值观的践行。

（4）四个方面内容之间的关系可概括为：利用发展能力在确定的发展方向上完成若干发展重点任务，以达到预期的发展目标。

（5）发展战略的制定过程一般遵循顶层设计、上下结合的原则。首先，高层决策者要对整个形势做出判断，提出总体思路和总体方向，然后交由各个业务部门展开讨论。经过反复磨合，最后形成简明扼要的发展战略。

（6）发展战略与愿景、价值观、使命的关系可概括为：通过实施所制定的发展战略来达到所确定的愿景，践行价值观，进而实现组织的使命。

（7）发展战略用于指导运营战略与其他职能战略的制定；运营战略与其他职能战略一起对发展战略起支撑作用。

（8）①目的在于通过运营管理提升组织的竞争力；②运营战略的实施效果最终体现在质量、成本和准时交货率等指标的改善上。

（9）①运营战略为运营策略提供指导；②运营策略确定了运营战略的实施模式、路线图或方法。

（10）①策略是基础和指导；②方案是对策略的具体实施。

（11）①由上到下是细化和落实过程；②由下到上则是保证和支持过程；③需要一个贯穿各层级的核心元素。

（12）①在分析内部条件和外部环境的基础上，给出 S、W 和 O、T 两个维度四个方面的清单；②绘制 SWOT 矩阵，给出 SO 组合、ST 组合、WO 组合、WT 组合；③根据四种组织，制定 SO 战略、ST 战略、WO 战略、WT 战略；④以 SO 战略为重点，综合考虑 ST 战略、WO 战略与 WT 战略，制定最终运营战略；⑤根据所制定的运营战略，确立应采取的运营策略，并进一步落实到可以实施的方案。

（13）①细分客户就是企业针对特定的消费者群体，向其提供价值的活动；②智能快递柜有两个细分市场，即大学和职业高中的教师与学生、小区居民。

（14）①客户关系描述了企业同顾客之间的联系；②对智能快递柜这种新的业态来说，企业通过创建最后 100 米快递社区来经营同顾客之间的关系。

（15）①渠道通路是企业接触顾客的途径和接触点，说明了企业如何通过接触每个细分市场的顾客，来传递其价值主张；②对于智能快递柜来说，其主要渠道通路是自有 App。

（16）①价值主张，即企业通过产品和服务为消费者提供的价值，确定了对消费者来说企业的存在价值；②以智能快递柜为例，其价值主张应定位于让顾客收发快件更方便、更安全。

（17）①核心资源是公司执行其商业模式、为客户创造价值并持续赢得收入所需要的核心资源或能力；②就智能快递柜而言，要想在众多的快递柜中脱颖而出，其必须具备健全、便捷的扫码存件与取件、在线支付、完备的人 – 机接口等与众不同的功能。

（18）①关键业务，即企业所要从事的主要业务或活动；②智能快递柜的关键业务是快件的收发与提取，平台运营、广告推送等应作为其增值业务。

（19）①重要伙伴是指为使商业模式能够有效运营而与其他企业建立的伙伴网络；②就智能快递柜而言，其重要伙伴首先是学校的后勤部门或小区居委会以及各个快递公司。

（20）①成本结构是指为培育核心资源或能力、创建渠道通路、完成关键业务、维系重要伙伴等所引发的所有成本；②就智能快递柜而言，其主要成本包括智能快递柜的购置与软件开发费用以及维护费用、人工费用、App运营维护费用、保险与理赔费用等。

（21）①收入来源是指从每个客户群体中因客户一次性支付而获得的交易收入，以及因客户持续支付而获得的经常性收入；②以智能快递柜为例，其先期主要收入来源是快件的分拣配置费，随着增值业务的开展，广告收入与流量收入会逐步增加。

（22）①明确客户细分，即确定目标客户；②思考如何维系所确定的目标客户，做好客户关系管理；③思考如何接触到目标客户，即确定渠道通路；④确定目标客户的需求，明确价值主张；⑤明确所拥有的能够实现价值主张的核心资源；⑥思考通过哪些关键业务为目标客户提供产品和服务，以实现价值主张；⑦思考企业运营过程中所涉及的重要伙伴，并与之建立良好的关系；⑧思考企业运营过程中将引发的成本以及成本结构；⑨思考收入来源，明确价格定位。

（23）①商业模式解决的是为谁提供产品和服务，提供什么产品和服务，如何提供产品和服务，成本收益如何等问题，是对企业的整体布局；运营战略则重点考虑目标市场定位、价值主张、核心能力培养、产品服务提供等。②运营战略所考虑的目标市场定位、价值主张、核心能力的培养以及产品和服务的提供等，均是商业模式中的关键要素。

（24）①客户核心需求确认；②包含供应商、顾客在内的价值链的设计与管控；③高附加值业务设计与核心资源投放；④包括订单履行、CRM、资源管理在内的关键流程识别与设计；⑤包括HR、财务支持、营销支持、公关支持、技术支持在内的支持系统创建。

（25）①客户核心需求确认是对商业模式中的客户细分的深入；②价值链设计与管控则与商业模式中的客户关系、渠道通路、关键业务、价值主张、核心资源、重要伙伴、成本结构、收入来源相关联；③高附加值业务设计与核心资源投放是对关键业务与核心资源的深入；④关键流程识别与设计直接关系着商业模式中的客户关系、渠道通路、关键业务、重要伙伴、成本结构、收入来源；⑤支持系统整合与商业模式九大要素均有直接或间接的联系。

（26）管理顾客需求的思路为：在企业制定运营战略时，应确保满足基本型需求，即确保订单资格要素，然后把关注点集中在期望型需求和兴奋型需求上，以此来识别并培植企业的订单赢得要素，进而形成企业的现实竞争力。

（27）管理与技术之间的匹配关系表现为：技术是影响生产率的主要因素，但是，技术本身并不能保证生产率的提高，必须有先进的管理与之匹配。

（28）①确定生产率测评指标；②识别影响整体生产率的“瓶颈”环节；③以管理、资本、质量、技术等为切入点，提高“瓶颈”环节的生产率；④巩固提高生产率的成果，进行宣传和推广。

7. 计算题

（1）

1）多要素生产率＝2 000 /（1 000 + 2 000）≈0.67箱 / 元（投入费用）。

2）多要素生产率＝2 000×100/（1 000 + 2 000）≈66.67元（产值）/ 元（投入费用）。

（2）当废品率降为零时，每小时生产的成品＝72 /（1－10%）＝80（件），所以，生产率提高了（80－72）/ 72≈0.111，即 11.1%。

8. 论述题

（1）①战略金字塔从上到下分为七个层级，即使命、价值观、愿景、发展战略、职能战略、职能策略、方案；②各层级的关系是：上层是对下层的引领，下层是对上层的支撑；③为了实现从使命到价值观和愿景，从发展战略到职能战略，再从职能策略到方案的层级关系，需要培育一个贯穿各层级的核心元素。

（2）①运营战略是三大职能战略之一，是对发展战略的支撑；②只有通过制定运营战略并确定运营策略，才能对投入组织的各种资源进行有效集成，实现增值，最终实现顾客满意；③制定并实施运营战略是为了提升组织的竞争力，而竞争力的直接体现就是生产率。

2.3.2　案例使用说明

1. 案例分析目的

（1）让学生了解，世界两大著名连锁快餐之一的麦当劳为了满足人们对快餐的需求，是如何通过“快”与“餐”来实现其使命、价值观和愿景的。

（2）巩固有关使命、价值观、愿景、发展战略的知识点，巩固有关产品 / 服务设计与流程管理的知识点，思考质量管理、物流配送与仓储管理等运营管理问题。

（3）对于个别对餐饮运营特别有兴趣的同学，引导其尝试就产品 / 服务标准与差异化做一些创新性研究。

2. 案例分析步骤

（1）学生阅读案例文本，尝试回答后面的问题。

（2）以小组为单位，总结与肯德基相比，麦当劳有何独特之处。

（3）抽取两组学生汇报其总结的结果。

（4）教师对学生的汇报进行点评，引导学生思考：在差异化越来越突出的今天，在快餐行业，餐品和服务是以标准化为主，还是要逐步走向差异化。同时，适时引出“大规模定制”这一重要知识点。

（5）最后，鼓励不同观点的呈现（当然任何观点的呈现都需要学生对其进行论证）。

案例分析过程如图 2-1 所示。

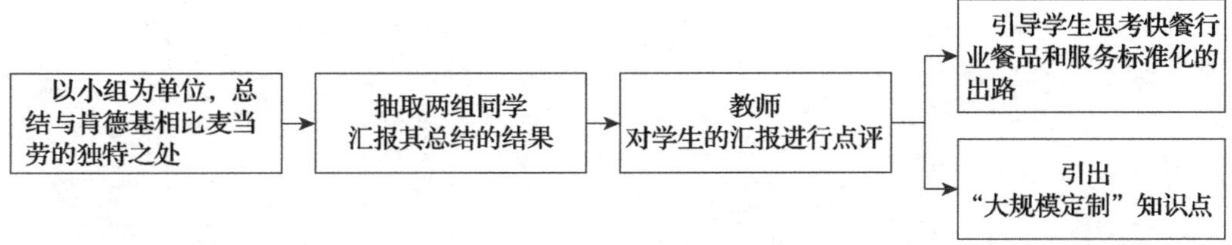

图 2-1　案例分析过程

第二篇

PART 2

运营系统的规划与设计

第 3 章
CHAPTER 3

产品开发与流程管理

3.1 知识点

3.1.1 知识点清单

- 新产品
- 新产品的类别
- 创新产品
- 换代新产品
- 改进新产品
- 新产品的五个发展方向
- 产品生命周期
- 产品生命周期曲线
- 产品生命周期不同阶段的特征
- 产品生命周期不同阶段运营管理的重点
- 新产品 / 服务开发的动力模式
- 需求牵引型动力模式
- 技术导向型动力模式
- 产品开发或服务设计的路线图
- D*f*X
- D*f*M
- D*f*C
- 全生命周期成本
- D*f*E
- 3R 原则
- 减量化
- 再利用
- 再循环
- 绿色设计
- 质量功能展开（QFD）
- 质量功能展开的内涵
- 质量功能展开的特点
- 质量屋
- 质量屋的主要构成部分
- 建造质量屋的技术路线
- 流程
- 流程与产品 / 服务的关系
- 工艺流程
- 业务流程
- 流程的类型
- 单件生产
- 批量生产

- 大量生产
- 连续生产
- P-P 矩阵
- 流程设计
- 流程优化
- 工艺流程设计
- 工艺流程设计的主要内容
- 工艺流程图
- 业务流程设计
- 业务流程优化
- 业务流程图
- 流程时间
- 在制品
- 利特尔法则
- 作业流程图
- ECRS 分析法
- SIPOC 图
- 标杆瞄准法 / 对标分析 / 基准管理
- DMAIC 方法
- 业务流程再造（BPR）
- 实施 BPR 应坚持的原则
- 实施 BPR 的时机
- BRP 的实施步骤
- 自动化技术
- 数控机床
- 工业机器人
- CAX
- CAD
- CAE
- CAPP
- CAM
- CIMS
- CAX 给运营管理带来的影响
- FMS
- FMM
- FMC
- FML
- FMF
- 柔性制造给运营管理带来的影响
- 三层六级企业管控一体化体系
- 自动化技术的新发展
- 信息技术
- 无线射频识别（RFID）/ 电子标签
- RFID 给运营管理带来的影响
- GPS
- BDS
- GIS
- BIM
- 区块链
- 区块链的主要特征
- 信息技术的新发展
- 人工智能（AI）
- 虚拟现实（VR）
- 网络技术
- 网络技术给运营管理带来的影响
- 服务
- 服务包
- 服务的特点
- 服务设计的基本要求
- 服务流水线
- 构建服务流水线的原则
- 服务场景
- 服务场景的要素
- 服务蓝图
- 绘制服务蓝图的基本要求
- 防差错设计
- SERVQUAL
- 服务差距
- SERVQUAL 的维度
- 服务质量 5GAP 模型

3.1.2 知识点解析

1. 概述

（1）新产品的概念、分类与发展方向

新产品是指在产品特性、材料性能和技术性能等方面（或仅一方面）具有先进性或独创性的产品。

根据对产品的改进程度，可把新产品分为创新产品（breakthrough product）、换代新产品（next-generation product）、改进新产品（derivative product）三类。

创新产品是采用新技术、新发明生产的具有新原理、新技术、新结构、新工艺、新材料等特征的新产品。

换代新产品是在原来产品的基础上，基本原理不变，部分采用新技术、新结构、新材料、新元件制造，使产品功能、性能或经济指标有显著改进的新产品。

改进新产品是改进原有产品的性能、功能，提高质量，增加规格型号，改变款式、花色而制造出来的新产品。

新产品的五个发展方向为：高效、多能化；复合化；小型、轻便化；智能、知识化；艺术、品位化。

高效、多能化是指在提高产品效率和精度的前提下扩大同一产品的功能与使用范围。

复合化是指把功能上相互关联的不同单体产品发展为复合产品。

小型、轻便化是指改进产品结构，减少产品的零部件，缩小产品的体积，减轻其重量，使之便于操作、携带、运输以及安装。

智能、知识化是指把一般人需要长期学习才能掌握的知识和技术转化到产品中，使产品“傻瓜化”。

艺术、品位化是指从产品的造型、色彩、质感和包装等方面使产品款式翻新，风格各异，体现独特的艺术品位。

（2）产品开发与服务设计的必要性

产品开发与服务设计的必要性体现在三个方面：科技发展和社会需求变化的必然要求；企业生存和发展的基本要求；产品生命周期规律的必然反映。

产品生命周期是指产品像生物体一样，有其存在的生命周期，即从研制成功到投入市场直至被淘汰退出市场的“生命”历程。

通常，把产品生命周期分为投入期、成长期、成熟期和衰退期四个时期。向前延伸还可考虑孕育期，有时人们还在成熟期与衰退期之间加上饱和期。

产品生命周期曲线是以时期为横坐标，以销售收入或利润为纵坐标绘制出来的曲线。

运营管理的重点因产品所处的阶段不同而不同。在投入期，运营管理的重点是做好市场定位，加强广告宣传和产品推介，强调产品的新颖性，同时，改进工艺，提高效率，稳定质量，降低成本，促使产品尽快进入成长期。在成长期，运营管理的重点是针对各个细分市场做好配套服务，在确保质量的前提下，提高生产能力，扩大批量。在成熟期，运营管理的重点是最大限度地降低成本，同时，适时推出新产品。在衰退期，运营管理的重点是果断地停止这种产品的生产，代之以新产品。

（3）新产品 / 服务开发的动力模式

新产品 / 服务开发的动力模式有两类：需求牵引型动力模式和技术导向型动力模式。

需求牵引型动力模式是指按照所谓的“需求理论”（need theory）的方式进行新产品 / 服务开发。首先，进行市场调查，了解市场需要什么样的新产品；然后，进行生产技术、价格、性能等方面的研究；最后，根据销售预测决定是否开发这种产品 / 服务。需求牵引型产品以“市场—研发—生产—市场”的形式出现。

技术导向型动力模式是指按照被称为“种子理论”（seed theory）的方式进行新产品 / 服务开发，即从最初的科学探索出发开发新产品，以供给的变化带动需求的产生和变化。技术导向型产品以“科研—生产—营销”的模式出现。

（4）产品开发或服务设计的路线图

产品开发或服务设计的路线为：首先根据公司发展战略制定相应的产品开发或服务设计战略，进而确定产品开发或服务设计的理念，再根据所确定的理念实施产品开发或服务设计，最后，还要进行产品或服务的推介，以实现其价值。

2. D*f*X

（1）D*f*X 概述

D*f*X 就是为产品生命周期内某一环节或某一要素而设计。其中，X 可以代表产品生命周期内的某一环节，如制造、测试、使用、维修、回收、报废等，也可以代表决定产品竞争力的某一要素，如质量、成本等。

（2）D*f*M、D*f*C 和 D*f*E

D*f*M，即可制造性设计。D*f*M 主要研究产品本身的物理设计与制造系统各部分之间的相互关系，并把它用于产品设计，以便将整个制造系统融合在一起进行总体优化。

D*f*C，即面向成本的设计。其出发点是在满足用户需求的前提下，分析和研究产品制造过程及销售、使用、维修、回收、报废等产品全生命周期中的各个部分的成本组成情况，对原设计方案中造成产品成本过高的项目进行修改，以降低设计与制造成本。

全生命周期成本是指从产品设计到最终回收利用整个生命周期的成本。

D*f*E，即绿色设计，也称作面向环境的设计或环境友好设计。绿色设计就是在设计产品时，在保证产品的性能、质量的前提下，考虑产品在其整个生命周期中对资源和环境的影响，使产品对环境的总体影响减到最低。

3R 原则即减量化（reduce）、再利用（reuse）、再循环（recycle）。

减量化就是通过消耗最少的物料和能源来生产产品。

再利用就是使废旧产品的某些配件或成分能够得到最大限度的利用。

再循环是指将本企业的废弃物资源化。

绿色设计的基本要求为：优良的环境友好性；最大限度地减少资源消耗；排放最小；最大化可回收利用。

绿色设计的主要内容为：绿色设计材料的选择与管理；产品的可拆卸性与可回收性设

计；绿色产品成本分析；绿色产品设计数据库与知识库管理。

3. 质量功能展开

（1）起源与发展

质量功能展开是一种结构化的产品开发或服务设计管理方法。

（2）质量功能展开的内涵

质量功能展开的内涵是在产品设计与开发中充分倾听顾客的声音。

质量功能展开的特点为：它是一种集成的产品开发技术。

（3）质量屋

质量屋是实施质量功能展开的一种形似房屋的图形化工具。

质量屋的主要构成部分为：调查顾客需求、各项需求对顾客的重要度、技术要求、技术要求的满意度方向、关系矩阵表、技术重要度、质量规格、技术评价、相关矩阵、市场评价。

建造质量屋的技术路线为：调查顾客需求→测评各项需求对顾客的重要度→把顾客需求转换为技术要求→确定技术要求的满意度方向→填写关系矩阵表→计算技术重要度→设计质量规格→技术评价→确定相关矩阵→市场评价。

4. 流程管理

（1）流程及其类型

流程是指通过生产产品或提供服务为顾客创造价值的过程。流程由一系列活动组成。组成流程的活动又可分解为更细微的活动，因而可称为子流程。

流程与产品 / 服务之间的关系为：产品 / 服务是流程的处理对象或结果，流程是生产产品或提供服务的条件或基础。

工艺流程是指利用一定的装备，按照规定的顺序对产品进行加工的过程。

业务流程是指按照规定的顺序完成某项业务的一系列活动。

根据生产的重复性可把工艺流程分为四种，即单件生产、批量生产、大量生产和连续生产。

单件生产是指在一定时期内生产很多种产品，每种产品只生产一件或少数几件的生产组织过程。

批量生产是指在一定时期内生产为数不多的几种产品，每种产品生产的数量有限的生产组织过程。

大量生产是指在一定时期内只生产一种或品种极少的产品，每种产品大量重复生产的生产组织过程。

连续生产是指一定时期内不间断地生产一种产品的生产组织过程。

（2）P-P 矩阵用于流程选择

P-P 矩阵是一种由产品特性和流程类型两个维度组成的，用于流程选择的矩阵。

根据 P-P 矩阵，参照所加工产品的特性，即产量大小和品种多少，企业沿对角线选择和配置流程最为经济；反之，偏离对角线选择和配置流程不能获得最佳效益。

（3）流程设计与优化

流程设计就是确定一个流程要输入的资源、处理逻辑关系、输出形式，选择完成流程的作业方法，设计人 – 机组合方案，确定顾客参与流程的界面与程度，明确关键控制点及控制标准，并对流程的绩效进行评估。

流程优化就是对流程进行再设计。

工艺流程设计就是根据产品方案确定全部生产过程的具体内容和顺序。

工艺流程设计的主要内容包括：确定产品生产方法与工艺技术路线、工艺参数、设备选型及各种设备之间的连接方案、工艺操作条件、原料和公用工程、安全技术及劳动保护、产品质量、三废处理方案等，并对工艺流程做技术经济分析。

工艺流程图是用箭头、框图及文字（或代号）描述从原料到目标产品的工艺过程的图形。

业务流程设计就是根据顾客需求，从实现顾客价值出发，确定某一业务流程的基本模式和具体内容。

业务流程优化就是对已有业务流程进行优化。

业务流程设计与优化的主要内容包括：确定业务流程的服务对象与核心目标、需要输入的主要资源，中间处理过程与基本步骤，具体输出形式。业务流程设计与优化的主要成果之一是业务流程图。

业务流程图是用箭头、框图及文字（或代号）描述从业务起点到业务终点的全过程的图形。

在以下四种情况下必须进行流程设计与优化：运营模式发生了变化，如某些商品由原来的线下交易变为线上交易；引入了新产品、新设备、新技术、新工艺；作业环境发生了变化；体现企业竞争力的质量、成本、交货期等因素表现欠佳，与竞争对手相比，存在明显差距。

业务流程设计与优化的基本原则有三项：面向顾客的原则、战略匹配性原则、跨职能协调原则。

业务流程设计与优化的一般步骤有四个：组建团队、现有或类似流程的调查与分析、流程设计与优化、流程绩效测评。

业务流程设计与优化的常用方法有五种：作业流程图、ECRS 分析法、SIPOC 图、标杆瞄准法、DMAIC 方法。

流程时间是指为顾客提供服务或处理物料的全部时间。

在制品是指流程中的物料或顾客。

利特尔法则是描述平均在制品数量（WIP）与产率和流程时间之间关系的法则。

作业流程图是一种借助操作、搬运、检查、延迟、存储五种特殊符号来系统地描述一个作业过程的系统化工具。

ECRS 分析法是指通过取消（elimination）、合并（combination）、重排（rearrangement）、简化（simplification）四项技术对现有流程进行优化的方法。

SIPOC 图是一种基于供应商、输入、处理、输出、顾客五个维度分析的流程设计与优化的方法。

标杆瞄准法又称对标分析，也称基准管理，是把企业的某一方面或某几方面的经营状况与同行业一流的企业进行对照分析，并把奋斗目标确定为赶超一流企业的一种管理方法。

DMAIC 方法是基于定义（define）、测量（measure）、分析（analyze）、改进（improve）、控制（control）的业务流程设计与优化方法。

业务流程再造产生的背景为：随着信息化时代的到来，顾客的需求呈现出越来越多的个性化；同时，产品生命周期越来越短，竞争日趋白热化，企业所处的政治、经济环境瞬息万变。

BPR 就是以提高顾客满意度为目标，利用先进的信息技术和管理方法，对现有业务流程进行根本性的再思考和彻底的再设计。

实施 BPR 的时机有三个：顾客需求发生了显著变化，例如，摄影从胶片时代走向数码时代，在网上购书逐步取代到实体店购书；企业的投资战略、市场战略、能力战略、供应链战略、质量战略等方面有了重大调整；竞争态势发生了重大变化，竞争对手在质量、成本或准时交货率方面占据了显著优势。

实施 BPR 应坚持的原则有四个：与组织的使命、价值观、愿景和战略相匹配；面向流程；局部最优服从整体最优；上下结合。

BRP 的实施步骤有六个：构思设想、启动项目、诊断流程、再造流程、绩效评估、持续改进。

5. 技术与运营管理

（1）自动化技术及其给运营管理带来的影响

自动化技术是指使机器设备、系统或过程在没有人或较少人的直接参与下，按照人的要求，经过自动检测、信息处理、分析判断、操纵控制，实现预期目标的综合性技术。

数控机床是由装有程序的控制系统，通过数字代码信号控制机床的动作，按图纸要求的形状和尺寸，对零件进行自动加工的机床。

数控机床由输入与输出装置、数控装置、可编程逻辑控制器（PLC）、伺服系统、检测装置、驱动装置、机床本体等组成。

工业机器人是面向工业领域的，由多关节机械手或多自由度装置组成的，按照预先编排的控制程序来完成各种功能的一种机器。

工业机器人由主体、驱动系统和控制系统三个基本部分组成。

数控机床和工业机器人给运营管理带来的影响表现在以下几个方面：实现了快速、连续加工，提高了生产效率；增强了加工系统的柔性；实现了程序控制，提高了质量水平；实现了快速换模，减少了作业时间；减少了人工参与，降低了成本；操作者从程序化的操作中解放出来，降低了劳动强度；促进了生产管理现代化。

CAX 是计算机辅助设计（computer-aided design，CAD）、计算机辅助工程（computer-aided engineering，CAE）、计算机辅助工艺规划（computer-aided process planning，CAPP）、计算机辅助制造（computer-aided manufacturing，CAM）的统称。由于 CAD、CAE、CAPP、

CAM的前两个字母都是CA，用X表示不同功能，就有了CAX。

CAD是指在计算机上通过特定软件完成产品设计过程。

CAE是通过计算机辅助求解，分析复杂工程和产品的结构力学性能，并优化结构性能。

CAPP是指借助计算机软硬件技术和支撑环境，通过数值计算、逻辑判断和推理等功能来制定零件的加工工艺。

CAM是指借助计算机软硬件系统，实现从设计、测试、加工、装配、检验乃至物料运输等职能活动的物流、信息流和价值流集成，并加以自动化的监视、控制和管理。

CIMS是综合运用制造技术、系统工程技术、自动化技术、信息技术、现代管理技术，形成与企业生产全过程中有关的人、技术、经营管理三要素及其信息与物流有机集成并优化运行的复杂大系统。

CAX给运营管理带来的影响表现为：CAX将多元化的计算机辅助技术集成起来，综合考虑产品生命周期的各种因素，实现了复合化、协同性工作，能够对各阶段的功能、进度、费用做出评估。同时，可以对外部需求做出响应，不断优化设计和制造方案，从而获得显著的经济效益。

FMS是指由数控加工设备、物料储运装置和计算机控制系统组成的，能根据制造任务或生产环境的变化迅速进行调整的，并能适应多品种、中小批量生产的自动化制造系统。

FMM是指功能齐全的，具有一定柔性的加工中心。

FMC是指由单台数控机床、加工中心、工件自动输送及更换系统等组成的，实现单工序加工的可变加工单元。

FML是指由自动化加工设备、工件输送系统和控制系统等组成的，可以对生产节拍进行调整的制造线。

FMF是指把柔性制造扩大到全厂范围，配以自动化立体仓库，通过计算机网络，实现从订货、设计、加工、装配、检验、运送至发货的全过程柔性化、自动化制造的柔性工厂。

柔性制造给运营管理带来的影响表现为：首先，是机床加工的柔性，当生产需求发生变化时，FMS可以方便地扩展、收缩或重构，从而能够以不同的加工工序加工一个零件，或在给定的一个工艺规划下以不同的路线加工零件；其次，是产品及生产批量的柔性，FMS能够经济、快速地切换不同产品的生产；最后，是扩展的柔性，FMS能够在需要时快捷、经济地扩展系统。柔性制造带来的效果有：提高了制造系统的快速响应能力，提高了设备利用率，减少了设备投资；缩短了生产准备时间，减少了在制品数量，减少了工时费用，提高了产品质量水平。

三层六级管控一体化体系是指从底层的过程控制系统（process control system，PCS），到中间层的制造执行系统（manufacturing executive system，MES），再到管理层的企业资源计划（enterprise resources planning，ERP）的企业管控一体化体系。这个三层企业管控一体化体系由六级构成，即L0级的参数检测与传动、L1级的基础自动化、L2级的过程控制、L3级的生产控制、L4级的职能管理、L5级的经营管理。

自动化技术的未来发展趋势是综合利用信息技术、计算机控制技术以及网络控制技术的最新成果，实现机电一体化、机械功能多元化、结构设计标准化、结构运动精度化、控制智能化。

（2）信息技术及其给运营管理带来的影响

信息技术是指管理和处理信息所采用的各种技术的总称。信息技术也称信息和通信技术。

信息技术主要包括：传感和识别技术、信息传递技术、信息处理技术、信息施用技术。

无线射频识别（radio frequency identification，RFID）是一种非接触式的，利用射频信号和空间耦合（电感或电磁耦合）或雷达反射的传输特性，实现对被识别物体自动识别的信息技术。RFID 又称射频识别或电子标签。

RFID 给运营管理带来的影响极为深远。在制造业、零售业、交通运输、医疗卫生、出版发行等诸多行业改变了仓储与物流的管理形态。物料的出入库管理、盘存管理、物流信息追踪能够以快捷、准确、经济的方式得到有效实施。今天，其应用已经从库存与物流管理扩展到商品防伪、安全防护、质量管理、生产计划等领域。

GPS 是具备全方位实时三维导航和定位能力的卫星导航与定位系统。GPS 由空间星座、地面控制与监控系统、GPS 信号接收机三个主要部分组成。

BDS 是中国自行研制的全球卫星导航系统，是继美国 GPS、俄罗斯格洛纳斯卫星导航系统之后第三个成熟的卫星导航系统。

GIS 是在计算机硬件和软件系统的支持下，对整个或部分地球表层（包括大气层）空间中的有关地理分布数据进行采集、储存、运算、分析、显示和描述的技术系统。

BIM 是以建筑工程项目的各项相关信息数据作为基础，通过建立三维的建筑模型，用数字信息仿真模拟建筑物所具有的真实信息的一种建筑设计解决方案。

区块链是利用分布式节点共识机制生成、更新、验证与存储时序性数据，通过密码算法保证数据传输和访问的安全性，利用脚本系统实现智能合约功能的一种新型分布式信息架构与应用模式。

区块链的主要特征有：去中心化、信任创建机制、信息公开与内容不可篡改等。

信息技术最前沿的技术有人工智能（artificial intelligence，AI）和虚拟现实（virtual reality，VR）。

AI 是指与机器人技术、网络技术、专家系统相结合的，应用于制造业的设计、生产、储运等各个环节，并拓展到管理领域的智能制造技术。

VR 是指综合计算机图形技术、计算机仿真技术、传感器技术、显示技术等多种科学技术，通过建模与仿真，在多维信息空间上创建一个虚拟信息环境，使用户具有身临其境的沉浸感，具有完善的与环境交互作用的能力，并有助于启发构思的综合技术。

（3）网络技术及其给运营管理带来的影响

网络技术是将互联网上分散的资源融为有机整体，实现包括高性能计算机、网络、传感器、存储资源、数据资源、信息资源、知识资源、专家资源等在内的资源全面共享和有机协作，使人们能够透明地使用资源的整体能力并按需获取信息的综合性技术。

网络技术的新发展与自动化技术、信息技术之间呈现出越来越多的交叉与融合。今天以智能制造为显著特征的工业 4.0 正是这种交叉与融合的结果。

6. 服务设计

（1）服务设计概述

服务是指为顾客提供的一种便利。服务可看作是特殊的产品，它由服务系统提供。该系统包括提供服务所需要的设施、人员、技术和流程，等等。

服务包是指包括用于提供服务的硬件、辅助物品、显性服务和隐性服务在内的统一体。硬件是指提供服务所必需的场所、设施、设备等；辅助物品，即实物产品；显性服务，即可以用感官感觉到的服务的本质或核心特征；隐性服务，即服务的附属或非本质特征。

服务的特点有四个：服务是无形的；服务需求更具不确定性；服务无法储存；服务过程的可视性。

服务设计要满足的基本要求有四个：与组织的使命、价值观和愿景一致；有统一的服务宗旨；所设计的服务对顾客来说是有价值的；所设计的服务是稳健的。

（2）服务设计的一般方法

服务流水线是指采用分工并使工具和设备专业化建立的类似制造业的流水线。

构建服务流水线的原则有四个：劳动分工、服务标准化、用技术代替人力、充分授权。

（3）服务场景设计

服务场景就是为顾客带来印象的环境。

服务场景的要素有三个：环境氛围；空间布置；符号、标志和器物。

（4）服务流程设计

服务蓝图就是用箭头线将服务过程中的各项作业（用矩阵框或菱形框表示）按其前后顺序连接起来形成的作业顺序图。

绘制服务蓝图的基本要求为：从横向上，可把服务蓝图分为四个层次，即顾客层、前台、后台和支持层；从纵向上，根据特定的服务项目，划分为若干阶段。

防差错设计是一种在作业过程中采用自动作用、报警、提醒等手段，使作业人员不需注意或不需特别注意也不会失误的方法。

（5）SERVQUAL

SERVQUAL 于 20 世纪 80 年代末由 A. Parasuraman、Zeithaml Berry 最早提出，是基于服务质量差距管控的服务质量管理工具。

服务差距是顾客感知的服务水平（perception service，PS）与顾客期望的服务水平（exception service，ES）之间的差距。

SERVQUAL 的维度有五个：有形性、可靠性、响应性、保证性、移情性。

服务质量 5GAP 模型是指通过对调查、设计、提供、沟通四个方面的差距进行测评，来最终评价顾客感知与顾客期望之间差距的一种服务质量管理方法。

服务质量 5GAP 模型的主要内容可概括如下。

①服务质量差距来自以下四个方面的差距：了解到的顾客需求与顾客真正的需求，设计方案与了解到的顾客需求，提供的服务与设计的服务，服务提供者认识到的顾客感知与顾客真正的感知。这四个方面的差距越大，顾客感知质量与期望质量之间存在的差距越大，即 PS 与 ES 之间的差距越大。

②通过管控以上四个方面的差距，最大限度地缩小感知服务水平与期望服务水平之间的差距，以提高顾客满意度。

3.2 习题与案例

3.2.1 习题

1. 名词解释

（1）新产品；（2）创新产品；（3）换代新产品；（4）改进新产品；（5）产品生命周期；（6）产品生命周期曲线；（7）D*f*X；（8）D*f*M；（9）D*f*C；（10）全生命周期成本；（11）D*f*E；（12）3R 原则；（13）减量化；（14）再利用；（15）再循环；（16）质量功能展开（QFD）；（17）质量屋；（18）流程；（19）工艺流程；（20）业务流程；（21）单件生产；（22）批量生产；（23）大量生产；（24）连续生产；（25）P-P 矩阵；（26）流程设计；（27）流程优化；（28）工艺流程设计；（29）工艺流程图；（30）业务流程设计；（31）业务流程优化；（32）业务流程图；（33）流程时间；（34）在制品；（35）利特尔法则；（36）作业流程图；（37）ECRS 分析法；（38）SIPOC 图；（39）标杆瞄准法 / 对标分析 / 基准管理；（40）DMAIC 方法；（41）业务流程再造；（42）自动化技术；（43）数控机床；（44）工业机器人；（45）CAX；（46）CAD；（47）CAE；（48）CAPP；（49）CAM；（50）CIMS；（51）FMS；（52）FMM；（53）FMC；（54）FML；（55）FMF；（56）三层六级管控一体化体系；（57）信息技术；（58）无线射频识别（RFID）/ 电子标签；（59）GPS；（60）BDS；（61）GIS；（62）BIM；（63）区块链；（64）人工智能（AI）；（65）虚拟现实（VR）；（66）网络技术；（67）服务；（68）服务包；（69）服务流水线；（70）服务场景；（71）服务蓝图；（72）防差错设计；（73）SERVQUAL；（74）服务差距；（75）服务质量 5GAP 模型。

2. 单选题（有且只有一个选项正确）

（1）建造质量屋的步骤有（　　）。

A. 8 步　　B.9 步　　C.10 步　　D.12 步

（2）在 QFD 中，技术评价的主体是（　　）。

A. 市场人员　　B. 研发人员　　C. 质量人员　　D. 顾客

（3）在 QFD 中，市场评价的主体是（　　）。

A. 市场人员　　B. 研发人员　　C. 质量人员　　D. 顾客

3. 多选题（至少有一个选项正确）

在应用作业流程图进行业务流程优化时，应致力于减少的作业包括（　　）。

A. 操作　　B. 搬运　　C. 储存　　D. 迟延

4. 判断题（在括号中直接填写“对”或“错”，也可以打“√”或“×”）

（1）像图钉、螺钉、螺帽这样的产品是没有产品生命周期的。（　　）

（2）在历史上，青霉素是典型的以需求牵引型动力模式开发出来的新产品。（　　）

（3）质量功能展开只能用于产品开发，无法用于服务设计。（　　）

（4）在质量功能展开中，技术评价的主体是顾客。（　　）

（5）在质量功能展开中，市场评价的主体是顾客。（　　）

（6）自动化技术、信息技术、网络技术相互区别，彼此之间没有什么联系。（　　）

（7）顾客感知（PS）超出顾客期望（ES）越多，顾客越满意，所以可以通过减少顾客期望（ES）来增加顾客满意度。（　　）

5. 填空题

（1）按照对产品的改进程度，可把新产品分为（　　）、（　　）、（　　）。

（2）一般地，新产品的发展方向有五个，即（　　）、（　　）、（　　）、（　　）、（　　）。

（3）通常把产品生命周期分为四个阶段，即（　　）、（　　）、（　　）、（　　）。

（4）3R 原则包括的内容有（　　）、（　　）、（　　）。

（5）根据生产的重复性可把流程分为四种，即（　　）、（　　）、（　　）、（　　）。

（6）作业流程图包括五类作业，即（　　）、（　　）、（　　）、（　　）、（　　）。

（7）ECRS 分析法包括四种技术，即（　　）、（　　）、（　　）、（　　）。

（8）数控机床由七个部分组成，即（　　）、（　　）、（　　）、（　　）、（　　）、（　　）、（　　）。

（9）工业机器人由三个基本部分组成，即（　　）、（　　）、（　　）。

（10）三层六级管控一体化体系由三层组成，即（　　）、（　　）、（　　）。

（11）三层六级管控一体化体系由六级组成，即（　　）、（　　）、（　　）、（　　）、（　　）、（　　）。

（12）GPS 由三个部分组成，即（　　）、（　　）、（　　）。

（13）区块链的主要特征有四个，即（　　）、（　　）、（　　）、（　　）。

（14）构建服务流水线的原则有四个，即（　　）、（　　）、（　　）、（　　）。

（15）服务场景的要素有三个，即（　　）、（　　）、（　　）。

（16）SERVQUAL 针对服务质量，从五个维度来测评服务差距，即（　　）、（　　）、（　　）、（　　）、（　　）。

6. 简答题

（1）简述产品生命周期不同阶段的特点。

（2）简述产品生命周期不同阶段的管理重点。

（3）描述产品开发或服务设计路线图。

（4）结合实例，说明产品开发或服务设计的需求牵引型动力模式的含义及应用。

（5）结合实例，说明产品开发或服务设计的技术导向型动力模式的含义及应用。

（6）简述绿色设计的基本要求。

（7）简述绿色设计的主要内容。

（8）简述质量功能展开的内涵与特点。

（9）简述质量屋的构成。

（10）简述建造质量屋的技术路线。

（11）简述流程与产品 / 服务的关系。

（12）简述如何应用 P-P 矩阵进行流程选择。

（13）简述工艺流程设计的主要内容。

（14）简述业务流程设计与优化的主要内容。

（15）简述需要进行流程设计与优化的情况。

（16）简述业务流程设计与优化的基本原则。

（17）简述业务流程设计与优化的一般步骤。

（18）简述业务流程再造的产生背景。

（19）简述业务流程再造的时机。

（20）简述业务流程再造的原则。

（21）简述业务流程再造的实施步骤。

（22）简述数控机床和工业机器人给运营管理带来的影响。

（23）简述 CAX 给运营管理带来的影响。

（24）简述柔性制造给运营管理带来的影响。

（25）简述柔性制造带来的效果。

（26）作图表示三层六级企业管控一体化体系结构。

（27）简述自动化技术的新发展。

（28）简述无线射频识别给运营管理带来的影响。

（29）简述网络技术的新发展。

（30）简述服务的特点。

（31）简述服务设计的基本要求。

（32）简述如何保证和提高服务设计的有效性。

（33）简述绘制服务蓝图的基本要求。

（34）以表格形式列举 SERVQUAL 五个维度所包含的调查项目。

（35）作图表示服务质量 5GAP 模型。

7. 计算题

（1）某项技术要求与三项顾客需求有关，关系程度分别为关系一般、关系强、关系弱，三项顾客需求对顾客来说重要度分别为 10、4、20。试计算这项技术要求的重要度。

（2）一家小型机械加工厂平均每天接到 50 个轴类标准件的加工任务，该企业加工这种标准件的时间为 2 个工作日。试计算该机械加工厂标准件的平均在制品数量。企业减少在制品数量的途径是什么？

8. 论述题

（1）结合实例论述企业不断开发新产品或设计服务的必要性。

（2）结合实例说明网络技术给运营管理带来的影响。

（3）结合实例说明服务蓝图及服务质量控制在服务设计中的应用。

3.2.2　案例

鱼香肉丝里真没有鱼，但鱼香味必须有

接到老同学乔书亮的电话，李荣兴奋不已。自 1998 年从北京理工大学毕业以后，李荣已将近 20 年没有见过曾经的上铺老乔了。李荣前些时候还寻思，等到毕业 20 周年同学聚会时，兴许就能见到老乔了。没想到老乔因开会，从江西吉安来到了北京。

下午，老乔的会议还未结束，李荣和另外两位留在北京的同学已经等在会议室门外了。他们期待着会议尽快结束，以便能早点见到这位久未谋面的老同学。会议终于结束了，李荣一眼就从走出会议室的人群里认出了老乔。他们拥抱在一起，一番嘘寒问暖。

按照老乔的提议，李荣他们带着老乔来到了母校南门附近的蜀香人家。走下车，出乎老乔意料的是，呈现在他面前的不再是 20 年前简陋的门面，而是金碧辉煌奢华的装饰。走进饭店，给人印象深刻的不再是来来往往的顾客，而是身穿制服、面无表情、机械地喊着“欢迎光临蜀香人家”的迎宾员。来到预订的小包间落座，服务员递上菜单，让老乔欣慰的是，虽然菜品多了不少，价格普遍高了很多，但鱼香肉丝仍然在菜单的显著位置。要知道，老乔今天就是冲着蜀香人家的鱼香肉丝这道招牌菜来的。他是故地重游。20 年前，老乔与爱人一起吃的第一顿饭就是在蜀香人家，当时就点了这道招牌菜。他甚至还保留着当时的收款条。20 年前，母校周边的饭店基本都有鱼香肉丝这道小炒，但蜀香人家的鱼香肉丝远近闻名，以至于如果在蜀香人家点这道菜总是要等一些时间。

一杯茶还未喝完，服务员已经陆续送菜上来。而且，上来的第一道菜就是老乔特意点的鱼香肉丝。老乔夹起向往已久的鱼香肉丝品尝了一下，皱了一下眉头，自言自语道：“这味道咋与原来的不一样呢？”听老乔这么一说，李荣他们仔细地品尝了一下，也感觉到了一些差异。实际上，当年读大学时，班上大聚小聚的，只要来蜀香人家，都会点这道招牌菜，李荣他们自然也对这里的鱼香肉丝比较熟悉。

老乔叫来服务员，说想见一下这里的老板或经理。服务员脱口而出：“老板出门了，经理们都在忙着呢，您有什么事跟我说就是了。”老乔请服务员转告，就说有一位 20 年前的老顾客想见一下这里的负责人。

服务员走后不多时，一位 60 多岁的男人走进了老乔他们的包间。虽然 20 年过去了，老乔还是一眼就认出了面前的这位梁

老板。稍一愣神，梁老板也认出了面前的老乔。当时，老乔隔三岔五地带着女朋友来蜀香人家吃饭，一来二去就与梁老板非常熟悉了。他们曾戏谑两人的姓合在一起是“桥梁”。了解到老乔真正的来意和他们对鱼香肉丝的不满意，梁老板深感内疚。一番推杯换盏之后，梁老板走出了包间。大约20分钟过后，服务员又送来一份鱼香肉丝，说是梁老板亲自下厨炒的。

总算是吃到了原汁原味的鱼香肉丝。离开蜀香人家的时候，老乔他们遇到了一位客人因为停车券与前台争吵不休的情况。坐在车上，老乔念念有词：“鱼香肉丝里真没有鱼，但鱼香味必须有呀！”

送走了老乔他们，梁老板马上召集几个经理及厨师长开会。梁老板首先说明了老乔他们对鱼香肉丝的抱怨和在后厨了解到的情况。他对把小炒做成大锅菜大为光火。关于小炒必须“一客一炒”的规定就在后厨的墙上挂着，厨师为什么还明知故犯！

然后，梁老板就蜀香人家近两年的经营每况愈下请大家畅所欲言，分析根本原因，给出相关建议。

问题

1. 归纳整理蜀香人家存在的问题。
2. 利用服务质量5GAP模型分析蜀香人家存在问题的原因。
3. 给出改善蜀香人家菜品质量、提升整体服务水平的建议及措施。

3.3 习题参考答案与案例使用说明

3.3.1 习题参考答案

1. 名词解释

（1）新产品是指在产品特性、材料性能和技术性能等方面（或仅一方面）具有先进性或独创性的产品。

（2）创新产品是指采用新技术、新发明生产的具有新原理、新技术、新结构、新工艺、新材料等特征的新产品。

（3）换代新产品是指在原来产品的基础上，保持基本原理不变，部分采用新技术、新结构、新材料、新元件制造的使产品功能、性能或经济指标有显著改进的新产品。

（4）改进新产品是指改进原有产品的性能、功能，提高质量，增加规格型号，改变款式、花色而制造出来的新产品。

（5）产品生命周期是指产品或服务从研制成功到投入市场直至被淘汰退出市场的“生命”历程。

（6）产品生命周期曲线是以时期为横坐标，以销售收入或利润为纵坐标绘制出来的曲线。

（7）D*f*X是指为产品生命周期内某一环节或某一要素而设计。

（8）D*f*M即可制造性设计。D*f*M主要研究产品本身的物理设计与制造系统各部分之间的相互关系，并把它用于产品设计，以便将整个制造系统融合在一起进行总体优化。

（9）D*f*C是指在满足用户需求的前提下，分析和研究产品制造过程及销售、使用、维修、回收、报废等产品全生命周期中的各个部分的成本组成情况，对原设计方案中造成产品成本过高的项目进行修改，以降低设计与制造成本。

（10）全生命周期成本是指从产品设计到最终回收利用整个生命周期的成本。

（11）D*f*E 是指在保证产品的性能、质量的前提下，考虑产品在其整个生命周期中对资源和环境的影响，使产品对环境的总体影响降到最低。

（12）3R 原则即减量化（reduce）、再利用（reuse）、再循环（recycle）。

（13）减量化就是通过消耗最少的物料和能源来生产产品。

（14）再利用就是使废旧产品的某些配件或成分能够得到最大限度的利用。

（15）再循环是指使本企业的废弃物资源化。

（16）质量功能展开（QFD）是一种结构化的产品开发或服务设计管理方法。

（17）质量屋是实施质量功能展开的一种形似房屋的图形化工具。

（18）流程是指通过生产产品或提供服务为顾客创造价值的过程。

（19）工艺流程是指利用一定的装备，按照规定的顺序对产品进行加工的过程。

（20）业务流程是指按照规定的顺序完成某项业务的一系列活动。

（21）单件生产是指一定时期内生产很多种产品，每种产品只生产一件或少数几件的生产组织过程。

（22）批量生产是指在一定时期内生产为数不多的几种产品，每种产品生产的数量有限的生产组织过程。

（23）大量生产是指在一定时期内只生产一种或品种极少的产品，每种产品大量重复生产的生产组织过程。

（24）连续生产是指在一定时期内不间断地生产一种产品的生产组织过程，如化工、炼钢、制药、发电等。

（25）P-P 矩阵是指由产品特性和流程类型两个维度组成的一种用于流程选择的矩阵。

（26）流程设计就是确定一个流程要输入的资源、处理逻辑关系、输出形式，选择作业方法，设计人 – 机组合方案，确定顾客参与流程的界面与程度，明确关键控制点及控制标准，并对流程的绩效进行评估。

（27）流程优化就是对流程进行再设计。

（28）工艺流程设计就是根据产品方案确定全部生产过程的具体内容和顺序。

（29）工艺流程图是用箭头、框图及文字（或代号）描述从原料到目标产品的工艺过程的图形。

（30）业务流程设计就是根据顾客需求，从实现顾客价值出发，确定某一业务流程的基本模式和具体内容。

（31）业务流程优化就是对已有业务流程进行优化。

（32）业务流程图是用箭头、框图及文字（或代号）描述从业务起点到业务终点的全过程的图形。

（33）流程时间是指为顾客提供服务或处理物料的全部时间。

（34）在制品是指流程中的物料或顾客。

（35）利特尔法则是描述平均在制品（WIP）数量与产率和流程时间关系的法则。

（36）作业流程图是指借助操作、搬运、检查、延迟、存储五种特殊符号来系统地描述一个作业过程的系统化工具。

（37）ECRS分析法是指通过取消（elimination）、合并（combination）、重排（rearrangement）、简化（simplification）四项技术对现有流程进行优化的系统化工具。

（38）SIPOC图是一种基于供应商、输入、处理、输出、顾客五个维度分析的流程设计与优化的方法。

（39）标杆瞄准法/对标分析/基准管理是把企业的某一方面或某几方面的经营状况与同行业一流的企业进行对照分析，并把奋斗目标确定为赶超一流企业的一种管理方法。

（40）DMAIC方法是基于定义（define）、测量（measure）、分析（analyze）、改进（improve）、控制（control）的业务流程设计与优化方法。

（41）业务流程再造是指以提高顾客满意度为目标，利用先进的信息技术和管理方法，对现有业务流程进行根本性的再思考和彻底的再设计的系统化方法。

（42）自动化技术是指使机器设备、系统或过程在没有人或较少人的直接参与下，按照人的要求，经过自动检测、信息处理、分析判断、操纵控制，实现预期目标的综合性技术。

（43）数控机床是指由装有程序的控制系统，通过数字代码信号控制机床的动作，按图纸要求的形状和尺寸，对零件进行自动加工的机床。

（44）工业机器人是指面向工业领域的，由多关节机械手或多自由度装置组成的，按照预先编排的控制程序来完成各种功能的一种机器。

（45）CAX是计算机辅助设计（computer-aided design，CAD）、计算机辅助工程（computer aided engineering，CAE）、计算机辅助工艺规划（computer-aided process planning，CAPP）、计算机辅助制造（computer-aided manufacturing，CAM）的统称。

（46）CAD是指在计算机上通过特定软件完成产品设计过程。

（47）CAE是指通过计算机辅助求解，分析复杂工程和产品的结构力学性能，并优化结构性能。

（48）CAPP是指借助计算机软硬件技术和支撑环境，通过数值计算、逻辑判断和推理等功能来制定零件加工工艺。

（49）CAM是指借助计算机软硬件系统，实现从设计、测试、加工、装配、检验直至物料运输等职能活动的物流、信息流和价值流集成，并加以自动化的监视、控制和管理。

（50）CIMS是综合运用制造技术、系统工程技术、自动化技术、信息技术、现代管理技术，形成与企业生产全过程中有关的人、技术、经营管理三要素及其信息与物流有机集成并优化运行的复杂大系统。

（51）FMS是指由数控加工设备、物料储运装置和计算机控制系统组成的，能根据制造任务或生产环境的变化迅速进行调整的，并能适应多品种、中小批量生产的自动化制造系统。

（52）FMM是指功能齐全的，具有一定柔性的加工中心。

（53）FMC是指由单台数控机床、加工中心、工件自动输送及更换系统等组成的，实现单工序加工的可变加工单元。

（54）FML是指由自动化加工设备、工件输送系统和控制系统等组成的，可以对生产节拍进行调整的制造线。

（55）FMF是指把柔性制造扩大到全厂范围，配以自动化立体仓库，通过计算机网络，实现从订货、设计、加工、装配、检验、运送至发货的全过程柔性化、自动化制造的柔性工厂。

（56）三层六级管控一体化体系是指从底层的过程控制系统（process control system，PCS），到中间层的制造执行系统（manufacturing executive system，MES），再到管理层的企业资源计划（enterprise resources planning，ERP）的企业管控一体化体系。

（57）信息技术是管理和处理信息所采用的各种技术的总称。

（58）无线射频识别（RFID）/电子标签是指一种非接触式的，利用射频信号和空间耦合（电感或电磁耦合）或雷达反射的传输特性，实现对被识别物体自动识别的信息技术。

（59）GPS是指具备全方位实时三维导航与定位能力的卫星导航与定位系统。

（60）BDS是中国自行研制的全球卫星导航系统，是继美国GPS、俄罗斯格洛纳斯卫星导航系统之后第三个成熟的卫星导航系统。

（61）GIS是指在计算机硬件和软件系统的支持下，对整个或部分地球表层（包括大气层）空间中的有关地理分布数据进行采集、储存、运算、分析、显示和描述的技术系统。

（62）BIM是指以建筑工程项目的各项相关信息数据作为基础，通过建立三维的建筑模型，用数字信息仿真模拟建筑物所具有的真实信息的一种建筑设计解决方案。

（63）区块链是利用分布式节点共识机制生成、更新、验证与存储时序性数据，通过密码算法保证数据传输和访问的安全性，利用脚本系统实现智能合约功能的一种新型分布式信息架构与应用模式。

（64）人工智能（AI）是指与机器人技术、网络技术、专家系统相结合的，应用于制造业的设计、生产、储运等各个环节，并拓展到管理领域的智能制造技术。

（65）虚拟现实（VR）是指综合计算机图形技术、计算机仿真技术、传感器技术、显示技术等多种科学技术，通过建模与仿真，在多维信息空间创建一个虚拟信息环境，使用户具有身临其境的沉浸感，具有完善的与环境交互作用能力，并有助于启发构思的综合技术。

（66）网络技术是指将互联网上分散的资源融为有机整体，实现包括高性能计算机、网络、传感器、存储资源、数据资源、信息资源、知识资源、专家资源等在内的资源全面共享和有机协作，使人们能够透明地使用资源的整体能力并按需获取信息的综合性技术。

（67）服务是指为顾客提供的一种便利。

（68）服务包是指包括用于提供服务的硬件、辅助物品、显性服务和隐性服务在内的统一体。

（69）服务流水线是指采用分工并使工具和设备专业化建立的类似制造业的流水线。

（70）服务场景是指为顾客带来印象的环境。

（71）服务蓝图是指用箭头线把服务过程中的各项作业（用矩阵框或菱形框表示）按其前后顺序连接起来形成的作业顺序图。

（72）防差错设计是一种在作业过程中采用自动作用、报警、提醒等手段，使作业人员无须注意或无须特别注意也不会失误的方法。

（73）SERVQUAL 是指基于服务差距管控的服务质量管理方法。

（74）服务差距是顾客感知的服务水平（perception service，PS）与顾客期望的服务水平（exception service，ES）之间的差距。

（75）服务质量 5GAP 模型是指通过对调查、设计、提供、沟通四个方面的差距进行测评，最终评价顾客感知与顾客期望之间差距的一种服务质量管理方法。

2. 单选题

（1）C （2）B （3）D

3. 多选题

BD

4. 判断题

（1）错 （2）错 （3）错 （4）错 （5）对 （6）错 （7）错

5. 填空题

（1）创新产品 换代新产品 改进新产品

（2）高效、多能化 复合化 小型、轻便化 智能、知识化 艺术、品位化

（3）投入期 成长期 成熟期 衰退期

（4）减量化（reduce） 再利用（reuse） 再循环（recycle）

（5）单件生产 批量生产 大量生产 连续生产

（6）操作 搬运 检查 延迟 仓储

（7）取消（elimination） 合并（combination） 重排（rearrangement） 简化（simplification）

（8）输入与输出装置 数控装置 可编程逻辑控制器（PLC） 伺服系统 检测装置 驱动装置 机床本体

（9）主体 驱动系统 控制系统

（10）过程控制系统 制造执行系统 企业资源计划

（11）L0 级的参数检测与传动 L1 级的基础自动化 L2 级的过程控制 L3 级的生产控制 L4 级的职能管理 L5 级的经营管理

（12）空间星座 地面控制与监控系统 GPS 信号接收机

（13）去中心化 信任创建机制 信息公开 内容不可篡改

（14）劳动分工 服务标准化 用技术代替人力 充分授权

（15）环境氛围 空间布置 符号、标志和器物

（16）有形性 可靠性 响应性 保证性 移情性

6. 简答题

（1）产品生命周期不同阶段的特点如表 3-1 所示。

表 3-1　产品生命周期不同阶段的特点

	投入期	成长期	成熟期	衰退期
营业收入	低	快速增长	缓慢增长	下降
目标市场	“前卫”者	一般顾客	普通顾客	保守者
竞争对手数量	极少	开始增加	相对稳定	开始减少
产品 / 服务个性化	定制程度高	标准化	主流产品	标准件 / 日用品
订单赢得要素	产品新颖	配套服务	价格低廉	无

（2）在投入期，做好市场定位，加强广告宣传和产品推介，强调产品的新颖性，同时，改进工艺，提高效率，稳定质量，降低成本，促使产品尽快进入成长期；在成长期，针对各个细分市场做好配套服务，在确保质量的前提下，提高生产能力，扩大批量；在成熟期，最大限度地降低成本，同时，适时推出新产品；在衰退期，果断地停止这种产品的生产，代之以新产品。

（3）产品开发或服务设计路线图如图 3-1 所示。

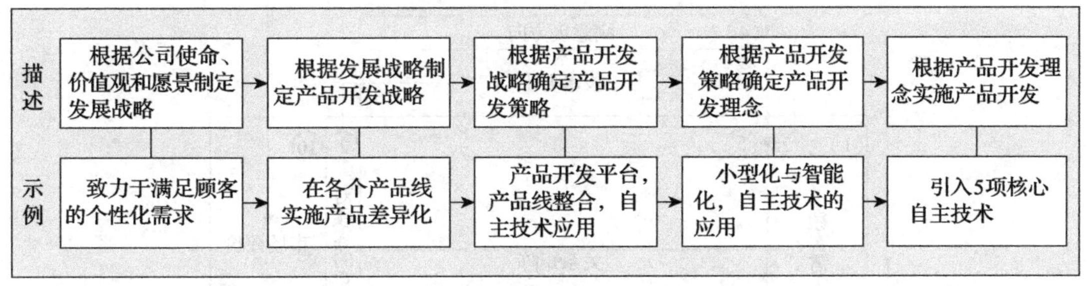

图 3-1　产品开发或服务设计路线

（4）需求牵引型动力模式的含义与应用说明如下所述。

①所谓需求牵引型，是指按照所谓的“需求理论”（need theory）的方式进行新产品 / 服务开发。首先，企业要进行市场调查，了解市场需要什么样的新产品；然后，进行生产技术、价格、性能等方面的研究；最后，根据销售预测决定是否开发这种产品 / 服务。需求牵引型产品以“市场—研发—生产—市场”的形式出现。

②当今发展迅速的模糊控制洗衣机、电饭煲、空调等家用电器，就是典型的需求牵引型产品。

（5）技术导向型动力模式的含义与应用如下所述。

①所谓技术导向型，是指按照被称为“种子理论”（seed theory）的方式进行新产品 / 服务开发，即从最初的科学探索出发开发新产品，以供给的变化带动需求的产生和变化。技术导向型的产品以“科研—生产—营销”的模式出现。

②青霉素是历史上典型的以技术导向型动力模式开发的新产品。青霉素首先是在结核菌的培养过程中发现的，进而开发成了抗生素。今天，风靡全球的纳米、微纳米材料也

是典型的技术导向型产品，这些产品正被广泛应用于军事装备、家电、计量仪器等。

（6）绿色设计的基本要求为：优良的环境友好性；最大限度地减少资源消耗；排放最小；最大化资源的可回收利用。

（7）绿色设计的主要内容为：绿色设计材料的选择与管理；产品的可拆卸性与可回收性设计；绿色产品成本分析；绿色产品设计数据库与知识库管理。

（8）内涵：质量功能展开是在产品设计与开发中充分倾听顾客的声音；特点：质量功能展开是一种集成的产品开发技术。

（9）①左墙：顾客需求；②右墙：竞争力评价表；③天花板：技术要求；④房间：关系矩阵；⑤地板：质量规格；⑥地下室：技术评价表；⑦屋顶：技术要求之间的相关矩阵。

（10）具体包括10个步骤：调查顾客需求→测评各项需求对顾客的重要度→把顾客需求转换为技术要求→确定技术要求的满意度方向→填写关系矩阵表→计算技术重要度→设计质量规格→技术评价→确定相关矩阵→市场评价。10个步骤之间的逻辑关系如图3-2所示。

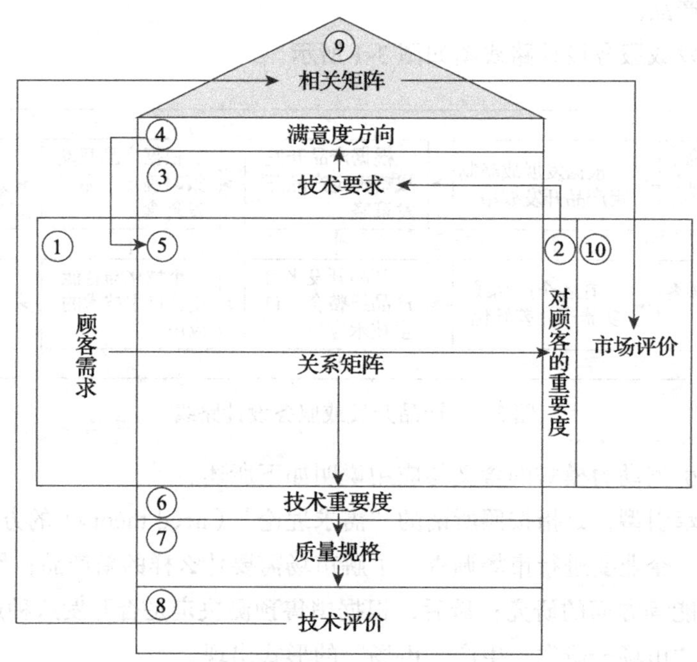

图3-2　建造质量屋的技术路线

（11）产品/服务是流程的处理对象或结果；流程是生产产品或提供服务的条件或基础。

（12）应用P-P矩阵进行流程选择的基本思路如下。

①根据P-P矩阵，参照所加工产品的特性，即产量大小和品种多少，沿对角线选择和配置流程最为经济；反之，偏离对角线选择和配置流程不能获得最佳效益。

②在P-P矩阵的基础上添加PLC和单位可变成本两个维度，得到扩展的P-P矩阵。一方面，对同一产品，在投入期倾向于采用单件生产或批量生产，在成熟期，倾向于采用

大量生产或连续生产；另一方面，当采取单件生产或批量生产时，单位可变成本通常较高，应尽量满足顾客的定制化要求，并通过提高价格来弥补较高的单位可变成本。

（13）确定产品生产方法与工艺技术路线、工艺参数、设备选型及各种设备之间的连接方案、工艺操作条件、原料和公用工程、安全技术及劳动保护、产品质量、三废处理方案等；对工艺流程进行技术经济分析。

（14）业务流程设计与优化的主要内容为：确定业务流程的服务对象与核心目标、需要输入的主要资源、中间处理过程与基本步骤、具体输出形式。业务流程设计与优化的主要成果之一是业务流程图。

（15）①运营模式发生了变化，如某些商品由原来的线下交易变为线上交易；②引入了新产品、新设备、新技术、新工艺；③作业环境发生了变化；④体现企业竞争力的质量、成本、交货期等因素表现欠佳，与竞争对手相比存在明显差距。

（16）面向顾客的原则；战略匹配性原则；跨职能协调原则。

（17）①组建团队；②现有或类似流程的调查与分析；③流程设计与优化；④流程绩效测评。

（18）①随着信息化时代的到来，顾客的需求呈现出越来越多的个性化，同时，产品生命周期越来越短，竞争日趋白热化，企业所处的政治、经济环境瞬息万变；②为了适应这种新的格局，在快速变革的环境下求得生存和发展，不少企业不惜投入巨资引入计算机技术和信息技术，却并未得到期望的结果；③美国 MIT 教授哈默和 CSC 管理顾问公司董事长钱皮提出应在新的企业运行环境下，从根本上改造原来的业务流程，以使企业更好地适应未来的生存空间，一时间"企业再造""流程再造"这一全新的思想震动了管理学界。

（19）①顾客需求发生了显著变化；②企业的投资战略、市场战略、能力战略、供应链战略、质量战略等方面有了重大调整；③竞争态势发生了重大变化，竞争对手在质量、成本或准时交货率方面占有显著优势。

（20）①与组织的使命、价值观、愿景、发展战略、运营战略等相匹配；②面向流程；③局部最优服从整体最优；④上下结合。

（21）①构思设想；②启动项目；③诊断流程；④再造流程；⑤绩效评估；⑥持续改进。

（22）①实现了快速、连续加工，提高了生产效率；②增强了加工系统的柔性；③实现了程序控制，提高了质量水平；④实现了快速换模，减少了作业时间；⑤减少了人工参与，降低了成本；⑥操作者从程序化的操作中解放出来，降低了劳动强度；⑦促进了生产管理现代化。

（23）① CAX 将多元化的计算机辅助技术集成起来，综合考虑产品生命周期的各种因素，实现了复合化、协同性工作，能够对各阶段的功能、进度、费用做出评估；②可以对外部需求做出响应，不断优化设计和制造方案，从而获得显著的经济效益。

（24）①机床加工的柔性：当生产需求发生变化时，FMS 可以方便地扩展、收缩或重构，从而能够以不同的加工工序加工一个零件，或在给定的一种工艺规划下以不同的路线加工零件；②产品及生产批量的柔性：FMS 能够经济、快速地切换不同产品的生产；③扩展的柔性：FMS 能够在需要时快捷、经济地扩展系统。

（25）提高了制造系统的快速响应能力，提高了设备利用率，减少了设备投资，缩短了生产准备时间，减少了在制品数量，减少了工时费用，提高了产品质量水平。

（26）三层六级企业管控一体化体系结构如图 3-3 所示。

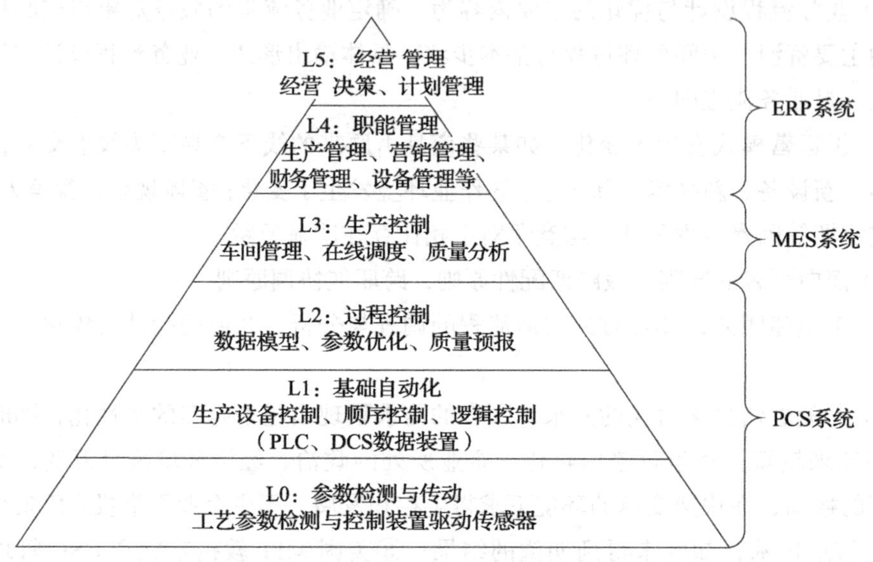

图 3-3 三层六级企业管控一体化体系结构

（27）①自动化技术已经不再局限于制造业加工过程的应用，还应用于企业整体管理，形成了从底层的过程控制系统（process control system，PCS），到中间层的制造执行系统（manufacturing executive system，MES），再到管理层的企业资源计划（enterprise resources planning，ERP）的企业管控一体化体系；②自动化技术的未来发展趋势是综合利用信息技术、计算机控制技术以及网络控制技术的最新成果，实现机电一体化、机械功能多元化、结构设计标准化、结构运动精度化、控制智能化。

（28）①在制造业、零售业、交通运输、医疗卫生、出版发行等诸多行业改变了仓储与物流的管理形态；②物料的出入库管理、盘存管理、物流信息追踪能够以快捷、准确、经济的方式得到有效实施；③今天，其应用已经从库存与物流管理扩展到商品防伪、安全防护、质量管理、生产计划等领域。

（29）网络技术与自动化技术、信息技术之间呈现出越来越多的交叉与融合。今天，以智能制造为显著特征的工业 4.0 正是这种交叉与融合的结果。

（30）服务是无形的；服务需求更具不确定性；服务无法储存；服务过程的可视性。

（31）与组织的使命、价值观和愿景一致；有统一的服务宗旨；所设计的服务对顾客来说是有价值的；所设计的服务是稳健的。

（32）一旦开始进行服务设计，管理者应立即介入并支持服务设计活动；确定服务标准，尤其是那些感受、气氛等难以度量的标准；确保服务人员的招聘、培训和薪酬制度与服务设计的目标一致；建立可预测事件的处理流程和不可预测事件的紧急预案；建立监控、维持和改进服务的管理体系。

（33）从横向上可把服务蓝图分为四个层次，即顾客层、前台、后台和支持层；从纵向上，根据特定的服务项目，划分为若干阶段。

（34）SERVQUAL 五个维度所包含的调查项目如表 3-2 所示。

表 3-2　SERVQUAL 五个维度所包含的调查项目

维度	所包含的项目
有形性	1. 有现代化的服务设施 2. 服务设施具有吸引力 3. 员工有整洁的服装和外套 4. 公司的设施与其提供的服务相匹配
可靠性	5. 公司向顾客承诺的事情都能及时完成 6. 当顾客遇到困难时，公司能表现出关心并帮助 7. 公司是可靠的 8. 能准时地提供所承诺的服务 9. 正确记录相关事项
响应性	10. 不能指望他们告知顾客提供服务的准确时间 11. 期望他们提供及时的服务是不现实的 12. 员工并不总是愿意帮助顾客 13. 员工因为太忙一直无法立即提供服务和满足顾客的需求
保证性	14. 员工是值得信赖的 15. 在从事交易时，顾客会感到放心 16. 员工是礼貌的 17. 员工可以从公司得到适当的支持以提供更好的服务
移情性	18. 公司不会针对顾客提供特别的服务 19. 员工不会给予顾客特别的关心 20. 不能期望员工了解顾客的需求 21. 公司没有优先考虑顾客的利益 22. 公司提供的服务时间不能符合所有顾客的需求

（35）服务质量 5GAP 模型如图 3-4 所示。

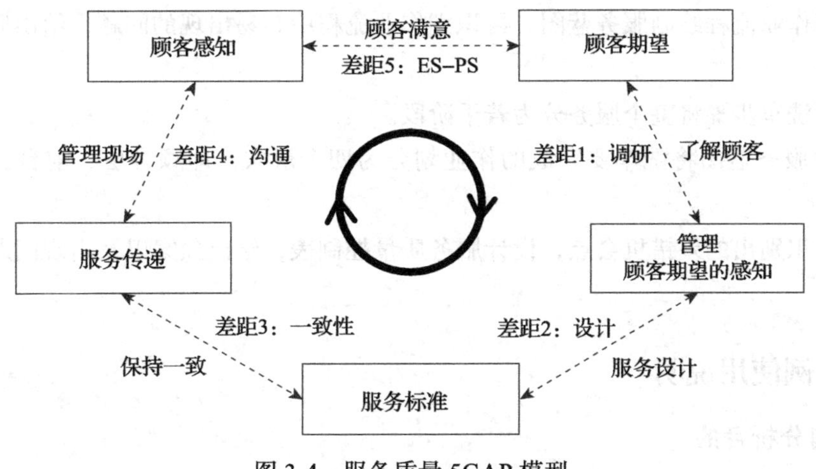

图 3-4　服务质量 5GAP 模型

7. 计算题

（1）关系一般、关系强、关系弱的量值分别为 3、9、1，所以这项技术要求的重要度为：$3\times10+9\times4+1\times20=86$。

（2）$WIT=R\times T=50\times2=100$（件）。

根据 WIT 的计算公式，减少在制品的途径是通过技术和管理来缩短标准件的加工时间。

8. 论述题

（1）以手机为例，“手机就是手机”的时代早已过去。

不断开发新产品或设计服务的必要性体现在以下三个方面：①科技发展和社会需求变化的必然要求；②企业生存和发展的基本要求；③产品生命周期规律的必然反映。

（2）首先，网络技术是指将互联网上分散的资源融为有机整体，实现包括高性能计算机、网络、传感器、存储资源、数据资源、信息资源、知识资源、专家资源等在内的资源全面共享和有机协作，使人们能够透明地使用资源的整体能力并按需获取信息的综合性技术。

其次，今天，企业运营与人们的日常生活都已经离不开互联网。人们早已习惯了远程组织与管理。面对面变成了面对屏幕，固定时间与地点变成了随时随地，标准化变成了个性化。而“互联网＋”则正在改变传统的产业，商业模式正在重构，业务体系正在更新，生产要素正在优化。

最后，随着移动互联网、物联网、大数据与云计算、在线支付技术的应用，原本无法想象的共享单车、共享电动车、共享汽车纷纷涌现。可以想象，即使像美容美发这类顾客必须与美容师直接接触的服务，也可以通过先进的信息技术与网络技术的应用来降低顾客与美容师面对面接触的程度。顾客完全可以通过远程互动平台商定美容项目及每一个细节，并且借助 VR 技术展示美容效果。

（3）以洗车为例。

①根据作业流程绘制服务蓝图，再识别作业流程中容易出现的问题，给出服务质量控制方案。

②根据洗车步骤将整个服务分为若干阶段。

③应用服务蓝图将洗车要完成的作业划分为四个层次，即顾客层、前台、后台、支持层。

④根据识别出的差错机会点，设计服务质量控制表，给出预案以及出现问题时的纠正措施。

3.3.2 案例使用说明

1. 案例分析目的

（1）分析蜀香人家存在的质量问题，并尝试给出解决方案。

（2）巩固与服务质量管理有关的知识点，如流程管理、服务蓝图、服务质量 5GAP

模型等。

（3）指导个别对这类问题特别有兴趣的学生，就服务质量管理做一些深入思考，可能的话，尝试做一些创新研究。

2. 案例分析步骤

（1）学生阅读案例文本，尝试回答后面的问题。

（2）就小炒是否必须“一客一炒”组织学生进行课堂辩论。

（3）正反双方各总结出最重要的三个论据，并进行汇报，教师板书这些论据。

（4）教师对辩论进行点评。特别是肯定学生基于论据给出各自结论的做法。

（5）教师以条目形式列出蜀香人家存在的质量问题。特别是向学生说明服务业作业标准的严肃性，进而给出正确观点：当顾客权益与商家利益冲突时，必须维护顾客权益。

案例分析过程如图 3-5 所示。

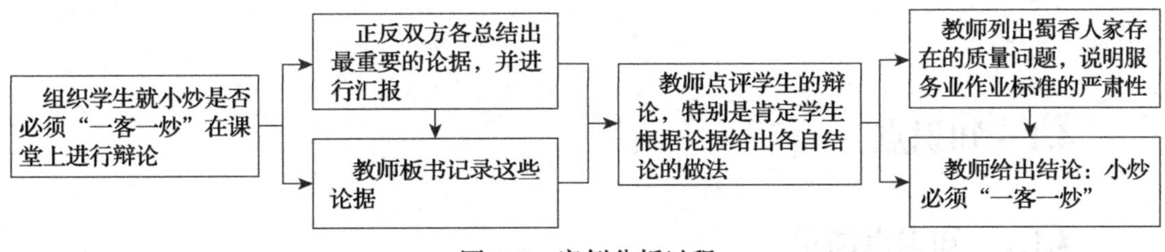

图 3-5　案例分析过程

第 4 章
CHAPTER 4

运营能力规划

4.1 知识点

4.1.1 知识点清单

- 运营能力
- 设计能力
- 有效能力
- 实际能力
- 利用率
- 效率
- 提高运营能力的基本思路
- 运营能力战略
- 规划运营能力要考虑的因素
- 规模经济效应
- 规模报酬递增
- 规模报酬不变
- 规模报酬递减
- 需求因素对运营能力的影响
- 资源因素对运营能力的影响
- 选址与设施布置对运营能力的影响
- 产品及其生命周期对运营能力的影响
- 供应链对运营能力的影响
- 运营能力决策
- 构建或改变运营能力的策略
- 超前策略
- 滞后策略
- 同步策略
- 能力缓冲
- 生产外包
- 设备租赁
- 能力柔性
- 规划运营能力的步骤
- 决策
- 决策要素
- 决策目标
- 自然状态
- 决策方案
- 收益值
- 决策环境
- 确定型决策环境
- 风险型决策环境
- 不确定型决策环境

- 决策过程
- 数学期望
- 乐观准则 / 大中取大准则 / 赫维斯准则
- 悲观准则 / 小中取大准则 / 沃尔德准则
- 折中主义准则 /α 准则 / 霍尔威兹准则
- 等概率准则 / 平均主义准则 / 拉普拉斯准则
- 后悔值准则 / 最大最小后悔值准则 / 萨维奇准则
- 完全信息价值
- 盈亏平衡分析
- 盈亏平衡点（BEP）
- 固定成本
- 变动成本
- 盈亏平衡分析的前提条件
- 经营安全率
- 资金的时间价值
- 排队论 / 随机服务系统理论
- 排队系统
- 有限总体顾客源
- 无限总体顾客源
- 泊松分布
- 泊松分布的平衡性
- 泊松分布的无后效性
- 泊松分布的单个性
- 排队规则
- 排队系统的主要数量指标
- 服务系统利用率
- 排队长
- 队长
- 平均等待时间
- 平均逗留时间
- 与服务能力有关的成本
- 与等待服务有关的成本
- 排队系统经济分析
- 学习效应
- 学习曲线
- 学习率
- 单位时间因子
- 总时间因子
- 学习率的估算方法
- 学习效应的应用
- 劳动定额
- 先进合理的劳动定额
- 应用学习效应注意的事项
- 需求预测
- 预测的基本特征
- 需求预测的步骤
- 定性预测方法 / 主观预测方法
- 德尔菲法
- 用户调查法
- 部门主管讨论法
- 销售人员集中法
- 定量预测方法
- 时间序列
- 长期变动
- 季节变动
- 循环变动
- 随机变动
- 时间序列模型预测方法
- 简单移动平均法
- 加权移动平均法
- 指数平滑法
- 平滑系数
- 因果关系模型
- 一元线性回归法 / 最小二乘法
- 趋势模型
- 季节性模型
- 预测误差
- 预测精度
- 平均绝对误差（MAD）
- 平均平方误差（MSD）
- 跟踪信号（TS）
- 需求管理
- 管理需求的方法

4.1.2 知识点解析

1. 概述

（1）运营能力的定义与度量

运营能力即组织接收、持有、容纳或给付的能力。运营能力从形成阶段可分为设计能力、有效能力和实际能力。

设计能力是指策划决策阶段和勘察设计阶段完成后，施工图设计方案中所确定的能力，即新建或改扩建后运营系统理论上达到的最大能力。

有效能力是在建设安装阶段完成后，竣工验收所确定的能力。

实际能力是在一定的时期内，在运营系统的正常运行维护条件下能够实现的产出。

利用率是实际产出与设计能力的比率。

效率是实际产出与有效能力的比率。

提高运营能力的基本思路是：首先，在给定设计能力的前提下，通过提高建设安装管理水平来提高有效能力；然后，通过加强日常运营管理，大幅度地提高实际能力，使利用率和效率都得到提升。

（2）规划运营能力的重要性

运营能力规划对组织的重要性表现在以下四个方面：运营能力决定着初始投资与运营成本；运营能力影响到组织的日常运营管理；运营能力事关长远；运营能力影响组织的竞争力。

2. 能力战略与实施

运营能力战略就是在综合考虑内部条件与外部环境的基础上，对运营能力的构建与改变、能力柔性的建立做出的长期谋划。

（1）规划运营能力要考虑的因素

规划运营能力要考虑的因素包括：规模经济效应、需求与资源、选址与设施布置、产品及其生命周期的阶段性、供应链方面的因素。

规模经济效应是指所有生产要素按同方向增加（或减少）对产量变动的影响。

规模报酬递增（increasing returns to scale）是指在生产技术水平不变的前提下，当所有生产要素的投入量都按同比例增加时，产出量增加的幅度比生产要素投入量增加的幅度大。

规模报酬不变（constant returns to scale）是指在生产技术水平不变的前提下，当所有生产要素的投入量都按同比例增加时，产出量增加的幅度与生产要素投入量增加的幅度相同。

规模报酬递减（decreasing rectums to scale）是指在生产技术水平不变的前提下，当所有生产要素的投入量都按同比例增加时，产出量增加的幅度比生产要素投入量增加的幅度小。

需求对运营能力的影响体现在：为了更好地匹配需求，需要预测市场对运营能力的中长期需求。

资源对运营能力的影响体现在：在规划运营能力时要考虑企业本身所能动用的资源，尤其要考虑特殊设备、特殊工种等关键资源。

选址与设施布置对运营能力的影响体现在：厂址与设施布置方案决定了运输成本、与市场的距离、劳动力和能源的供应等，直接地影响着运营能力的发挥。

产品及其生命周期的阶段性对运营能力的影响体现在：产品或服务的关联性越强，实现标准化的可能性越强，同样的投资所形成的运营能力就越大；产品在不同的生命周期阶段有不同的能力需求，投入期最小，成熟期最大。

供应链对运营能力的影响体现在：当运营能力规划涉及运营能力的大幅度变化时，就必须考虑供应链的影响作用。

（2）运营能力决策

运营能力决策就是确定运营能力的总体规模以及在不同地点的能力分配方案。从战略层面考虑，构建或改变运营能力的策略、能力缓冲、外部能力的利用都是需要重点解决的问题。

构建或改变运营能力的策略有三种：超前策略、滞后策略、同步策略。

超前策略是指在需求之前建立或改变运营能力，以应对即将到来的需求。

滞后策略是指比需求推后一段时期建立或改变运营能力。

同步策略是指与需求同步建立或改变运营能力。

能力缓冲是指建立或改变的运营能力超过了需求。

生产外包（original equipment manufacturer，OEM）是外包的一种，是企业利用自己的核心技术专注于产品的设计和开发，控制销售渠道，以合同订购的形式把加工任务委托给其他厂家，再将所委托加工的产品低价买断，贴上自己的品牌。OEM 是企业利用外部资源的重要途径之一。

设备租赁是指承租人按照合同约定，以按时向出租人支付租金的方式，在一定时期内拥有设备的使用权，但不拥有所有权的资金信贷形式。

（3）能力柔性

能力柔性（capacity flexibility）是指企业所具备的快速增加或降低某种运营能力的本领，也指快速地从一种运营能力转换为另一种运营能力的本领。

建立能力柔性的途径有三种：建设标准厂房，灵活配置设备；培养多面手；建立机动灵活的聘用制度。

（4）规划运营能力的步骤

规划运营能力的步骤有六个：估算对运营能力的需求、核算现有运营能力与所需运营能力之间的差距、调整运营能力、评价运营能力方案、实施方案、测评实施效果。

3. 决策论及其在运营管理中的应用

决策是指组织或个人为了实现某种目标而对未来一定时期内有关活动的方向、内容及方式的选择或调整过程。

决策的准则是满意准则，而不是最优准则。

获得最优决策的条件有三个：能够获得与决策有关的全部信息；真实了解全部信息的价值所在，并据此制订所有可能的方案；准确知道每个方案在未来的执行结果。

决策有四个基本要素：决策目标、自然状态、决策方案和收益值。

决策目标是指决策要实现的目的，如利润最大、成本最低、时间最短、距离最近等。

自然状态是指一组影响决策结果的经济状态。自然状态是决策者无法控制的。

决策方案是指一组可供决策者选择的决策方案。

收益值是指每一个决策方案在每一个自然状态下的收益。

决策环境是指决策者对环境的认知程度。据此，可把决策环境分为确定型决策环境、风险型决策环境和不确定型决策环境三种。

确定型决策环境是指决策者对信息的了解最充分，自然状态完全确定的决策环境。

风险型决策环境是指决策者对信息的认识比较充分，尽管自然状态是不确定的，但每种自然状态发生的概率已知的决策环境。

不确定型决策环境是指决策者对决策环境知之甚少，只能判断未来有几种自然状态，但没有足够的信息给出每种状态发生的概率。

决策的步骤有五个：识别问题，确定目标；确定自然状态；提出若干决策方案；估算收益值；评价并选择决策方案。

数学期望是可能结果乘以可能结果发生的概率的总和。

乐观准则 / 大中取大准则 / 赫维斯准则是指从最乐观的角度出发，先计算每个方案在不同自然状态下的最大收益值，再从这些收益值中选取最大值，并据此选择最佳方案的准则。

悲观准则 / 小中取大准则 / 沃尔德准则是指从最悲观的角度出发，先计算每个方案在不同自然状态下的最小收益值，再从这些收益值中选取最大值，并据此选择最佳方案的准则。

折中主义准则 /α 准则 / 霍尔威兹准则是指首先设定一个 α 值，以此作为收益最大的自然状态的概率，以 $1-\alpha$ 作为收益最小的自然状态的概率，再根据最大期望值选择最佳方案的准则。

等概率准则 / 平均主义准则 / 拉普拉斯准则是指将每一种自然状态发生的概率视为相等的，通过平均方式把不确定型决策环境转化成风险型决策环境，再根据最大期望值选择最佳方案的准则。

后悔值准则 / 最大最小后悔值准则 / 萨维奇准则是指首先计算各个方案的最大后悔值，然后从这些最大的后悔值中选择最小值，并据此选择最佳方案的准则。

完全信息的价值（expected value with perfect information，EVPI）是指确定状态下的最大期望收益值（expected value under certainty，EVC）与数学期望的差值。

4. 运营能力规划方案的盈亏平衡分析

盈亏平衡分析就是通过分析产量 - 成本 - 利润之间的关系，确定保本产量，即盈亏平衡点（break even point，BEP）的一种方法。

盈亏平衡点是使总收入等于总成本的产量水平。

固定成本是指在一定范围内不随产品产量或商品流转量的变化而变动的成本。

变动成本是指在一定范围内随产品产量或商品流转量的变化而变动的成本。

盈亏平衡分析的前提条件有：仅涉及一种产品；生产的产品全部销售出去；单位变动成本是不变的；单位价格保持不变；单位价格大于单位变动成本。

经营安全率是指最大产能与盈亏平衡点的差距占最大产能的比率。

盈亏平衡分析应注意的事项包括：产量为可预期的销售量；在某一范围内，单位变动成本是不变的，但超过某一范围，单位产品的变动成本会随着生产规模的变化而变化；应考虑产品的价格随市场供求的变化而变化的情况；许多不确定性因素的变动具有相关性；应考虑资金的时间价值。

资金的时间价值是指资金在时间推移中所具备的增值能力。

5. 排队论及其在服务运营能力规划中的应用

（1）排队论概述

排队论 / 随机服务系统理论是一门在研究各种排队系统概率规律性的基础上，解决相应排队系统的最优设计和最优控制问题的科学。

排队系统是指由顾客源、到达特性、排队规则和服务机构四个部分组成的一种服务系统。

有限总体顾客源是指顾客数量是有限的，其增减会影响为其他顾客提供服务。

无限总体顾客源是指顾客数量足够大，其增减不会显著影响为其他顾客提供服务。

泊松分布是指当一个事件以固定的瞬时速率随机且独立出现时，这个事件在单位时间内出现的次数所呈现出的一种分布。

满足泊松分布的条件有三个：平衡性、无后效性、单个性。

泊松分布的平衡性是指在长度为 t 的时段内，恰好到达 k 个顾客的概率仅与时段长度有关。

泊松分布的无后效性是指在任意几个不相交的时间区间内，各自到达的顾客数是相互独立的。

泊松分布的单个性是指在充分小的时段内最多到达一个顾客。

排队规则是指决定顾客接受服务次序的准则。

（2）排队系统的主要数量指标及基本关系

排队系统的主要数量指标包括：服务系统利用率、排队长和队长、平均等待时间和平均逗留时间。

服务系统利用率是指服务能力利用的百分比，即平均到达率与平均服务率之比。

排队长是指系统中排队等候服务的顾客数。

队长是指服务系统中的顾客数，包括正在接受服务的顾客数和排队等候服务的顾客数。

平均等待时间是从顾客到达服务系统起到其开始接受服务止的时间间隔的期望值。

平均逗留时间是从顾客到达服务系统起到其接受服务完成止的时间间隔的期望值。

（3）基于排队系统经济分析的服务运营能力规划

与服务能力有关的成本是指因创建服务能力而产生的费用。

与等待服务有关的成本是指因顾客等待而给服务系统带来的费用。

排队系统经济分析是指综合考虑与服务能力有关的成本和与等待服务有关的成本来确定最佳服务水平。

6. 学习效应

（1）学习效应的发现与学习曲线

学习效应是指随着工人熟练程度的提高，加工单位产品所需的劳动时间呈现出递减趋势的一种效应。

学习曲线（learning curves）是描述直接劳动时间和累积数量之间关系的曲线。

（2）学习曲线的建立

学习率是反映学习效果的一个指标。

单位时间因子是表示单位时间与第一件产品直接劳动时间关系的参数。

总时间因子是表示总时间与第一件产品直接劳动时间关系的参数。

（3）学习率的估计

学习率通过测出第一件产品或第一次服务的作业时间和第 n 件产品或第 n 次服务的作业时间来推算。

（4）学习效应的应用

学习效应可应用于以下五个方面：规划运营能力、制定劳动定额、控制工程进度、新产品定价、采购谈判。

劳动定额是指在一定的生产和技术条件下，生产单位产品或完成一定工作量应该消耗的劳动量。

先进合理的劳动定额是指在已经达到的实际水平的基础上有所提高，在正常的生产条件下，经过一定时期的努力，大多数职工可以达到，部分先进职工可以超过，少数后进职工也能够接近甚至达到的定额水平。

（5）应用学习效应注意的事项

在应用学习效应时应注意的事项包括：手工作业占比对学习效果的影响；新产品、新工艺或新设备的投入对学习效应的影响。

7. 需求预测与管理

（1）需求预测

需求预测是对未来可能发生情况的估计与推测。

预测的基本特征有四个：总是根据过去的数据或经验推断未来；因随机性因素，预测总会有一定的误差；群体预测的精度高于单个人的推测；预测的精度随时间跨度的增加而降低。

需求预测的步骤有四个：明确预测目的；搜集和整理数据资料；选择适当的预测方法进行预测，给出预测结果；计算并分析预测误差，改进预测方法。

定性预测方法又称主观预测方法，是指依靠熟悉业务知识、具有丰富经验和综合分析能力的人员与专家，根据已掌握的历史资料和直观材料，考虑影响需求的各种因素，综合各方面的意见，对未来需求的发展趋势与变化做出推断。常用的定性预测方法有：德尔菲法、用户调查法、部门主管讨论法和销售人员集中法等。

德尔菲法是一种基于专家调查的定性预测方法。这种方法的具体做法是预测小组以匿名的方式给各位专家发放调查问卷，函询专家的意见，然后汇总整理收集的专家意见。在参考反馈意见的基础上，预测小组重新设计出新的调查问卷，再对每个专家进行调查。专家可以根据多次反馈的信息做出判断。如此反复多次，专家的意见逐步趋于一致，即得出预测结果。

应用德尔菲法应注意四个要点：要预测的问题单一、明确；以匿名方式进行；反复多次；考虑可能出现的偏差。

用户调查法是指通过信函、电话或访问的方式对现实的或潜在的顾客购买意图进行调查，得到预测结果的预测方法。

部门主管讨论法是指一些中高层管理人员，如营销部、运营部、财务部等的管理人员，聚集在一起通过集体讨论来预测需求的方法。

销售人员集中法是指把每个销售人员对需求情况的预测进行综合而得出预测结果的方法。

定量预测方法是指利用统计资料和数学模型来进行预测的方法。

时间序列是指某种观测变量的数据按时间先后顺序排列起来的数列。

长期变动是数据随时间变化所表现出的一种趋向，或保持稳定，或上升，或下降。

季节变动是指与诸如天气、节日和假日等变量有关的，在短期内呈现出的规律性变动趋势。

循环变动是指需求在较长的时间内所呈现的周期性波动。

随机变动是指由众多细微的不可控因素引起的没有规则的上下波动。

时间序列模型预测方法是指在对时间序列本身及其影响因素的分析的基础上找出内在变化规律，通过建立数学模型进行预测的方法。

简单移动平均法是指在对时间序列数据进行分段的基础上，按照数据点的顺序逐步推移计算其平均数，并据此做出预测的方法。

加权移动平均法是指考虑了时间序列权重的移动平均法。

指数平滑法是指根据本期的实际值和过去对本期的预测值，预测下一期数值，以反映最近时期的数值对预测值影响的预测方法。

平滑系数是对预测值与实际结果之间差异的响应速度的因子。

因果关系模型是指利用变量之间的相互关系，根据历史统计数据，在测定分析变量之间相互关系的基础上推断未来变化情况的预测方法。

一元线性回归法也叫最小二乘法，是指通过分析两个变量之间存在的线性关系，根据一个变量对另一个变量进行中短期预测的方法。

趋势模型是指随着时间的推移，当需求呈现出持续上升或持续下降的趋势时，直接运用回归方程对未来的需求进行预测的方法。

季节性模型是指当需求呈现出一定的趋势，并表现出季节性时，通过运用回归方程并考虑季节性对预测结果的影响来进行预测的方法。

预测误差是指预测值与实际值之间的差异。

预测精度是指预测误差分布的密集程度。

平均绝对误差（mean absolute deviation，MAD）是指预测值与实际值的绝对偏差的平均值。

平均平方误差（mean square deviation，MSD）是指预测值与实际值的平方偏差的平均值。

跟踪信号是指滚动预测误差和与平均绝对误差的比值。

（2）需求管理

需求管理就是确定顾客在哪里，他们的真正需求是什么，需要多少，何时需要。

管理需求的方法有四种：通过信息共享减少需求的不确定性；利用需求的相关性来确定需求的数量与时间；利用营销策略平滑需求；通过预约和预订来调节服务需求。

4.2 习题与案例

4.2.1 习题

1. 名词解释

（1）运营能力；（2）设计能力；（3）有效能力；（4）实际能力；（5）利用率；（6）效率；（7）运营能力战略；（8）规模经济效应；（9）规模报酬递增；（10）规模报酬不变；（11）规模报酬递减；（12）运营能力决策；（13）超前策略；（14）滞后策略；（15）同步策略；（16）能力缓冲；（17）生产外包；（18）设备租赁；（19）能力柔性；（20）决策；（21）决策目标；（22）自然状态；（23）决策方案；（24）收益值；（25）决策环境；（26）确定型决策环境；（27）风险型决策环境；（28）不确定型决策环境；（29）数学期望；（30）乐观准则 / 大中取大准则 / 赫维斯准则；（31）悲观准则 / 小中取大准则 / 沃尔德准则；（32）折中主义准则 /α 准则 / 霍尔威兹准则；（33）等概率准则 / 平均主义准则 / 拉普拉斯准则；（34）后悔值准则 / 最大最小后悔值准则 / 萨维奇准则；（35）完全信息的价值；（36）盈亏平衡分析；（37）盈亏平衡点（BEP）；（38）固定成本；（39）变动成本；（40）经营安全率；（41）资金的时间价值；（42）排队论 / 随机服务系统理论；（43）排队系统；（44）有限总体顾客源；（45）无限总体顾客源；（46）泊松分布；（47）泊松分布的平衡性；（48）泊松分布的无后效性；（49）泊松分布的单个性；（50）排队规则；（51）服务系统利用率；（52）排队长；（53）队长；（54）平均等待时间；（55）平均逗留时间；（56）与能力有关的成本；（57）与等待服务有关的成本；（58）学习效应；（59）学习曲线；（60）学习率；（61）单位时间因子；（62）总时间因子；（63）劳动定额；（64）先进合理的劳动定额；（65）需求预测；（66）定性预测方法 / 主观预测方法；（67）德尔菲法；（68）用户调查法；（69）部门主管讨论法；（70）销售人员集中法；（71）定量预测方法；（72）时间序列；（73）长期变动；（74）季节变动；（75）循环变动；（76）随

机变动；（77）时间序列模型预测方法；（78）简单移动平均法；（79）加权移动平均法；（80）指数平滑法；（81）平滑系数；（82）因果关系模型；（83）一元线性回归法 / 最小二乘法；（84）趋势模型；（85）季节性模型；（86）预测误差；（87）预测精度；（88）平均绝对误差（MAD）；（89）平均平方误差（MSD）；（90）跟踪信号（TS）；（91）需求管理。

2. 单选题（有且只有一个选项正确）

（1）设计能力形成的阶段为（　　）。

A. 规划设计　　B. 建设安装　　C. 日常运维　　D. ABC 都不对

（2）有效能力形成的阶段为（　　）。

A. 规划设计　　B. 建设安装　　C. 日常运维　　D. ABC 都不对

3. 多选题

无

4. 判断题（在括号中直接填写“对”或“错”，也可以打“√”或“×”）

（1）提高有效能力可同时提高利用率与效率。（　　）

（2）有效能力的提高取决于日常运营管理。（　　）

（3）关于构建或改变运营能力的策略，超前策略一定比滞后策略更好。（　　）

（4）决策的准则是满意准则，而不是最优准则。（　　）

（5）一般地，单位固定成本是变动的，单位变动成本是不变的。（　　）

（6）经营安全率越大越好。（　　）

（7）在规划服务系统的能力时，应把服务系统的利用率设置在 100% 或以上。（　　）

（8）当窗口数量为 1 个时，队长等于排队长加 1。（　　）

（9）加工单位产品或提供单次服务的时间是随着产品或服务数量的增加而呈直线式减少的。（　　）

（10）学习率越高，学习效果越明显。（　　）

（11）需求预测总是与实际结果有出入，所以，需求预测可有可无。（　　）

5. 填空题

（1）根据形成的阶段，运营能力有三种，即（　　）、（　　）、（　　）。

（2）为管理运营能力，设计了两个指标，即（　　）、（　　）。

（3）构建或改变运营能力的策略有三种，即（　　）、（　　）、（　　）。

（4）建立能力柔性的途径有三种，即（　　）、（　　）、（　　）。

（5）决策有四个基本要素，即（　　）、（　　）、（　　）、（　　）。

（6）根据决策者对环境的认知程度，可把决策环境分为三种，即（　　）、（　　）、（　　）。

（7）满足泊松分布的条件有三个，即（　　）、（　　）、（　　）。

（8）反映排队系统主要特征的指标有三类，即（　　）、（　　）、（　　）。

（9）表示排队系统特征的有关人数的指标有两个，即（　　）、（　　）。

（10）表示排队系统特征的有关时间的指标有两个，即（ ）、（ ）。

（11）常用的定性预测方法有四种，即（ ）、（ ）、（ ）、（ ）。

6. 简答题

（1）简述在设计能力给定的前提下，最大化实际能力，从而提高利用率和效率的基本思路。

（2）简述规划运营能力的重要性。

（3）简述规模经济效应及其应用。

（4）简述规划运营能力应考虑的因素。

（5）简述需求因素对运营能力的影响。

（6）简述资源因素对运营能力的影响。

（7）简述选址与设施布置对运营能力的影响。

（8）简述产品及其生命周期的阶段性对运营能力的影响。

（9）简述在产品生命周期不同阶段规划运营能力的策略。

（10）简述供应链因素对运营能力的影响。

（11）简述规划运营能力的步骤。

（12）简述实现最优决策的三个基本条件。

（13）简述决策的基本步骤。

（14）简述在不确定型决策环境下决策的基本思路。

（15）简述完全信息价值及其应用。

（16）简述应用盈亏平衡分析的基本假设。

（17）简述实际应用盈亏平衡分析时要注意的事项。

（18）简述排队系统经济分析的目的与思路。

（19）简述估计某一业务学习率的思路。

（20）简述学习效应的应用。

（21）简述应用学习效应时应注意的事项。

（22）简述需求预测的基本特征。

（23）简述需求预测的步骤。

（24）简述德尔菲法的具体做法。

（25）简述德尔菲法的注意事项。

（26）简述用户调查法的优缺点。

（27）简述部门主管讨论法的优缺点。

（28）简述销售人员集中法的优缺点。

（29）简述定量预测方法的优缺点。

（30）简述季节性模型的基本思路。

（31）简述通过跟踪信号选择预测方法的思路。

（32）简述需求管理的主要方法。

7. 计算题

（1）已知设计能力、有效能力、实际能力分别为 1 000 台、800 台、720 台。试计算利用率与效率。

（2）某公司对某种设备每年所需台时数为 9 500 小时，该公司工作日历为 300 天，每天工作 8 小时。试计算所需设备数量。

（3）企业准备评估一个投资项目的可行性。经估算，正常生产后，总固定成本为 3 000 万元。单位变动成本为 2 000 元，产品售价为 1 000 元。又已知该项目的最大产能为 50 000 个单位产品。试计算：

①该项目的盈亏平衡点（BEP）。

②该项目的经营安全率。

（4）一家社区医院全科门诊，由一名医生坐诊。根据历史数据分析，来就诊的患者数服从均值为每小时 4 人的泊松分布。服务时间服从指数分布，且均值为每次诊断 6 分钟。试计算：

①服务系统利用率。

②医生的空闲时间比例。

③等待就诊的平均患者数。

④患者在门诊花费的平均时间。

（5）一家装饰公司按照业主的要求为其写字楼定制 20 间统一的开放式办公室，第一间办公室用时为 7 个标准人工。经验表明，这种业务的学习率为 75%（时间因子为 0.288/8.828）。试计算：

①第 20 间办公室所用标准人工。

②全部 20 间办公室所用标准人工。

（6）已知 6 期时间序列数据如表 4-1 所示。又假设平滑系数为 0.6。试分别用以下 4 种方法预测第 7 期的数据（取整数）：

① 4 期简单移动平均法。

② 4 期加权移动平均法。

③指数平滑法。

④一元线性回归法。

表 4-1 6 期时间序列数据表

时期	1	2	3	4	5	6	7
权重			0.1	0.2	0.3	0.4	
数值	400	430	420	400	410	440	

8. 论述题

分析说明建立能力柔性的意义及手段。

4.2.2 案例

ELZH 储蓄所种瓜为什么没有得瓜

“本营业所已搬到马路对面 ZX 路 18 号，给您带来的不便，敬请谅解……”梁大爷读着这则通知，微微点点头：“这下好了，以后存钱、取钱、交话费再也不用穿过这条让人堵心的马路了。”

一走进新的营业大厅，梁大爷就在工作人员的引导下取号，就座等候。与原来的储蓄所相比，这里不用站着排队。营业大厅宽敞明亮、窗明几净，新装的银灰色座椅干净整齐。窗口增加了，所有的专柜都取消了，一米警戒线没有了，顾客坐在服务台前的转椅上办理手续。“这里的环境真是太好啦！我得尽快告诉邻居。”梁大爷脸上绽放出灿烂的笑容。

时间回到 2005 年 2 月 6 日，星期日，这是春节前的最后一个星期日。2 月 8 日就是大年三十了，再不花钱年前就没有机会消费了！与其他储蓄所一样，ELZH 储蓄所里挤满了人，不断有客户进进出出，有的顾客在大厅里四处走动，随便拿些理财方面的宣传材料打发时间，排队机在机械地叫着号，声音听起来也不如以前悦耳动听了。不过，好在场面还在控制之中。

“我就现在办！”一位又高又瘦的顾客冲着窗口里面的营业员高声叫喊着。随着这声叫喊，本来就不平静的营业大厅起了一阵骚动。“您是普通卡，请您换取‘人民币业务’号排队”，胸前挂着“营业经理”标示牌的女士耐心地解释着。“有什么用？我原来取的是‘人民币业务’197 号，已经等了 40 多分钟，鬼知道还要等多久。最令人生气的是，我看到有人刚进来就办手续，这平等吗？我就现在办！”这位顾客涨红着脸。营业经理坚决地说：“您没有金卡，就不能取‘金卡 VIP’号，现在请您等候，您不能影响银行的工作。”营业经理的这句话显然激怒了这位顾客，他甚至说了过激的话语……

随着事态的发展，其他顾客由窃窃私语变成了对这位顾客的声援，大家你一句，他一句，七嘴八舌，“你们就是不对，办理同样的业务，有钱人就可以与别人不同吗？”“你们这是在为谁服务？”“如果这样下去，我们就不会再来了。”更出乎大家意料的是，储蓄所一位工作人员竟然扔下一句骂人的话，然后，重重地摔上门，溜进后台。“她在骂人，把她揪出来！”“她的号码是多少，向总行反映。”“这丫头我是认定她了，除非她不露面。”一时间，场面极度混乱……

问题

1. ELZH 储蓄所如何解决出现的具体问题：是劝退这位顾客还是立即为他办理手续？
2. ELZH 储蓄所的服务质量有问题吗？如果有，存在什么问题？
3. ELZH 储蓄所排队系统的规划设计有问题吗？如果有，存在什么问题？
4. 以银行为例说明如何在规划好服务能力的基础上管理好能力。

4.3 习题参考答案与案例使用说明

4.3.1 习题参考答案

1. 名词解释

（1）运营能力是指组织接收、持有、容纳或给付的能力。

（2）设计能力是指新建或改扩建后运营系统理论上达到的最大能力。

（3）有效能力是在建设安装阶段完成后，竣工验收所确定的能力。

（4）实际能力是指组织在一定时期内，在既定的有效能力的基础上，考虑实际运营条件后能够实现的产出。

（5）利用率是指实际产出与设计能力的比率。

（6）效率是指实际产出与有效能力的比率。

（7）运营能力战略就是在综合考虑内部条件与外部环境的基础上，对运营能力的构建与改变、能力柔性的建立所做出的长期谋划。

（8）规模经济效应是指所有生产要素按同方向增加（或减少）对产量变动的影响。

（9）规模报酬递增是指在生产技术水平不变的前提下，当所有生产要素的投入量都按同比例增加时，随着要素投入量的增加，产出量增加。

（10）规模报酬不变是指在生产技术水平不变的前提下，当所有生产要素的投入量都按同比例增加时，随着要素投入量的增加，产出量不变。

（11）规模报酬递减是指在生产技术水平不变的前提下，当所有生产要素的投入量都按同比例增加时，随着要素投入量的增加，产出量减少。

（12）运营能力决策就是确定运营能力的总体规模以及在不同地点的能力分配方案。

（13）超前策略是指在需求之前建立或改变运营能力，以应对即将到来的需求。

（14）滞后策略是指比需求推后一段时期建立或改变运营能力。

（15）同步策略是指与需求同步建立或改变运营能力。

（16）能力缓冲是指建立或改变的运营能力超过了需求。

（17）生产外包是指企业利用自己的核心技术专注于产品的设计和开发，控制销售渠道，以合同订购的形式把加工任务委托给其他厂家，再将所委托加工的产品低价买断，贴上自己的品牌。生产外包是企业利用外部资源的重要途径之一。

（18）设备租赁是指承租人按照合同约定，以按时向出租人支付租金的方式，在一定时期内拥有设备的使用权，但不拥有所有权的资金信贷形式。

（19）能力柔性是指企业所具备的快速增加或降低某种运营能力的本领，也指快速地从一种运营能力转换为另一种运营能力的本领。

（20）决策是指组织或个人为了实现某种目标而对未来一定时期内有关活动的方向、内容及方式做出的选择或调整过程。

（21）决策目标是指决策要实现的目的。

（22）自然状态是指一组影响决策结果的经济状态。

（23）决策方案是指一组可供决策者选择的决策方案。

（24）收益值是指每一个决策方案在每一个自然状态下的收益。

（25）决策环境是指决策者对环境的认知程度。

（26）确定型决策环境是指决策者对信息的了解最充分，自然状态完全确定的决策环境。

（27）风险型决策环境是指决策者对信息的认识比较充分，尽管自然状态是不确定的，但每种自然状态发生的概率已知的决策环境。

（28）不确定型决策环境是指决策者对决策环境知之甚少，只能判断未来有几种自然状态，但没有足够的信息给出每种状态发生的概率的决策环境。

（29）数学期望是可能结果乘以可能结果发生的概率的总和。

（30）乐观准则 / 大中取大准则 / 赫维斯准则是指从最乐观的角度出发，先计算每个方案在不同自然状态下的最大收益值，再从这些收益值中选取最大值，并据此选择最佳方案的准则。

（31）悲观准则 / 小中取大准则 / 沃尔德准则是指从最悲观的角度出发，先计算每个方案在不同自然状态下的最小收益值，再从这些收益值中选取最大值，并据此选择最佳方案的准则。

（32）折中主义准则 /α 准则 / 霍尔威兹准则是指首先设定一个 α 值，以此作为收益最大的自然状态的概率，以 $1-\alpha$ 作为收益最小的自然状态的概率，再根据最大期望值选择最佳方案的准则。

（33）等概率准则 / 平均主义准则 / 拉普拉斯准则是指将每一种自然状态发生的概率视为相等的，通过平均方式把不确定型决策环境转化成风险型决策环境，再根据最大期望值选择最佳方案的准则。

（34）后悔值准则 / 最大最小后悔值准则 / 萨维奇准则是指首先计算各个方案的最大后悔值，然后从这些最大的后悔值中选择最小值，并据此选择最佳方案的准则。

（35）完全信息的价值是指确定状态下的最大期望收益值（expected value under certainty，EVC）与 EV 的差值。

（36）盈亏平衡分析是指根据产量—成本—利润之间的关系，通过确定盈亏平衡点来判断经营状况的一种数学分析方法。

（37）盈亏平衡点（BEP）是使总收入等于总成本的产量水平。

（38）固定成本是指在一定范围内不随产品产量或商品流转量的变化而变动的成本。

（39）变动成本是指在一定范围内随产品产量或商品流转量的变化而变动的成本。

（40）经营安全率是指最大产能与盈亏平衡点的差距占最大产能的比率。

（41）资金的时间价值是指资金在时间推移中所具备的增值能力。

（42）排队论 / 随机服务系统理论是一门在研究各种排队系统概率规律性的基础上，解决相应排队系统的最优设计和最优控制问题的科学。

（43）排队系统是指由顾客源、到达特性、排队规则和服务机构四个部分组成的一种服务系统。

（44）有限总体顾客源是指顾客数量是有限的，其增减会影响为其他顾客提供服务。

（45）无限总体顾客源是指顾客数量足够大，其增减不会显著影响为其他顾客提供服务。

（46）泊松分布是指当一个事件以固定的瞬时速率随机且独立出现时，这个事件在单位时间内出现的次数所呈现出的一种分布。

（47）泊松分布的平衡性是指在长度为 t 的时段内，恰好到达 k 个顾客的概率仅与时段长度有关。

（48）泊松分布的无后效性是指在任意几个不相交的时间区间内，各自到达的顾客数是相互独立的。

（49）泊松分布的单个性是指在充分小的时段内最多到达一个顾客。

（50）排队规则是指决定顾客接受服务次序的准则。

（51）服务系统利用率是指服务能力利用的百分比，即平均到达率与平均服务率之比。

（52）排队长是指系统中排队等候服务的顾客数。

（53）队长是指服务系统中的顾客数，包括正在接受服务的顾客数和排队等候服务的顾客数。

（54）平均等待时间是从顾客到达服务系统起到其开始接受服务止的时间间隔的期望值。

（55）平均逗留时间是从顾客到达服务系统起到其接受服务完成止的时间间隔的期望值。

（56）与服务能力有关的成本是指因创建服务能力而产生的费用。

（57）与等待服务有关的成本是指因顾客等待而给服务系统带来的费用。

（58）学习效应是指随着工人熟练程度的提高，加工单位产品所需的劳动时间呈现出递减趋势的一种效应。

（59）学习曲线是描述直接劳动时间和累积数量之间关系的曲线。

（60）学习率是反映学习效果的一个指标。

（61）单位时间因子是表示单位时间与第一件产品直接劳动时间关系的参数。

（62）总时间因子是表示总时间与第一件产品直接劳动时间关系的参数。

（63）劳动定额是指在一定的生产和技术条件下，生产单位产品或完成一定工作量应该消耗的劳动量。

（64）先进合理的劳动定额是指在已经达到的实际水平的基础上有所提高，在正常的生产条件下，经过一定时期的努力，大多数职工可以达到，部分先进职工可以超过，少数后进职工也能够接近甚至达到的定额水平。

（65）需求预测是对未来可能发生情况的估计与推测。

（66）定性预测方法又称主观预测方法，是指依靠熟悉业务知识、具有丰富经验和综合分析能力的人员与专家，根据已掌握的历史资料和直观材料，考虑影响需求的各种因素，综合各方面的意见，对未来需求的发展趋势与变化做出推断。

（67）德尔菲法是一种基于专家调查的定性预测方法。

（68）用户调查法是指通过信函、电话或访问的方式对现实的或潜在的顾客购买意图进行调查，得到预测结果的预测方法。

（69）部门主管讨论法是指一些中高层管理人员，如营销部、运营部、财务部等的管理人员，聚集在一起通过集体讨论来预测需求的方法。

（70）销售人员集中法是指把每个销售人员对需求情况的预测进行综合而得出预测结果的方法。

（71）定量预测方法是指利用统计资料和数学模型来进行预测的方法。

（72）时间序列是指某种观测变量的数据按时间先后顺序排列起来的数列。

（73）长期变动是数据随时间变化所表现出的一种趋向，或保持稳定，或上升，或下降。

（74）季节变动是指与诸如天气、节日和假日等变量有关的，在短期内呈现出的规律性变动趋势。

（75）循环变动是指需求在较长的时间内所呈现的周期性波动。

（76）随机变动是指由众多细微的不可控因素引起的没有规则的上下波动。

（77）时间序列模型预测方法是指在对时间序列本身及其影响因素的分析的基础上找出内在变化规律，通过建立数学模型进行预测的方法。

（78）简单移动平均法是指在对时间序列数据进行分段的基础上，按照数据点的顺序逐步推移计算其平均数，并据此做出预测的方法。

（79）加权移动平均法是指考虑了时间序列权重的移动平均法。

（80）指数平滑法是指根据本期的实际值和过去对本期的预测值，预测下一期数值，以反映最近时期的数值对预测值影响的预测方法。

（81）平滑系数是对预测值与实际结果之间差异的响应速度的因子。

（82）因果关系模型是指利用变量之间的相互关系，根据历史统计数据，在测定分析变量之间相互关系的基础上推断未来变化情况的预测方法。

（83）一元线性回归法也叫最小二乘法，是指通过分析两个变量之间存在的线性关系，根据一个变量对另一个变量进行中短期预测的方法。

（84）趋势模型是指随着时间的推移，当需求呈现出持续上升或持续下降的趋势时，直接运用回归方程对未来的需求进行预测的方法。

（85）季节性模型是指当需求呈现出一定的趋势，并表现出季节性时，通过运用回归方程并考虑季节性对预测结果的影响来进行预测的方法。

（86）预测误差是指预测值与实际值之间的差异。

（87）预测精度是指预测误差分布的密集程度。

（88）平均绝对误差（MAD）是指预测值与实际值的绝对偏差的平均值。

（89）平均平方误差（MSD）是指预测值与实际值的平方偏差的平均值。

（90）跟踪信号（TS）是指滚动预测误差和与平均绝对误差的比值。

（91）需求管理就是确定顾客在哪里，他们的真正需求是什么，需要多少，何时需要。

2. 单选题

（1）A　（2）B

3. 多选题

无

4. 判断题

（1）错　（2）错　（3）错　（4）对　（5）对　（6）对　（7）错　（8）错
（9）错　（10）错　（11）错

5. 填空题

（1）设计能力　有效能力　实际能力
（2）利用率　效率
（3）超前策略　滞后策略　同步策略
（4）建设标准厂房，灵活配置设备　培养多面手　建立机动灵活的聘用制度
（5）决策目标　自然状态　决策方案　收益值
（6）确定型决策环境　风险型决策环境　不确定型决策环境
（7）平衡性　无后效性　单个性
（8）服务系统利用率　有关人数的指标　有关时间的指标
（9）排队长　队长
（10）平均等待时间　平均逗留时间
（11）德尔菲法　用户调查法　部门主管讨论法　销售人员集中法

6. 简答题

（1）①在给定设计能力的前提下，通过提高建设安装管理水平来提高有效能力，进而，在一定程度上提高实际能力；②在有效能力提高的基础上，加强日常运营管理，大幅度地提高实际能力，从而使利用率和效率都得到提高。

（2）①运营能力决定着初始投资与运营成本；②运营能力影响到组织的日常运营管理；③运营能力事关长远；④运营能力影响组织的竞争力。

（3）①规模经济效应表现为三种情况：规模报酬递增、规模报酬不变、规模报酬递减；②一般地，在一定科学技术水平条件下，随着一个企业运营能力的扩大，最初往往是规模报酬递增；当扩大到一定程度后，就出现规模报酬不变的现象；如果继续扩大，超过一定的限度，会出现规模报酬递减的现象。因此，运营能力规划应坚持适度规模原则：尽可能使规模报酬递增，至少应使规模报酬不变，避免规模报酬递减。

（4）①规模经济效应；②需求与资源；③选址与设施布置；④产品及其生命周期的阶段性；⑤供应链方面的因素。

（5）①无论是运营能力的构建，还是运营能力的改变，都是为了更好地匹配需求；②某些行业的需求具有典型的季节性或时段性，在规划运营能力时应考虑这种季节性或时段性。

（6）①需求是外在的，资源是内生的，企业的运营能力一方面要尽量与外在的需求相匹配，另一方面还要考虑企业本身所能动用的资源，尤其要考虑特殊设备、特殊工种等关键资源；②在规划能力时，企业不但要考虑特殊设备或特殊工种等关键资源，还要考虑各种资源的整合与配套性。

（7）①厂址与设施布置方案决定了运输成本、与市场的距离、劳动力和能源的供应等，直接地影响着企业运营能力的发挥；②占地面积、厂区布局以及是否为以后扩大规模预留余地等都是在规划运营能力时要考虑的因素。

（8）①产品和服务特征对运营能力有重要影响，产品或服务的关联性越强，实现标准化的可能性越高，同样的投资所形成的运营能力就越大；②产品会经历其生命周期的不同阶段，在规划运营能力时，要考虑产品生命周期的阶段性。

（9）在投入期，市场规模尚不明朗，产品销售尚不稳定，所形成的运营能力一般应小于需求；在成长期，市场规模迅速扩大，多数企业倾向于快速扩大运营能力；在成熟期，市场已经饱和，企业的市场份额趋于稳定，此时，企业应充分利用已有的运营能力，并通过降低运营成本来提高盈利能力；在衰退期，由于需求下降，企业运营能力过剩。此时，可转卖多余的运营能力或推出新的产品或服务。

（10）供应链对运营能力的影响体现在：如果在运营能力规划中涉及运营能力大幅度的变化，就必须考虑供应链的影响作用。

（11）①估算对运营能力的需求；②核算现有运营能力与所需运营能力之间的差距；③调整运营能力；④评价运营能力方案；⑤实施方案；⑥测评实施效果。

（12）①能够获得与决策有关的全部信息；②真实了解全部信息的价值所在，并据此制订所有可能的方案；③准确知道每个方案在未来的执行结果。

（13）①识别问题，确定目标；②确定自然状态；③提出若干决策方案；④估算收益值；⑤评价并选择决策方案。

（14）①在不确定型决策环境下，就单个决策者而言，其会根据对未来形势的判断和个性给出自己的决策方案；②拥有不同个性的决策者将选择不同的决策准则，一般有五种决策决策准则，即乐观准则 / 大中取大准则 / 赫维斯准则、悲观准则 / 小中取大准则 / 沃尔德准则、折中主义准则 /α 准则 / 霍尔威兹准则、等概率准则 / 平均主义准则 / 拉普拉斯准则、后悔值准则 / 最大最小后悔值准则 / 萨维奇准则；③组织的决策，遵循少数服从多数的基本原则。

（15）①在风险型决策环境下，依据期望收益值最大原则进行决策，如果能够补充更多的信息，把风险决策环境转变为确定型决策环境，所补充的信息即为完全信息；②完全信息的价值在于因补充完全信息而增加的期望收益值；③如果为了补充完全信息而付出的代价小于完全信息价值，就补充这些完全信息，反之，就不补充这些完全信息。

（16）①仅涉及一种产品；②生产的产品全部销售出去；③单位变动成本是不变的；④单位价格保持不变；⑤单位价格大于单位变动成本。

（17）①现实中，产品销量和产量常常不同，在利用盈亏平衡分析时，应使用可预期的销售量；②在某一范围内，单位变动成本是不变的，但超过某一范围，单位产品的变动成本会随着生产规模的变化而变化，如果产品的变动成本随生产规模的变化会有较大的变动，应确定相应的总变动成本函数；③实际中，产品的价格常随市场供求的变化而变化，如果产品价格随销售量的变化发生较大的变动，应确定相应的总销售收入函数；④实际生产经营中，许多不确定性因素的变动具有相关性，会引起产量、价格、单位产品变动成本等的变化；⑤应考虑资金的时间价值。

（18）在综合考虑与服务能力有关的成本以及与等待服务有关的成本这两类成本的基础上，确定最优服务机构的数量。

（19）①记录完成第一件产品的作业时间和第 n 件产品的作业时间，根据学习率的公式就可以计算该行业的学习率；②对于一项全新的作业，或作业累积时间不长，可参考类似行业的学习率，然后根据本行业的具体情况做出相应的修正。

（20）①规划运营能力；②制定劳动定额；③控制工程进度；④新产品定价；⑤采购谈判。

（21）①新产品、新工艺或新设备的投入对学习效应的影响作用；②环境变化中的不可测因素有可能影响学习规律。

（22）①总是根据过去的数据或经验推断未来；②因随机性因素，预测总会有一定的误差；③群体预测的精度高于单个人的推测；④预测的精度随时间跨度的增加而降低。

（23）①明确预测目的；②搜集和整理数据资料；③选择预测方法进行预测，给出预测结果；④计算、分析预测误差，改进预测方法。

（24）①预测小组以匿名的方式给各位专家发放调查问卷，函询专家的意见，然后汇总整理收集到的专家意见；②在参考反馈意见的基础上，预测小组重新设计出新的调查问卷，再对每个专家进行调查；③必要时反复多次，专家的意见将逐步趋于一致，据此得出预测结果；④对于个别持特别意见的专家，当面征询其意见。

（25）①要预测的问题应单一、明确，一次最好预测一个具体问题；②以匿名方式进行，由专家背靠背地提出各自的意见，以避免专家之间相互影响；③反复多次，预测结果一般是在多次调查、不断反馈、反复综合整理、归纳和修正的基础上形成的；④考虑可能出现的偏差，应考虑各个专家所具有的经验、对预测问题的熟悉程度以及判断能力。

（26）主要优点有：预测直接来源于顾客购买意图，较好地反映了市场需求情况；可获得丰富的信息；主要缺点有：有些顾客不愿或不能正确地表达看法；顾客购买意图容易随着一些新的情况（如办展销会）出现而发生变化；调查费用高。

（27）主要优点有：预测简单、经济易行，不需要准备和统计历史资料，汇集了各主管的丰富经验与聪明才智，如果市场情况发生变化，可以立即进行修正；主要缺点有：个别人（权威）的观点可能左右其他人发表意见，预测的责任分散，会导致管理者发表的意见过于草率。

（28）主要优点是由于销售人员直接接触经销商和客户，最了解消费者的购买计划，得出的预测结果更准确；主要缺点是容易受个人偏见的影响。

（29）主要优点是注重事物发展变化程度上的数量描述，预测主要依据历史统计资料，较少受主观变化因素的影响，可以采用计算机辅助处理预测数据；主要缺点是不够灵活，对信息资料的质量和数量要求较高。

（30）①用一元线性回归方法预测目标期的数值；②根据数据的周期性计算季节系数（实际值与预测结果的比率）；③用季节系数对预测结果进行修正。

（31）①计算预测误差滚动和与平均绝对误差的比值，即跟踪信号（tracking signal，TS）；②每当实际需求发生时，就计算 TS，如果 TS 在一定范围内，就认为预测模型可以继续使用，否则，就重新选择预测方法。

（32）①通过信息共享减少需求的不确定性；②利用需求的相关性来确定需求的数量与时间；③利用营销策略平滑需求；④通过预约和预订来调节服务需求。

7. 计算题

（1）利用率＝（720 / 1 000）×100%＝72%，效率＝（720 / 800）×100%＝90%。

（2）所需设备数＝9 500 /（300×8）≈4（台）。

（3）

① BEP＝30 000（个单位产品）。

②经营安全率 =40%。

（4）

① 0.4。

② 60%。

③ 0.27（人）。

④ 0.17（小时）。

（5）

① 2.0。

② 61.8。

（6）

① 425。

② 429。

③ 432。

④ 442。

8. 论述题

在新时代，顾客需求越来越呈现出个性化，顾客需求的个性化对企业运营能力的柔性提出了必然要求。一方面，企业要能够快速创建能力；另一方面，企业要能够对已有的能力进行快速转换。

建立能力柔性的手段有三种：①建设标准厂房，灵活配置设备，在标准厂房中配置可以自由移动而且方便调换组件的机器设备，以此来建立能力柔性；②培养多面手，培训员工掌握多种技能，以便随时从一个工种转换到另一个工种，这在服务行业应用起来更有效；③建立机动灵活的聘用制度，采取招聘实习生或兼职人员来增加运营能力是一种最经济的手段。

4.3.2　案例使用说明

1. 案例分析目的

（1）针对案例中出现的冲突给出可行的解决方案。进一步思考如何在银行窗口（在很大程度上代表了银行的运营能力）有限的情况下，更好地管理运营能力。

（2）巩固运营能力、排队论等知识点。

（3）指导个别对这类问题有特别兴趣的学生，尝试针对排队系统分析做一些创新研究。

2. 案例分析步骤

（1）学生阅读案例文本。

（2）教师简单介绍案例情况。特别是要跟学生说明两个细节：①那个储蓄所已有的做法是取消专柜，所有的窗口对 VIP 开放，而且允许优先，希望使 VIP 等待的时间更短，普通客户等待的时间也更短，但结果是 VIP 不满意，普通客户也不满意，而且出现了案例中的冲突事件；②矛盾升级后，大堂经理要把那位抢占窗口的客户叫到别的地方办理手续，但那个客户声称，他不但要办理手续，而且就要在 3 号窗口办理手续。

（3）让学生尝试回答后面的三个问题。对于第一个问题，首先，要肯定学生的不同选项（多数学生会选择不能为那位抢占窗口的客户办理手续）；其次，告诉学生这家银行当时的做法：20 分钟左右窗口就给那位抢占窗口的客户办理了手续，意外的是，不但没有出现更多的人去抢占窗口，而且场面变得越来越好了。

（4）教师解析为什么银行对那位抢占窗口的客户的处理是正确的：①从在后面等待的顾客的角度看，尽快把他打发走，就看到了希望；②绝大多数人都不是如此不讲公德的人；③服务行业都有各种各样的规则，例如 FCFS，但最基本的原则是把一切问题消灭在萌芽阶段，设想一下，如果不给那位客户办理手续，而他又不愿意到别的地方办理，一定会出现更为极端的局面。

（5）教师总结运营能力规划与管理的重要意义。

（6）引导学生思考如何在运营能力规划的基础上进一步管理运营能力：①恢复专柜（“软专柜”）；②根据不同客户的比例，设置“软专柜”数量，并进行动态调整。

案例分析过程如图 4-1 所示。

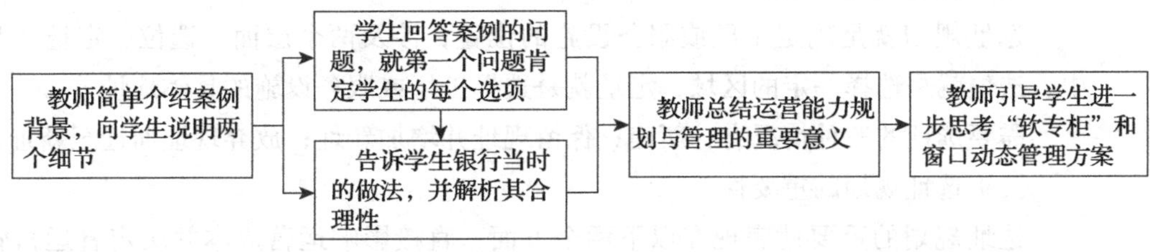

图 4-1　案例分析过程

第5章
CHAPTER 5

选址规划

5.1 知识点

5.1.1 知识点清单

- 选址规划
- 需要选址的三种情况
- 选址规划的重要性
- 影响选址的因素
- 影响境外选址的因素
- 移动互联对服务业门店选址的影响
- 选址规划的步骤
- 因素评分法
- 重心法
- 运输模型
- 应用运输模型的前提条件

5.1.2 知识点解析

1. 选址规划及其重要性

（1）选址规划的概念

选址规划就是确定工厂或服务设施的位置，涉及两个层面：选位、定址。其中，选位就是选择一定的区域，定址就是选择工厂或服务设施的具体地址。

需要选址的三种情况有：新建；保留现址并增加新址；放弃现址而迁至新址。

（2）选址规划的重要性

选址规划的重要性表现在以下两个方面：直接影响运营成本并决定着运营管理的难度；影响企业的竞争力。

2. 选址规划要考虑的因素及程序

（1）影响选址规划的因素

影响选址的因素包括：劳动力、原材料、基础设施、自然环境、生活设施、科技条件、环境约束、优惠政策、当地居民的态度、客流量、竞争对手的位置。

境外选址时要考虑的因素包括：文化、关税、汇率、政治局势等。

（2）移动互联对服务业门店选址的影响

移动互联对服务业门店选址的影响体现在：随着移动互联时代的到来，O2O 商业模式的普及以及 App 的广泛应用，再考虑租金，传统的黄金位置未必就是最佳的选择了。

（3）选址规划的一般程序

选址规划包括的步骤有七个：确定选址总体目标；收集与选址有关的信息；识别选址的主要影响因素；根据选址总体目标和主要影响因素确定候选区域；收集各候选区域的信息，确定可供选择的具体地址；采用定性与定量相结合的方式对备选地址进行评价；根据评价结果，选择最佳地址。

3. 选址方案的评价方法

（1）因素评分法

因素评分法是指对影响决策问题的主要因素进行评分，并根据其影响决策问题的重要性，对备选方案进行综合评分，在此基础上选择最佳决策方案的选址方法。

因素评分法的内涵在于：它不但综合考虑了影响选址的主要因素，而且考虑了这些因素对选址影响的重要程度，从而使选址建立在科学的基础之上。

因素评分法的步骤有七个：识别影响选址规划的主要因素；根据所确定影响因素对选址规划的重要性，给每个因素赋予权重，并做归一化处理；确定一个统一的分值；对每一个备选地址的每一个因素给出评价分值；将每一个因素的评价分值与其权重相乘，计算出每一个备选地址的每一个因素的加权评分值；把每一个备选地址的所有因素的加权评分值相加，得到各个备选方案的综合评价分值；综合评价分值最高的地址就是最佳选址方案。

（2）重心法

重心法是指根据重心在物理上的含义，借助重心来辅助选择经济中心（如物流配送中心、仓储中心、销售中心、社区医院等）的地理位置，使从该经济中心到各个配送目的地的总的配送成本最低的选址方法。

采用重心法的前提条件是：已知目的地的地理位置和配送到各个目的地的经济量。

重心法的步骤有四个：绘制表示配送目的地相对位置的地图；添加坐标系，并标明各个配送目的地的坐标；计算重心位置的坐标；根据重心位置周边的具体情况，综合考虑其他因素确定经济中心的位置。

4. 运输模型及其在物流系统规划中的应用

典型的物流配送运输模型要解决的问题是：如何把某种产品从若干个产地配送到若干个销地才能使总的运输费用最低。

解决物流配送的前提条件是：每个产地的供应量、每个销地的需求量以及各地之间的单位运输费用已知。

运输模型是指由与物流配送相关的决策变量、目标函数、约束条件三部分构成的线性规划模型。

运输模型的组成部分为：与物流配送相关的决策变量，即从第 i 个产地配送到第 j 个销地的物资量；与物流配送相关的目标函数，即把物资从产地配送到销地的最低总运输成本；与物流配送相关的约束条件，即每个产地的供应量，每个销地的需求量。

物资配送方案的“唯一性”是指：物资配送方案往往不是唯一的，但最低运输费用只有一个。

运输模型表上作业法的思路是：从最低的单位运输费用出发，在满足供应量和需求量两个约束条件的前提下，求得可行解，然后用最小费用法寻找最优解，即最低运输费用所对应的配送方案。

5.2 习题与案例

5.2.1 习题

1. 名词解释

（1）选址规划；（2）因素评分法；（3）重心法；（4）运输模型。

2. 单选题（有且只有一个选项正确）

在用重心法进行社区医院选址时，计算重心位置所用的权重应该是（　　）。

A. 距离　　B. 人口　　C. 物资量　　D. 成本

3. 多选题

无

4. 判断题（在括号中直接填写“对”或“错”，也可以打“√”或“×”）

（1）运输模型中物资配送方案的“唯一性”是指理论上只有一个配送方案是最优的。（　　）

（2）为了科学选址，会引入定量方法，要选择的位置一定是定量方法所计算出来的最优解。（　　）

5. 填空题

需要选址的情况有三种，即（　　）、（　　）、（　　）。

6. 简答题

（1）简述选址规划的重要性。

（2）列举影响选址规划的主要因素。

（3）列举影响境外选址规划的主要因素。

（4）简述移动互联对服务业门店选择的影响。

（5）简述选址规划的步骤。

（6）简述因素评分法的步骤。

（7）简述使用重心法的前提条件。

（8）简述重心法的步骤。

（9）简述运输模型要解决的问题及应用运输模型的前提条件。

（10）简述运输模型的三个组成部分。

（11）简述运输模型表上作业法的基本思路。

（12）简述利用运输模型进行物流中心选址的基本思路。

7. 计算题

（1）针对某一选址问题，确定了 4 个重要影响因素。这 4 个因素的权重及备选位置的评分见下表，试计算该备选地址的加权得分（计算结果取整数）。

影响因素	权重	评分	加权得分
1	0.1	90	
2	0.3	80	
3	0.4	70	
4	0.2	92	

（2）针对某一配送中心的选址问题，目的地的地理位置坐标及配送量见下表，试计算重心位置（计算结果取整数）。

目的位置	目的位置横坐标	目的位置纵坐标	到目的位置配送量
1	30	50	600
2	10	8	400
3	120	40	1 000

（3）路路通物流公司要把一种化工原料从位于沈阳、武汉、西安和济南的四家化学制剂厂配送到位于重庆、太原和郑州的三家物流中心。四家化学制剂厂的供应量、三家物流中心的需求量，以及各化学制剂厂到各物流中心的单位配送费用如表 5-1 所示。表中第一行第一列的数字“14”代表从位于沈阳的化学制剂厂配送化工原料到位于重庆的物流中心的单位费用，依此类推。试给出路路通物流公司化工原料的配送方案。

近年来，路路通物流公司的业务得到快速增长，需要增加一个库容量为 500 吨的配送中心。具体四家化学制剂厂生产能力扩大的情况及有关单位配送费用信息如表 5-2 所示。

从产业区域布局出发，公司准备将配送中心选在晋东和豫西交界处的区域。经过初步调查分析，公司把山西长治与河南洛阳两个城市作为备选地址。

应用运输模型最终从长治和洛阳两个城市中选出一个作为建设配送中心的地址。

表 5-1 供需量与单位配送费用

物流中心 \ 化学制剂厂	沈阳	武汉	西安	济南	需求量（吨）
重庆	14	6	5	12	700
太原	10	8	5	9	400
郑州	10	2	3	1	900
供应量（吨）	300	600	500	600	2 000（供需平衡）

表 5-2 供需量与单位配送费用

物流中心 \ 化学制剂厂	沈阳	武汉	西安	济南	需求量（吨）
重庆	14	6	5	12	700
太原	10	8	5	9	400
郑州	10	2	3	1	900
长治（待定）	12	3	2	2	500
洛阳（待定）	11	2	3	1	500
供应量（吨）	300+100	600+200	500+100	600+100	2 500（供需平衡）

8. 论述题

结合实例论述选址问题如何影响运营成本，进而影响企业的竞争力。

5.2.2 案例

首钢搬迁重组的启发效应

1. 功勋首钢

始建于1919年的首钢，是我国一家以钢铁业为主，兼营采矿、机械、电子、建筑、房地产、服务业、海外贸易等多种行业的跨地区、跨所有制、跨国经营的大型企业集团。1964年，首钢建成投产30吨氧气顶吹转炉，成为国内钢铁业工艺进步的一座里程碑。1979年，无料钟炉顶设备在首钢研发、制造成功，从此开创了国内炼铁高炉从钟式炉顶向无料钟炉顶发展的先河。2005年2月，国务院批复首钢搬迁调整方案。搬迁调整使首钢在面临巨大挑战的同时获得了发展机遇，站在了新的起点。2007年3月12日，首钢京唐钢铁联合有限责任公司钢铁厂项目正式开工建设，到2010年已全面建成投产，形成了970万吨钢的生产能力。北京顺义冷轧项目2005年7月奠基，已于2008年5月全面投产，形成了150万吨冷轧板生产能力。在搬迁调整过程中，首钢加快发展方式的转变，钢铁主业形成了“一业多地”的发展新格局。通过建设首钢京唐钢铁公司、迁钢公司、首秦金属材料公司、首钢冷轧公司等新项目，以及重组贵州水城钢厂、山西长治钢厂、贵阳特殊钢公司、新疆伊犁钢厂、通化钢铁集团等企业，具备了3 000万吨产能规模，21世纪新首钢的框架已基本形成。

2. 首钢搬迁，大势所趋

（1）空气污染是直接动因，也是表观原因

“北京市的上空有个黑盖，黑盖的中心是石景山，首钢位于石景山。”早些年，专家学者这样描述首钢—石景山—北京三者的污染因果链。

一份来自北京市环保监测中心的统计数据显示，2004年，首钢所在的石景山区全年二级以上（含二级）的天数仅占全年的一半。

（2）水资源约束也不可回避

北京是严重缺水的特大型城市，人均水资源不足300立方米，是全国人均量的1/8，世界人均量的1/30。水资源短缺已成为制约北京市经济社会发展和生态环境改善的重要“瓶颈”。首钢每年耗水量高达

5 000多万立方米，这已成为北京水资源的不可承受之重。

（3）首钢雄居石景山核心地段，与北京的发展格格不入

除了环境与资源，首钢搬迁的其他动因何在？

作为首都，北京毫无疑问将重点发展国际贸易、文化教育、金融投资、高新技术、旅游交通、住宿餐饮、医疗卫生、电子信息、新能源、生物医药、汽车、装备制造等高端制造业。钢铁制造注定与北京的发展布局格格不入。

（4）首钢搬迁是企业生存和发展的必然选择

如果从企业内部运营来看，首钢搬迁是企业生存和发展的必然选择。按照800万吨的钢产量计算，维持800万吨生产需要运输的矿石、矿粉、焦炭等大量物流就达到4 000万吨。如此大的吞吐量，而石景山又远离深水码头，与宝钢和武钢相比，必然会增加相应的运输物流成本。

（5）首钢的选择题

从1919年建厂开始，首钢已经在石景山繁衍了90多年。除了几十年积淀下来的感情之外，在石景山的22万人口中，与首钢有关联的人口达到了16万。不管多么难割难舍，因为上述种种原因，首钢涉钢系统整体搬出石景山，就成了首钢的单项选择题。

3. 搬迁方案，甚为敏感

（1）曹妃甸得天独厚的条件

①曹妃甸美丽的传说与区位优势。路在何方？ 500亿元的搬迁费用由国家买单。那么一定要为首钢找到一个它该去的地方。决策者和专家的目光不约而同地投向了北京以东，距唐山市中心区80公里，距北京220公里，距天津120公里，距秦皇岛170公里的曹妃甸。

相传唐王李世民跨海征东，得胜还朝，行经此岛，在此痛失爱妃曹妃，遂下旨在岛上建三层大殿，塑曹妃像，小岛因而得名曹妃甸。曹妃甸的传说美不胜收。而我们更关注它那独有的综合开发潜力。

以唐山市中心为圆心，以80公里为半径划一个圆，冶金工业所需要的铁矿石、煤炭和种种辅料，这个圆里面全部都有。

②所剩无几的优良港口。码头是钢铁厂的重要配套设施。“面向大海有深槽，背靠陆地有滩涂”，是曹妃甸最明显的特征和优势。这为大型深水港口和临港工业的开发建设提供了得天独厚的条件。

钢铁厂建设用地来源于滩涂围海造地，不占用耕地资源。2005年3月，开始进行大规模的吹砂造地。到2007年2月月底，经过历时两年的围海吹砂造地，形成陆域21.05平方公里。

③企业的关联纽带。事实上，首钢早已把触角伸到这片热土。首钢在河北迁安建有年设计生产能力为450万吨铁、450万吨钢、400万吨热轧板带钢的项目。而首钢迁钢又与亚洲最大的露天铁矿——首钢矿业公司毗邻。此外，在河北秦皇岛建有年生产能力45万吨的板材厂。

（2）河北的如意算盘

首钢年销售收入早已突破1 000亿元。虽然非钢产业超过一半，但仍有近500亿元的销售收入来自钢铁产业。按照“属地纳税”原则，把这样一个钢铁巨头搬迁到唐山，首钢京唐钢铁联合有限责任公司（以下简称“首钢京唐公司”）巨额税收无疑会为河北带来实实在在的利益。正是看中了这一点，当时河北、山东、内蒙古、辽宁、广西等多个省市争相抛出绣球，希望早日迎娶首都来的“大家闺秀”。

（3）北京市得到的“彩礼”

把税收和GDP贡献拿走，把退休人员的安置、搬迁后产业规划的资金支持留给北京。这桩“婚事”恐怕要告吹。谈婚论嫁，最后的基调定为：“国家税务总局批准首钢享受国家特殊政策，即企业所得税还在总部地区交，但增值税不包括在内。”

一组数据可以说明北京市从这次首钢搬迁中得到的利益：作为北京市国资委所属的企业，首钢的增值税和个人所得税的一部分留在石景山，仅这部分税收就占石景山区财政的60%以上。另外，首钢的GDP也统计到石景山，这部分占石景山GDP的50%以上。

（4）搬迁主体得到的最大利益

作为搬迁主体的首钢争取到的最大利益又是什么呢？

①钢铁精品项目落地顺义。作为对搬迁的补偿，首钢未来产业链中投资最大、效益最好的冷轧项目已经在北京顺义李桥镇落地。该项目已于2008年5月10日正式竣工投产。

首钢500亿元的搬迁费用由政府买单。同时，首钢又争取到投资64亿元的精品钢项目立项，并已建成投产。看来，首钢并没有为这次搬迁而伤筋动骨，相反，它得到了在国家资助和政策的扶持下，让一座陈旧钢铁企业脱胎换骨的机会。

②实现工艺、技术、管理跨越式的发展。因其行业特点，钢铁企业装备和生产技术的整体更新周期很长。在西方发达国家，有的钢铁企业直至到破产或完全转型都没有进行过装备的整体更新。而首钢的整体搬迁给首钢带来了脱胎换骨的机会。此外，首钢还实现了其他设备的大型化，建成了高效、低成本的生产运行系统。

不仅在装备上，而且在工艺流程设计、多种先进技术应用及管理模式创新上，首钢京唐公司都实现了跨越式的发展，具体体现为：布局合理，流程紧凑；博采众长，技术创新；产品高端，适应市场；管理高效，指标先进。

③原厂址地块开发权的获得。首钢为搬迁争取到的最大的政策支持莫过于首钢原所在土地还由首钢人自己来开发建设。就在曹妃甸工地施工开始大规模展开的时候，首钢同时也在考虑如何开发利用好本部8平方公里左右的土地。

根据《首钢工业区改造规划》，首钢涉钢产业搬迁调整后，这块土地将打开大门，拆掉围墙，整体融入城市的规划建设。首钢工业区将承载起行政办公商务区、工业文化遗产保护、工业主题游览、休闲旅游等特色服务功能。结合石景山其他区块，打造“首都文化娱乐休闲区”（CRD）。具体方案为：在首钢主厂区的位置规划建设高端产业综合服务区，划分为工业主题文化创意区、综合办公区、滨水生态休闲区、城市综合服务区四个区域，规模相当于两个CBD。

工业主题文化创意区位于首钢的东北部区域。在北部地区，保留现有的工业风貌特征，一些高炉和大型装备将完整地保留下来，并进行改造和创意利用。在东部地区，以首钢的晾水池为核心，吸引以动漫网游、数字媒体为主的文化创意企业进驻发展，将建成北京最集中的创意产业研发、技术服务和交易中心。

综合办公区以原来的首钢二炼钢为基础，在长安街南侧，沿着长安街铺开。除了预留的中央行政办公区外，还将重点打造研发总部、工业制造业总部和民营总部，并建成商务金融、行政办公、酒店会议中心等大型高端商业服务综合体系。

滨水生态休闲区将和目前正在建设的

永定河绿色生态发展带融为一体，与永定河最大的莲石湖形成互动，建成北京市最大规模的滨水生态休闲乐园，打造永定河水岸经济带。滨水生态休闲区还将和石景山游乐园错位经营。

城市综合服务区，主要以工业主题的高端商业设施和餐饮、文化、休闲娱乐等城市综合服务设施为主，此外，还有与产业配套的住宅。

这个“大家闺秀”已经出阁，其在企业形象方面有了大幅度的改善。更何况在国家严格控制钢铁行业产能的背景下，钢铁精品钢项目能够顺利落地顺义。这绝对是国家送给首钢最奢华的“嫁衣”。此外，在短时期内实现工艺、技术和管理的跨越式提升，这是任何一家企业都梦寐以求的。首钢已经获得新生，在市场经济大潮中将站得更高，走得更远。原厂址自主开发权的获得可是一般企业想都不敢想的好事。首钢就得到了这样的好事！总之，首钢是这次在国家层面上运作的搬迁工程的最大受益者。

4. 秋意浓，意忧忧

2009 年 5 月 21 日，首钢京唐公司 1 号 5 500 立方米高炉送风点火，高炉顺利出铁，随后炼钢、热轧、冷轧相继投产，钢铁厂一期工程实现全线贯通。然而，2010 年 5 月 8 日，距离 1 号高炉送风点火不到 1 年，1 号高炉炼钢主控室电缆失火，火灾造成整个炼钢厂区全面停产。京唐所要面对的还远远不是这场火灾所造成的直接影响，其他困惑也不断地浮出水面。

两情依依，然日薄西山，怎奈秋意渐浓，愁上心头……

5. 搬迁的是与重组的非

首钢的搬迁不是零和博弈的结果，也不是双赢的结果，而是多赢。

但是，这出大戏的后半场呢？我们能不能从重组中吸取一定的教训呢？根据《钢铁产业调整和振兴规划》，“国内排名前 5 位的钢铁企业的产能占全国的比例达到 45% 以下”。这一目标远没有达到，但一定要达到。这实际上是行业集中度上的考虑，那么产能总量控制呢？ 10 月 15 日，国务院出台《关于化解产能严重过剩矛盾的指导意见》，明确提出将有效化解钢铁、水泥、电解铝、平板玻璃、船舶等行业产能过剩矛盾。其中，作为产能过剩重灾区，钢铁行业未来 5 年拟压缩总量 8 000 万吨以上。让我们把眼光收回到首钢京唐公司，它必须破解那把大火后面的诸多困惑，但又如何去破解呢？

6. 首钢搬迁重组的启发效应

随着中国工业化与城镇化进程的加快，以及中国工业布局的调整，广钢之于广州、邯钢之于邯郸等，我们难道能断定，就不会再有第二个钢铁企业要实施搬迁重组吗？一旦这种棋局摆在我们面前，在走出每一招险棋时，我们能不能从首钢的搬迁重组中找到一些答案？

资料来源：王伟 .“首钢”搬迁的分析 [J]. 科技创新导报，2008(12).

问题

1. 首钢为什么要搬迁？
2. 搬迁是轻而易举的事情吗？
3. 首钢为什么要搬迁到曹妃甸？
4. 首钢搬迁重组给首钢、北京、河北带来的影响有哪些？
5. 首钢搬迁重组为什么在朝着相反的方向发展？
6. 首钢搬迁重组对钢铁企业或相似行业选址的启发效应何在？

5.3 习题参考答案与案例使用说明

5.3.1 习题参考答案

1. 名词解释

（1）选址规划是指确定工厂或服务设施的位置，涉及两个层面：第一个层面是选位，即选择一定的区域，如国家、地区、省市等；第二个层面是定址，即选择工厂或服务设施的具体地址。

（2）因素评分法是指对影响决策问题的主要因素进行评分，并根据其影响决策问题的重要性，对备选方案进行综合评分，在此基础上选择最佳决策方案的一种方法。

（3）重心法是指根据重心在物理上的含义，借助重心来辅助选择经济中心（如物流配送中心、仓储中心、销售中心、社区医院等）的地理位置，使从该经济中心到各个配送目的地的总配送成本最低的一种方法。

（4）运输模型是指由与物流配送相关的决策变量、目标函数、约束条件三部分构成的线性规划模型。

2. 单选题

B

3. 多选题

无

4. 判断题

（1）错 （2）错

5. 填空题

新建 保留现址并增加新址 放弃现址而迁至新址

6. 简答题

（1）直接影响运营成本并决定着运营管理的难度；影响企业的竞争力。

（2）劳动力、原材料、基础设施、自然环境、生活设施、科技条件、环境约束、优惠政策、当地居民的态度、客流量、竞争对手的位置。

（3）文化、关税、汇率、政治局势。

（4）移动互联对服务业门店选址的影响体现在：随着移动互联时代的到来，O2O 商业模式的普及以及 App 的广泛应用，再考虑租金，传统的黄金位置未必就是最佳的选择了。

（5）①确定选址总体目标；②收集与选址有关的信息；③识别选址的主要影响因素；④根据选址总体目标和主要影响因素确定候选区域；⑤收集各候选区域的信息，确定可供选择的具体地址；⑥采用定性与定量相结合的方式对备选地址进行评价；⑦根据评价结果，选择最佳地址。

（6）①识别影响选址规划的主要因素；②根据所确定影响因素对选址规划的重要性，给每个因素赋予权重，并做归一化处理；③确定一个统一的分值；④对每一个备选地址的每一个因素给出评价分值；⑤将每一个因素的评价分值与其权重相乘，计算出每一个备选地址的每一个因素的加权评分值；⑥把每一个备选地址的所有因素的加权评分值相加，得到各个备选方案的综合评价分值；⑦综合评价分值最高的地址就是最佳选址方案。

（7）采用重心法的前提条件是：已知目的地的地理位置和配送到各个目的地的经济量。

（8）①绘制表示配送目的地相对位置的地图；②添加坐标系，并标明各个配送目的地的坐标；③计算重心位置的坐标；④根据重心位置周边的具体情况，综合考虑其他因素确定经济中心的位置。

（9）①运输模型要解决的问题是如何把某种产品从若干个产地配送到若干个销地才能使总运输费用最低；②应用运输模型的前提条件是每个产地的供应量、每个销地的需求量以及各地之间的单位运输费用已知。

（10）①决策变量，即配送方案；②目标函数，即运输费用最低；③约束条件，即满足供应量和需求量两个方面的约束。

（11）从最低的单位运输费用出发，在满足供应量和需求量两个约束条件的前提下，求得可行解，然后用最小费用法寻找最优解，即最低运输费用所对应的配送方案。

（12）①补充有关供应与需求量的信息以及单位运输成本信息；②分别就每个备选地址计算其最优配送方案及对应的运输费用；③选择最低运输费用所对应的地址。

7. 计算题

（1）加权得分＝0.1×90＋0.3×80＋0.4×70＋0.2×92≈79。

（2）重心位置横坐标＝30×600/(600＋400＋1 000)+10×400/(600＋400＋1 000) + 120×1 000/(600＋400＋1 000)＝71。

重心位置纵坐标＝50×600/(600＋400＋1 000)+8×400/(600＋400＋1 000)＋40×1 000/(600＋400＋1 000)≈37。

所以，重心位置的坐标为（71，37）。

（3）分别就长治和洛阳，按照就近供应的管理思路，确定初始配送方案。然后检查这个初始方案是否是最优方案，具体方法是逐个检查没有安排配送的位置的最小费用是否全部达到非负，如果全部达到非负，所给出的配送方案就是一个最优方案，否则就调整配送方案直至没有安排配送的位置的最小费用全部达到非负。

上述解题过程是一个程序化的过程，可以利用专业软件来实现。就本例而言，利用运营管理专家软件分别计算将增加的配送中心建在长治和建在洛阳的配送方案及对应的配送费用。运算结果如图 5-1 和图 5-2 所示。

运算结果表明，增加的配送中心建在长治与洛阳的总配送费用分别为：10 200 元和 9 700 元。所以，配送中心应建在洛阳。

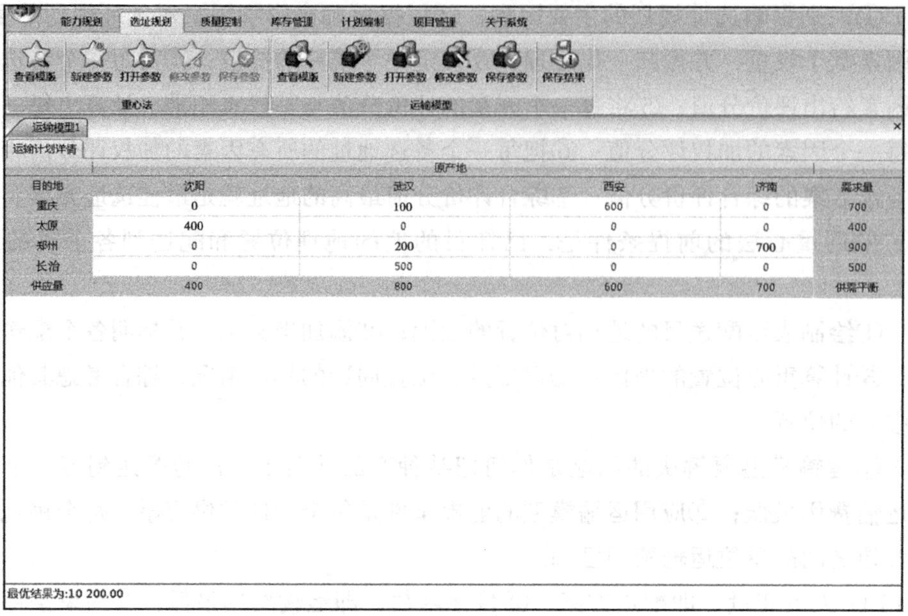

目的地	沈阳	武汉	西安	济南	需求量
重庆	0	100	600	0	700
太原	400	0	0	0	400
郑州	0	200	0	700	900
长治	0	500	0	0	500
供应量	400	800	600	700	供需平衡

最优结果为:10 200.00

图 5-1 将增加的配送中心建在长治的配送方案及对应的费用示意图

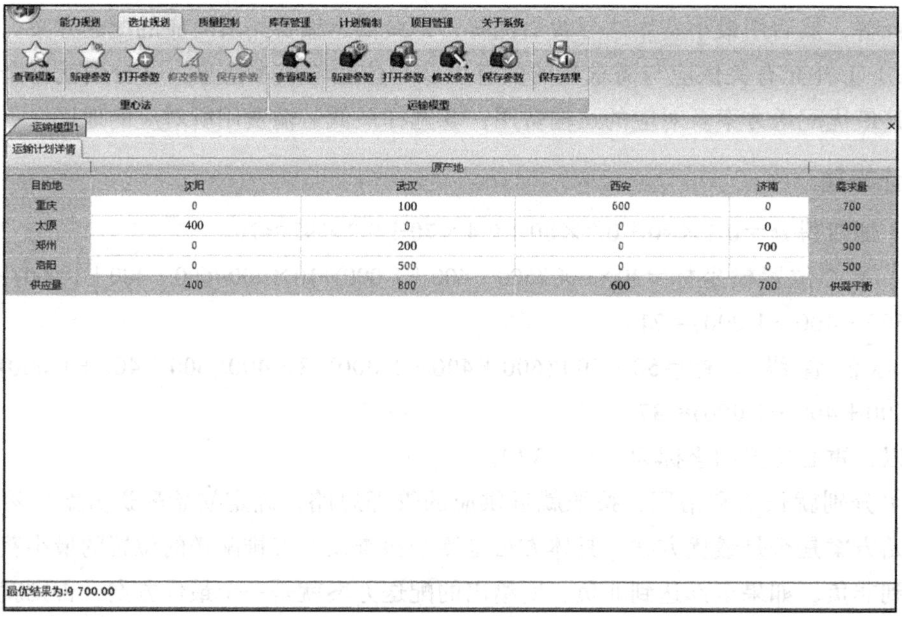

目的地	沈阳	武汉	西安	济南	需求量
重庆	0	100	600	0	700
太原	400	0	0	0	400
郑州	0	200	0	700	900
洛阳	0	500	0	0	500
供应量	400	800	600	700	供需平衡

最优结果为:9 700.00

图 5-2 将增加的配送中心建在洛阳的配送方案及对应的费用示意图

8. 论述题

以钢铁行业为例，说明选址如何影响运营成本与企业的竞争力。

钢铁行业是物资运进量和运出量都非常大的行业。如果选址不当，会额外增加公路或铁路运输成本，从而增加单位产品运营成本。此外，这类行业要消耗大量的水资源，如果离水源较远，铺设管道又会增加额外的投资。

对于这类行业，为最大化降低成本，应把工厂建在离矿山较近的地方。同时，又不能离水源太远。

在微利时代，成本增加，就意味着企业的竞争力降低，进而影响企业的生存与发展。

5.3.2　案例使用说明

1. 案例分析目的

（1）总结首钢搬迁选址的得与失，认识这类企业搬迁给搬迁对象、原址、新址带来的各种影响。

（2）巩固有关选址规划的知识点，特别是因素评分法的应用。

（3）指导个别对这类问题有特别兴趣的学生，尝试就化工、制药、水泥等类似企业搬迁选址做一些应用研究。

2. 案例分析步骤

（1）学生阅读案例文本，尝试回答后面的问题。

（2）总结首钢搬离北京市石景山地区的主要原因。

（3）分析这类企业搬迁选址要考虑的主要因素。

（4）分析首钢搬迁到曹妃甸给首钢、北京、唐山带来的一系列影响。

（5）复盘首钢的搬迁选址，验证搬迁地址是否仍为唐山的曹妃甸。

（6）教师点评学生的分析结果，引导学生尝试就类似搬迁选址问题做一些应用研究。

案例分析过程如图 5-3 所示。

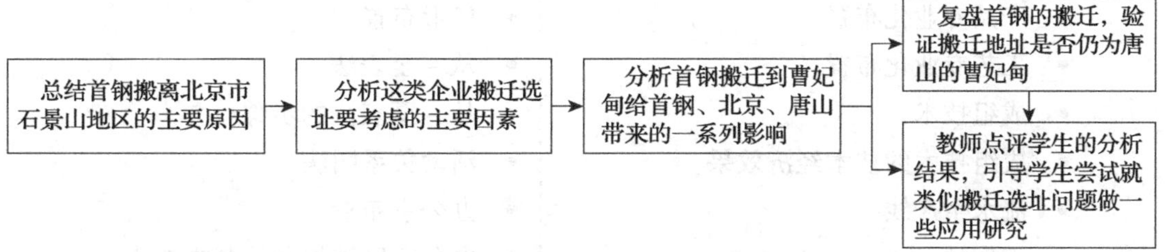

图 5-3　案例分析过程

第 6 章
CHAPTER 6

设施布置

6.1 知识点

6.1.1 知识点清单

- 设施布置
- 设施布置的重要性
- 设施布置的基本类型
- 产品专业化布置
- 工艺专业化布置
- 成组技术
- 成组技术的技术经济效果
- 流水生产线
- 工作站
- 工序
- 节拍
- 生产周期
- 连续性
- 协调性
- 均衡性
- 组织流水生产线的基本条件
- 流水生产线平衡的步骤
- 流水生产线的效率
- 提高流水生产线效率的途径
- U 形布置
- 从 - 至表法
- 从 - 至表法的步骤
- 活动关系图法
- 办公室布置
- 办公室区域划分的基本要求
- 办公室内部布局的基本模式
- 零售店布置
- 零售店布置要考虑的基本问题
- 零售店空间布局的基本思路
- 顾客行走路线设计的出发点
- 商品陈列的基本要求

6.1.2 知识点解析

1. 设施布置及其基本类型

（1）设施布置及其重要性

设施布置是指确定各个部门、部门内部各工作站、机器设备等的相对空间位置。

设施布置的重要性体现在：影响着企业的运营成本和效率，事关企业长期运营目标的实现。

（2）设施布置的基本类型

设施布置的基本类型有两种：产品专业化布置、工艺专业化布置。

产品专业化布置就是按照产品的工艺流程（即加工路线或加工顺序）安排生产单位或设备。

产品专业化布置的特点有四个：对品种变换的适应能力差，仅适合于大量、连续生产；物流连贯性强，节约了生产面积，缩短了运输距离；在制品少；按节拍组织生产，易于管理。

工艺专业化布置就是按照生产工艺特征安排生产单位或设备。

工艺专业化布置的特点有四个：对产品品种变换的适应性强，适合于多品种小批量生产；产品的物流比较复杂，生产过程连续性差；在制品库存量较高；生产周期较长。

（3）成组技术

成组技术是指建立在工艺相似性原理的基础上，合理组织生产过程的方法。成组技术不再是单纯的工艺组织方法问题，它涉及产品设计、工艺设计、标准化工作、计划管理等许多方面。从这个意义上讲，成组技术是一种生产组织管理技术。

成组技术的主要内容包括：依据一定的分类系统进行零件的编码归类分组；根据划分的零件组，将同类型的零件组建为成组生产单元、成组生产线或成组流水线；按照零件的分类编号，为设计新产品选用类似的零件；组建成批生产单元。

成组技术的技术经济效果体现在以下四个方面：减少了生产技术准备工作量，缩短了生产准备周期，降低了生产技术准备费用；增加了生产同类零件的生产批量；缩短了产品的生产周期；简化了生产管理工作。

2. 流水生产线的平衡与优化

（1）流水生产线及其基本特征

流水生产线是指按照产品（零部件）生产的工艺顺序布置工作站，使产品（零部件）连续、协调、均衡地在各个工作站进行加工或装配，直到生产出成品的一种先进的生产组织形式。

工作站是指工人在不重新调整设备的情况下，对劳动对象连续进行加工的场所。

流水生产线的基本特征有四个：工作站的专业化程度高；工作站按工艺顺序排列；各个工作站的加工时间相等或成简单的倍数关系；按统一的节拍进行生产。

工序是指工人在工作站对劳动对象进行加工的过程。

节拍是指相邻两件产品的出产时间间隔。

生产周期是指产品从投入到产出的时间间隔。

流水生产线的优点有五个：整个生产过程是连续、协调和均衡的；有利于机器设备和人力充分发挥作用；最大限度地缩短生产周期；缩短运输路线，工序间的在制品数量很少；工作站专业化程度高，便于采用专业设备、工具，有利于提高劳动生产率。

连续性是指劳动对象始终处于运动状态，不是在加工中，就是在检验、运输中，没有或很少发生各种不必要的停顿或等待现象。

协调性是指各个生产过程在生产能力上保持适合产品生产要求的相应比例关系。

均衡性是指在规定的时期内出产相等或递增数量的产品，而不是忙闲不均。

（2）流水生产线的设计与平衡

组织流水生产线的条件有三个：产品的结构和工艺相对稳定、有足够大的产量需求、能把产品加工过程细分成若干作业。

流水生产线平衡的步骤有四个：计算流水生产线的节拍、计算最少工作站数、给工作站分配作业、流水生产线的效率测评。

流水生产线的效率是指工作站时间的利用效率，即所在作业单元的时间占理论时间的比率。

（3）流水生产线的优化

提高流水生产线效率的途径有三个：减少实际工作站数、缩短流水线的节拍、在减少实际工作站数的同时缩短节拍。

（4）柔性和U形布置

U形布置的优点体现在三个方面：空间布置紧凑、减少操作人员、增进了工人的交流和协同作业。

3. 工艺专业化布置

工艺专业化布置的任务就是使物流量大的设施（设备或加工中心）尽可能地靠近，从而使运输成本最低；或者将与其他部门联系多、关系紧密的部门布置在中心位置，从而使工作效率最高。

（1）从–至表法

从–至表法是一种逐步寻找使加权移动距离最短的设施布置方法，即经过有限次的试验和改进，求得加权移动距离最短的设施布置方案。

从–至表法的基本假设条件有两个：各相邻设施之间的距离相等、不考虑零件的重量和数量差异。

从–至表法的步骤有四个：绘制零件工艺路线图，描述零件的基本加工过程；给出设施初始布置方案，编制初始零件从–至表，并计算零件从一个设施到另一个设施的移动次数；分析并改进初始零件从–至表，计算总的移动量；比较不同的布置方案，在逆向移动量没有大幅度增加的前提下，总移动量越小，方案越好。

（2）活动关系图法

活动关系图是由默泽（R. Muther）提出的。活动关系图法是通过图解方法描述组织各组成部分之间的关系，然后根据关系的密切程度加以布置，从而得出较优的平面布置方案。组织各组成部分之间的关系密切程度用A、E、I、O、U、X六个符号表示，并给出相应的分值。组织各组成部分之间的关系密切程度的原因用 9 个数码表示。

4. 办公室布置

办公室布置的首要原则是有利于提高工作效率。

办公室区域划分就是合理安排不同业务部门或管理人员的位置。

“活动中心”是把接待处、会议室、研究室、资料室等集中在一起，以方便办公的新型办公室布置。

“远程办公”是指利用信息网络技术，将处于不同地点的人联系在一起，共同完成工作的布置。

5. 零售店布置

零售店布置的目的是使店铺的单位面积的净收益达到最大。

零售店布置要考虑的基本问题有三个：零售店空间布局、顾客行走路线设计、商品陈列。

零售店空间布局就是合理安排不同品类商品的位置。

顾客行走路线设计的出发点是：给顾客提供一条路径，使他们能够尽可能多地看到商品，并沿着这个路径按需要程度安排各项服务。

商品陈列的基本要求有三个：显见易取、整齐而不缺乏生动、按价格梯度分布。

6.2　习题与案例

6.2.1　习题

1. 名词解释

（1）设施布置；（2）产品专业化布置；（3）工艺专业化布置；（4）成组技术；（5）流水生产线；（6）工作站；（7）工序；（8）节拍；（9）生产周期；（10）连续性；（11）协调性；（12）均衡性；（13）流水生产线的效率；（14）从 – 至表法；（15）活动关系图。

2. 单选题（有且只有一个选项正确）

办公室布置的首要原则是（　　）。

A. 便于办公人员交流　　B. 提高办公人员的私密性

C. 提高办公人员的舒适性　　D. 提高工作效率

3. 多选题（至少有一个选项正确）

制造业设施布置的基本类型有（　　）。

A. 产品专业化布置　　B. 工艺专业化布置

C. 固定位置布置　　D. 移动式布置

4. 判断题（在括号中直接填写“对”或“错”，也可以打“√”或“×”）

（1）大中型会议自助式午餐的餐厅布置属于工艺专业化布置。（　　）

（2）大学食堂的餐厅布置属于工艺专业化布置。（ ）

（3）中小型机械加工厂车间布置属于工艺专业化布置。（ ）

（4）节拍与生产周期实际上是一个概念的两种表达方式。（ ）

（5）利用从－至表法优化设施布置的基本目标是使总移动量（加权移动量）最小。（ ）

（6）活动关系图中的第六个符号是 X（代表“许多”的含义）。（ ）

（7）办公室布置的首要原则是保证办公人员的私密性。（ ）

（8）零售店布置的目的是让顾客以最舒适的方式购物。（ ）

5. 填空题

（1）设施布置有两种基本类型，即（ ）、（ ）。

（2）活动关系图用到了六种符号，即（ ）、（ ）、（ ）、（ ）、（ ）、（ ）。

6. 简答题

（1）简述设施布置的重要性。

（2）简述产品专业化布置的特点。

（3）简述工艺专业化布置的特点。

（4）简述成组技术的主要内容。

（5）简述成组技术的经济效果。

（6）简述流水生产线的基本特征。

（7）简述流水生产线的优点。

（8）简述组织流水生产线的基本条件。

（9）简述流水生产线的平衡步骤。

（10）简述提高流水生产线效率的途径。

（11）简述 U 形生产线的优点。

（12）简述工艺专业化布置的任务。

（13）简述从－至表法的基本假设条件。

（14）简述从－至表法的步骤。

（15）简述活动关系图法要考虑的八种关系。

（16）简述办公区域划分的基本要求。

（17）简述办公室内部布局的基本模式。

（18）简述零售店布置的出发点。

（19）简述零售店空间布局的基本思路。

（20）简述顾客行走路线设计要解决的问题。

（21）简述商品陈列的基本要求。

7. 计算题

某民营企业为国外代加工电动毛绒玩具。该企业实行每天两班制，每班工作 8 小时，每班有 20 分钟的休息时间。根据代加工合同，该企业每天要交付给国外客户合格的电动毛绒玩具 1 100 只。该企业准备采用流水线加工这种玩具。根据目前的工艺方案，各个作业单元的加工时间之和等于 1.6 分钟。限于目前的技术条件，流水线上的废品率为 8.0%。试根据上述已知条件计算：

（1）该流水线的节拍（计算结果取两位小数）。

（2）最少工作站数。

（3）流水线的效率。

8. 论述题

就某一服务行业，观察其设施布置现状，分析存在的问题，提出改进方案，并论证改进方案的合理性。

6.2.2　案例

鸿博园的设施布置

2007 年 6 月 8 日是个好日子。中午，在广大教职员工的急切期盼下，鸿博园隆重开业。现场鲜花锦簇，人声鼎沸。

鸿博园建筑面积 12 550 平方米，可容纳 2 600 人同时就餐，每餐可接待 1 万人次。食堂总体结构为地下一层和地上四层，地下一层设有加工部、库房以及动力设备，一层为风味食堂，二层为基本伙食，三层为清真食堂，四层为教工食堂和西餐厅，全体教职工共计 210 人。鸿博园的正式营业将极大地缓解学校原食堂用餐时人员过于拥挤的状况，改善了同学们的用餐环境，也为教师的用餐、休息提供了场所。

看起来似乎一切都好，只是感到四层收盘处的摆放不尽合理。到达四层的电梯只有一部，而收盘处设在与电梯成对角的西北角。吃完饭放回餐盘后，如果要想从位于东南角的电梯下楼，不但要走长长的距离，而且穿越餐桌或从窗口走过也不太方便。好在收盘处紧邻室内步行梯和外挂步行梯。那么，这种空间布局真的不合理吗？是有意而为之吗？

问题

1. 鸿博园的设施布置体现了哪些理念？
2. 试分析这种设施布置在其他非制造业应用的可能性。

6.3　习题参考答案与案例使用说明

6.3.1　习题参考答案

1. 名词解释

（1）设施布置是指确定各个部门、部门内部各工作站、机器设备等的相对空间位置。

（2）产品专业化布置是指按照产品的工艺流程（即加工路线或加工顺序）安排生产单位或设备的一种生产组织形式。

（3）工艺专业化布置是指按照生产工艺特征安排生产单位或设备的一种生产组织形式。

（4）成组技术是指建立在工艺相似性原理的基础上，合理组织生产过程的方法。

（5）流水生产线是指按照产品（零部件）生产的工艺顺序布置工作站，使产品（零部件）连续、协调、均衡地在各个工作站进行加工或装配，直到生产出成品的一种先进的生产组织形式。

（6）工作站是指工人在不重新调整设备的情况下，对劳动对象连续进行加工的场所。

（7）工序是指工人在工作站对劳动对象进行加工过程的过程。

（8）节拍是指相邻两件产品的出产时间间隔。

（9）生产周期是指产品从投入到产出的时间间隔。

（10）连续性是指劳动对象始终处于运动状态，不是在加工中，就是在检验、运输中，没有或很少发生各种不必要的停顿或等待现象。

（11）协调性是指各个生产过程在生产能力上保持适合产品生产要求的相应比例关系。

（12）均衡性是指在规定的时期内出产相等或递增数量的产品，而不是忙闲不均。

（13）流水生产线的效率是指工作站时间的利用效率，即所在作业单元的时间占理论时间的比率。

（14）从–至表法是一种逐步寻找使加权移动距离最短的设施布置方法。

（15）活动关系图是指通过图解方法描述组织各组成部分之间的关系，然后根据关系的密切程度加以布置，从而得出较优的平面布置方案。

2. 单选题

D

3. 多选题

AB

4. 判断题

（1）错　（2）对　（3）对　（4）错　（5）对　（6）错　（7）错
（8）错

5. 填空题

（1）工艺专业化布置　产品专业化布置

（2）A　E　I　O　U　X

6. 简答题

（1）设施布置影响着企业的运营成本和效率，事关企业长期运营目标的实现。

（2）①对品种变换的适应能力差，仅适合于大量、连续生产；②物流连贯性强，节约了生产面积，缩短了运输距离；③在制品少；④按节拍组织生产，易于管理。

（3）①对产品品种变换的适应性强，适合于多品种小批量生产；②产品的物流比较复杂，生产过程连续性差；③在制品库存量较高；④生产周期较长。

（4）①依据一定的分类系统进行零件的编码归类分组；②根据划分的零件组，将同类型的零件组建为成组生产单元、成组生产线或成组流水线；③按照零件的分类编号，为设计新产品选用类似的零件；④组建成批生产单元。

（5）①减少了生产技术准备工作量，缩短了生产准备周期，降低了生产技术准备费用；②增加了生产同类零件的生产批量；③缩短了产品的生产周期；④简化了生产管理工作。

（6）①工作站的专业化程度高；②工作站按工艺顺序排列；③各个工作站的加工时间相等或成简单的倍数关系；④按统一的节拍进行生产。

（7）①整个生产过程是连续、协调和均衡的；②有利于机器设备和人力充分发挥作用；③最大限度地缩短生产周期；④缩短运输路线，工序间的在制品数量很少；⑤工作站专业化程度高，便于采用专业设备、工具，有利于提高劳动生产率。

（8）①产品的结构和工艺相对稳定；②有足够大的产量需求；③能把产品加工过程细分成若干作业。

（9）①计算流水生产线的节拍；②计算最少工作地数；③给工作站分配作业；④流水生产线的效率测评。

（10）①减少实际工作站数；②缩短流水线的节拍；③在减少实际工作地数的同时，缩短节拍。

（11）①空间布置紧凑；②减少操作人员；③增进了工人的交流和协同作业。

（12）工艺专业化布置的任务就是使物流量大的设施（设备或加工中心）尽可能地靠近，从而使运输成本最低；或者将与其他部门联系多、关系紧密的部门布置在中心位置，从而使工作效率最高。

（13）①各相邻设施之间的距离相等；②不考虑零件的重量和数量差异。

（14）①绘制零件工艺路线图，描述零件的基本加工过程；②给出设施初始布置方案，编制初始零件从 - 至表，并计算零件从一个设施到另一个设施的移动次数；③分析并改进初始零件从 - 至表，计算总的移动量；④比较不同的布置方案，在逆向移动量没有大幅度增加的前提下，总移动量越小，方案越好。

（15）①使用共同的记录；②共用人员；③共用工作场所；④人员接触；⑤文件接触；⑥工作流程的连续性；⑦做类似的工作；⑧使用共同的设备。

（16）①公司决策层的主要领导，应有一个相对独立的办公环境；②对于一般管理人员和行政人员，通常采用大办公室集中办公的方式，以便提高效率、便于监督、节约空间；③像客服中心或接待室这样的部门，会频繁接触顾客或经常接待来访者，可以将其布置在公司大门附近的一个单独区域，使来访者办事方便、快捷，还可以避免对其他部门的员工造成影响。

（17）①传统的封闭式办公室，办公楼被分割成多个小房间，伴之以一堵堵墙、一个个门和长长的走廊；②开放式办公室布局，在一间很大的办公室内，可同时容纳一个或几个部门的十几人、几十人甚至上百人共同工作；③一种带有半截屏风的组合办公布局方式。

（18）①使店铺的单位面积的净收益达到最大；②尽可能提供给顾客更多的商品，提高展示率。

（19）①增加单位面积销售额；②强化视觉效果，这一点对高档商场来说尤其如此；③增加随机销售机会。

（20）①顾客行走路线设计的目的就是要给顾客提供一条路径，使他们能够尽可能多地看到商品，并沿着这个路径按需要程度安排各项服务；②行走路线设计包括决定通道的数量和宽度，它们影响服务流的方向；③通过往返路径设计，并辅助布置一些吸引顾客注意力的标记，使顾客沿着预设的路线行走。

（21）①显见易取；②整齐而不缺乏生动；③按价格梯度分布。

7. 计算题

（1）该流水线上加工的废品和合格品总量＝1 100/（1–8%）≈1 196（只），所以，数量流水线的节拍＝（8×60–2×20）/1 196≈0.37（分钟）。

（2）作业时间与节拍的比值为 1.6/0.37≈4.3，向上取整为 5，即最少工作站数为 5 个。

（3）流水线的效率＝[1.6/（0.37×5）]×100%≈86%。

8. 论述题

①以医院心内科为例，涉及诊室、分诊台、候诊座椅、自助血压计、显示屏等的布置。

②借助图表客观地描述其布置现状。

③以方便患者候诊与就诊为出发点，思考当前布置存在的问题。

④提出优化布置方案。

⑤从等待时间、患者的移动距离等方面评估改进效果。

6.3.2　案例使用说明

1. 案例分析目的

（1）巩固运营管理知识点，让学生了解低碳运营在设施布置方面的实现途径。

（2）指导学生思考案例中的绿色布置在其他行业中应用的可行性。

2. 案例分析步骤

（1）学生阅读案例文本，尝试回答后面的问题。

（2）实地调查学校餐厅的布置情况。

（3）从低碳运营的角度，尝试给出餐厅或其他服务业绿色布置的可能方案。

（4）教师点评学生的案例分析结果。

案例分析过程如图 6-1 所示。

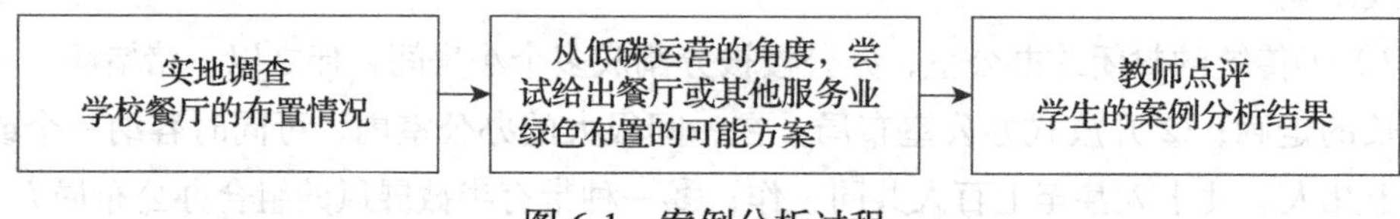

图 6-1　案例分析过程

第 7 章
CHAPTER 7

工作系统研究

7.1 知识点

7.1.1 知识点清单

- 工作研究
- 工作研究的目标
- 方法研究
- 时间研究 / 作业测定
- 方法研究与时间研究的关系
- 泰勒的搬运生铁块试验
- 泰勒的铲运试验
- 完成作业任务的四原则
- 吉尔布雷斯砌砖方法研究
- 工作研究的步骤
- 现行方法写实
- 5W1H 分析方法
- 方法研究的基本假设
- 操作研究
- 操作研究的目的
- 人 – 机活动图
- 动作研究
- 经济动作原则
- 动素
- 动素的类别
- 动素分析
- 对动图 /SIMO
- 人类工程学
- 工作环境
- 工作环境设计
- 工作环境对人的影响
- 时间研究的目的
- 时间研究的步骤
- 工作分解
- 工作分解的原则
- 测时
- 连续测时法
- 循环测时法
- 标准作业时间（ST）
- 绩效评价因子（RF）
- 工作抽样
- 工作抽样的用途
- 工作抽样的步骤

- 工作抽样的优点与局限性
- 预定时间标准设定法（PTS）
- PTS 的优点与局限性
- 模特法 /MODAPTS/ 第三代 PTS
- 模特法的特点

7.1.2 知识点解析

1. 工作研究

（1）工作研究概述

工作研究是指运用系统分析的方法，在现有工作条件下，详尽地分析某一特定的操作或动作，排除其中不合理、不经济、混乱的因素，寻求更简捷、更经济、更有效的作业方法，建立工作标准，确定标准作业时间。

工作研究的目标是消除时间、人力、物力、资金等方面的浪费，提高工作效率。

方法研究是指对现有的作业方法进行系统分析，从中发现不合理的因素，并加以改善。

时间研究又叫作业测定，是指对实际完成作业的时间进行测定，以确定标准作业时间。

方法研究与时间研究的关系为：方法研究和时间研究是相互关联的，方法研究是时间研究的基础、制定工作标准的前提，而时间研究是选择和比较工作方法的依据。

泰勒的搬运生铁块试验是指泰勒在伯利恒钢铁公司开展的研究如何用科学的方法来搬运生铁块的试验。该试验内容包括：体格健壮的工人的选择；明确规定作业的休息时间间隔；把作业分解成一些基本动作，并研究完成这些动作最合理、最省力的方法；制定与科学方法配套的工资报酬。

泰勒的铲运试验是指泰勒在伯利恒钢铁公司开展的研究如何用科学的方法来铲运物料的试验。该试验内容包括：选择熟练工人；研究各种物料每一铲的最佳负荷；对铲运工具进行改造；铲运动作研究。

泰勒提出的完成作业任务的四个原则为：按照科学的方法完成每一项作业，而不是凭经验从事；科学地挑选工人，并进行培训和教育，使之成长成才，而不是由工人自己选择工作，并且自由行事；与工人密切合作，同时在工资制度上体现按劳取酬；管理者与工人各司其职，而不是把管理方面的职责也推给工人。

吉尔布雷斯的砌砖方法研究是指吉尔布雷斯开展的建筑工人砌砖方法优化研究。该研究主要对工人探身拿砖、灰铲形状与大小、寻找砖的平整面、敲击砖块等方法或工具进行了优化研究和设计。

吉尔布雷斯提出的砌砖方法要点有三个：消除了经仔细研究和试验证明没有什么用处的动作，把通常的 18 个动作压缩为 5 个；设计了一些简易工具，借助这些工具，只需一名廉价的辅助工做一些配合，就可省去砌砖工大量繁重而又费时的动作；教会了砌砖工在做简单动作时，要双手并用。

（2）工作研究的步骤

工作研究的步骤有五个：确定研究对象；制定研究目标；现行方法写实；现行方法分

析；新方法的设计、评价和实施。

现行方法写实是指真实、全面地将现在采用的工作方法或工作过程如实、详细地记录下来。

"5W1H" 分析方法是指以寻找减少、合并、调整顺序等机会为出发点，从 why、what、how、who、where、when 六个方面反复提出有关工作过程是否合适的问题，从而优化工作方案的工作研究方法。

2. 方法研究

方法研究的基本假设是：现行运营系统中的每一个作业，只要加以客观、细致的分析，一定可以发现许多可以改进的地方。

（1）操作研究

操作研究就是仔细研究工人和机器的每一个操作，研究如何使工人的操作更经济、更有效以及工人和机器的配合更协调。

操作研究的目的是在作业流程设计与改进的基础上，分析具体操作，并加以改进，以减少疲劳、提高效率。

人－机活动图（man-machine chart）是一种把人与机器在工作时间上的配合关系描述出来的图形化工具。

（2）动作研究

动作研究是对工人在执行一项操作任务时涉及的动作所进行的系统研究。

动作研究的目的是减少不必要的动作，确认最好的操作顺序以取得最大的效率。

经济动作原则是由吉尔布雷斯提出的，是指导人们如何节约动作，如何提高动作效率的原则，经不断研究和补充，归纳为十个原则。

①双手的动作应该是同时的和对称的；

②工具和物料应该放在近处和操作者面前，使它处在双手容易拿到的位置；

③所有的工具和物料必须有明确的和固定的存放地点；

④为了将物料送到靠近使用的地点，应该利用重力式的送料盒或容器；

⑤只要条件允许，工具和物料应该放在预先设定的位置；

⑥尽可能采用"下坠式传送"方式；

⑦所有的工作，只要用脚来做更为有利，就应该避免用手来做，只要经济合算，就应采用动力驱动的工具和设备，只要可能，就应该采用虎钳或夹具来固定工作物，以便腾出双手来进行其他操作；

⑧物料和工具摆放应能使操作流畅并富有节奏；

⑨避免骤然改变方向的动作的发生，采用流畅而连续的手动动作；

⑩工作地和座椅的高度最好能布置得在工作时可以替换着坐和站，同时应该具备适宜的光线，使工作者尽可能地感到舒适。

动素（therbligs）就是完成一个动作的基本元素。共有 18 种动素：伸手、移物、握取、装配、使用、拆卸、放手、检查、寻找、选择、计划、定位、预对、持住、休息、迟延、故延、发现。

动素的类别有三种：有用的动素、减缓第一类操作的动素、对完成操作并没有促进作用的动素。

动素分析是把作业分解成动素，从而将改进作业建立在对动素减少和重新组合基础上的一种方法。

对动图（simultaneous motion chart，SIMO chart）是一种用于寻找双手同时对称的最佳方案，以提高动作的稳定性，减少疲劳，提高效率的图形化工具。

3. 人类工程学

（1）简介

人类工程学（ergonomics）是研究人 – 机 – 环境系统中人、机、环境三大要素之间相互作用和相互结合的关系，为解决该系统中人的效能、安全健康提供理论与方法的科学。

（2）工作环境及其对人的影响

工作环境是指照明、色彩、温度与湿度、噪声、振动、PM2.5 等严重影响着人的健康与安全、工作效率、产品质量等的因素。

4. 时间研究

时间研究的主要目的是确定标准作业时间。此外，时间研究的目的还包括：将实际作业时间与标准作业时间对比，寻找改进的方向；减少工人空闲和等待物料的时间。

（1）时间研究的基本方法和步骤

时间研究的步骤有四个：工作分解、测时、确定样本数、制定标准作业时间。

工作分解就是把要进行时间研究的工作分解成多个作业单元或动作单元。

工作分解的原则有两个：为了测量作业单元所需的时间，要求分解成的每一个作业单元都应有明确的开始和结束标志；一般地，3 秒钟以内就可完成的动作不宜作为一个单独的作业单元。

测时就是用秒表或其他工具观察和测量每一个作业单元，确定其所用时间。

连续测时法是指研究人员在每个作业单元的动作结束时，记下该时刻，然后根据两个作业单元结束时刻的差计算得出第二个作业单元所花费的时间，依此类推，直至计算出所有工作单元花费的时间。

循环测时法是指人为地去掉一个作业单元后再观测其时间。按照循环计算法计算出各作业单元所耗费的时间，每次记录时都不记录所要测量的那个作业单元，只记录其余作业单元所花费的时间之和，然后从全部工作时间中减去每次所得时间，即得要观测的那个作业单元所花费的时间。

标准作业时间（ST）是指根据对作业单元的实测时间确定的研究对象的作业时间。

绩效评价因子（RF）是指反映操作人员技术熟练程度、工作速度、产品（工作）质量等方面的一个修正系数。

（2）工作抽样

工作抽样是指不去观察作业所占用的时间，而是估计在某时刻人或机器发生这种行为的比率，然后根据这个比率来推定这种行为所占用的时间的作业测定方法。

工作抽样的用途有三个方面：测定机器设备或人员在工作中工作（负荷）和停歇（空闲）时间比率，以提供分析工时利用情况的资料；测定工作人员在工作中各类工时消耗的比例，以提供制定工作定额时所需的各种标准资料；在一定条件下，测定工作人员完成任务所需时间，以制定工序的标准时间。

工作抽样的步骤有四个：确定特定的行为；估计特定行为占全部时间的比例；确定观察次数；计算标准时间。

工作抽样的优点有四个：观测者不需要接受专门训练；节省时间与费用；与其他作业测定方法相比，更容易与被观测人员合作；观测时间可自由安排。

工作抽样的局限性体现在：所需观察的样本数较大；只能得出平均结果，无法得出导致个别差异数值的资料。

（3）时间研究的 PTS 法

预定时间标准设定法（PTS）是指将构成工作单元的动作分解成若干个基本动作，对这些基本动作进行详细观测，然后制作基本动作的标准时间表。

PTS 的优点包括：可以用来为新引进生产线的新工作设定工作时间标准，并可对不同的新方法进行比较；用这种方法设定时间标准的一致性很高；这种方法不需要对标准时间进行具有一定主观成分的绩效评价。

PTS 的局限性包括：所使用的时间单位过小，致使这种方法在实际中很难被采用；对于进行多品种小批量生产，以工艺对象专业化为生产组织方式的企业来说并不实用；PTS 法的标准数据有时不能反映具有某些特殊性的企业的情况；需要考虑、调整的因素过多；整个工作时间可用基本动作时间加总得到这一基本假设有时是不合理的；这种方法的使用需要一定的技能，因此限制了这种方法的使用。

（4）模特法

模特法 / MODAPTS / 第三代 PTS 是指把动作分为移动、终止、身体和其他 4 大类共计 21 个动作，给每个动作赋予一个时间值，以 MOD（合 0.129 秒）为单位，共有 8 个时间值，最短的时间值是 0MOD，最长的时间值是 30MOD，以此来制定标准工作时间的方法。

模特法的特点有三个：把手指的动作作为一个单位，其他动作以手指动作的整数倍来表示；简单、易用，使用直观的基本图形，动作的代表符号中包含着时间值，方便分析动作和计算标准作业时间；应用广泛，适用于制造、设计、技术、管理、服务等各领域的动作分析和时间测定。

7.2　习题与案例

7.2.1　习题

1. 名词解释

（1）工作研究；（2）方法研究；（3）时间研究 / 作业测定；（4）泰勒的搬运生铁块试验；（5）泰勒的铲运试验；（6）吉尔布雷斯的砌砖方法研究；（7）现行方法写实；

（8）“5W1H”分析方法；（9）操作研究；（10）人–机活动图；（11）动作研究；（12）经济动作原则；（13）动素；（14）动素分析；（15）对动图（SIMO）；（16）人类工程学；（17）工作环境；（18）工作分解；（19）测时；（20）连续测时法；（21）循环测时法；（22）标准作业时间（ST）；（23）绩效评价因子（RF）；（24）工作抽样；（25）预定时间标准设定法（PTS 法）；（26）模特法 / MODAPTS / 第三代 PTS。

2. 单选题（有且只有一个选项正确）

（1）工作研究的奠基者是（　　）。

A. 泰勒　　B. 吉尔布雷斯　　C. 法约尔　　D. 德鲁克

（2）被称为“动作研究之父”的是（　　）。

A. 泰勒　　B. 吉尔布雷斯　　C. 法约尔　　D. 德鲁克

（3）时间研究的主要目的是（　　）。

A. 制定工作标准　　B. 确定标准作业时间

C. 现行作业时间测定　　D. ABC 都不对

3. 多选题（至少有一个选项正确）

工作研究主要包括以下两类研究（　　）。

A. 动作研究　　B. 方法研究　　C. 操作研究　　D. 时间研究

4. 判断题（在括号中直接填写“对”或“错”，也可以打“√”或“×”）

工作研究中，时间研究是基础，方法研究是目的。（　　）

5. 填空题

（1）现行方法写实有两个基本要求，即（　　）、（　　）。

（2）“5W1H”分析方法包括六个方面的问题，即（　　）、（　　）、（　　）、（　　）、（　　）、（　　）。

（3）动素有 18 种，列举其中的 10 种（　　）、（　　）、（　　）、（　　）、（　　）、（　　）、（　　）、（　　）、（　　）、（　　）。

（4）根据动素的作用，把动素分为三个类别，即（　　）、（　　）、（　　）。

（5）在进行测时时，确定样本数要考虑的四个因素为（　　）、（　　）、（　　）、（　　）。

（6）在确定绩效因子时，通常要考虑四个因素，即（　　）、（　　）、（　　）、（　　）。

6. 简答题

（1）简述工作研究的目标。

（2）简述通过工作研究来提高工作效率与通过其他方式来提高工作效率的区别。

（3）简述方法研究与时间研究的关系。

（4）简述工作研究的产生与发展。

（5）简述泰勒的搬运生铁块试验的结论。

（6）简述泰勒的铲运试验的结论。

（7）简述泰勒提出的完成作业任务的四个准则。
（8）简述吉尔布雷斯提出的砌砖方法的要点。
（9）简述工作研究的步骤。
（10）简述现行方法分析的“5W1H”方法。
（11）简述新方法的设计、评价和实施的主要内容。
（12）简述方法研究的基本假设。
（13）简述操作研究的目的。
（14）简述人 - 机活动图在操作研究中的应用。
（15）简述动作研究的目的。
（16）简述吉尔布雷斯提出的10项经济动作原则。
（17）简述对动图在动作研究中的应用。
（18）简述工作环境及其对人的影响。
（19）简述时间研究的步骤。
（20）简述工作分解的原则。
（21）简述工作抽样的用途。
（22）简述工作抽样的步骤。
（23）简述工作抽样的优点。
（24）简述工作抽样的局限性。
（25）简述PTS的优点。
（26）简述PTS的局限性。
（27）简述模特法的特点。

7. 计算题

在一次时间研究中，预先得出的作业单元的时间的均值与标准差分别为8.1分钟与1.2分钟。如果期望的置信度为95%，期望与实际时间的偏离程度不超过8%。试计算包括已经完成的观察次数，至少应进行多少次观察（计算结果取整数）。

8. 论述题

无

7.2.2 案例

UPS与时间赛跑

Joseph Polise是联合包裹（UPS）的一位司机。他手臂下夹着一个包裹，从棕色货车中下来，向办公大楼走去。在他身后几步远的地方，工业工程师Marjorie Cusack手中拿着一个数字计时器。

她的眼睛紧盯着Polise，对他走了多少步进行计数，并测量他与顾客接触的时间。Cusack在书写板上记录交通信号灯、交通阻塞、拐弯、按门铃、过走廊、上楼梯、喝咖啡等所消耗的时间。她说：“如果他去卫生间，也要给他计时。”

在 UPS 这个全球快递业“巨无霸”中，这样重视细节并不新鲜。通过对 152 000 名员工进行细致的人体工程及近距离观测，这家位于美国康涅狄格州格林尼治的私有公司在激烈的竞争环境中获得了很高的利润。效率专家一致认为：“事实上，UPS 是世界上效率最高的公司之一。”

“在 UPS，你看不到有人闲坐，”俄亥俄州立大学运输专业教授 Bernard La Londe 说，“想在其他地方看到这样的效率很难。”

1. 追求速度

在 UPS，大约有 1 000 位工业工程师利用时间研究为大量与管理密切相关的任务制定工作标准。UPS 要求司机以每秒 3 步的速度快步走到客户门前并马上敲门，以免找不到门铃。督导员会跟着“工作得不是最好的司机”，直到他们能够达到工作标准。“尽可能做得最好是人的本性，”UPS 区域经理 Michael Kamienski 说，“但我们要求员工达到可接受的工作标准，而不是放任自流。”

如果 UPS 不利用以前的作业测量法，就无法与美国其他众多公司抗衡。为了提高生产率，其他公司通常强调员工的参与，主张沟通交流而不是严格控制员工。

梅纳德咨询公司的副总裁 Roger Weiss 说：“时间研究是黑暗年代的技术，不具人性化，需要拿着秒表跟着员工测量。”

然而，UPS 并不理睬这些批评。“我们并不会把工作标准硬压下去，但这些工作标准确实给了员工责任感，”UPS 工程部高级副经理 Larry P. Breakiron 说，“我们督导员工并对员工负责，这是我们成功的法宝。”

2. 新竞争对手

然而，那些作业测量方法需要经过考验。在长期与美国邮政服务的包裹快递战中，近来 UPS 又投入到与联邦快递、Purolator Courier、Airborne、Emery 等其他公司的隔夜快递业务竞争中。此外，UPS 快递业务还受到了铁路服务公司的挑战。铁路服务公司创立于 20 世纪 90 年代早期，初期是一家包裹快递公司。

这个新的竞争对手声称拥有自己的车队，与 UPS 的严密监管不同。铁路服务公司给予司机的报酬很高，而且司机很团结，公司也激励司机自己管理自己的运输业务。“我们的司机并不是开着棕色货车，而是开着自己的车。”铁路服务公司副总裁 Ivan Hoffman 宣称。

铁路服务公司还试图尽可能多地采用自动化技术来提高生产率，其包裹中心采用条码技术、激光扫描仪、计算机和专用机械设备来分拣包裹。而在 UPS，这些任务主要通过人工来完成。可是，UPS 觉得它的竞争对手采取的方法不可靠、不灵活而且成本高，而这也是铁路服务公司抨击 UPS 人工分拣的理由。

这一激烈竞争的结果让包裹运输者很感兴趣。“UPS 已经把人体工程进行到了极致，”美国最大的贺卡制造商 American Greetings 的运输部经理 Michael Birkholm 说，“但问题是技术先进的铁路服务公司能否冲击巨大的棕色 UPS 机器。”

3. 白热化的竞争

如果竞争白热化，生产率的提高将是 UPS 回击竞争对手的核心能力。确实，一直以来，UPS 都使用效率来打败竞争对手。1907 年，19 岁的詹姆斯 · E. 凯西（James E. Casey）在西雅图开设了美国信使公司（American Messenger）。经过多年的发展，UPS 不仅赢得了包裹快递服务，还占据了曾由美国邮政服务公司控制的包裹业，这一切都源于其全天候的服务和低廉的价格优势。UPS 的创始人凯西特别重视效率。1920 年，他向吉尔布雷斯及其他时间研究的先驱求助，来开发测量每个 UPS 司机每天所花时间的技术。后来，UPS 的工程师在不考虑车辆因素，只研究工作中的司机的前提下，改进了包裹装载技术，结果，平均作业时间减少了 30 秒。

凯西还塑造了公司文化，让员工在重视效率的同时，也关注公司业绩和团队工作。《有决心的人》《追求完美》的小册子由 UPS 前任主席乔治・史密斯（George Smith）撰写并分发给公司经理。

UPS 的另一个指导原则是劳有所获。公司的司机每小时的报酬是 15 美元，比其他高收入的卡车公司的司机多赚 1 美元。总体上，UPS 的司机每年可赚 35 000～40 000 美元。

作为回报，司机为 UPS 创造了巨大的收益。这可从 Marjorie Cusack 的时间研究中看出。一天，在新泽西州，她测试了 Joseph Polise 停下的 120 次中每次的时间宽放率，并找出其中的问题所在。“你在做什么，Joseph？”当 Polise 拿包裹时，不止一次浪费了几秒时间时，她这样问道。她说，一天中每次停下时浪费 30 秒累积起来就是很大的耽搁了。

“我们以前打趣说，一个好的司机下车送完快件回到车上时，安全带还没停止摇摆。”Cusack 女士说。为此，UPS 重新设计了安全带，以减少摆动。

但不是所有的 UPS 司机都喜欢这样的节奏。例如，新泽西州东布朗斯维克的司机 Michad Kipila 说：“他们把你榨干了，你总是急急忙忙，不能轻松地工作。”有的司机抱怨他们为了能准时完成任务而不得不减少休息时间。

UPS 管理层坚持公司的工作标准并不只是为了提高产出，还追求更简捷的工作。“如果按照我们的方式，每天结束时你不会觉得太累。”UPS 发言人宣称。

4. 过犹不及

工作压力使一些 UPS 的员工，如督导员和司机等均想辞职。UPS 前督导员 Jose Vega 说，他跟着一个在纽约的司机，记录下每一次的“步调太慢，与顾客接触时间太长”这样的情况。Vega 说，他试图让司机感到窘迫以提高速度：“你睡着了？你要睡袋吗？”然后，Vega 说：“这就像在侮辱一个人。”Jose Vega 现在为铁路服务公司开车。

“管理和折磨只是一线之隔，而 UPS 经常越过这根红线。”新泽西州希尔塞德当地卡车驾驶员联盟会第 177 分会官员 Mario Perrucci 说。Perrucci 与 UPS 斗争了很多年，就是为了可以让司机在快停下时按喇叭，以便顾客很快来到门口。

UPS 试图提高生产率的努力得到了驾驶员联盟的许多回应。尽管像 Perrucci 这样的当地卡车驾驶员联盟官员认为：UPS 对员工的推动“已经超出了其可以忍受的范围”，但联盟的执行官很高兴看到公司取得了成功。“我希望看到 UPS 敦促人们更努力，”华盛顿卡车驾驶员联盟会的一位官员说，“而不是看到 UPS 破产。”

许多雇用联盟员工的卡车公司面临关门，但 UPS 坚持做最大的卡车驾驶员联盟会成员的雇用者，拥有约 10 万名联盟员工，自 1980 年来增长了 33%。

5. 寸步不让

为了持续增长，UPS 的高管正在寻找新的有效途径。例如，他们试图把卡车机械师的工作标准制定得更准确。在 UPS 新泽西州西帕尼的包裹分拣中心——公司旗下约100个中心中的一个，靠把车停得相隔仅5英寸的距离来腾出空间。但是，提高生产率也有代价。《纽约时报》称，自1985年3月以来，UPS的司机在当地快递中大约收到了100多万美元的未付停车费的罚单。一位公司律师称这个数字“过于夸大了”，并对这些罚单提出了异议。

新近出现的来自铁路包裹系统的竞争似乎也越来越激烈。铁路服务公司通过雇用独立司机把劳动力成本下降了20%～30%。因为铁路服务公司的司机自己买卡车、制服和上保险，公司将节省下来的钱用于包裹分拣自动化。“我们借助技术来降低成本。”铁路服务公司副总裁Bram Johnson说。

铁路服务公司宣称，通过自动化技术，其5个分拣中心减少了25%的劳动力。例如，宾夕法尼亚州约克中心倾斜轨道上的传送带，按照电脑指令让包裹自动转入一系列滑道。

资料来源：戴维斯，海内克．运营管理基础（原书第5版）[M]. 汪蓉，编译．北京：机械工业出版社，2014.

问题

1. 描述UPS的工作设计和工作衡量方法。
2. UPS方法有何优劣？

7.3 习题参考答案与案例使用说明

7.3.1 习题参考答案

1. 名词解释

（1）工作研究是指运用系统分析的方法，在现有工作条件下，详尽地分析某一特定的操作或动作，排除其中不合理、不经济、混乱的因素，寻求更简捷、更经济、更有效的作业方法，建立工作标准，确定标准作业时间。

（2）方法研究是指对现有的作业方法进行系统分析，从中发现不合理的因素，并加以改善。

（3）时间研究 / 作业测定是指对实际完成作业的时间进行测定，以确定标准作业时间。

（4）泰勒的搬运生铁块试验是指泰勒在伯利恒钢铁公司开展的研究如何用科学的方法来搬运生铁块的试验。该试验内容包括：体格健壮的工人的选择；明确规定作业的休息时间间隔；把作业分解成一些基本动作，并研究完成这些动作最合理、最省力的方法；制定与科学方法配套的工资报酬。

（5）泰勒的铲运试验是指泰勒在伯利恒钢铁公司开展的研究如何用科学的方法来铲运物料的试验。该试验内容包括：选择熟练工人；研究各种物料每一铲的最佳负荷；对铲运工具进行改造；铲运动作研究。

（6）吉尔布雷斯的砌砖方法研究是指吉尔布雷斯开展的建筑工人砌砖方法优化研究。该研究主要对工人探身拿砖、灰铲形状与大小、寻找砖的平整面、敲击砖块等方法或工具进行了优化研究和设计。

（7）现行方法写实是指真实、全面地将现在采用的工作方法或工作过程如实、详细地记录下来。

（8）“5W1H”分析方法是指以寻找减少、合并、调整顺序等机会为出发点，从 why、what、how、who、where、when 六个方面反复提出有关工作过程是否合适的问题，从而优化工作方案的工作研究方法。

（9）操作研究就是仔细研究工人和机器的每一个操作，研究如何使工人的操作更经济、更有效以及工人和机器的配合更协调。

（10）人 – 机活动图是一种把人与机器在工作时间上的配合关系描述出来的图形化工具。

（11）动作研究是指对工人在执行一项操作任务时涉及的动作所进行的系统研究。

（12）经济动作原则是指导人们如何节约动作，如何提高动作效率的十项原则。

（13）动素是指完成一个动作的基本元素。

（14）动素分析是把作业分解成动素，从而将改进作业建立在对动素减少和重新组合基础上的一种方法。

（15）对动图（SIMO）是一种用于寻找双手同时对称的最佳方案，以提高动作的稳定性，减少疲劳，提高效率的图形化工具。

（16）人类工程学是指研究人 – 机 – 环境系统中人、机、环境三大要素之间相互作用和相互结合的关系，为解决该系统中人的效能、安全健康提供理论与方法的科学。

（17）工作环境是指照明、色彩、温度与湿度、噪声、振动、PM2.5 等严重影响着人的健康与安全、工作效率、产品质量等的因素。

（18）工作分解就是把要进行时间研究的工作分解成多个作业单元或动作单元。

（19）测时就是用秒表或其他工具观察和测量每一个作业单元，确定其所用时间。

（20）连续测时法是指研究人员在每个作业单元的动作结束时，记下该时刻，然后根据两个作业单元结束时刻的差计算得出第二个作业单元所花费的时间，依此类推，直至计算出所有工作单元花费的时间。

（21）循环测时法是指人为地去掉一个作业单元后再观测其时间。按照循环计算法计算出各作业单元所耗费的时间，每次记录时都不记录所要测量的那个作业单元，只记录其余作业单元所花费的时间之和，然后从全部工作时间中减去每次所得时间，即得要观测的那个作业单元所花费的时间。

（22）标准作业时间（ST）是指根据对作业单元的实测时间确定的研究对象的作业时间。

（23）绩效评价因子（RF）是指反映操作人员技术熟练程度、工作速度、产品（工作）质量等方面的一个修正系数。

（24）工作抽样是指不去观察作业所占用的时间，而是估计在某时刻人或机器发生这种行为的比率，然后根据这个比率来推定这种行为所占用的时间的作业测定方法。

（25）预定时间标准设定法（PTS 法）是指将构成工作单元的动作分解成若干个基本动作，对这些基本动作进行详细观测，然后制作基本动作的标准时间表。

（26）模特法 / MODAPTS / 第三代 PTS 是指把动作分为移动、终止、身体和其他 4

大类共计 21 个动作，给每个动作赋予一个时间值，以 MOD（合 0.129 秒）为单位，共有 8 个时间值，最短的时间值是 0MOD，最长的时间值是 30MOD，以此来制定标准工作时间的方法。

2. 单选题

（1）A （2）B （3）B

3. 多选题

BD

4. 判断题

错

5. 填空题

（1）真实 全面

（2）why what how who where when

（3）伸手 移物 握取 放手 寻找 定位 持住 休息 迟延 发现

（4）有用的动素 减缓有用动素的动素 对完成操作并没有促进作用的动素

（5）期望的置信度 / 对应的分位数 某作业单元样本标准差 估计精度 已有观察时间的平均值

（6）技巧性 努力程度 质量 均匀性

6. 简答题

（1）①消除时间、人力、物力、资金等方面的浪费，确定更简捷、更经济、更有效的作业方法；②建立工作标准；③提高效率。

（2）①工作研究是通过作业规范化、工作标准化来提高工作效率的；②工作研究遵循以内涵方式提高效率的原则，在既定的工作条件下，不依靠增加投资，不增加工人劳动强度，只通过重新组合生产要素、优化作业过程、改进操作方法、整顿现场秩序等方法，消除各种浪费，节约时间和资源，从而提高工作效率、增加效益。

（3）方法研究和时间研究是相互关联的，方法研究是时间研究的基础、制定工作标准的前提，而时间研究又是选择和比较工作方法的依据。

（4）①发端于泰勒在钢铁厂开展的搬运生铁块试验与铲运试验以及吉尔布雷斯在建筑行业从事的砌砖方法研究；②统计学的应用奠定了工作抽样的基础；③人们越来越重视研究人类工程学和行为科学对减少疲劳、提高效率的影响。

（5）①做什么事情都要用科学的方法；②科学的方法可以使工人更省力，获得的报酬更高，为企业所有者创造的财富更多；③科学地选择并培训工人是实行科学管理的关键之一；④报酬激励在科学管理中具有一定的作用。

（6）①做什么事情都要用科学的方法；②科学的方法可以使工人更省力，获得的报酬更高，为企业所有者创造的财富更多；③科学地选择和使用工具是实行科学管理的关键之一；④报酬激励在科学管理中具有一定的作用。

（7）①按照科学的方法完成每一项作业，而不是凭经验从事；②科学地挑选工人，并进行培训和教育，使之成长成才，而不是由工人自己选择工作，并且自由行事；③与工人密切合作，同时在工资制度上体现按劳取酬；④管理者与工人各司其职，而不是把管理方面的职责也推给工人。

（8）①消除了经仔细研究和试验证明没有什么用处的动作，把通常的 18 个动作压缩为 5 个；②设计了一些简易工具，借助这些工具，只需一名廉价的辅助工做一些配合，就可省去砌砖工大量繁重而又费时的动作；③教会了砌砖工在做简单动作时，要双手并用。

（9）①确定研究对象；②制定研究目标；③现行方法写实；④现行方法分析；⑤新方法的设计、评价和实施。

（10）现行方法分析的“5W1H”方法如表 7-1 所示。

表 7-1　“5W1H”方法的具体含义

why	为什么这项工作是必不可少的 为什么这项工作要以这种方式、这种顺序进行 为什么为这项工作制定这些标准 为什么完成这项工作需要这些投入 为什么这项工作需要这种人员素质	what how who where when	这项工作的目的何在 这项工作如何能更好地完成 何人为这项工作的恰当人选 何处开展这项工作更为恰当 何时开展这项工作更为恰当

（11）①设计新方法；②评价新方法；③实施新方法。

（12）方法研究的基本假设是现行运营系统中的每一个作业，只要加以客观、细致的分析，一定能够发现许多可以改进的地方。

（13）操作研究的目的是在作业流程设计与改进的基础上，分析具体操作，并加以改进，以减少疲劳、提高效率。

（14）借助人 – 机活动图，管理人员可以分析人和设备的工作和空闲时间，以此来确定实行多设备看管或同一设备为多个操作人员共用的可能性，最终达到有效利用人力、设备或工作地的目的。

（15）动作研究的目的是减少不必要的动作，确认最好的操作顺序以取得最大的效率。

（16）①双手的动作应该是同时的和对称的；②工具和物料应该放在近处和操作者面前，使它处在双手容易拿到的位置；③所有的工具和物料必须有明确的和固定的存放地点；④为了将物料送到靠近使用的地点，应该利用重力式的送料盒或容器；⑤只要条件允许，工具和物料应该放在预先设定的位置；⑥尽可能采用“下坠式传送”方式；⑦所有的工作，只要用脚来做更为有利，就应该避免用手来做，只要经济合算，就应采用动力驱动的工具和设备，只要可能，就应该采用虎钳或夹具来固定工作物，以便腾出双手来进行其他操作；⑧物料和工具摆放应能使操作流畅并富有节奏；⑨避免骤然改变方向的动作的发生，采用流畅而连续的手动动作；⑩工作地和座椅的高度最好能布置得在工作时可以替换着坐和站，同时应该具备适宜的光线，使工作者尽可能地感到舒适。

（17）①对动图常用于分析需要双手同时动作的操作；②这种方法旨在寻找双手同时

对称的最佳方案，以提高动作的稳定性，减少疲劳，提高效率。

（18）①照明，合适的照明是人们生产与生活的必要条件；②色彩，人们生活在五彩缤纷的环境里，各种色彩对人的心理、生理有着不同的影响；③温度与湿度，在36.0℃至37.0℃的范围内，人体达到热平衡，感到最舒适；④噪声，噪声是一种污染，会干扰听觉、引起烦躁不安，严重时还会损伤听力，恶化神经系统和整个机体状态；⑤振动，振动会引起皮肤感觉功能和听觉下降，破坏骨骼和肌肉组织，严重的还会导致骨骼和关节病变；⑥ PM2.5，空气中的 PM2.5 含量过高不但直接破坏空气质量，降低能见度，还对人的呼吸系统造成危害。

（19）①工作分解；②测时；③确定样本数；④制定标准作业时间。

（20）①为了测量作业单元所需的时间，要求分解成的每一个作业单元都应有明确的开始和结束标志；②一般地，3 秒钟以内就可完成的动作不宜作为一个单独的作业单元。

（21）①测定机器设备或人员在工作中工作（负荷）和停歇（空闲）时间比率，以提供分析工时利用情况的资料；②测定工作人员在工作中各类工时消耗的比例，以提供制定工作定额时所需的各种标准资料；③在一定条件下，测定工作人员完成任务所需时间，以制定工序的标准时间。

（22）①确定特定的行为；②估计特定行为占全部时间的比例；③确定观察次数；④计算标准时间。

（23）①观测者不需要接受专门训练；②节省时间与费用；③与其他作业测定方法相比，更容易与被观测人员合作；④观测时间可自由安排。

（24）①所需观察的样本数较大；②只能得出平均结果，无法得出导致个别差异数值的资料。

（25）①可以用来为新引进生产线的新工作设定工作时间标准，并可对不同的新方法进行比较；②用这种方法设定时间标准的一致性很高；③这种方法不需要对标准时间进行具有一定主观成分的绩效评价。

（26）①所使用的时间单位过小，致使这种方法在实际中很难被采用；②对于进行多品种小批量生产，以工艺对象专业化为生产组织方式的企业来说并不实用；③ PTS 法的标准数据有时不能反映具有某些特殊性的企业的情况；④需要考虑、调整的因素过多；⑤整个工作时间可用基本动作时间加总得到这一基本假设有时是不合理的；⑥这种方法的使用需要一定的技能，因此限制了这种方法的使用。

（27）①把手指的动作作为一个单位，其他动作以手指动作的整数倍来表示；②简单、易用，使用直观的基本图形，动作的代表符号中包含着时间值，方便分析动作和计算标准作业时间；③应用广泛，适用于制造、设计、技术、管理、服务等各领域的动作分析和时间测定。

7. 计算题

$$n=\left(\frac{z\times s}{\alpha\times\bar{t}}\right)^2=\left(\frac{1.96\times1.2}{0.08\times8.1}\right)^2\approx13.2\text{（次）}$$

向上取整数后得到总观察次数为 14 次。

8. 论述题

无

7.3.2　案例使用说明

1. 案例分析目的

（1）分析与联邦快递、DHL、铁路服务公司这等竞争对手相比，UPS 具有的竞争优势和竞争劣势。

（2）巩固有关工作研究的知识点，特别是操作研究、动作研究、测时等知识点。

2. 案例分析步骤

（1）学生阅读案例文本，尝试回答后面的问题。

（2）综合案例文本中呈现的信息和在网上查询到的更多信息，列举 UPS 作业规范的独特之处。

（3）结合自己收发快件的经历，对比分析 UPS 与联邦快递、DHL、铁路服务公司等竞争对手的不同作业方法的优点与缺点。

（4）教师点评学生分析的结果，指出作为百年老店的 UPS、联邦快递、DHL，一定有其核心竞争力。强调考虑行为科学的因素和先进信息技术的应用，以及不断创新作业方法的重要性。

案例分析过程如图 7-1 所示。

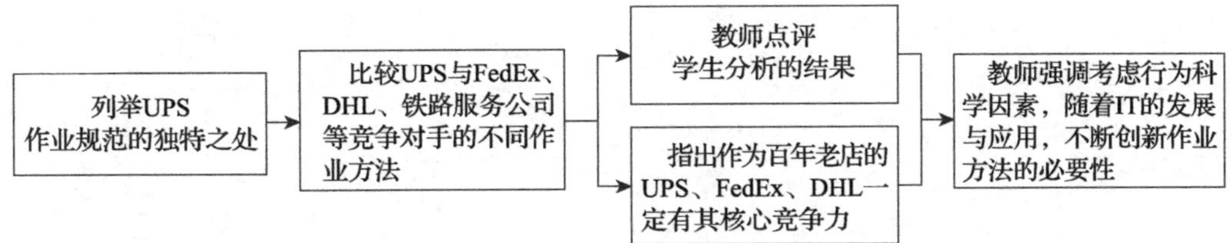

图 7-1　案例分析过程

第三篇

PART 3

运营系统的运行与控制

第 8 章
CHAPTER 8

质量管理

8.1 知识点

8.1.1 知识点清单

- 质量
- 质量管理
- 质量管理的主要内容
- 质量方针
- 质量目标
- 质量策划
- 质量控制
- 质量保证
- 质量控制与质量保证的关系
- 质量改进
- 持续改进
- 提高质量水平的意义
- 朱兰“质量三部曲”
- 质量计划、质量控制、质量改进之间的关系
- 朱兰“质量螺旋”
- 桑德霍姆“质量循环”
- 戴明“PDCA 循环”/ 戴明环
- 戴明“PDCA 循环”的四个阶段与八个步骤
- 克劳士比“零缺陷”
- 克劳士比“零缺陷”的含义
- 费根堡姆“全面质量管理”(TQM)
- TQM 的核心
- TQM 的特点
- “源头质量”观念
- 产品生命周期质量管理
- 顾客需求调查的主要目的
- 设计质量管理的主要目的
- 过程质量控制的主要目的
- 验收抽样检查的主要目的
- 顾客满意度调查的主要目的
- 企业质量文化
- 企业质量文化与企业文化的关系
- 企业质量文化的三个层面
- 企业质量文化的物质层
- 企业质量文化的行为层
- 企业质量文化的精神层
- 质量功能展开(QFD)
- 顾客满意度

- 顾客满意度测评的步骤
- QC 小组
- QC 小组的类型
- QC 小组的工作步骤或内容
- 田口方法
- 田口方法的内涵
- 质量管理七种老工具
- 核查表
- 分层法
- 分层的选项
- 帕累托图
- 因果分析图 / 鱼刺图 / 石川图
- 应用因果分析图的步骤
- 直方图
- 应用直方图的步骤
- 散布图
- 控制图
- 流程图
- 趋势图
- 质量管理七种新工具
- 检验数量
- 确定检验数量的依据
- 检验频度
- 确定检验频度的依据
- 检验点
- 典型的检验点
- 检验地点
- 集中检验的特点
- 现场检验的特点
- 统计质量控制
- 质量散差
- 质量散差的来源
- 造成质量散差的两大类原因
- 质量散差的偶然性原因 / 随机性原因 / 不可避免的原因
- 质量散差的必然性原因 / 系统性原因 / 可以避免的原因
- 控制图的类型
- 计量特性值控制图
- 均值控制图 / $\bar{x}$ 控制图
- 极差控制图 / R 控制图
- 计数特性值控制图
- p 控制图
- 过程失控的典型表现
- 周期性波动
- 过程能力
- 过程能力的决定因素
- 过程能力指数
- 过程能力等级
- ISO 9000：2015 族标准产生的背景
- ISO 9000：2015 族标准
- ISO 9000：2015 族标准的体系结构
- ISO 9000：2015 族标准的特点
- ISO 9000：2005 确定的质量管理原则
- ISO 9000：2005 的适用范围
- ISO 9000：2005 确立的质量管理体系基础
- 过程
- 过程方法
- ISO 9000：2005 术语的类别
- 质量概念之间的关系
- ISO 9001：2015
- ISO 9001：2015 的主要内容
- ISO 9004：2009
- ISO 9001：2009 的主要内容
- ISO 19011：2011
- 认证注册价值的影响因素
- ISO 19011：2011 的主要内容
- 6σ 管理
- 6σ 管理理念
- 单位缺陷数（DPU）
- 测量单位缺陷数的意义
- 百万机会缺陷数（DPMO）
- 引入百万机会缺陷数的意义
- 首次产出率（FTY）

- 流通产出率（RTY）
- 引入流通产出率的意义
- 6σ 管理团队的关键成员
- 冠军
- 黑带大师
- 黑带
- 绿带
- DMAIC 模式
- 定义（define）
- 关键质量特性（CTQ）
- 测量（measure）
- 测量系统验证
- 准确性
- 表征准确性的指标
- 偏倚
- 线性
- 稳定性
- 精确性
- 表征精确性的指标
- 重复性
- 再现性
- 分辨力
- 分析（analyze）
- 改进（improve）
- 失效模式与影响分析（FMEA）
- 功能
- 潜在失效模式
- 严重度
- 失效机理
- 频度
- 现行控制方法
- 不可探测度
- 风险优先级别数（RPN）
- 控制（control）
- 卓越绩效模式
- 卓越绩效模式框架
- 卓越绩效模式的核心
- 日本戴明奖
- 戴明奖的种类
- 戴明奖的评审标准
- 美国鲍德里奇奖
- 鲍德里奇奖的评审标准
- 鲍德里奇奖的评奖过程
- 欧洲质量管理基金会卓越奖
- 申请欧洲质量管理基金会卓越奖的组织的类别
- 欧洲质量管理基金会卓越奖的评奖标准
- 欧洲质量管理基金会卓越奖的评奖过程

8.1.2 知识点解析

1. 质量管理原理

（1）质量与质量管理

质量是指一组固有特性满足要求的程度。

质量管理是组织为使产品质量能够满足不断更新的质量要求，达到顾客满意而开展的策划、组织、实施、控制、检查、审核和改进等所有相关管理活动的总和。

质量管理的主要内容有四个：质量方针和质量目标的制定；质量策划；质量控制与质量保证；质量改进与持续改进。

质量方针是由组织的最高管理者正式发布的该组织总的质量宗旨和方向。

质量目标，即组织在质量方面所追求的目的，依据组织的质量方针而制定。

质量策划是指致力于制定质量目标并规定必要的运行过程和相关资源，以实现质量目标。

质量控制是指为满足质量要求而对产品质量形成全过程中质量方针和质量目标的确定以及质量策划两方面的诸因素进行控制，其实质是致力于满足质量要求。

质量保证是指组织针对顾客和其他相关方的要求，为自身在产品质量形成全过程中某些环节的质量控制活动提供必要的证据，以取得其信任。

质量控制与质量保证之间的关系为：质量控制是基础，是具体的操作过程，如检验过程本身；质量保证是目的，着重在质量策划，最终取得信任，如质量方针和计划的制订。

质量改进是指组织不断增强其在满足质量要求方面的能力。

持续改进是指增强满足要求的能力的循环活动。

提升质量水平的意义体现在：在国家振兴层面上，提升质量水平是满足人民日益增长的美好生活品质和增强国家综合实力的需要；在企业发展层面上，提升质量水平可以增加市场占有率，带来更多的收入，此外，提升质量水平可以实现优质优价，降低成本，进而实现更好的经济效益。

（2）从质量管理大师的思想理解质量管理基本原理

朱兰“质量三部曲”是指朱兰提出的由质量计划、质量控制、质量改进三部分构成的质量管理思想。

朱兰认为，质量计划的内容有六项：设定目标、确定顾客、发现顾客需求、根据顾客需求设计产品、制定作业流程、根据运行情况制订控制方案。

朱兰认为，质量控制的七个步骤为：选定控制对象、配置测量设备、确定测量方法、建立作业标准、判断操作的正确性、分析与现行标准的差距、针对差距采取行动。

朱兰认为，判定质量控制是否有效的标准是质量目标是否达成。

朱兰认为，质量改进的步骤有七个：证实改进的必要性，争取立项；确立改进项目，设立项目组；领导对项目进行指导；组织诊断，确认产生质量问题的原因，并找出主要原因；对发现的质量问题进行补救；验证补救措施的有效性；保持已有的成果，实现更高水平的质量控制。

按照朱兰的观点，质量计划、质量控制、质量改进之间的关系体现在：质量计划是质量管理的基础，质量控制是为了实现质量计划，质量改进是质量计划的一种飞跃。

朱兰“质量螺旋”是指朱兰提出的，以图形方式说明产品质量的产生、形成和完善过程的一种质量管理思想。

朱兰“质量螺旋”的主要内容包括：产品质量形成的全过程包括市场研究、开发（研制）、设计、制定产品规格、制定工艺、采购、仪器仪表及设施布置、生产、工序控制、检验、测试、销售、服务共 13 个环节；产品质量的形成过程是一个不断上升、不断提高的过程，每一次循环到达服务环节之后，又以更高的水平进入下一次循环的起点——市场研究；产品质量的形成过程是各环节质量管理活动落实到各部门及其有关人员的过程；在“质量螺旋”中，有三个箭头分别指向供应商、批发零售和使用者，说明产品质量的形成过程，还要涉及组织以外的单位、部门和个人。

桑德霍姆“质量循环”是指桑德霍姆提出的，认为产品质量形成过程是一个不同职能相互作用而形成的循环这样一种质量管理思想。

戴明“ PDCA 循环”（戴明环）是在戴明提出的 PDSA 循环的基础上，经日本企业高管改造的说明质量管理四个阶段、八大步骤的质量管理思想。

戴明“ PDCA 循环”的四个阶段是指：计划（plan）、实施（do）、检查（check）和处理（action）。

戴明“PDCA 循环”的八个步骤是指：找出所存在的问题；寻找问题存在的原因；找出其中的主要原因；针对主要原因，研究、制定措施；贯彻和执行措施，即按规定的目标和方法实实在在地去做；调查执行效果，即检查计划实施的结果是否与计划阶段所制定的目标相一致；巩固措施，即总结成功的经验和失败的教训，形成标准（制度化和规范化），指出应该怎样做和不应该怎样做；对遗留问题，提交到下一个循环解决。

克劳士比“零缺陷”是克劳士比提出的，认为质量管理的核心在于预防，质量管理要追求的目标是零缺陷这样一种质量管理思想。

克劳士比“零缺陷”的主要内容包括：高层管理者必须承担质量管理责任并表达实现最高质量水平的愿望；管理者必须持之以恒地努力实现高质量水平；管理者必须用质量术语来阐明其目标是什么，以及为实现这一目标，基层人员必须做什么；第一次就做对最经济；每个人都尽到自己的工作职责；企业应当追求“零缺陷”质量水平。

对“零缺陷”可以从以下几个方面来理解：在正确的质量上的投入总会有好的回报，即使这个回报不是立竿见影的；追求是一种愿景，未必已经达到，或非达到不可；正是因为“质量是免费的”，所以要追求“零缺陷”，但这并不意味着在一定时期内不计代价地投入，在一定时期内，为了企业的生存与发展，应该有个最适宜的质量水平区域，但随着时间的推移，这个区域一定会向更高水平发展，终极但永远也达不到的目标是“零缺陷”。

费根堡姆“全面质量管理”（TQM）是指在充分满足顾客要求的条件下，在最经济的水平上，进行市场调研、设计产品、制造产品、销售产品和售后服务等活动，并把企业各部门有关质量管理的活动构成一种有效的体系。

TQM 的核心有两个：永无止境地推进质量改进，即持续不断地改进质量；追求用户满意的目标，要不断地满足或超出用户的期望。

TQM 的特点体现在：“三全一多样”，即全方位的管理、全过程的管理、全员参加的管理、多种多样的方法和工具。

TQM 的内涵有 8 个：持续改进、树立榜样、授权给职员、发扬团队精神、基于事实的决策、活学活用质量管理工具、供应商的质量保证、强化“源头质量”观念。

投入产出过程中的因素包括：人员（man）、机器设备（machine）、原材料（material）、方法（method）、测量（measurement）和环境（environment），即 5M1E。

“源头质量”观念是指让组织的每一位成员都忠于职守，控制 5M1E 这些影响质量的源头因素，一旦出现偏差应及时发现并主动纠正。

产品生命周期质量管理是指对从顾客需求调查到设计过程质量管理，从生产过程控制到抽样验收，再到顾客满意度测评的生命周期中集成人员、技术等要素实施有效的质量控制。

顾客需求调查的主要目的是确定顾客的真正需求。

设计质量管理的主要目的是针对顾客的需求，进行产品开发或服务设计，即开发出顾客真正需要的产品。

过程质量控制的主要目的是保证生产过程中影响质量差异的人员、设备、原材料、加工工艺、作业环境、测量等处于受控状态。

验收抽样检查的主要目的是把好产品放行的最后一关，使交付顾客或流向市场的产品的不合格率降到最低。

顾客满意度测评的主要目的是评价顾客使用产品后的满意程度。

产品生命周期质量管理各阶段的关系体现在：第一阶段是输入，是出发点；最后一个阶段是输出，是归宿。同时，这些活动互相依存，互相促进，周而复始，持续改进，最终实现顾客满意。

（3）质量管理新发展

企业质量文化是指以社会经济发展为背景，在企业长期生产经营活动中，由企业管理层特别是主要领导倡导、职工普遍认同而逐步形成的有关质量的价值观和意识、管理思想和道德规范、技术知识、管控手段、环境装备等因素的总和。

企业质量文化与企业文化的关系体现为：企业质量文化是企业文化的重要组成部分，也是企业文化的核心内容；只有实现了以企业质量文化为导向，才能有效地优化和提升企业文化。

企业质量文化的三个层面为：物质层、行为层、精神层。

企业质量文化的物质层是指企业质量文化的物质基础，包括生产运营环境和条件、生产运营技术等，也包括业已形成的企业形象、标识等。

企业质量文化的行为层是指以物质层为载体所形成的规范，包括规章制度、标准、准则等。

企业质量文化的精神层是指企业的使命、价值观、愿景等的定位。

企业质量文化建设的必要性体现为：社会经济发展的必然要求；企业生存和发展的必然要求。

2. 质量管理方法与工具

（1）质量管理的几种常用方法

质量功能展开（QFD）是在产品 / 服务设计阶段一种非常有效的方法，是一种旨在提高顾客满意度的“顾客驱动”式的质量管理方法。

顾客满意度测评就是对顾客满意度进行测评。顾客满意度即“顾客对其要求已被满足的程度的感受”。

顾客满意度测评的步骤包括：组织自行调查或委托咨询、调查机构进行顾客满意度调查，收集顾客满意度的大量信息；对调查结果进行预处理，分析调查的可信度；对顾客满意度进行对比分析（与历史数据比、与竞争对手比），找出差距，发现改进的机会；通过分析确定不能满足顾客要求的关键所在，反馈给有关部门，实施改进；确认并巩固改进成果，不断提高顾客满意度水平。

QC小组是由来自不同岗位的员工围绕组织的经营战略、方针目标和现场存在的问题，以改进质量、降低消耗、提高经济效益为目的组织起来的，运用质量管理理论和方法开展活动的小组，是组织群众性质量管理活动的一种有效的组织形式。

QC小组的类型包括："现场型""服务型""攻关型""管理型""创新型"。

QC小组的主要工作步骤或内容包括：采用质量管理工具及时发现质量问题或质量改进的机会；采用"头脑风暴法"，并充分听取来自QC小组外部的意见，寻求改进方法；以表单形式列出可能的问题及相应的解决方案，根据拟解决的质量问题及相应的解决方案的必要性及可行性对其进行排序，在一定时期内着重解决一个或少数几个问题；对选定项目进行质量改进的策划、组织、协调和监督；负责向组织汇报质量改进成果。

田口方法是日本著名工程专家田口玄一博士提出的一种设计质量工程方法。

田口方法的内涵体现在：田口方法强调"源头质量"的理念；田口方法是三次设计方法，即系统设计、参数设计、容差设计；田口方法注重质量与成本的平衡性；田口方法的正交试验设计技术较为新颖、实用。

（2）质量管理工具

质量管理七种老工具是指：核查表、分层法、帕累托图、因果分析图、直方图、散布图、控制图。

核查表是用表格的形式来进行数据整理和粗略分析的一种方法。

分层法就是把性质相同、在同一条件下收集的数据归纳在一起，以便进行比较分析的一种方法。

分层的选项包括：操作人员、使用的设备、工作时间、原材料、工艺方法、工作环境。

帕累托图是根据著名的"80/20法则"设计出来的展现少数关键、多数次要的图形。

因果分析图/鱼刺图/石川图是日本质量管理学者石川馨提出的，从因果关系出发分析影响质量的因素，进而提出质量改进方案的一种方法。

应用因果分析图的步骤有五个：将质量问题作为最终结果，在它的左侧画一个从左向右的粗箭头；将造成质量问题的原因分成人员、机器设备、原材料、方法、测量和环境六大类，即5M1E，放在方框内，并用线段与第一步画出的箭线连接起来；对每一类原因进行深入细致的调查分析，每一类原因由若干个因素造成，而某一因素可能又受到更细微因素的影响，逐层细分，直至能采取具体可行的措施；应用帕累托图找出主要原因，并给出改进方案；实施改进方案，并测评实施效果。

直方图是一种通过数据分组、计数、绘图来分析并解决质量问题的工具。

应用直方图的步骤包括：分组、计数、绘图；形态分析；对于异常分布，在分析原因的基础上给出解决方案。

散布图是描述两个变量之间关联性的图形。

控制图是指利用统计抽样原理，以图形方式分析质量特性值的中心值和离散程度的一种管理工具。

流程图是描述工序先后顺序的图形。

趋势图是用来跟踪一段时间内变量变化的质量管理工具。

质量管理七种新工具是指：关联图法、亲和图法（KJ 法）、系统图法、过程决策图法（PDPC 法）、矩阵图法、矩阵数据分析法、箭头图法。

3. 统计过程控制与过程能力分析

（1）质量检验

检验数量就是检验产品的数量。

确定检验数量的依据是检验费用和预期的漏检不合格品所产生的费用。

检验频度就是检验的频繁程度。

确定检验频度的依据是生产过程处于非受控状态的比例和拟检查批量的大小。

检验点就是检验位置。

典型的检验点有：原料或外购件入库前、成品出厂前、高附加值操作之前、在不可逆转的工序之前、在一道覆盖性工序之前。

检验地点是指检验的场所，或者是实验室，或者是现场。

集中检验的特点有：可进行一些特殊项目的检验，如可进行药品的毒理和药理分析；设备精良；检验环境良好，低噪声、无振动、无粉尘；按事先制定好的检验规程进行操作，结果更为准确；由训练有素的检验人员进行检验；等待检验结果的时间较长，有时为了等待检验结果可能会使生产中断一段时间。

现场检验的特点有：可避免外来因素对检验结果的影响，如样品的损坏或样品在被带到实验室的过程中所发生的理化性质的变化；可以很快得到检验结果，以便迅速做出决策；对检验设备、试剂、操作规程或人员等有一定的限制。

（2）统计质量控制

统计质量控制就是应用统计抽样原理，抽取一部分产品（零件），对这些产品的主要质量特性给予数量测定，并经过统计分析来判断产品质量的情况和趋向，借以预防和控制不合格品的产生。

质量散差是指按一定标准制造出来的大量同类产品的质量所存在的差异。

质量散差的来源有六个：人员、机器设备、原材料、方法、测量、环境。

造成质量散差的原因可分为两类：偶然性原因、必然性原因。

质量散差的偶然性原因 / 随机性原因 / 不可避免的原因是指引起较小的质量散差，如机床的微小振动、原材料性质的微小差异、刀具的正常磨损、夹具的微小松动、工人操作技术的微小变化等的原因。这些因素的出现带有随机性，一般不易识别，且难以消除，即使能够消除，往往在经济上也是不合算的。

质量散差的必然性原因 / 系统性原因 / 可以避免的原因是指引起质量散差，如机床、刀具严重磨损，设备调整不准，夹具严重松动或者材料缺陷等的原因。这类原因一般容易识别和查找，并且易于采取措施消除。

控制图是按样本序号或时间顺序绘制的有关产品质量的样本统计量图形。控制图有中心线及上下两条控制界限。中心线是产品质量特性的分布中心，即均值，上下控制界限是允许产品的质量特性在此间的变动范围。

控制图的类别有两种：计量特性值控制图；计数特性值控制图。

计量特性值控制图是指管理和控制长度、重量、时间、强度、成分、收缩率等连续量的控制图。

均值控制图（$\bar{x}$ 控制图）是指用于检查生产过程的中心变动趋势的控制图。

极差控制图（R 控制图）是指检查生产过程的散差的控制图。

计数特性值控制图是指控制不合格品数、不合格品率、缺陷数等质量特性的控制图。

p 控制图是指用于检测生产过程中产生的不合格品所占百分数的控制图。

过程失控的典型表现有：样本点出界；多个样本点接近边界；样本点明显单侧分布；样本点连续上升或下降；连续 5 个样本点中有 3 个在同一侧的 C 区之外；样本点呈现周期性波动。

周期性波动是指样本点每隔一定时间所呈现出的规律性变化。

（3）过程能力分析与过程能力指数

过程能力是指过程的加工质量满足技术标准的能力。

过程能力的决定因素：5M1E。

过程能力指数是反映过程能力满足产品技术标准（产品规格、公差）程度的指标。

过程能力等级是根据过程能力指数划分的过程质量等级，通常划分为Ⅰ、Ⅱ、Ⅲ、Ⅳ、Ⅴ五个等级。

4. ISO 9000：2015 族标准

（1）ISO 9000：2015 族标准概述

ISO 9000 族标准产生的背景包括五个方面：科学技术进步和生产力水平提高的客观条件已经成熟；有了用质量保证活动成功的经验和实践基础；具备了质量管理学的理论基础；提出了适应经济一体化和世界范围内贸易往来的现实要求；日益激烈的市场竞争也提出了企业生存和发展保障方面的要求。

ISO 9000：2015 族标准是指由 ISO/TC176（国际标准化组织质量管理和质量保证技术委员会）制定的包括 ISO 9001：2015 在内的所有国际标准。

ISO 9000：2015 族标准的体系结构：一系列关于质量管理的标准、指南、技术规范、技术报告、小册子和网络文件。

ISO 9000：2015 族标准的特点体现在三个方面：反映质量管理大师的质量理念与管理思想；适应组织面临的新环境和自身的新特征；结构简化，可操作性更强。

（2）ISO 9000：2015 族标准的核心标准

ISO 9000：2005 确定的质量管理原则包括：以顾客为关注焦点（customer focus）；领导作用（leadership）；全员参与（involvement of people）；过程方法（process approach）；管理的系统方法（system approach management）；持续改进（continual improvement）；基于事实的决策方法（factual approach to decision making）；与供方互利的关系（mutually beneficial supplier relationships）。注意，虽然 ISO 9000：2005 修改版还未正式发布，但在质量管理原则上将有所变化。主要的变化将是：由八项原则变更为七项原则，去掉了“管理的系统方法”这一原则，把“持续改进”更改为“改进”。

ISO 9000：2005 适用于以下组织或人员：需要证实其有能力稳定地提供满足顾客和适用的法律法规要求的产品和服务；通过体系的有效应用，包括体系持续改进的过程以及保证符合顾客与适用的法律法规要求，旨在增强顾客满意度。

ISO 9000：2005 确立的质量管理体系基础有 12 项：质量管理体系的理论说明；质量管理体系要求与产品要求；质量管理体系方法；过程方法；质量方针和质量目标；最高管理者在质量管理体系中的作用；文件；质量管理体系评价；持续改进；统计技术的作用；质量管理体系与其他管理体系的关注点；质量管理体系与优秀模式之间的关系。

过程是指任何使用资源将输入转化为输出的活动或一组活动。

过程方法是指系统地识别和管理组织所使用的过程，特别是这些过程之间的相互作用的方法。

ISO 9000：2005 术语的类别有 10 种：有关质量的术语、有关管理的术语、有关组织的术语、有关过程和产品的术语、有关特性的术语、有关合格（符合）的术语、有关文件的术语、有关检查的术语、有关审核的术语、有关测量过程质量保证的术语。

质量概念之间的关系有三种：属种关系、从属关系、关联关系。

ISO 9001：2015 标准是指规定质量管理体系要求的标准。

ISO 9001：2015 标准主要分为 10 章内容：第 1 章“范围”；第 2 章“规范性引用文件”；第 3 章“术语和定义”；第 4 章“组织的背景环境”；第 5 章“领导作用”；第 6 章“策划”；第 7 章“支持”；第 8 章“运行”；第 9 章“绩效评价”；第 10 章“持续改进”。

ISO 9004：2009 是用于指导企业追求业绩持续改进的标准。

ISO 9004：2009 标准主要包括 8 章内容：第 1 章“范围”；第 2 章“引用标准”；第 3 章“术语和定义”；第 4 章“质量管理体系”；第 5 章“管理职责”；第 6 章“资源管理”；第 7 章“产品实现”；第 8 章“测量、分析和改进”。

ISO 19011：2011 是用于指导企业管理审核方案，实施内部审核和外部审核，提升序列化审核员能力的标准。

认证注册价值的影响因素有三个：审核活动的特性，通过管理体系的标准体现出来；审核制度的完整性和诚信，表现为规范化、程序化的制度；审核员的素质。

ISO 19011：2011 的主要内容包括：第 1 章“范围”；第 2 章“规范性引用文件”；第 3 章“术语和定义”；第 4 章“审核原则”；第 5 章“审核方案的管理”；第 6 章“审核活动”；第 7 章“审核员的能力和评价”。

5. 6σ 管理

（1）6σ 管理的兴起及在世界级公司的实践

提出 6σ 管理方法的公司是摩托罗拉。

6σ 管理就是致力于降低成本、提高生产率和质量，进而提高顾客满意度的过程分析与改进方法。

（2）6σ 管理理念

6σ 管理理念体现为：6σ 追求的是最完美的质量水准；不怕问题；致力于使商家与顾客利益达到高度统一；主张用科学的方法发现、分析、解决质量问题。

（3）6σ 质量水平的测算与度量

单位缺陷数（DPU）是指每个检查单位的缺陷数。

测量单位缺陷数的意义体现在：不但能够知道有多少个缺陷产品，而且能够知道每个缺陷产品有多少缺陷项。

百万机会缺陷数（DPMO）是指每百万机会出现的缺陷数。

引入百万机会缺陷数的意义体现在：主张把质量管理的重点放在过程控制上；该指标为比较不同业务的质量水平提供了可能。

首次产出率（FTY）是指过程输出一次达到顾客要求或规定要求的比率，也就是一次提交合格率。

流通产出率（RTY）是指构成过程的每个子过程的 FTY 的乘积。

引入首次产出率和流通产出率的意义体现在：揭示了由于不能一次达到顾客要求而造成的报废和返工返修以及由此而产生的质量、成本和生产周期的损失。

（4）6σ 质量项目的团队架构

6σ 管理团队的关键成员包括：冠军、黑带大师、黑带和绿带。

冠军是指负责批准 6σ 的项目计划，对项目做出预算，排除一切妨碍计划执行障碍的领导者。

黑带大师是指在 6σ 项目中负责培训、指导黑带和绿带，参与项目的讨论与评价，并能提出建议及要求的中坚力量、教练。

黑带是指负责实现 DMAIC 模型中的具体步骤及方法的专职从事 6σ 项目的骨干力量。

绿带是指接受过 DMAIC 程序的培训，并兼任其他业务的半专职的 6σ 项目成员。

（5）实施 6σ 管理的 DMAIC 模式

DMAIC 模式是把整个质量改进分为定义（define）、测量（measure）、分析（analyze）、改进（improve）、控制（control）五个阶段的一种管理方式。

定义（define）是指对发现的质量管理进行系统的描述，并做初步分析。

CTQ 是指用于判断过程是否有缺陷的关键质量特性。

测量（measure）是指对现有过程进行检测，以确定过程的基线以及期望达到的目标，识别影响过程输出 Y 的输入 X，并对测量系统的有效性做出评价，根据所获得的数据计算反映现实质量水平的指标。

测量系统验证就是用统计学的方法来分析影响数据波动的各个测量因素，以及它们对测量结果的影响，最后给出明确的判定：该测量系统是否达到了使用要求。

准确性是指多次测量结果的平均值与测量对象真值之间的差异性。

表征测量系统准确性的指标有三个：偏倚、线性、稳定性。

偏倚是指多次测量的平均值与被测对象真值之间差异的大小。

线性是指在测量系统的量程范围内，偏倚与真值之间是否存在线性关系。

稳定性是指测量系统的偏倚随时间变动的情况。

精确性是指多次测量结果的波动大小。

表征测量系统精确性的指标有三个：重复性、再现性、分辨力。

重复性是指同一测量员使用同一量具对同一被测对象多次测量的结果的差异。

再现性是指不同测量员使用同一量具对同一被测对象多次测量的结果的差异。

分辨力是指测量系统识别并显示被测对象最微小变化的能力。

分析（analyze）是指识别影响过程输出 Y 的输入 X，通过数据分析确定影响输出的关键因素，并验证分析结果的正确性。

改进（improve）是指针对分析阶段所确定的关键问题，给出有效的解决方案，并实施解决方案。

失效模式与影响分析（FMEA）是指分析在产品或服务及其实现过程中存在风险的一种管理方法。

功能是指改进方案要实现的质量目标。

潜在失效模式是指分析对象未达到预期功能所表现出来的失效形式。

严重度是指失效所造成影响的严重程度。

失效机理是指失效模式发生的原因、影响因素。

频度是指失效原因发生的可能性。

现行控制方法是指当前采取的用以防止或发现失效原因的措施。

不可探测度是指用当前方法发现失效原因的可能性。

风险优先级别数（RPN）是指反映风险级别的指数，是严重度、频度、不可探测度三者相乘的结果。

控制（control）是指确认改进成果，通过有效的措施保持改进成果，并推广应用改进成果。

6. 卓越绩效模式

（1）卓越绩效模式及框架

卓越绩效模式是指通过领导作用、战略规划、对顾客和市场的关注、测量分析和知识管理、对人力资源的关注、过程管理和经营结果七个方面的集成来反映组织综合绩效管理的一种方法。这七个方面构成了卓越绩效模式框架。

卓越绩效模式的核心是引导企业满足甚至超越顾客需求，达到顾客满意，实现卓越经营绩效。

（2）三大著名质量奖

日本戴明奖是指日本设立的，以戴明的名字命名的，表彰在质量方面有突出贡献或卓越企业的奖项。

戴明奖的种类有三个：戴明奖、戴明应用奖、戴明控制奖。

戴明奖的评审标准为：方针、组织及其运营、培训和推行、信息收集与沟通及利用、分析、标准化、控制（管理）、质量保证、效果、远期计划这 10 个项目及其细分的检查点的结果。

美国鲍德里奇奖是指美国设立的，以鲍德里奇的名字命名的，表彰卓越企业的奖项。

鲍德里奇奖的评审标准为：领导作用、战略规划、对顾客和市场的关注、测量和分析及知识管理、对人力资源的关注、过程管理、经营结果这7个方面的绩效。

鲍德里奇奖的评奖过程包括：自我评审与申请；专家评审；信息反馈；奖励与经验推广。

欧洲质量管理基金会卓越奖是指欧盟设立的，表彰卓越企业的奖项。

申请欧洲质量管理基金会卓越奖的组织的类别有四个：大企业、公司运营部门、公共组织和中小型企业。

欧洲质量管理基金会卓越奖的评审标准有两个：手段标准、结果标准。两者各占500分。

欧洲质量管理基金会卓越奖的评审过程有五个步骤：自我评估并提交申请；专家评审并选出入围者；现场考核；选定欧洲质量管理基金会卓越奖单项奖获得者；产生欧洲质量管理基金会卓越奖获得者。

8.2 习题与案例

8.2.1 习题

1. 名词解释

（1）质量；（2）质量管理；（3）质量方针；（4）质量目标；（5）质量策划；（6）质量控制；（7）质量保证；（8）质量改进；（9）持续改进；（10）朱兰“质量三部曲”；（11）朱兰“质量螺旋”；（12）桑德霍姆“质量循环”；（13）戴明“PDCA 循环”（戴明环）；（14）克劳士比“零缺陷”；（15）费根堡姆“全面质量管理”（TQM）；（16）“源头质量”观念；（17）产品生命周期质量管理；（18）企业质量文化；（19）企业质量文化的物质层；（20）企业质量文化的行为层；（21）企业质量文化的精神层；（22）顾客满意度；（23）QC 小组；（24）核查表；（25）分层法；（26）帕累托图；（27）因果分析图 / 鱼刺图 / 石川图；（28）直方图；（29）散布图；（30）控制图；（31）流程图；（32）趋势图；（33）检验数量；（34）检验频度；（35）检验点；（36）检验地点；（37）质量散差；（38）质量散差的偶然性原因 / 随机性原因 / 不可避免的原因；（39）质量散差的必然性原因 / 系统性原因 / 可以避免的原因；（40）计量特性值控制图；（41）均值控制图（$\bar{x}$ 控制图）；（42）极差控制图（R 控制图）；（43）计数特性值控制图；（44）p 控制图；（45）周期性波动；（46）过程能力；（47）过程能力指数；（48）ISO 9000：2015 族标准；（49）过程；（50）过程方法；（51）ISO 9001：2015 标准；（52）ISO 9004：2009；（53）ISO 19011：2011；（54）6σ 管理；（55）单位缺陷数（DPU）；（56）百万机会缺陷数（DPMO）；（57）首次产出率（FTY）；（58）流通产出率（RTY）；（59）冠军；（60）黑带大师；（61）黑带；（62）绿带；（63）DMAIC 模式；（64）定义（define）；（65）CTQ；（66）测量（measure）；（67）测量系统验证；（68）准确性；（69）偏倚；（70）线性；（71）稳定性；（72）精确性；（73）重复性；（74）再现性；（75）分辨力；（76）分析（analyze）；（77）改进（improve）；（78）失效模式与影响分析（FMEA）；（79）功能；（80）潜在失效模式；（81）严重度；（82）失效机

理；（83）频度；（84）现行控制方法；（85）不可探测度；（86）风险优先级别数（RPN）；（87）控制（control）；（88）卓越绩效模式；（89）日本戴明奖；（90）美国鲍德里奇奖；（91）欧洲质量管理基金会卓越奖。

2. 单选题（有且只有一个选项正确）

（1）提出“质量三部曲”的是（　　）。

A. 朱兰　B. 戴明　C. 费根堡姆　D. 克劳士比

（2）提出“质量螺旋”的是（　　）。

A. 朱兰　B. 戴明　C. 费根堡姆　D. 克劳士比

（3）提出“PDSA 循环”的是（　　）。

A. 朱兰　B. 戴明　C. 费根堡姆　D. 克劳士比

（4）提出 TQM 的是（　　）。

A. 朱兰　B. 戴明　C. 费根堡姆　D. 克劳士比

（5）提出零缺陷的是（　　）。

A. 朱兰　B. 戴明　C. 费根堡姆　D. 克劳士比

（6）提出 6σ 管理方法的公司是（　　）。

A. IBM　B. 微软　C. 摩托罗拉　D.GE

（7）6σ 管理最核心的理念是（　　）。

A. 顾客是上帝　B. 百年大计，质量第一

C. 顾客满意　D. 不怕问题

3. 多选题（至少有一个选项正确）

（1）以下活动中，由质量控制人员来完成的有（　　）。

A. 对原材料进行抽样检验　B. 对半成品进行检验

C. 对产成品进行检验　D. 制定质量规范

（2）以下活动中，由质量保证人员来完成的有（　　）。

A. 对原材料进行抽样检验　B. 制定标准操作规程

C. 对产成品进行检验　D. 制定质量规范

（3）以下活动中，属于朱兰“质量三部曲”工作内容的有（　　）。

A. 质量计划　B. 质量保证　C. 质量控制　D. 质量改进

4. 判断题（在括号中直接填写“对”或“错”，也可以打“√”或“×”）

（1）根据克劳士比“零缺陷”，只要质量水平没有达到“零缺陷”，就应该继续投入人力、物力、财力。（　　）

（2）相对而言，量大成本低的产品，检验数量大。（　　）

（3）相对而言，量小价值高的产品，检验数量大。（　　）

（4）应把质量管理的重点放在消除必然性原因 / 系统性原因 / 可以避免的原因上。（　　）

（5）对产品进行检测，单位缺陷数（DPU）＝8，这一指标意味着检出了 8 件不合格品。（ ）

（6）对业务进行检测，百万机会缺陷数（DPMO）＝1 000，这一指标意味着完成的 100 万次业务中有 1 000 次业务没有达到要求。（ ）

（7）重复性是指同一测量员使用同一量具对同一被测对象多次测量的结果的差异。（ ）

（8）重复性是指不同测量员使用同一量具对同一被测对象多次测量的结果的差异。（ ）

（9）再现性是指不同测量员使用同一量具对同一被测对象多次测量的结果的差异。（ ）

（10）再现性是指同一测量员使用同一量具对同一被测对象多次测量的结果的差异。（ ）

5. 填空题

（1）朱兰提出了著名的“质量三部曲”，即（ ）、（ ）、（ ）。

（2）戴明提出了著名的 PDCA 循环，该循环包括四个阶段，即（ ）、（ ）、（ ）、（ ）。

（3）全面质量管理可概括为三全一多样，三全是指（ ）、（ ）、（ ）。

（4）影响质量的因素可归纳为 5M1E，即（ ）、（ ）、（ ）、（ ）、（ ）、（ ）。

（5）企业质量文化由三个层面组成，即（ ）、（ ）、（ ）。

（6）QC 小组的主要类型有五种，即（ ）、（ ）、（ ）、（ ）、（ ）。

（7）田口方法是一种三次设计方法，即（ ）、（ ）、（ ）。

（8）质量管理七种老工具是指（ ）、（ ）、（ ）、（ ）、（ ）、（ ）、（ ）。

（9）分层法把性质相同、在同一条件下收集的数据归纳在一起，分层的选项包括（ ）、（ ）、（ ）、（ ）、（ ）、（ ）。

（10）质量管理七种新工具是指（ ）、（ ）、（ ）、（ ）、（ ）、（ ）、（ ）。

（11）确定检验数量的依据有两个，即（ ）、（ ）。

（12）确定检验频度的依据有两个，即（ ）、（ ）。

（13）典型的检验点有（ ）、（ ）、（ ）、（ ）、（ ）。

（14）质量散差的来源有六个，即（ ）、（ ）、（ ）、（ ）、（ ）、（ ）。

（15）造成质量散差的原因可分为两类，即（ ）、（ ）。

（16）控制图有两大类，即（ ）、（ ）。

（17）影响过程能力的因素有六个，即（ ）、（ ）、（ ）、（ ）、（ ）、（ ）。

（18）通常把过程能力划分为五个等级，即（ ）、（ ）、（ ）、（ ）、（ ）。

（19）ISO 9000：2015 族标准的核心标准有四个，即（　　）、（　　）、（　　）、（　　）。

（20）ISO 9000：2005 术语的类别有 10 种，即（　　）、（　　）、（　　）、（　　）、（　　）、（　　）、（　　）、（　　）、（　　）、（　　）。

（21）质量概念之间的关系有三种，即（　　）、（　　）、（　　）。

（22）6σ 管理团队的关键成员包括（　　）、（　　）、（　　）、（　　）。

（23）DMAIC 模式中的 D、M、A、I、C 分别是指（　　）、（　　）、（　　）、（　　）、（　　）。

（24）表征测量系统准确性的指标有三个，即（　　）、（　　）、（　　）。

（25）表征测量系统精确性的指标有三个，即（　　）、（　　）、（　　）。

（26）卓越绩效模式旨在通过七个方面的集成来反映并进一步改变组织的形象，这 7 个方面分别是指（　　）、（　　）、（　　）、（　　）、（　　）、（　　）、（　　）。

（27）日本戴明奖有三种，即（　　）、（　　）、（　　）。

（28）申请欧洲质量管理基金会卓越奖的组织的类别有四个，即（　　）、（　　）、（　　）、（　　）。

（29）欧洲质量管理基金会卓越奖的评审标准有两个，即（　　）、（　　）。

6. 简答题

（1）简述质量管理的主要内容。

（2）简述质量控制与质量保证之间的关系。

（3）简述提升质量水平的意义。

（4）简述朱兰“质量三部曲”三项工作内容之间的关系。

（5）简述朱兰“质量螺旋”的主要内容。

（6）简述你对桑德霍姆“质量循环”的理解。

（7）简述戴明“PDCA 循环”（戴明环）四个阶段、八大步骤的主要内容。

（8）简述克劳士比“零缺陷”的主要内容。

（9）简述你对克劳士比提出的“零缺陷”的理解。

（10）简述 TQM 的核心。

（11）简述 TQM 的内涵。

（12）简述你对产品生命周期质量管理的理解。

（13）简述企业质量文化的内涵与外延。

（14）简述企业质量文化建设的必要性。

（15）简述顾客满意度测评的步骤。

（16）简述 QC 小组的主要工作步骤或内容。

（17）简述你对田口方法的理解。

（18）简述应用因果分析图的步骤。

（19）简述应用直方图的步骤。

（20）简述应用流程图解决质量问题的要点。

（21）简述趋势图的含义及其在质量管理中的应用。

（22）简述集中检验的特点。

（23）简述现场检验的特点。

（24）简述控制图的基本构成。

（25）简述失控状态的典型表现形式。

（26）简述 ISO 9000：2015 族标准产生的背景。

（27）简述 ISO 9000：2015 族标准的体系结构。

（28）简述 ISO 9000：2015 族标准的特点。

（29）简述 ISO 9000：2005 确定的质量管理原则。

（30）简述 ISO 9000：2005 的适用范围。

（31）简述 ISO 9000：2005 确立的质量管理体系基础。

（32）简述 ISO 9001：2015 标准的主要内容。

（33）简述 ISO 9004：2009 标准的主要内容。

（34）简述 ISO 19011：2011 的主要内容。

（35）简述认证注册价值的影响因素。

（36）简述 6σ 管理理念。

（37）简述测量单位缺陷数的意义。

（38）简述引入百万机会缺陷数的意义。

（39）简述引入首次产出率和流通产出率的意义。

（40）简述绘制 SIPOC 图的要点。

（41）简述卓越绩效模式的核心。

（42）绘制卓越绩效模式框架图。

（43）简述戴明奖的评审标准。

（44）简述鲍德里奇奖的评审标准。

（45）简述鲍德里奇奖的评奖过程。

（46）简述欧洲质量管理基金会卓越奖的评审过程。

7. 计算题

（1）已知某零件内径要求为 80mm±0.5mm，每隔 1 小时抽取 5 件，共 20 个样本，测得数据如表 8-1 所示，A_2、D_4、D_3、d_2 等有关参数如表 8-2 所示。

表 8-1 样本数据

样本序号	测定值				
	x_1	x_2	x_3	x_4	x_5
1	79.9	80.1	80.2	79.9	80.3
2	80.3	80.0	79.9	80.1	79.9
3	80.1	80.2	80.0	80.4	80.4
4	80.0	80.4	80.1	80.0	79.9
5	79.8	80.1	79.7	79.8	80.0
6	80.1	79.9	80.0	80.1	79.9

（续）

样本序号	测定值				
	x_1	x_2	x_3	x_4	x_5
7	79.7	80.1	79.9	79.6	80.0
8	79.7	79.6	79.8	79.6	79.7
9	80.0	79.9	80.1	80.0	80.3
10	80.2	80.4	80.4	80.3	80.2
11	80.2	80.0	80.1	80.2	79.9
12	79.6	80.1	80.0	79.6	79.6
13	80.0	80.2	80.1	80.0	79.8
14	80.1	79.9	80.1	80.2	79.7
15	80.3	80.0	80.0	80.3	80.1
16	80.0	79.9	79.9	80.0	80.2
17	79.8	80.2	80.1	80.1	79.8
18	80.1	80.4	80.0	80.1	79.9
19	79.9	80.0	80.3	79.9	80.0
20	80.3	80.1	79.9	80.2	79.8

表 8-2　有关参数

n	2	3	4	5	6	7	8	9	10
A_2	1.880	1.023	0.729	0.577	0.483	0.419	0.373	0.337	0.308
D_4	3.267	2.575	2.282	2.115	2.004	1.924	1.864	1.816	1.777
D_3	0.000	0.000	0.000	0.000	0.000	0.076	0.136	0.184	0.223
d_2	1.128	1.693	2.059	2.326	2.534	2.704	2.847	2.970	3.078

①计算均值控制图的控制界限。

②计算极差控制图的控制界限。

③绘制均值与极差控制图。

④对过程状态进行判断。

⑤计算过程能力指数。

⑥分析过程能力。

⑦给出提高质量水平的建议。

（2）某产品需要经过 6 道主要工序才能加工完成。在整个加工过程中，分别在第 2、4、6 道工序设置了质量检验点。最近一次抽查的情况如图 8-1 所示。图中标出了投入与产出情况，并给出了每个质量检验点的检验结果。试计算：

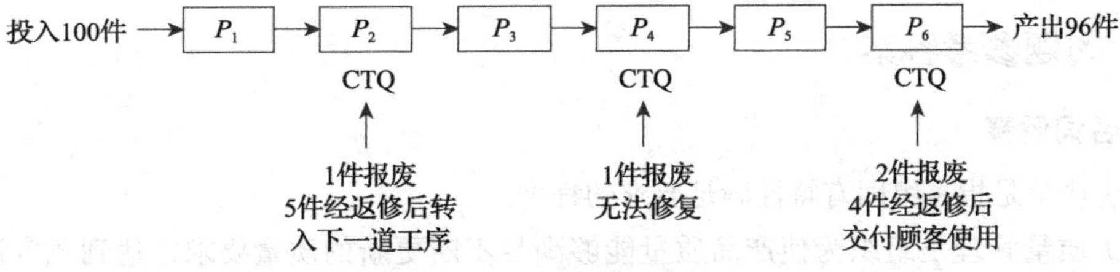

图 8-1　产品质量检验结果

①第 2、4、6 三道工序的首次合格率（FTY）。

②整个加工过程的流通产出率（RTY）。

8. 论述题

（1）论述企业质量文化建设的必要性。

（2）结合实例说明如何综合应用质量管理工具解决实际问题。

（3）论述顾客需求、顾客满意、持续改进之间的逻辑关系。

8.2.2 案例

惠达餐饮服务有限公司的质量文化建设

下午两点半，二层会议室里的气氛紧张到了极点。总经理办公室、采购中心、配销中心、膳食部、品控部的领导悉数到会。这次紧急会议是总经理办公室组织召集的，所有与会者都猜到了这次开会的事由：中午给工程造价沙盘模拟大赛师生的送餐迟到了整整 20 分钟，大赛组织者投诉说，午餐时间的推迟已经影响到了下午比赛的正常进行，他们将保留索赔的权利。

总经理办公室首先通报了这次团餐配送迟到 20 分钟这一重大质量事故的情况。然后，总经理逐一点名批评了各有关部门的负责人，并翻出一年来的一些老账，如食材采购品种出错，某次演出活动用餐后多个演职人员反映肠胃不适，后厨卫生不达标，搭配的水果有霉变等。

各有关部门的负责人逐一分析了自己应该承担的责任，并提出了以后的预防措施。

会议由总经理做总结发言，他先是抬起头看了一眼墙上一幅醒目的标语，上面是请某位书法家书写的 10 个大字：我们的使命是追求卓越。然后，他又自言自语地说："连续出现重大的质量事故，难道说质量管理在公司顶层设计上出现了什么问题？"最后，总经理要求每个部门在两天内就本次质量事故向总经理办公室提交一份分析报告，并要求总经理办公室撰写详细的质量分析总结报告，在全公司进行通报。

问题

1. 根据你的判断，可能是哪些部门的原因导致了团餐配送迟到？可能的原因是什么？
2. 如何定位餐饮公司的使命？
3. 你对惠达餐饮服务有限公司质量文化建设有哪些建议？

8.3 习题参考答案与案例使用说明

8.3.1 习题参考答案

1. 名词解释

（1）质量是指一组固有特性满足要求的程度。

（2）质量管理是组织为使产品质量能够满足不断更新的质量要求，达到顾客满意而开展的策划、组织、实施、控制、检查、审核和改进等所有相关管理活动的总和。

（3）质量方针是指由组织的最高管理者正式发布的该组织总的质量宗旨和方向。

（4）质量目标是指组织依据组织的质量方针制定的在质量方面所追求的目的。

（5）质量策划是指致力于制定质量目标并规定必要的运行过程和相关资源，以实现质量目标。

（6）质量控制是指为满足质量要求而对产品质量形成全过程中质量方针和质量目标的确定以及质量策划两方面的诸因素进行控制，其实质是致力于满足质量要求。

（7）质量保证是指组织针对顾客和其他相关方的要求，为自身在产品质量形成全过程中某些环节的质量控制活动提供必要的证据，以取得其信任。

（8）质量改进是指组织不断增强其在满足质量要求方面的能力。

（9）持续改进是指增强满足要求的能力的循环活动。

（10）朱兰“质量三部曲”是指朱兰提出的由质量计划、质量控制、质量改进三部分构成的质量管理思想。

（11）朱兰“质量螺旋”是指朱兰提出的，以图形方式说明产品质量的产生、形成和完善过程的一种质量管理思想。

（12）桑德霍姆“质量循环”是指桑德霍姆提出的，认为产品质量形成过程是一个不同职能相互作用而形成的循环这样一种质量管理思想。

（13）戴明“PDCA循环”（戴明环）是在戴明提出的PDSA循环的基础上，经日本企业高管改造的说明质量管理四个阶段、八大步骤的质量管理思想。

（14）克劳士比“零缺陷”是克劳士比提出的，认为质量管理的核心在于预防，质量管理要追求的目标是零缺陷的一种质量管理思想。

（15）费根堡姆“全面质量管理”（TQM）是指在充分满足顾客要求的条件下，在最经济的水平上，进行市场调研、设计产品、制造产品、销售产品和售后服务等活动，并把企业各部门有关质量管理的活动构成一种有效的体系。

（16）“源头质量”观念是指让组织的每一位成员都忠于职守，控制5M1E这些影响质量的源头因素，一旦出现偏差应及时发现并主动纠正。

（17）产品生命周期质量管理是指对从顾客需求调查到设计过程的质量管理，从生产过程控制到抽样验收，再到顾客满意度测评的生命周期中集成人员、技术等要素实施有效的质量控制。

（18）企业质量文化是指以社会经济发展为背景，在企业长期生产经营活动中，由企业管理层特别是主要领导倡导、职工普遍认同而逐步形成的有关质量的价值观和意识、管理思想和道德规范、技术知识、管控手段、环境装备等因素的总和。

（19）企业质量文化的物质层是指企业质量文化的物质基础，包括生产运营环境和条件、生产运营技术等，还包括业已形成的企业形象、标识等。

（20）企业质量文化的行为层是指以物质层为载体所形成的规范，包括规章制度、标准、准则等。

（21）企业质量文化的精神层是指企业的使命、价值观、愿景等的定位。

（22）顾客满意度是指顾客对其要求已被满足的程度的感受。

（23）QC 小组是指由来自不同岗位的员工围绕组织的经营战略、方针目标和现场存在的问题，以改进质量、降低消耗、提高经济效益为目的组织起来的，运用质量管理理论和方法开展活动的小组，是组织群众性质量管理活动的一种有效的组织形式。

（24）核查表是用表格的形式来进行数据整理和粗略分析的一种方法。

（25）分层法是指把性质相同、在同一条件下收集的数据归纳在一起，以便进行比较分析的一种方法。

（26）帕累托图是指反映“少数关键、多数次要”的一种质量管理工具。

（27）因果分析图 / 鱼刺图 / 石川图是指以质量特性作为结果，以影响质量的因素作为原因，在它们之间用箭头联系表示因果关系的一种质量管理工具。

（28）直方图是指根据数据频数来描述数据分布的一种质量管理工具。

（29）散布图是指描述两个变量之间关联性的一种质量管理工具。

（30）控制图是指利用统计抽样原理，以图形方式分析质量特性值的中心值和离散程度的一种质量管理工具。

（31）流程图是描述工序先后顺序的图形。

（32）趋势图是用来跟踪一段时间内变量变化的质量管理工具。

（33）检验数量就是检验产品的数量。

（34）检验频度就是检验的频繁程度。

（35）检验点就是检验位置。

（36）检验地点是指检验的场所，或者是实验室，或者是现场。

（37）质量散差是指按一定标准制造出来的大量同类产品的质量所存在的差异。

（38）质量散差的偶然性原因 / 随机性原因 / 不可避免的原因是指引起较小的质量散差，如机床的微小振动、原材料性质的微小差异、刀具的正常磨损、夹具的微小松动、工人操作技术的微小变化等的原因。

（39）质量散差的必然性原因 / 系统性原因 / 可以避免的原因是指引起质量散差，如机床、刀具严重磨损，设备调整不准，夹具严重松动或者材料缺陷等的原因。

（40）计量特性值控制图是指管理或控制长度、重量、时间、强度、成分及收缩率等连续量的控制图。

（41）均值控制图（$\bar{x}$ 控制图）是指用于检查生产过程的中心变动趋势的控制图。

（42）极差控制图（R 控制图）是指检查生产过程的散差的控制图。

（43）计数特性值控制图是指管理或控制不合格品数、不合格品率、缺陷数等特性的控制图。

（44）p 控制图是指用于检测生产过程中产生的不合格品所占百分数的控制图。

（45）周期性波动是指样本点每隔一定时间所呈现出的规律性变化。

（46）过程能力是指过程的加工质量满足技术标准的能力。

（47）过程能力指数是反映过程能力满足产品技术标准（产品规格、公差）的程度的指标。

（48）ISO 9000：2015 族标准是指由 ISO/TC176（国际标准化组织质量管理和质量保证技术委员会）制定的包括 ISO 9001：2015 在内的所有国际标准。

（49）过程是指任何使用资源将输入转化为输出的活动或一组活动。

（50）过程方法是指系统地识别和管理组织所使用的过程，特别是这些过程之间的相互作用的方法。

（51）ISO 9001：2015 标准是指规定质量管理体系要求的标准。

（52）ISO 9004：2009 是用于指导企业追求业绩持续改进的标准。

（53）ISO 19011 ：2011 是用于指导企业管理审核方案，实施内部审核和外部审核，提升序列化审核员能力的标准。

（54）6σ 是指致力于降低成本、提高生产率和质量，进而提高顾客满意度的过程分析与改进方法。

（55）单位缺陷数（DPU）是指每个检查单位的缺陷数。

（56）百万机会缺陷数（DPMO）是指每百万机会出现的缺陷数。

（57）首次产出率（FTY）是指过程输出一次达到顾客要求或规定要求的比率。

（58）流通产出率（RTY）是指构成过程的每个子过程的首次产出率的乘积。

（59）冠军是指负责批准 6σ 的项目计划，对项目做出预算，排除一切妨碍计划执行障碍的领导者。

（60）黑带大师是指在 6σ 项目中负责培训、指导黑带和绿带，参与项目的讨论与评价，并能提出建议及要求的中坚力量、教练。

（61）黑带是指负责实现 DMAIC 模型中的具体步骤及方法的专职从事 6σ 项目的骨干力量。

（62）绿带是指接受过 DMAIC 程序的培训，并兼任其他业务的半专职的 6σ 项目成员。

（63）DMAIC 模式是把整个质量改进分为定义（define）、测量（measure）、分析（analyze）、改进（improve）、控制（control）五个阶段的一种管理方式。

（64）定义（define）是指对发现的质量管理进行系统的描述，并做初步分析。

（65）CTQ 是指用于判断过程是否有缺陷的关键质量特性。

（66）测量（measure）是指对现有过程进行检测，以确定过程的基线以及期望达到的目标，识别影响过程输出 Y 的输入 X_s，并对测量系统的有效性做出评价，根据所获得的数据计算反映现实质量水平的指标。

（67）测量系统验证是指用统计学的方法来分析影响数据波动的各个测量因素，以及它们对测量结果的影响，最后判定该测量系统是否达到使用要求的活动。

（68）准确性是指多次测量结果的平均值与测量对象真值之间的差异性。

（69）偏倚是指多次测量的平均值与被测对象真值之间差异的大小。

（70）线性是指在测量系统的量程范围内，偏倚与真值之间是否存在线性关系。

（71）稳定性是指测量系统的偏倚随时间变动的情况。

（72）精确性是指多次测量结果的波动大小。

（73）重复性是指同一测量员使用同一量具对同一被测对象多次测量的结果的差异，这一指标反映了量具的固有波动。

（74）再现性是指不同测量员使用同一量具对同一被测对象多次测量的结果的差异。

（75）分辨力是指测量系统识别并显示被测对象最微小变化的能力。

（76）分析（analyze）是指识别影响过程输出 Y 的输入 X，通过数据分析确定影响输出的关键因素，并验证分析结果的正确性。

（77）改进（improve）是指针对分析阶段所确定的关键问题，给出有效的解决方案，并实施解决方案。

（78）失效模式与影响分析（FMEA）是指分析在产品或服务及其实现过程中存在风险的一种管理方法。

（79）功能是指改进方案要实现的质量目标。

（80）潜在失效模式是指分析对象未达到预期功能所表现出来的失效形式。

（81）严重度是指失效所造成影响的严重程度。

（82）失效机理是指失效模式发生的原因、影响因素。

（83）频度是指失效原因发生的可能性。

（84）现行控制方法是指当前采取的用以防止或发现失效原因的措施。

（85）不可探测度是指用当前方法发现失效原因的可能性。

（86）风险优先级别数（RPN）是指反映风险级别的指数，是严重度、频度、不可探测度三者相乘的结果。

（87）控制（control）是指确认改进成果，通过有效的措施保持改进成果，并推广应用改进成果。

（88）卓越绩效模式是指通过领导作用、战略规划、对顾客和市场的关注、测量分析和知识管理、对人力资源的关注、过程管理和经营结果七个方面的集成来反映组织综合绩效管理的一种方法。

（89）日本戴明奖是指日本设立的，以戴明的名字命名的，表彰在质量方面有突出贡献或卓越企业的奖项。

（90）美国鲍德里奇奖是指美国设立的，以鲍德里奇的名字命名的，表彰卓越企业的奖项。

（91）欧洲质量管理基金会卓越奖是指欧盟设立的，表彰卓越企业的奖项。

2. 单选题

（1）A （2）A （3）B （4）C （5）D （6）C （7）D

3. 多选题

（1）ABCD （2）BD （3）ACD

4. 判断题

（1）错 （2）错 （3）错 （4）对 （5）错 （6）错 （7）对
（8）错 （9）对 （10）错

5. 填空题

（1）质量计划 质量控制 质量改进

（2）计划（plan） 实施（do） 检查（check） 处理（action）

（3）全过程 全方位 全员

（4）人员（man）　机器设备（machine）　原材料（material）　方法（method）　测量（measurement）　环境（environment）

（5）企业质量文化的物质层　企业质量文化的行为层　企业质量文化的精神层

（6）现场型　服务型　攻关型　管理型　创新型

（7）系统设计　参数设计　容差设计

（8）核查表　分层法　帕累托图　因果分析图　直方图　散布图　控制图

（9）操作人员　使用的设备　工作时间　原材料　工艺方法　工作环境

（10）关联图法　亲和图法（KJ 法）　系统图法　过程决策图法（PDPC 法）　矩阵图法　矩阵数据分析法　箭头图法

（11）检验费用　预期的漏检不合格品所产生的费用

（12）生产过程处于非受控状态的比例　拟检查批量的大小

（13）原料或外购件入库前　成品出厂前　高附加值操作之前　在不可逆转工序之前　在一道覆盖性工序之前

（14）人员　机器设备　原材料　方法　测量　环境

（15）偶然性原因　必然性原因

（16）计量特性值控制图　计数特性值控制图

（17）人员　机器设备　原材料　方法　测量　环境

（18）Ⅰ　Ⅱ　Ⅲ　Ⅳ　Ⅴ

（19）ISO 9000：2005 质量管理体系——基础和术语　ISO 9001：2015 质量管理体系——要求　ISO 9004：2009 质量管理体系——组织持续成功管理——一种质量管理方法　ISO 19011：2011 管理审核指南

（20）有关质量的术语　有关管理的术语　有关组织的术语　有关过程和产品的术语　有关特性的术语　有关合格（符合）的术语　有关文件的术语　有关检查的术语　有关审核的术语　有关测量过程质量保证的术语

（21）属种关系　从属关系　关联关系

（22）冠军　黑带大师　黑带　绿带

（23）定义（define）　测量（measure）　分析（analyze）　改进（improve）　控制（control）

（24）偏倚　线性　稳定性

（25）重复性　再现性　分辨力

（26）领导作用　战略规划　对顾客和市场的关注　测量分析和知识管理　对人力资源的关注　过程管理　经营结果

（27）戴明奖　戴明应用奖　戴明控制奖

（28）大企业　公司运营部门　公共组织　中小型企业

（29）手段标准（500 分）　结果标准（500 分）

6. 简答题

（1）①质量方针和质量目标的制定；②质量策划；③质量控制与质量保证；④质量改进与持续改进。

（2）①质量控制是基础，是具体操作过程，如检验过程本身；②质量保证是目的，着重在质量策划，最终取得信任，如质量方针和计划的制订。

（3）①在国家振兴层面上，提升质量水平是满足人民日益增长的美好生活品质和增强国家综合实力的需要；②在企业发展层面上，提升质量水平可以增加市场占有率，带来更多的收入，此外，提升质量水平可以实现优质优价，降低成本，进而实现更好的经济效益。

（4）①质量计划是质量管理的基础；②质量控制是为了实现质量计划；③质量改进是质量计划的一种飞跃。

（5）朱兰“质量螺旋”的主要内容如下：①产品质量形成的全过程包括市场研究、开发（研制）、设计、制定产品规格、制定工艺、采购、仪器仪表及设备装置、生产、工序控制、检验、测试、销售、服务共 13 个环节；②产品质量的形成过程是一个不断上升、不断提高的过程，每一次循环到达服务环节之后，又以更高的水平进入下一次循环的起点——市场研究；③产品质量的形成过程是各环节质量管理活动落实到各部门及其有关人员的过程；④在质量螺旋中，有三个箭头分别指向供应商、批发零售和使用者，说明完成产品质量的形成过程还要涉及组织以外的单位、部门和个人。

（6）①桑德霍姆“质量循环”和朱兰“质量螺旋”异曲同工，都是用来说明产品质量形成过程的；②可以把桑德霍姆“质量循环”看成是朱兰“质量螺旋”的俯视图，只是它从 13 个环节中选择八个主要环节来构图，也称八大质量职能。

（7）①四个阶段是指：计划（plan)、实施（do)、检查（check）和处理（action)，四个阶段构成一次完整的循环过程；②八大步骤是指：找出所存在的问题；寻找问题存在的原因；找出其中的主要原因；针对主要原因，研究、制定措施；贯彻和执行措施，即按规定的目标和方法实实在在地去做；调查执行效果，即检查计划实施的结果是否与计划阶段所制定的目标相一致；巩固措施，即总结成功的经验和失败的教训，形成标准（制度化和规范化)，指出应该怎样做和不应该怎样做；对遗留问题，提交到下一个循环解决。

（8）①高层管理者必须承担质量管理责任并表达实现最高质量水平的愿望；②管理者必须持之以恒地努力实现高质量水平；③管理者必须用质量术语来阐明其目标是什么，以及为实现这一目标，基层人员必须做什么；④第一次就做对最经济；⑤每个人都尽到自己的工作职责；⑥企业应当追求“零缺陷”质量水平。

（9）①在正确的质量上的投入总会有好的回报，即使这回报不是立竿见影的；②追求是一种愿景，未必已经达到，或非达到不可；③正是因为“质量是免费的”，所以要追求零缺陷，但这并不意味着在一定时期内不计代价地投入，在一定时期内，为了企业的生存与发展，应有个最适宜的质量水平区域，但随着时间的推移，这个区域一定会向更高水平发展，终极但永远也达不到的目标是“零缺陷”。

（10）①永无止境地推进质量改进，即持续不断地改进质量；②追求用户满意的目标，要不断地满足或超出用户的期望。

（11）①持续改进；②树立榜样；③授权给职员；④发扬团队精神；⑤基于事实的决策；⑥活学活用质量管理工具；⑦供应商的质量保证；⑧强化“源头质量”观念。

（12）可以从以下三个方面来理解产品生命周期质量管理。

①从顾客需求调查到设计过程质量管理，从生产过程控制到抽样验收，再到顾客满意度测评五个主要阶段构成了质量管理生命周期。

②五个阶段的主要目的为：顾客需求调查的主要目的是确定顾客的真正需求；设计质量管理的主要目的是针对顾客的需求，进行产品开发或服务设计，即开发出顾客真正需要的产品；过程质量控制的主要目的是保证生产过程中影响质量差异的人员、设备、原材料、加工工艺、作业环境、测量等在受控状态；验收抽样检查的主要目的是把好产品放行的最后一关；顾客满意度测评的主要目的是评价顾客使用产品后的满意程度。

③产品生命周期质量管理的第一阶段是输入，是出发点；最后一个阶段是输出，是归宿。同时，这些活动互相依存，互相促进，周而复始，持续改进，最终实现顾客满意。

（13）企业质量文化的内涵与外延如下。

①内涵。企业质量文化是指以社会经济发展为背景，在企业长期生产经营活动中，由企业管理层特别是主要领导倡导、职工普遍认同而逐步形成的有关质量的价值观和意识、管理思想和道德规范、技术知识、管控手段、环境装备等因素的总和。

②外延。企业质量文化是企业文化的重要组成部分，也是企业文化的核心内容。只有实现了以企业质量文化为导向，才能有效地优化和提升企业文化。

（14）①社会经济发展的必然要求；②企业生存和发展的必然要求。

（15）①由组织自行调查或委托咨询、调查机构进行顾客满意度调查，收集顾客满意度的大量信息；②对调查结果进行预处理，分析调查的可信度；③对顾客满意度进行对比分析（与历史数据比、与竞争对手比），找出差距，发现改进的机会；④通过分析确定不能满足顾客要求的关键所在，反馈给有关部门，实施改进；⑤确认并巩固改进成果，不断提高顾客满意度水平。

（16）①采用质量管理工具及时发现质量问题或质量改进机会；②采用“头脑风暴法”，并充分听取来自 QC 小组外部的意见，寻求改进方法；③以表单形式列出可能的问题及相应的解决方案；④对选定项目进行质量改进的策划、组织、协调和监督；⑤负责向组织汇报质量改进成果。

（17）①强调“源头质量”观念；②田口方法是三次设计方法，即系统设计、参数设计、容差设计；③注重质量与成本的平衡性；④正交试验设计技术较为新颖、实用。

（18）①将质量问题作为最终结果，在它的左侧画一个从左向右的粗箭头；②将造成质量问题的原因分成人员、机器设备、原材料、方法、测量和环境六类，即 5M1E，放在方框内，并用线段与第一步画出的箭线连接起来；③对每一类原因进行深入细致的调查分析，逐层细分，直至能采取具体可行的措施；④应用帕累托图找出主要原因，并给出改进方案；⑤实施改进方案，并测评实施效果。

（19）①分组、计数、绘图；②形态分析；③对于异常分布，在分析原因的基础上给出解决方案。

（20）①列出工序中的各个步骤；②对各个步骤按操作或决策（检查）点进行分类；③按发生的先后顺序把各步骤用箭头连接起来。

（21）①趋势图是用来跟踪一段时间内变量变化的质量管理工具；②根据趋势图描述

的质量变化趋势或分布，可以发现某一影响因素变化的规律，针对造成质量问题的原因给出解决方案。

（22）①可进行一些特殊项目的检验；②设备精良；③检验环境良好，低噪声、无振动、无粉尘；④按事先制定好的检验规程进行操作，结果更为准确；⑤由训练有素的检验人员进行检验；⑥等待检验结果的时间较长。

（23）①可避免外来因素对检验结果的影响；②可以很快得到检验结果，以便迅速做出决策；③对检验设备、试剂、操作规程或人员等有一定的限制。

（24）①两个坐标：横坐标是样本序号，纵坐标是质量特性值；②三条线：中心线是产品质量特性的分布中心，即均值，上下控制界限是允许质量特性在此间的变动范围；③样本点即抽取的样本。

（25）①样本点出界；②多个样本点接近边界；③样本点明显单侧分布；④样本点连续上升或下降；⑤连续 5 个样本点中有 3 个或以上出现在同一侧的 C 区之外；⑥样本点呈现周期性波动。

（26）①科学技术进步和生产力水平提高的客观条件已经成熟；②有了用质量保证活动成功的经验和实践基础；③具备了质量管理学的理论基础；④提出了适应经济一体化和世界范围内贸易往来的现实要求；⑤日益激烈的市场竞争也提出了企业生存和发展保障方面的要求。

（27）① ISO 9000：2015 族标准由一系列关于质量管理的标准、指南、技术规范、技术报告、小册子和网络文件组成；② 4 项密切相关的质量管理体系标准构成了 ISO 9000：2015 族标准的核心标准；③从用途上，ISO 9000：2015 族标准又分为三类标准，即 A 类（管理体系要求标准）、B 类（管理体系指导标准）和 C 类（管理体系相关标准）。

（28）①反映质量管理大师的质量理念与管理思想；②适应组织面临的新环境和组织自身的新特征；③结构简化，可操作性更强。

（29）①以顾客为关注焦点（customer focus）；②领导作用（leadership）；③全员参与（involvement of people）；④过程方法（process approach）；⑤管理的系统方法（system approach management）；⑥持续改进（continual improvement）；⑦基于事实的决策方法（factual approach to decision making）；⑧与供方互利的关系（mutually beneficial supplier relationships）。注意，虽然 ISO 9000：2005 修改版还未正式发布，但其在质量管理原则上将会有所变化。主要的变化将是：由八项原则变更为七项原则，去掉了“管理的系统方法”这一原则，把“持续改进”更改为“改进”。

（30）①需要证实其有能力稳定地提供满足顾客和适用的法律法规要求的产品和服务的组织或人员；②通过体系的有效应用，包括体系持续改进的过程以及保证符合顾客与适用的法律法规要求，旨在增强顾客满意的组织或人员。

（31）①质量管理体系的理论说明；②质量管理体系要求与产品要求；③质量管理体系方法；④过程方法；⑤质量方针和质量目标；⑥最高管理者在质量管理体系中的作用；⑦文件；⑧质量管理体系评价；⑨持续改进；⑩统计技术的作用；⑪质量管理体系与其他管理体系的关注点；⑫质量管理体系与优秀模式之间的关系。

（32）第 1 章“范围”；第 2 章“规范性引用文件”；第 3 章“术语和定义”；第 4 章“组织的背景环境”；第 5 章“领导作用”；第 6 章“策划”；第 7 章“支持”；第 8 章“运行”；第 9 章“绩效评价”；第 10 章“持续改进”。

（33）第 1 章“范围”；第 2 章“引用标准”；第 3 章“术语和定义”；第 4 章“质量管理体系”；第 5 章“管理职责”；第 6 章“资源管理”；第 7 章“产品实现”；第 8 章“测量、分析和改进”。

（34）第 1 章“范围”；第 2 章“规范性引用文件”；第 3 章“术语和定义”；第 4 章“审核原则”；第 5 章“审核方案的管理”；第 6 章“审核活动”；第 7 章“审核员的能力和评价”。

（35）①审核活动的特性，通过管理体系的标准体现出来；②审核制度的完整性和诚信，表现为规范化、程序化的制度；③审核员的素质。

（36）① 6σ 追求的是最完美的质量水准；②不怕问题；③致力于使商家与顾客利益达到高度统一；④主张用科学的方法发现、分析、解决质量问题。

（37）测量单位缺陷数的意义在于不但能够知道有多少个缺陷产品，而且能够知道每个缺陷产品有多少缺陷项。

（38）①主张把质量管理重点放在过程控制上；②该指标为比较不同业务的质量水平提供了可能。

（39）揭示了由于不能一次达到顾客要求而造成的报废和返工返修以及由此而产生的质量、成本和生产周期的损失。

（40）① SIPOC 中的五个字母分别代表：供应商、输入、处理、输出、顾客；②这里的供应商可能是真正的供应商，也可能是上一道工序或环节；③要尽可能地列出输入的全部资源；④就过程而言，要设置质量检验点，并确定检验指标 CTQ 和判断标准；⑤应明确输出的具体形式及要求；⑥这里的顾客可能是真正的顾客，也可能是下一道工序或环节。

（41）卓越绩效模式的核心是引导企业满足甚至超越顾客需求，达到顾客满意，实现卓越经营绩效。

（42）卓越绩效模式框架如图 8-2 所示。

图 8-2　卓越绩效模式框架

（43）评审标准为方针、组织及其运营、培训和推行、信息收集与沟通及利用、分析、标准化、控制（管理）、质量保证、效果、远期计划10个项目及其细分的检查点的结果。

（44）①领导作用；②战略规划；③对顾客和市场的关注；④测量、分析和知识管理；⑤对人力资源的关注；⑥过程管理；⑦经营结果。

（45）①自我评审与申请；②专家评审；③信息反馈；④奖励与经验推广。

（46）①自我评估并提交申请；②专家评审并选出入围者；③现场考核；④选定欧洲质量管理基金会卓越奖单项奖获得者；⑤产生欧洲质量管理基金会卓越奖获得者。

7. 计算题

（1）计算20个样本的平均值，再对平均值求平均值，结果为80.020 0；计算20个样本的极差，结果为0.385 0。

①均值控制图的控制上限与控制下限为

$UCL=80.020\,0+0.577\times0.385\,0\approx80.24$，$LCL=80.020\,0-0.577\times0.385\,0\approx79.80$。

②极差控制图的控制上限与控制下限为

$UCL=2.115\times0.385\,0\approx0.81$，$LCL=0\times0.385\,0=0.00$。

③均值与极差控制图如图8-3所示。

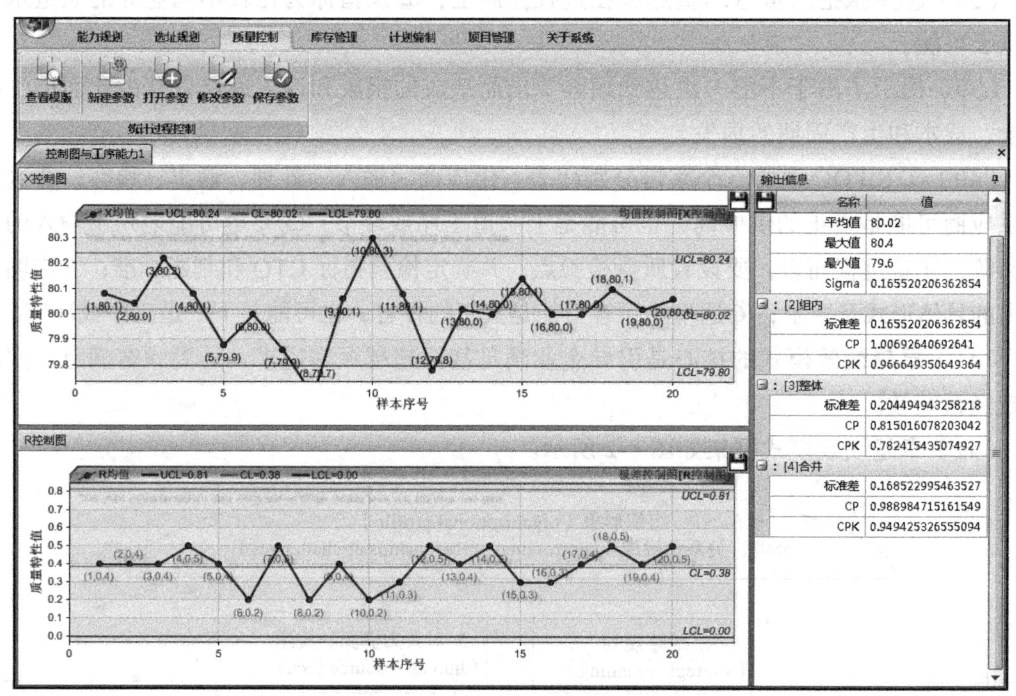

图8-3 均值与极差控制图

④过程状态判断：有三个界外点；4～8这5个连续的样本点中5、7、8三个样本点位于同一侧的C区之外，所以，过程严重失控。

⑤过程能力指数计算如下

$S=0.385\,0/2.326\approx0.165\,5$

$C_p=(80.5-79.5)/(6\times0.165\,5)\approx1.007$

$k=(80.0200-80.0000)/0.5=0.04$

$C_{p_k}=1.007\times(1-0.04)=0.9667$

⑥过程能力分析：严重不足。

⑦提高质量水平的建议：通过现场调查确认 5M1E 的哪个方面存在问题，针对所找到的原因提出相应的改进措施，实施改进措施，并对实施效果进行测评。

（2）

① $FTY_1=94/100=94\%$，$FTY_2=98/99\approx99\%$，$FTY_3=92/98\approx94\%$。

② $RTY=94\%\times99\%\times94\%\approx87\%$。

8. 论述题

（1）企业质量文化决定着企业产品或服务的质量水平，决定着能否达到或超越顾客满意，是实现卓越绩效的基础，是企业履行社会责任的保证。

①社会经济发展的必然要求。质量文化的形成与演变是以社会经济发展为背景的。随着社会进步和科学技术的长足发展，必须不断优化和提升企业质量文化。

就一些中国企业而言，目前企业质量文化建设仍集中在质量理念或意识的探索中。缺乏科学的、系统的规划与实施。具体表现为：重理念探索，轻物质建设；重口号标语，轻实际操作；重结果检验，轻过程控制；重定性描述，轻定量分析。企业质量文化建设的现状与国际社会经济发展现状和现代企业发展水平不相匹配。

②企业生存和发展的必然要求。今天，随着人们可支配收入和自由时间的增多以及价值观的改变，人们对产品或服务的需求日益呈现出多样化，同时对产品或服务的质量提出了越来越严格的要求。企业要想满足甚至超越顾客的需求，从而赢得生存和发展空间，就必须重塑企业质量文化。

③一些中国企业存在的典型问题是：重现实效益，轻长期磨炼；重被动满足，轻主动超越。现实效益的逐利性使得改变企业的经营方向具有太大的随意性。同时，也正是由于现实效益的导向性，一些企业只愿意满足已知的顾客需求，不愿意挖掘潜在的顾客需求。

（2）以社区物业管理为例，针对业主的投诉，沿着发现问题、分析问题、解决问题、评估效果路线提高物业管理水平。综合应用质量管理工具解决质量问题的思路如图 8-4 所示。

（3）顾客满意是归宿和目的。为了达到顾客满意，就要满足顾客需求；为了满足顾客需求，就要识别和确认顾客需求。在现实中，往往不能达到顾客满意，所以必须改进产品或服务。另外，顾客的需求是不断提高的，加上竞争对手可能会超越，因此要求持续改进。

8.3.2　案例使用说明

1. 案例分析目的

（1）诊断惠达餐饮服务有限公司存在的质量问题，进而给出解决方案。

（2）巩固有关质量管理的知识，特别是质量文化、TQM、流程管理、5M1E 等知识。

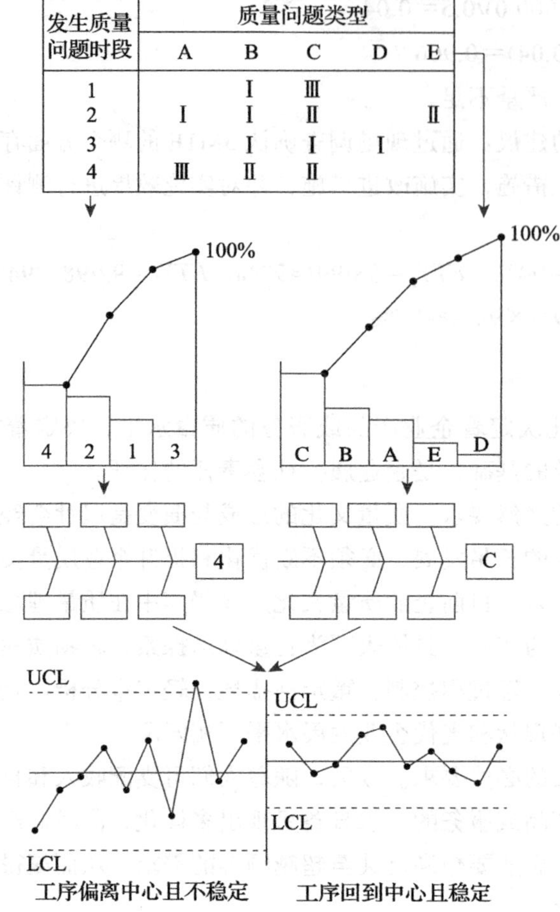

图 8-4 综合应用质量管理工具解决质量问题的思路

2. 案例分析步骤

（1）学生阅读案例文本，尝试回答后面的问题。

（2）结合自己的就餐体验，总结惠达餐饮服务有限公司存在的质量问题，并说明问题的严重性。

（3）在诊断质量问题的基础上，给出综合解决方案。

（4）教师点评学生的分析结果。

（5）教师强调：该公司在质量管理方面，从顶层设计到规范制定，再到作业流程设计与实施都出现了问题。

案例分析过程如图 8-5 所示。

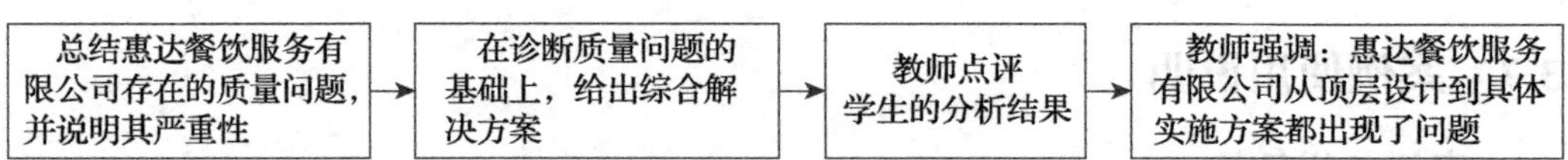

图 8-5 案例分析过程

第9章
CHAPTER 9

库存管理

9.1 知识点

9.1.1 知识点清单

- 库存管理要解决的核心问题
- 库存
- 库存的种类（按所处的状态）
- 原材料库存
- 在制品库存
- 维修库存
- 成品库存
- 库存的种类（按库存的作用）
- 周转库存
- 安全库存
- 调节库存
- 库存的种类（按物品需求的重复程度）
- 单周期库存
- 多周期库存
- 库存的种类（按对库存的需求特性）
- 独立需求库存
- 相关需求库存
- 库存的作用
- 库存控制的目标
- 实现有效库存控制的必要条件
- 定期盘存系统
- 定量盘存系统
- 订货提前期
- 订货点
- 持有费用
- 订货费用
- 缺货费用
- 库存物资成本
- 库存 ABC 分类管理法
- 库存物资收发存管理流程
- 呆滞物料发生的原因
- 呆滞物料的处理方案
- 预防或减少呆滞物料的管理思路
- 经济订货批量（EOQ）
- 经济生产批量（EPQ）
- 数量折扣模型
- 数量折扣策略
- 数量折扣策略要解决的三个关键问题
- 制定数量折扣策略时要考虑的影响因素

- 随机库存管理要解决的问题
- 随机库存问题的假设条件
- 服务水平
- 决定安全库存的因素
- 服务水平与安全库存之间的关系
- 随机库存下的订货点
- 单期库存管理要解决的问题
- 欠储成本
- 超储成本

9.1.2 知识点解析

1. 库存及其作用

（1）库存问题的提出

库存管理要解决的核心问题是：如何在保证需要的前提下，使库存水平最低。

（2）库存及其分类

库存就是存货，即暂时处于闲置状态的用于将来需要的资源。

库存的种类（按所处的状态）有四种：原材料库存、在制品库存、维修库存、成品库存。

原材料库存是指原材料和外购零部件所占用的库存。

在制品库存是指处在产品生产不同阶段的半成品所占用的库存。

维修库存是指用于维修与养护的经常消耗的物品或部件所占用的库存。

成品库存是指准备销售给用户的产成品所形成的库存。

库存的种类（按库存的作用）有三种：周转库存、安全库存、调节库存。

周转库存是指为保证正常经营必须保有的库存。

安全库存（SS）是指为应对需求的不确定性、生产周期或供应周期内可能发生的不测变化而设置的一定数量的库存。

调节库存是由于调节需求或供应的不均衡、生产速度与供应速度不均衡、各个生产阶段的产出不均衡而设置的库存。

库存的种类（按物品需求的重复程度）有两种：单周期库存、多周期库存。

单周期库存是指用于满足单期需求而保有的库存。

多周期库存是指用于满足多期需求而保有的库存。

库存的种类（按对库存的需求特性）有两种：独立需求库存；相关需求库存。

独立需求库存是指为满足与其他物资无关的独立需求而保有的库存。

相关需求库存是指为满足与其他物资有关的需求而保有的库存。

（3）库存的作用

库存的作用有六个：满足不确定的顾客需求；平滑对生产能力的要求；缓解运营过程中不可预料的问题；降低单位订购费用或生产准备费用；利用数量折扣；避免价格上涨。

2. 有效库存管理系统

（1）库存控制的目标

库存管理的目标是在给定的服务水平下，使与库存有关的成本达到最低。

（2）有效库存控制的必要条件和基本思路

有效库存控制的必要条件包括：适当的库存盘存系统的建立；需求预测与提前期信息管理；成本信息管理；库存 ABC 分类管理；规范的库存物资收发存管理流程；呆滞物料的处理。

定期盘存系统就是每隔一个相同的时间间隔，就发出一次订货，每次的订货量是预设的目标库存与实际库存差额的库存盘存系统。

定量盘存系统就是每次以相同的订货点和订货量发出订货，订货间隔不固定的库存盘存系统。

订货提前期是指订单发出与物资到达之间的时间间隔。

订货点就是需要下达订单的库存水平。

持有费用是指包括库存资金占用而产生的资金成本、保管费用、保险费和税费（地区不同，税率不同）。

订货费用包括信息通信费、商务洽谈费、运输费、检验费等。

缺货费用是指因需求量大于持有的库存量，从而失去了销售机会或导致供应中断所造成的损失。

库存物资成本是指所采购物资的价值。

库存 ABC 分类管理法就是依据 80/20 法则，以库存物资单个品种的库存资金占整个库存资金的累积百分比为基础，把库存物资分为 A、B、C 三大类，然后进行分类管理的一种方法。其中，A 类物资是指品种少、占用资金多的重要物资。A 类物资的品种占 10%～20%，却占用了全部库存资金的 70%～80%。

库存物资收发存管理流程是指库存物资所经历的验收入库、保管与盘存、调拨出库三个环节的管理流程。

呆滞物料是指超过规定时间不流动的物料。

呆滞物料发生的原因包括外部原因和内部原因。外部原因包括：顾客退货或更换订单、供应物料的质量问题；内部原因包括：过量采购或错误采购、试生产余材、设计变更或产品终结。

呆滞物料的处理方案为：对订单变更导致的呆滞，优先在其他客户订单中消化，无法消化的，分类统计造表，提出变卖申请；对供应商原因造成的呆滞，协调退换货；对采购过量或错误采购造成的呆滞，造表并提出退换货申请；对试生产、设计变更或产品终结导致的呆滞，提出替换使用或改造（拆分、修整等）后使用的方案。

预防或减少呆滞物料的管理思路包括：基于信息共享的科学的需求预测分析；缩短订货或生产提前期；对客户专用料，在供销合同中明确退换货条款；对 A 类物资，实施精准化采购；加强产品生命周期（PLC）管理。

3. 经济批量模型

（1）经济订货批量模型

经济订货批量（EOQ）就是使与库存有关的成本达到最小的订货批量。

（2）经济生产批量模型

经济生产批量（EPQ）是指使持有费用和生产准备费用之和最小的生产批量。

数量折扣模型是指在量大从优的情况下，计算经济订货批量的模型。

数量折扣策略是指供应商制定的量大从优的价格策略。

制定数量折扣策略要考虑的三个关键问题为：折扣区间数量、折扣区间的跨度、折扣幅度。

制定数量折扣策略要考虑的影响因素有五个：产品的需求价格弹性、持有成本、历史数据、竞争对手的价格策略、心理因素。

4. 随机库存问题的订货量和订货点

（1）随机库存问题描述

随机库存管理要解决的问题为：在给定的缺货水平下，订货批量应该多大，订货点应该多少才能使包括缺货费用在内的总成本最小。

随机库存问题的假设条件有六个：年平均需求量（D）已知；对库存的需求率 d 和提前期 LT 为已知分布的随机变量；订货费用与订货批量无关；持有费用是库存量的线性函数；全部订货一次交付；无数量折扣。

（2）服务水平与安全库存

服务水平是指提前期内的库存需求不超过库存供给的可能性。

影响安全库存的因素有三个：需求波动的大小、提前期的长短、服务水平的高低。

服务水平与安全库存之间的关系体现为：设定的服务水平越高，安全库存越大。

随机库存下的订货点是随机库存下发出下一次订单的库存水平，等于提前期内的需求与安全库存之和。

5. 单期库存管理模型

（1）单期库存管理问题描述

单期库存管理要解决的问题是，对于易腐或经济寿命较短的物品，一次订购多少才是最经济的。

（2）单期最优订货量的确定

欠储成本是指因订货量少于实际需求而带来的损失。

超储成本是指因订货量超过实际需求而带来的损失。

9.2 习题与案例

9.2.1 习题

1. 名词解释

（1）库存；（2）原材料库存；（3）在制品库存；（4）维修库存；（5）成品库存；（6）周转库存；（7）安全库存（SS）；（8）调节库存；（9）单周期库存；（10）多周期库存；（11）独立需求库存；（12）相关需求库存；（13）定期盘存系统；（14）定量盘存系统；

（15）订货提前期；（16）订货点；（17）持有费用；（18）订货费用；（19）缺货费用；（20）库存物资成本；（21）库存ABC分类管理法；（22）呆滞物料；（23）经济订货批量（EOQ）；（24）经济生产批量（EPQ）；（25）服务水平；（26）数量折扣模型；（27）数量折扣策略；（28）欠储成本；（29）超储成本。

2. 单选题（有且只有一个选项正确）

（1）最早提出经济订货批量模型的是（　　）。

A. 休哈特　　B. 奥列基　　C. 坦茨格　　D. 哈里斯

（2）在设置安全库存时，需要考虑的一个重要因素是服务水平，这里所说的服务水平是指（　　）。

A. 仓库保管员的服务水平

B. 与物料运输有关的人员的工作能力

C. 提前期内库存需求不超过库存供给的可能性

D. ABC都不对

3. 多选题（至少有一个选项正确）

（1）包括订货策略在内的库存管理方案是在考虑与库存有关的费用的基础上给出的，这些费用包括（　　）。

A. 持有费用　　B. 订货费用　　C. 缺货费用　　D. 库存物资成本

（2）安全库存是在考虑一些影响因素的基础上确定的，影响因素包括（　　）。

A. 库存的安全性　　B. 需求波动的大小

C. 提前期的长短　　D. 服务水平的高低

4. 判断题（在括号中直接填写"对"或"错"，也可以打"√"或"×"）

（1）库存控制的目标是达到零库存。（　　）

（2）库存管理的目标是确保库存物料满足需要。（　　）

（3）定期库存系统是主流的盘存系统。（　　）

（4）定量库存系统是主流的盘存系统。（　　）

（5）采购方希望订货提前期越短越好，而供应商则想办法尽可能地延长订货提前期。（　　）

（6）经济订货批量所对应的总的持有费用与总的订货费用相等。（　　）

（7）需求量越大，安全库存水平越高。（　　）

（8）订货提前期越长，安全库存水平越高。（　　）

（9）管理人员设置的服务水平越高，安全库存水平越高。（　　）

5. 填空题

（1）按照库存所处的状态，可以把库存分为四种类别，即（　　）、（　　）、（　　）、（　　）。

（2）按照库存所起的作用，可以把库存分为三种类别，即（　　）、（　　）、（　　）。

（3）按照物品需求的重复程度，可以把库存分为两种类别，即（　　）、（　　）。

（4）按照对库存的需求特性，可以把库存分为两种类别，即（　　）、（　　）。

（5）与库存有关的成本通常分为四类，即（　　）、（　　）、（　　）、（　　）。

（6）库存物资收发存管理包括三个环节，即（　　）、（　　）、（　　）。

（7）制定数量折扣策略要考虑的三个关键问题为（　　）、（　　）、（　　）。

（8）影响安全库存的因素有三个，即（　　）、（　　）、（　　）。

6. 简答题

（1）简述库存管理要解决的主要问题。

（2）简述库存的主要作用。

（3）简述实现有效库存控制的基本思路。

（4）简述 A、B、C 三类物资的特点与管理重点。

（5）简述库存 ABC 分类管理方法的步骤。

（6）简述呆滞物料发生的原因与相应的处理方案以及预防呆滞物料的措施。

（7）简述经济订货批量模型的基本假设。

（8）简述在制定数量折扣策略时要考虑的主要因素。

（9）简述随机库存模型要解决的管理问题。

（10）简述随机库存问题的假设条件。

（11）简述单期库存管理要解决的问题。

7. 计算题

（1）某冷轧厂每年工作 300 天。该厂对一种配件的年需求量为 15 000 件。每次订货费用为 200 元，单位持有费用为 1.5 元，订货提前期为 4 天。试计算：

①经济订货批量（EOQ）。

②与库存有关的总费用。

③订货点。

④每年订货次数。

（2）一家大型医院的行政部每年需采购大约 816 箱消毒液。订货费用为每次 12 元，持有费用为每箱每年 4 元，订货时可享受价格优惠。具体为：订货少于 50 箱，每箱 20 元；50～79 箱，每箱 18 元；80～99 箱，每箱 17 元；多于 100 箱，每箱 16 元。试计算：

①经济订货批量。

②经济订货批量所对应的总成本。

（3）一家机械装配厂通过市场预测结果得知，市场对其某种产品的年需求量为 18 000 件。这家机械装配厂采用批量生产方式，工作制度为 300 天，生产速率为每天 100 件，每次生产准备费用为 100 元，单位产品的持有费用为 4 元。试计算：

①经济生产批量。

②总成本。

③全年生产次数。

（4）一家城建公司近期抽取了有关砂料需求的样本数据，统计结果表明，提前期内对砂料的需求服从日平均值为 15 吨、标准差为 5 吨的正态分布，订货提前期为 4 天。管理者设置的服务水平为 97%，即缺货风险不超过 3%。

该城建公司的工作制度为 300 天，这种砂料的单位持有费用为 20 元 / 吨，每次订货费用为 200 元。

试计算：

①经济订货批量。

②订货点。

③每年大概订货次数。

（5）某种具有典型季节性的产品，其单季需求为 1 000～1 200 件，服从目标期望值为 1 100 件的均匀分布。该商品的进价为 50 元，热销价为 80 元，过季打折销售价为 30 元。

试计算：

①最优订货量。

②按照最优订货量，超订的概率是多少？

（6）位于新疆喀纳斯的筑梦酒吧出售一种盛夏时节畅销的冰镇软饮料。近 3 年的销售情况表明，消费者对这种软饮料的需求近似于正态分布，均值为 500 升，标准差为 10 升。供货商对这种软饮料报价为 10 元 / 升。在热销季节，这种软饮料的定价为 18 元 / 升。盛夏时节过后，这种软饮料就需要折价销售，价格只有 6 元 / 升。

试计算：

①软饮料的最优进货量。

②按照最优订货量，超订的概率是多少？

8. 论述题

论述经济订货（生产）批量的管理含义。

9.2.2　案例

济宁晶光玻璃有限公司的 VMI 实践

济宁晶光玻璃有限公司（以下简称“晶光”）是中等规模的民营企业，位于山东省济宁市梁山（韩垓）玻璃产业园内，主要生产平板玻璃。

之前，该公司进行了组织机构调整与职责重新划分。其中一项改革是缩减了采购部采购物料的范围，令其只负责公司原材料的采购与供应。机配件以及与工程项目建设直接有关的钢筋、水泥、各种耐火砖、陶瓷纤维板、耐高温不锈钢管等建材的采购划归工程部负责。这一采购范围调整的初衷是让专业的人做专业的事。改革前，时不时会出现因建材的品种、质量、供应进度等导致工程项目建设拖期的情况。组织机构改革 1 年来，除了 8 月因电熔锆刚玉砖的运输耽搁而影响了玻璃池窑的修复外，从来没有发生过因建材供应而导致工程项目拖期的事。而这一次延误是 8 月中下旬山东、安徽发生的几十年一遇的特大洪水导致道路损坏造成的。这是台风‘温比亚”带来的天灾。看来，晶光这次组织机构调整与职责重新划分是一次非常成功的改革。

近期，为了从根本上降本增效，公司又启动了一项重大改革。公司事业部之间全部模拟市场运作。其中，将工程部与制造部视为两个利益中心进行独立核算，并按市场价进行结算。为了增加工程部的“效益”，工程部拟对机配件和建材的库存实施创新管理。同时，制定了可测评的管控目标，其中一项重要目标是大幅度地降低机配件、建材的资金占用。具体指标为：经过两年的时间，把库存占用由目前的 8 000 万元，降低到 2 000 万元以内。为了开拓思路，工程部组织骨干人员到中国洛阳浮法玻璃集团有限责任公司、中国耀华玻璃集团公司等参观学习。工程部人员了解到了这些同行业的优秀企业如何对机配件和建材实施分级分类管理，以及在分级分类基础上的供应商管理库存（VMI）的做法。特别地，混合仓、池窑、锡槽、蓄热室、排烟换气间等基本装置的功能承包管理模式（即按实现的功能来向供应商支付费用）给参观人员留下了深刻的印象。但是，有关机配件和建材的库存创新管理的具体实施办法仍待双方进一步的交流才能知晓。此外，参观人员并不能确认这些先进的库存管理方案能否在晶光得到有效实施。

问题

1. 请给出晶光机配件、建材分级分类管理方案。
2. 说明机配件、建材 VMI 具体实施办法。
3. 给出晶光基本装置功能承包的管理思路。
4. 说明晶光实施机配件、建材分级分类管理以及 VMI、基本装置功能承包可能面临的风险，并给出管控这些风险的基本思路。

9.3 习题参考答案与案例使用说明

9.3.1 习题参考答案

1. 名词解释

（1）库存就是存货，即暂时处于闲置状态的用于将来需要的资源。

（2）原材料库存是指原材料和外购零部件所占用的库存。

（3）在制品库存是指处于产品生产不同阶段的半成品所占用的库存。

（4）维修库存是指用于维修与养护的经常消耗的物品或部件所占用的库存。

（5）成品库存是指准备销售给用户的产成品所形成的库存。

（6）周转库存是指为保证正常经营必须保有的库存。

（7）安全库存（SS）是指为应对需求的不确定性、生产周期或供应周期内可能发生的不测变化而设置的一定数量的库存。

（8）调节库存是用于调节需求或供应的不均衡，生产速度与供应速度不均衡，各个生产阶段的产出不均衡而设置的库存。

（9）单周期库存是指用于满足单周期需求而保有的库存。

（10）多周期库存是指用于满足多周期需求而保有的库存。

（11）独立需求库存是指为满足与其他物资无关的独立需求而保有的库存。

（12）相关需求库存是指为满足与其他物资有关的需求而保有的库存。

（13）定期盘存系统就是每隔一个相同的时间间隔，就发出一次订货，每次的订货量是预设的目标库存与实际库存差额的库存盘存系统。

（14）定量盘存系统就是每次以相同的订货点和订货量发出订货，订货间隔不固定的库存盘存系统。

（15）订货提前期是指订单发出与物资到达之间的时间间隔。

（16）订货点就是需要下达订单的库存水平。

（17）持有费用是指包括库存资金占用而产生的资金成本、保管费用、保险费和税费（地区不同，税率不同）。

（18）订货费用是指信息通信费、商务洽谈费、运输费、检验费等。

（19）缺货费用是指因需求量大于持有的库存量，从而失去了销售机会或导致供应中断所造成的损失。

（20）库存物资成本是指所采购物资的价值。

（21）库存 ABC 分类管理法就是依据 80/20 法则，以库存物资单个品种的库存资金占整个库存资金的累积百分比为基础，把库存物资分为 A、B、C 三大类，然后进行分类管理的一种方法。

（22）呆滞物料是指超过规定时间不流动的物料。

（23）经济订货批量（EOQ）是指使与库存有关的成本达到最小的订货批量。

（24）经济生产批量（EPQ）是指使持有费用和生产准备费用之和最小的生产批量。

（25）服务水平是指提前期内的库存需求不超过库存供给的可能性。

（26）数量折扣模型是指在量大从优的情况下，计算经济订货批量的模型。

（27）数量折扣策略是指供应商所制定的量大从优的价格策略。

（28）欠储成本是指因订货量少于实际需求而带来的损失。

（29）超储成本是指因订货量超过实际需求而带来的损失。

2. 单选题

（1）D　（2）C

3. 多选题

（1）ABCD　（2）BCD

4. 判断题

（1）错　（2）错　（3）错　（4）对　（5）错　（6）对　（7）错　（8）对　（9）对

5. 填空题

（1）原材料库存　在制品库存　维修库存　成品库存

（2）周转库存　安全库存　调节库存

（3）单周期库存 多周期库存

（4）独立需求库存 相关需求库存

（5）持有费用 订货费用 缺货费用 库存物资成本

（6）验收入库 保管与盘存 调拨出库

（7）折扣区间数量 折扣区间的跨度 折扣幅度

（8）需求波动的大小 提前期的长短 服务水平的高低

6. 简答题

（1）库存管理要解决的主要问题有两个：①如何在保证满足要求的前提下，使库存水平达到最低；②就订货而言，何时订、订多少才是最经济的。

（2）①满足不确定的顾客需求；②平滑对生产能力的要求；③缓解运营过程中不可预料的问题；④降低单位订购费用或生产准备费用；⑤利用数量折扣；⑥避免价格上涨。

（3）①确定适当的库存盘存系统；②掌握需求预测与提前期信息；③掌握与库存有关的成本信息；④对库存进行 ABC 分类管理；⑤规范库存物资收发存管理流程；⑥对呆滞物料进行处理。

（4）A、B、C 三类物资的特点与管理重点如表 9-1 所示。

表 9-1 A、B、C 三类物资的特点与管理重点

类别	占总数量的百分比（%）	占总金额的百分比（%）	安全库存水平	订货策略	管理要求
A	10～20	70～80	低	经常检查，按需订购	全面、及时、精确
B	30～40	15～20	中等	正常订货	一般
C	40～50	5～10	高	周期订货，保有余量	简化

（5）①列出所有物资及其全年使用量，用年使用量乘以单价求得其价值；②计算累计年使用金额和累计百分比，累计百分比为 70%～80% 对应的物资即为 A 类物资，累计百分比为 80%～95% 的物资即为 B 类物资，累计百分比为 95%～100% 的物资即为 C 物资；③根据企业的实际情况，制定 A、B、C 三类物资的管理办法。

（6）

呆滞物料发生的原因为：①外部原因，包括顾客退货或更换订单、供应物料的质量问题；②内部原因，包括过量采购或错误采购、试生产余材、设计变更或产品终结。

呆滞物料的处理方案为：①对在库、WIP、在途、外委类呆滞，优先在其他客户订单中消化，无法消化的，分类统计造表，提出变卖申请；②对供应商原因造成的呆滞，协调退换货；③对采购过量或错误采购造成的呆滞，造表并提出退换货申请；④对试生产、设计变更或产品终结导致的呆滞，提出替换使用或改造（拆分、修整等）后使用的方案。

呆滞物料的预防方案为：①基于信息共享的科学的需求预测分析；②缩短订货或生产提前期；③对客户专用料，在供销合同中明确退换货条款；④对 A 类物资，实施精准化采购；⑤加强产品生命周期（PLC）管理。

（7）①总需求量已知；②对库存的需求率为常数；③提前期不变；④订货费用与订货批量无关；⑤持有费用是库存量的线性函数；⑥全部订货一次交付；⑦无数量折扣。

（8）①产品的需求价格弹性；②持有成本，包括资本成本、保管费用等；③历史数据；④竞争对手的价格策略；⑤心理因素。

（9）在给定的缺货水平下，订货批量应该多大，订货点应该多少才能使包括缺货费用在内的总成本最小。

（10）①年平均需求量（D）已知；②对库存的需求率 d 和提前期 LT 为已知分布的随机变量；③订货费用与订货批量无关；④持有费用是库存量的线性函数；⑤全部订货一次交付；⑥无数量折扣。

（11）对于易腐或经济寿命较短的单项需求物品，一次订购多少才是最经济的。

7. 计算题

（1）

① $EOQ=\sqrt{\dfrac{2DS}{H}}=\sqrt{\dfrac{2\times 15\,000\times 200}{1.5}}=2\,000$（件）。

② $T_C=\sqrt{2DSH}=\sqrt{2\times 15\,000\times 200\times 1.5}=3\,000$（元）。

③ $ROP=(15\,000/300)\times 4=200$（件）。

④ $n=1\,5000/2\,000\approx 8$（次）。

（2）

① $EOQ=\sqrt{\dfrac{2DS}{H}}=\sqrt{\dfrac{2\times 816\times 12}{4}}\approx 70$

$C_T(70)=(70/2)\times 4+(816/70)\times 12+816\times 18\approx 14\,968$（元）

$C_T(80)=(80/2)\times 4+(816/80)\times 12+816\times 17\approx 14\,154$（元）

$C_T(100)=(100/2)\times 4+(816/100)\times 12+816\times 16\approx 13\,354$（元）

比较三项费用，经济订货批量为 100 箱。

②经济订货批量对应的总费用为 13 354 元。

（3）

① $EPQ=\sqrt{\dfrac{2DS}{H}}\sqrt{\dfrac{p}{p-u}}=\sqrt{\dfrac{2\times 18\,000\times 100}{4}}\sqrt{\dfrac{100}{100-60}}=1\,500$（件）。

② $C_T=\sqrt{2DSH}\sqrt{\dfrac{p-u}{p}}=\sqrt{2\times 18\,000\times 100\times 4}\sqrt{\dfrac{100-60}{100}}=2\,400$（元）。

③ $n=18\,000/1\,500=12$（次）。

（4）

① $EOQ=\sqrt{\dfrac{2DS}{H}}=\sqrt{\dfrac{2\times 15\times 300\times 200}{20}}=300$（吨）。

② $ROP=\bar{d}\times LT+z\sqrt{LT}\sigma_d=15\times 4+18.8=78.8$（吨）。

③ $n=(15\times 300)/300=15$（次）。

（5）

① $P(Q^*)=\dfrac{C_s}{C_s+C_s}=\dfrac{30}{20+30}=\dfrac{3}{5}=0.6$，所以最优订货批量为从 1 000 到 1 200 的 3/5

处，即 1 120 件。

②超订概率为 0.6。

（6）

① $P(Q^*)=\dfrac{C_s}{C_s+C_s}=\dfrac{8}{4+8}=\dfrac{2}{3}=0.67$，对应的 $z=+0.44$，所以，最优进货量为 $Q^*=\overline{d}+z\times\sigma_d=500+0.44\times 10\approx 504$（升）。

②超订概率为 0.67。

8. 论述题

经济订货（生产）批量是使与库存有关的总费用达到最低所对应的订货（生产）批量。

EOQ 和 EPQ 模型是在理想假设的前提下提出的。所以，在实践中，未必一定按照经济订货（生产）批量模型所计算的结果进行订货（生产）。但是，可以借助这种模型找到近似解，有助于企业找到降低总成本的着力点。

减少订货（生产）批量，会直接减少持有费用，但会增加订货（或生产准备）次数，从而导致订货（或生产准备）费用增加。如果企业能够通过采取先进的生产组织方式并采用先进的技术手段，把订货（或生产准备）费用降下来，那么减少订货（生产）批量将是优先选项，而且减少批量也是满足顾客多样化需求的必然趋势。

9.3.2 案例使用说明

1. 案例分析目的

（1）给出晶光库存物资分类管理的解决方案。

（2）巩固有关库存管理的知识点，特别是 ABC 分类管理、VMI 等知识点。

（3）指导个别对这类问题特别有兴趣的学生，尝试就某一类型企业 VMI 做一些创新研究。

2. 案例分析步骤

（1）学生阅读案例文本，尝试回答后面的问题。

（2）教师简要介绍玻璃加工过程，并介绍功能承包的具体含义。

（3）学生总结晶光现有库存管理存在的主要问题。

（4）以小组为单位给出晶光库存物资分类管理解决方案，特别地，给出其基本装置功能承包的实施办法。

（5）教师点评学生的案例分析报告。

（6）教师强调：创新运营管理（如库存管理、物流配送管理）永远在路上。

案例分析过程如图 9-1 所示。

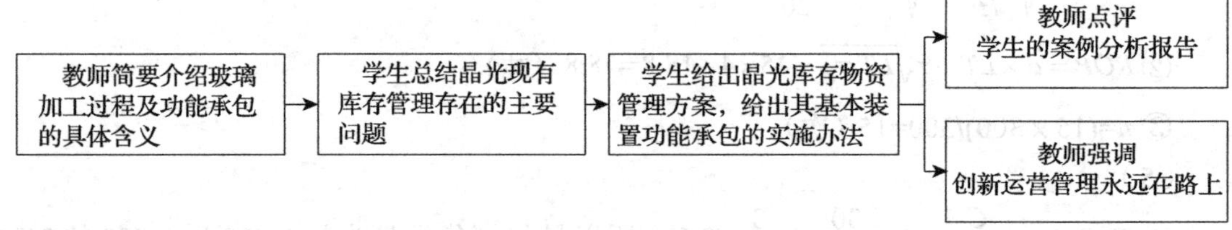

图 9-1 案例分析过程

第10章
CHAPTER 10

综合计划及其分解

10.1 知识点

10.1.1 知识点清单

- 生产计划体系
- 综合计划 / 生产大纲
- 综合计划的作用
- 滚动计划法
- 滚动计划法的做法
- 匹配需求与能力的基本策略
- 追逐策略
- 平准策略
- 平衡需求与生产能力的措施
- 影响需求的方法
- 调整生产能力的方法
- 编制综合计划的方法
- 线性规划法
- 决策变量
- 目标函数
- 约束条件
- 表上作业法
- 正常成本
- 加班成本
- 外协成本
- 表上作业法的步骤
- 表上作业法所体现的管理思想
- 主生产计划（MPS）
- 主生产计划与综合计划的关系
- 制订MPS的程序
- MPS的输入
- MPS的计算逻辑
- 预期库存（POH）
- 待分配库存（ATP）
- MPS的时间围栏
- MPS的输出
- MPS编制方法所体现的管理思想
- 服务业的综合计划
- 服务业综合计划的特点

10.1.2 知识点解析

1. 综合计划

（1）生产计划体系

企业生产计划体系是指由运营能力规划、需求预测、综合计划、主生产计划、物料需求计划、作业计划等构成的，以生产过程中的信息反馈为基础，具有一定层次关系的计划体系。

（2）综合计划及其编制策略

综合计划 / 生产大纲是指企业一年左右的中期生产计划，这里“综合”的含义就是把企业的主要产品或服务归为一类，视为一种产品。

综合计划的作用有三个：落实运营能力规划方案；提出对计划期资金、人力资源等的需求；是制订主生产计划、物料需求计划和生产作业计划的前提。

滚动计划法是指根据计划执行情况和环境变化，来调整和修订未来计划的方法。

滚动计划法的做法如下：把整个计划期分为几个时间段，其中第一个时间段为执行计划，后几个时间段的计划为预计计划；执行计划较具体，要求按计划实施，预计计划比较粗略；经过一个时间段，根据执行计划的实施情况以及企业内外条件的变化，对原来的预计计划做出调整与修改，原预计计划中的第一个时间段的计划就变成了执行计划。

匹配需求与能力的策略有两个：追逐策略、平准策略。

追逐策略是指在计划期内，通过调整生产能力来匹配需求的策略。

平准策略是指在计划期内使生产能力保持相对稳定，通过库存的缓冲作用，提前或延迟交货来应对需求波动的策略。

平衡需求与生产能力的措施有两个：影响外部需求、调整内部生产能力。

影响需求的方法有三种：改变价格、促销、推迟交货。

调整生产能力的方法有五种：调整劳动力、调整作业时间、临时工的使用、利用库存、外包。

2. 编制综合计划的方法

编制综合计划的方法包括：经验法、试算法、线性规划法、计算机仿真等。

线性规划法是通过建立线性规划模型，解决资源合理利用问题的方法。线性规划模型由决策变量、目标函数和约束条件三部分组成。

（1）线性规划方法

决策变量是指实际系统中有待确定的未知因素，也指系统的可控因素。

目标函数是指系统目标的数学描述。

约束条件是指实现系统目标的限制条件。

（2）表上作业法

表上作业法是通过把约束条件、目标函数和成本信息集中在一张表上来编制综合计划的方法。

正常成本是指在正常生产状况下单位产品的生产成本，主要包括原材料、动力费用、直接人工和制造费用。

加班成本是指包括正常成本、因在生产时间之外增加了劳动时间所产生的成本在内的全部成本。

外协成本是指当自制改为外协时，所支付的外协加工费和外协管理费等，对于短期的临时外协加工，其加工费可能大大高于本企业的正常生产成本。

持有费用是指包括因库存资金占用而产生的资金成本、仓储空间成本、保险费和税费（地区不同，税率不同）。

表上作业法的步骤为：

①将有关需求、生产能力以及成本的数据填入规范用表中；

②在规范用表中列出“未用生产能力”，在开始编制综合计划时，未用能力与可用能力相等；

③在第 1 列（即第 1 个单位计划期）寻找成本最低的单元，尽可能将生产任务分配到该单元，但不得超出该单元所在行的生产能力和该单元所在列的需求；

④如果该列仍然有需求尚未满足，重复步骤③，直至需求全部满足；

⑤在其后的各单位计划期重复步骤③、④，注意在完成一列后再继续下一列。

表上作业法的使用原则为：一行内各单元记入的总和应等于该行的总生产能力，而一列内各单元记入的总和应等于该列的需求。遵循这条原则才能保证未超过生产能力，并且全部需求得以满足。

表上作业法所体现的管理思想为：面向成本，产销平衡。

3. 主生产计划

（1）从综合计划到主生产计划

主生产计划（MPS）是指根据预期产品到达量、订货提前期和现有库存等因素而确定的计划期内必须完成的具体产品的数量和进度。

主生产计划与综合计划的关系为：综合计划用于指导主生产计划的制订，主生产计划是综合计划分解的结果。

（2）制订 MPS 的程序

制订主生产计划的程序为：

①先制订一个初始方案，然后与企业拥有的资源（如设备能力、人员、加班能力、外协能力等）进行对比。

②如果 MPS 超出了资源约束，就修改原有方案，直至得到符合资源约束条件的方案。

③如果经过反复试算和协调，资源条件仍不能满足计划要求，就需要增加资源，或者对综合计划做出修改。

④把切实可行的 MPS 交由管理机构审批，形成并下达粗能力计划（rough-cut capacity

planning)。进一步，分解 MPS，编制物料需求计划（material requirements planning，MRP）。

（3）MPS 的输入、计算逻辑与输出

MPS 的输入包括：从综合计划分解出来的每一种产品的产量；修正的市场需求（包括已承诺的订单）；预期库存信息；生产能力等。

MPS 的计算逻辑体现为：根据期初库存、需求预测或已落实的订单来计算预期库存，当预期库存为负数时，启动数量为 EPQ 的 MPS。

预期库存（POH）是计划期可能的库存，是用于判断是否启动 MPS 的库存。

待分配库存（ATP）是指没有订单关联的库存。

MPS 的时间围栏是用于判断在主生产计划形成以后，是否可以接收未来新的订单的一种时间框架。

MPS 的输出包括：预期库存、包含量与期两个标准的 MPS、待分配库存。

MPS 编制方法所体现的管理思想为：按需生产，适度调整。

4. 服务业的综合计划

服务业的综合计划是指在考虑目标顾客的需求、服务设施与劳动力能力的基础上，制订的对服务员工的需求计划。

服务业综合计划的特点包括：服务能力与需求相匹配更重要；服务需求难以预测；服务能力难以测量。

10.2 习题与案例

10.2.1 习题

1. 名词解释

（1）企业生产计划体系；（2）综合计划 / 生产大纲；（3）滚动计划法；（4）追逐策略；（5）平准策略；（6）线性规划法；（7）决策变量；（8）目标函数；（9）约束条件；（10）表上作业法；（11）正常成本；（12）加班成本；（13）外协成本；（14）主生产计划；（15）预期库存；（16）待分配库存（ATP）；（17）MPS 的时间围栏；（18）服务业的综合计划。

2. 单选题（有且只有一个选项正确）

（1）制订综合计划的表上作业法所体现的管理思想为（　　）。

A. 根据生产，满足需求　　B. 根据需求，安排生产

C. 面向成本，产销平衡　　D. 按需生产，适度调整

（2）制订主生产计划的方法所体现的管理思想为（　　）。

A. 根据生产，满足需求　　B. 根据需求，安排生产

C. 面向成本，产销平衡　　D. 按需生产，适度调整

3. 多选题（至少有一个选项正确）

在利用表上作业法制订综合计划时要考虑的成本有（　　）。

A. 正常生产成本　　B. 加班生产成本　　C. 外协成本　　D. 持有费用

4. 判断题（在括号中直接填写“对”或“错”，也可以打“√”或“×”）

（1）比较起来，综合计划比主生产计划更具体。（　　）

（2）综合计划确定了具体产品的数量和进度。（　　）

（3）主生产计划确定了具体产品的数量和进度。（　　）

（4）主生产计划一旦下达就不能做任何变更。（　　）

（5）当 ATP 小于紧急订单时，能否接受紧急订单应遵循的准则是时间围栏。（　　）

5. 填空题

（1）匹配需求与能力的策略有两个，即（　　）、（　　）。

（2）平衡需求与生产能力的措施有两个，即（　　）、（　　）。

（3）影响需求的方法有三种，即（　　）、（　　）、（　　）。

（4）调整生产能力的方法有五种，即（　　）、（　　）、（　　）、（　　）、（　　）。

（5）编制综合计划的方法通常有四种，即（　　）、（　　）、（　　）、（　　）。

（6）线性规划模型由三部分组成，即（　　）、（　　）、（　　）。

（7）MPS 主要有四个方面的输入，即（　　）、（　　）、（　　）、（　　）。

（8）MPS 主要有三个方面的输出，即（　　）、（　　）、（　　）。

6. 简答题

（1）绘制生产计划层次关系图。

（2）简述综合计划的作用。

（3）简述编制综合计划的滚动计划法的基本思路。

（4）简述平衡需求与生产能力的措施。

（5）简述表上作业法的步骤。

（6）简述表上作业法的使用原则。

（7）简述表上作业法所体现的管理思想。

（8）简述综合计划与主生产计划的关系。

（9）绘图表示制订 MPS 的程序。

（10）简述 MPS 的输入、计算逻辑、输出。

（11）简述 MPS 编制方法所体现的管理思想。

（12）简述利用预期库存量来生成 MPS 的逻辑。

（13）简述服务业的综合计划要解决的问题及特点。

7. 计算题

（1）顺德力文具有限公司生产各种文具，包括近 10 种型号的手摇铅笔刀。就手摇铅笔刀而言，市场需求、生产能力和成本数据如表 10-1 所示。表 10-1 还给出了期初与期末库存信息。注意到每年 2 月春季学期和 9 月秋季学期开学前夕为文具需求旺季，所以第 1 季度和第 3 季度对手摇铅笔刀的需求较高。此外，由于第一季度容易招到临时工人，所以第一季度的生产能力可以高于其他季度，这里假设可以达到 50 000 个手摇铅笔刀的生产能力。

试根据已知信息，制定顺德力文具有限公司手摇铅笔刀的生产大纲。

表 10-1 市场需求、生产能力、成本、库存信息

		计划期			
		1	2	3	4
市场需求（个）		60 000	50 000	65 000	50 000
生产能力（个）	正常生产	50 000	45 000	45 000	45 000
	加班生产	10 000	9 000	9 000	9 000
	外协	3 000	3 000	3 000	3 000
库存信息（个）	期初	3 000			
	期末				2 000
单位成本（元）	正常生产	10			
	加班生产	15			
	外协	19			
	单位持有费用	3			

（2）顺德力文具有限公司生产的手摇铅笔刀中，有一款为变形金刚手摇铅笔刀，这是该公司的主打产品，占手摇铅笔刀总产量的大约 20%。照此比例，该公司第一季度变形金刚手摇铅笔刀的总产品大约为 12 000（=60 000 × 20%）个。在第一季度，春季学期开学的 2 月需求最多，3 月最少，1 月的需求介于 2 月与 3 月之间。

该公司将根据上一年 10 月月底下达的综合计划，并根据最新的需求预测及已经落实的订单，编制变形金刚手摇铅笔刀 1～3 月 3 个月的主生产计划。

该公司 1～3 月 3 个月变形金刚手摇铅笔刀的需求预测和订单数据如表 10-2 所示。表 10-2 还给出了期初库存信息，即期初有 1 000 个库存。已知该公司的这种铅笔刀是按照 1 500 个这一经济批量进行生产的。

表 10-2 顺德力公司变形金刚手摇铅笔刀 1～3 月份需求预测与顾客订单

（单位：个）

期初库存 1 000	1 月				2 月				3 月			
	周次				周次				周次			
	1	2	3	4	5	6	7	8	9	10	11	12
需求预测	900	900	900	900	1 400	1 400	1 400	1 400	700	700	700	700
顾客订单	800	700	700	600	1 000	600	800	550	300	0	300	0

1）试根据已知信息编制顺德力文具有限公司变形金刚手摇铅笔刀 1～3 月 3 个月的主生产计划，并计算需要计算 ATP 那些周的 ATP。

2）主生产计划生成并经主管运营的领导签发后，顺德力文具有限公司又接到了 2 个新订单。其中一个订单交付数量为 400 个，要求在第 1 周交货。另一个订单交付数量为 700 个，要求在第 5 周交货。如果只接收一个订单的话，你更倾向于接收哪一个订单？为什么？

8. 论述题

论述待分配库存（ATP）的管理含义及引入这一指标的意义。

10.2.2　案例

In-Line Industries 公司的综合计划

In-Line Industries（ILI）公司生产娱乐型直排轮滑鞋。需求是季节性的，高峰期在夏季，另外在 12 月也有一个小的需求高峰。公司现在生产一种新型轮滑鞋，在装饰方面有所改进，比较受顾客欢迎。ILI 公司预测明年对该型号的轮滑鞋的需求如表 10-3 所示。

表 10-3　新型轮滑鞋需求预测表

月份	需求（双）
1 月	300
2 月	550
3 月	900
4 月	1 500
5 月	2 500
6 月	3 000
7 月	1 400
8 月	1 000
9 月	600
10 月	400
11 月	700
12 月	1 800

每双轮滑鞋的制造成本是 80 美元，其中包括物料成本和直接劳动力成本。每月的库存持有成本按制造成本的 20% 计算。对于这种产品来说，如果缺货，顾客将购买另外型号的轮滑鞋。这里假设脱销成本为每双 80 美元。每月正常的产能为 1 000 双。改变产能要付出管理成本，这一成本为每双 1 美元。公司可以安排加班，成本为每双 10 美元。

资料来源：科利尔，埃文斯．运营管理 [M]. 马风才，译．北京：机械工业出版社，2010.

问题

1. 试分别基于平准策略和追逐策略制定公司的生产大纲。
2. 说明不同策略的财务影响，并指出不同策略对运营管理产生的影响。

10.3 习题参考答案与案例使用说明

10.3.1 习题参考答案

1. 名词解释

（1）企业生产计划体系是指由运营能力规划、需求预测、综合计划、主生产计划、物料需求计划、作业计划等构成的，以生产过程中的信息反馈为基础，具有一定层次关系的计划体系。

（2）综合计划 / 生产大纲是指企业一年左右的中期生产计划。

（3）滚动计划法是指根据计划执行情况和环境变化，来调整和修订未来计划的方法。

（4）追逐策略是指在计划期内，通过调查生产能力来匹配需求的策略。

（5）平准策略是指在计划期内使生产能力保持相对稳定，通过库存的缓冲作用，提前或延迟交货来应对需求波动的策略。

（6）线性规划法是指通过建立线性规划模型，解决资源合理利用问题的方法。

（7）决策变量是指实际系统中有待确定的未知因素，也指系统的可控因素。

（8）目标函数是指系统目标的数学描述。

（9）约束条件是指实现系统目标的限制条件。

（10）表上作业法是通过把约束条件、目标函数和成本信息集中在一张表上来编制综合计划的方法。

（11）正常成本是指在正常生产状况下单位产品的生产成本，主要包括原材料、动力费用、直接人工和制造费用。

（12）加班成本是指包括正常成本、因在生产时间之外增加了劳动时间所产生的成本在内的全部成本。

（13）外协成本是指当自制改为外协时，所支付的外协加工费和外协管理费等，对于短期的临时外协加工，其加工费可能大大高于本企业的正常生产成本。

（14）主生产计划是指根据预期产品到达量、订货提前期和现有库存等因素而确定的计划期内必须完成的具体产品的数量和进度。

（15）预期库存是用于判断是否启动 MPS 的库存。

（16）待分配库存（ATP）是指没有订单关联的库存。

（17）MPS 的时间围栏是用于判断在主生产计划形成以后，是否可以接收未来新的订单的一种时间框架。

（18）服务业的综合计划是指在考虑目标顾客的需求、服务设施与劳动力能力的基础上，制订的对服务员工的需求计划。

2. 单选题

（1）C （2）D

3. 多选题

ABCD

4. 判断题

（1）对　（2）错　（3）对　（4）错　（5）对

5. 填空题

（1）追逐策略　平准策略

（2）影响外部需求　调整内部生产能力

（3）改变价格　促销　推迟交货

（4）调整劳动力　调整作业时间　临时工的使用　利用库存　外包

（5）经验法　试算法　线性规划法　计算机仿真

（6）决策变量　目标函数　约束条件

（7）从综合计划分解出来的每一种产品的产量　修正的市场需求（包括已承诺的订单）预期库存信息　生产能力

（8）预期库存信息　包含量与期两个标准的 MPS　待分配库存

6. 简答题

（1）生产计划层次关系如图 10-1 所示。

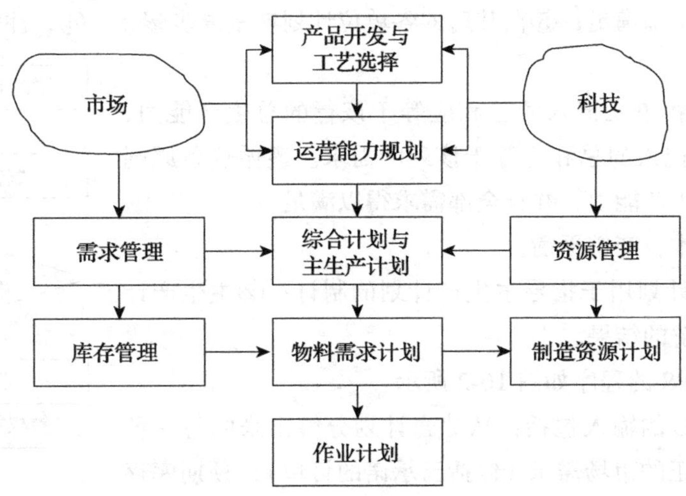

图 10-1　生产计划层次关系

（2）①落实运营能力规划方案；②提出对计划期资金、人力资源等的需求；③是制订主生产计划、物料需求计划和生产作业计划的前提。

（3）①把整个计划期分为几个时间段，其中第一个时间段为执行计划，后几个时间段的计划为预计计划；②执行计划较具体，要求按计划实施，而预计计划比较粗略；③经过一个时间段，根据执行计划的实施情况以及企业内外条件的变化，对原来的预计计划做出调整与修改，原预计计划中的第一个时间段的计划就变成了执行计划。

（4）影响外部需求，具体有以下 3 种方法。

①价格。这对需求价格弹性系数比较大的产品或服务尤其有效。

②促销。具体方式有展销或馈赠礼品等。采用这种手段时，要选择好时机。

③推迟交货。在一定时期内，总有一些顾客对交货期要求不太严格，就可以通过提供优惠的价格来推迟交货期。

调整内部生产能力，具体有以下 5 种方法。

①调整劳动力，即当需求超过生产能力时，临时招聘一些工人；当需求低于生产能力时，临时解雇一些工人。这种手段应谨慎采用。

②调整作业时间，即忙时加班；闲时培训或实施技改技措。

③临时工的使用，如果某项工作的技术含量不是很高，使用临时工不失为一个明智的选择。

④利用库存，即当需求超过生产能力时，就动用原来的库存；当需求低于生产能力时，就保有一定量的库存。

⑤外包，外包可使企业获得临时生产能力。

（5）①将有关需求、生产能力以及成本的数据填入规范用表中；②在规范用表中列出“未用生产能力”，在开始编制综合计划时，未用能力与可用能力相等；③在第 1 列（即第 1 个单位计划期）寻找成本最低的单元，尽可能将生产任务分配到该单元，但不得超出该单元所在行的生产能力和该单元所在列的需求；④如果该列仍然有需求尚未满足，重复步骤③，直至需求全部满足；⑤在其后的各单位计划期重复步骤③、④，注意在完成一列后再继续下一列。

（6）一行内各单元记入的总和应等于该行的总生产能力，而一列内各单元记入的总和应等于该列的需求。遵循这条原则才能保证未超过生产能力，并且全部需求得以满足。

（7）面向成本，产销平衡。

（8）①综合计划用于指导主生产计划的制订；②主生产计划是综合计划分解的结果。

（9）制订 MPS 的程序如图 10-2 所示。

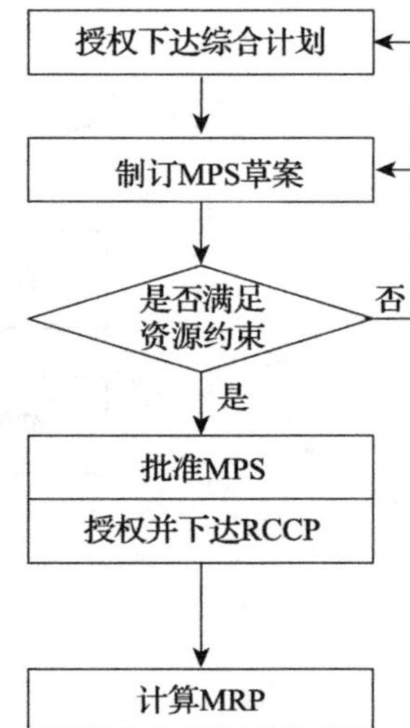

图 10-2 制订 MPS 的程序

（10）① MPS 的输入包括：从综合计划分解出来的每一种产品的产量；修正的市场需求（包括已承诺的订单）；预期库存信息；生产能力等。② MPS 的计算逻辑体现为：根据期初库存、需求预测或已落实的订单来计算预期库存，当预期库存为负数时，启动数量为 EPQ 的 MPS。③ MPS 的输出包括：预期库存、包含量与期两个标准的 MPS、待分配库存。

（11）按需生产，适度调整。

（12）①引入预期库存量，即期初库存加上经济生产批量（当需要时），减去预测与已落实订单这两者之间较大的；②如果预期库存量为负值，立即启动 MPS。

（13）服务业的综合计划要解决的问题是在考虑目标顾客的需求、服务设施与劳动力的能力的基础上，制订对服务员工的需求计划。

服务业综合计划的特点为：①服务能力与需求相匹配更重要；②服务需求难以预测；③服务能力难以测量。

7. 计算题

（1）根据“面向成本，产销平衡”的管理思路，给出表 10-4 所示的生产大纲测算过程。

表 10-4　生产大纲测算过程

			计划期				生产能力（千个）	
计划期			1	2	3	4	未用	全部
期初库存			4 [0]	[3]	[6]	[9]	0	4
计划期	1	正常生产	50 [10]	[13]	[16]	[19]	0	50
		加班生产	6 [15]	[18]	4 [21]	[24]	0	10
		外协	[19]	[22]	[25]	[28]	3	3
	2	正常生产		45 [10]	[13]	[16]	0	45
		加班生产		5 [15]	4 [18]	[21]	0	9
		外协		[19]	[22]	[25]	2	3
	3	正常生产			45 [10]	[13]	0	45
		加班生产			9 [15]	[18]	0	9
		外协			3 [19]	[22]	0	3
	4	正常生产				45 [10]	0	45
		加班生产				6 [15]	3	9
		外协				[19]	3	3
市场需求（千个）			60	50	65	51	10	237

进行统计汇总，即得如表 10-5 所示的顺德力文具有限公司手摇铅笔刀生产大纲（草案）。

（2）利用公式 $I_t = I_{t-1} + P_t - \max(F_t, CO_t)$，当 I_t 为负数时，即启动 MPS。根据 ATP 的管理含义（没有订单关联的库存）计算第一期和安排了 MPS 的 ATP。测算结果如表 10-6 所示。

表 10-5 顺德力文具有限公司手摇铅笔刀生产大纲（草案）

（单位：个）

计划期	1	2	3	4
正常生产	50 000	45 000	45 000	45 000
加班生产	10 000	9 000	9 000	6000
外协	0	0	3 000	0
周转库存	4 000	8 000	0	1 000

表 10-6 顺德力文具有限公司变形金刚手摇铅笔刀 MPS 与 ATP

（单位：个）

期初库存 1 000	1 月				2 月				3 月			
	周次				周次				周次			
	1	2	3	4	5	6	7	8	9	10	11	12
需求预测	900	900	900	900	1 400	1 400	1 400	1 400	700	700	700	700
顾客订单	800	700	700	600	1 000	600	800	550	300	0	300	0
预期库存量	100	700	1 300	400	500	600	700	800	100	900	200	1 000
MPS 量		1 500	1 500		1 500	1 500	1 500	1 500		1 500		1 500
ATP	200	800	200		500	900	700	650		1 200		1 500

更倾向于接收第 2 个订单。根据时间围栏的概念，第 2 个订单有更多的缓冲时间。

8. 论述题

①没有订单关联的库存即待分配库存（ATP）。

②第一期的待分配库存等于库存减去下一个主生产计划到达之前的订单之和。

③安排了主生产计划那些期的待分配库存等于主生产计划量（经济生产批量）减去下一个主生产计划到达之前的订单之和。

④实际中，根据待分配库存来判断能否接收未来将要兑现的订单。如果未来将要兑现的订单的订货量小于待分配库存，可接收新的订单。反之，就要根据事先确定的时间围栏来做出判断，越靠近当前的时间段，越倾向于保持主生产计划不变。

10.3.2 案例使用说明

1. 案例分析目的

（1）让学生基于两种策略，编制 In-Line Industries 的生产大纲。

（2）巩固有关生产大纲的知识点，特别是追逐策略、平准策略、正常成本、加班成本等知识点。

2. 案例分析步骤

（1）学生基于两种策略编制 In-Line Industries 的生产大纲。

（2）以成本为测评指标，比较分析基于两种策略所编制的生产大纲。同时，分析不同策略给运营管理带来的影响。

（3）汇报案例分析结果。

（4）教师指出：对日用品来说，更应倾向于采用追逐策略；对定制程度相对较高的产品来说，更应倾向于采用平准策略。

（5）教师强调：编制生产大纲的核心是在综合考虑各项费用的前提下，尽可能地达到产销平衡，也就是要贯彻“面向成本，产销平衡”的管理思想。

案例分析过程如图 10-3 所示。

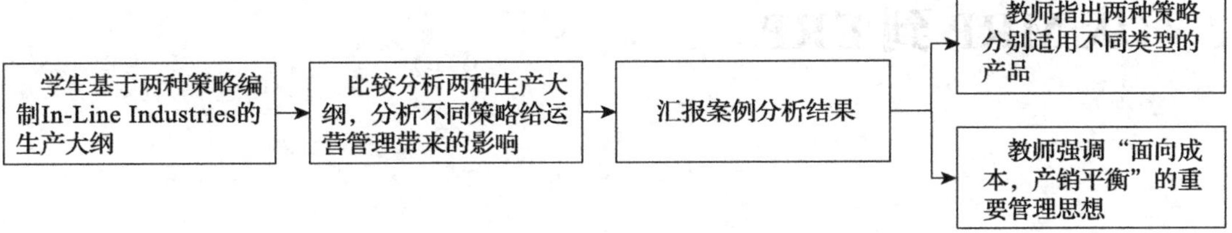

图 10-3　案例分析过程

第 11 章
CHAPTER 11

从 MRP 到 ERP

11.1 知识点

11.1.1 知识点清单

- 独立需求
- 相关需求
- 经济订货批量模型解决相关需求问题的局限性
- 物料需求计划（MRP）
- MRP 要解决的关键问题
- MRP 的主要输入
- 主生产计划（MPS）
- 物料清单（BOM）/ 产品结构文件
- 低位码（LLC）
- 库存信息
- 计算 MRP 要考虑的因素
- 计算 MRP 要参考的变量
- 总需求
- 预期到货
- 预期库存
- 净需求
- 计划订单入库
- 计划订单下达
- 编制 MRP 所体现的管理思想
- MRP 的主要输出
- MRP 主报告的内容
- MRP 次报告的内容
- MRP 的逻辑关系
- 能力需求计划（CRP）
- 工作中心
- 工作中心的能力
- 工作中心的作用
- 编制 CRP 所需的信息
- 已下达车间的任务单
- MRP 的计划订单
- 工艺路线 / 工艺流程 / 加工路线
- 工艺路线的作用
- 工作日历
- 工作中心文件
- 能力需求计划要解决的问题
- 开环 MRP（IPOMRP）
- 开环 MRP 的局限性

- 闭环 MRP（CLMRP）
- 制造资源计划 / 广义 MRP/ MRP Ⅱ
- MRP Ⅱ的逻辑流程
- 从 MRP 到 MRP Ⅱ的发展方向
- MRP Ⅱ的局限性
- ERP 产生的背景
- 从 ROP 到 ERP 的演化过程
- 企业资源计划（ERP）
- ERP 所体现的管理思想
- ERP 所集成的专业管理功能
- ERP 系统的特点
- ERP 所集成的八大典型功能
- ERP 系统建设的基本步骤
- ERP 数据上线运行的内容
- ERP 系统的新发展
- 产品数据管理（PDM）
- 数据仓库
- 联机分析处理

11.1.2　知识点解析

1. MRP 概述

（1）独立需求与相关需求

独立需求就是不依赖其他需求的自主需求。

相关需求是指与其他需求有内在联系的需求。

（2）经济订货批量模型用于解决相关需求问题的局限性

经济订货批量模型解决相关需求问题的局限性有两个：经济订货批量模型直接根据对某种物料的需求来确定订货时机及订货数量，但相关需求的数量需要通过产品结构关系计算得出，而且经济订货批量模型也不能解决物料需求的时序问题；经济订货批量模型假设需求是连续的、均衡的，但相关需求是成批的、非均衡的。

（3）MRP 的产生及要解决的关键问题

物料需求计划（MRP）是指根据主生产计划、物料清单、库存信息和已下达但未完成订单的状况，计算出来的相关需求物料的需求信息。

MRP 要解决的关键问题有三个：需要什么、需要多少、何时需要。

2. MRP 的处理逻辑

（1）MRP 的输入

MRP 的主要输入有三个：主生产计划、物料清单、库存信息。

主生产计划（MPS）是指根据预期产品到达量、订货提前期和现有库存等因素而确定的计划期内必须完成的具体产品的数量和进度。

MPS 说明了企业最终要生产哪些产品（或独立需求的配件或零件），何时生产以及生产多少。

物料清单（BOM）/ 产品结构文件是指包含生产每单位产成品所需的全部零件、组件与原材料等的清单。它表示产品的组成及结构信息，反映了产品项目的结构层次以及制成最终产品的各个阶段的先后顺序。

低位码（LLC）是指出现在同一 BOM 的不同层级或出现在不同 BOM 的物料所处的最底层的位码。

库存信息包括供货商的信息，供应或生产提前期，订货批量，预测到货量，预期库存，因入库、出库引起的库存变动，盘存记录（如报亏报盈）等信息。

（2）MRP 的运算逻辑

计算 MRP 要考虑的因素有五个：最终产品及作为商品的中间配件的需求；产品结构树的阶层和比例关系；已有库存；时序要求；同一种物料出现在不同层次的情况。

MRP 的运算涉及的变量有六个：总需求、预期到货、预期库存、净需求、计划订单入库、计划订单下达。

总需求是指在考虑了作为商品或直供给其他企业的物料的基础上，根据产成品的数量及物料需求比例关系计算出来的全部需求。

预期到货是指已发订单，预计本期到货的数量。

预期库存是指预期到货与本期期初库存之和。

净需求是指总需求与预期库存的差额再加上安全库存。

计划订单入库是指在规定时间内必须到货的物料数量。

计划订单下达是指在规定的时间内必须发出的订单数量。

编制 MRP 所体现的管理思想为：按需供应，集中管控。

（3）MRP 的输出

MRP 的主要输出有两部分：主报告、次报告。

MRP 主报告的内容包括：包括期量标准的计划订单入库；经由管理层授权的包括量与期指标的计划订单下达；经由管理层授权的物料需求计划变更。

MRP 次报告的内容包括：计划执行结果报告、例外报告。

MRP 的逻辑关系表现为：根据输入信息、经过计算机的动态运算，输出物料需求计划。这一过程向前延伸到需求管理与设计变更及物资的收发存管理，向后延伸到物料采购与作业计划。

3. 能力需求计划

能力需求计划（CRP）是指对 MRP 所需能力进行核算的一种计划管理方法，即通过计算各工作中心所需的各种资源，确定对人力、设备等资源的需求。

（1）工作中心及其能力

工作中心是指各种生产或加工能力单元和成本单元的统称，它可以是一台功能独立的设备，一组功能相同的设备，一条生产线，成组生产中的成组单元，由若干工人组成的班组，一定的装配面积，甚至可以是生产单一产品的封闭车间。对外协工序来讲，对应的工作中心则是厂外协作单位。

工作中心的能力是指可用机器数或人数、每日工作班次、每班可用的工作小时、工作中心平均效率以及工作中心的利用率。

工作中心的作用体现在：它是平衡负荷和能力的基本单元；是车间分配作业任务和安排详细进度计划的基本单元；是车间作业计划完成情况的数据采集点；是计算加工成本的基本单元。

（2）编制能力需求计划所需的信息

编制 CRP 所需的信息包括：已下达到车间的任务单、MRP 的计划订单下达、工艺路线、工作日历、工作中心文件。

已下达车间的任务单是指已授权并已下达车间的订单，它占用了一部分能力，所以在编制能力需求计划时必须从工作中心的定额能力中扣除。

MRP 的计划订单是指 MRP 输出的尚未释放的订单，其中，需要本企业加工的物料将占用工作中心的能力。

工艺路线 / 工艺流程 / 加工路线是描述某一项目加工方法及加工次序的文件。

工艺路线的作用体现在：它是能力需求计划的计算依据；是计划排程的计算依据；提供计算加工成本的标准工时数据；跟踪在制品。

工作日历是指用于编制计划的特殊形式的日历，由普通日历去除每周的双休日、节假日、停工检修日等非工作日期。

工作中心文件是指包含计算工作中心能力所需信息的文档。

（3）能力需求计划的编制

能力需求计划要解决的问题包括：生产什么，何时生产；占用什么工作中心，何时占用，占用负荷是多少；工作中心可用能力是多少。

4. MRP Ⅱ与 ERP

（1）从开环 MRP 到闭环 MRP

开环 MRP（IPOMRP）是指根据 MPS、产品结构、库存信息、预期到货、经济批量及提前期，确定原材料、外购件、零部件的采购计划，给出计划执行结果报告和例外报告等，但并不考虑全部能力需求计划，也不对内外部变化做出响应的物料管理方案。

开环 MRP 的局限性表现在它基于的四个方面的假设在多数情况下是不成立的：已有了主生产计划，并且主生产计划是可行的；生产能力是可行的，即生产设备和人力能保证生产计划的实现；物料采购计划是可行的，即供货能力和运输能力能保证完成物料的采购计划；MRP 的运行结果还需要人工介入进行判断，不具备反馈调节功能。

闭环 MRP（CLMRP）是指在开环 MRP 的基础上，考虑全部能力需求计划，同时设置了对内外部变化响应机制的动态系统。CLMRP 系统是一个集计划、执行、反馈于一体的综合系统。

（2）从闭环 MRP 到 MRP Ⅱ

制造资源计划 / 广义 MRP/MRP Ⅱ是指将生产、销售、财务、采购和工程技术紧密地结合在一起，组成一个包括销售、制造和财务等功能的全面生产管理集成优化系统。

MRP Ⅱ的逻辑流程为：根据市场需求和企业现有条件，确定企业的产量、品种、利润等指标制订经营计划；根据经营计划制订包括产品销售计划、各种物料、资金、人工等在内的需求计划，进而制订出企业的具体生产计划，确定生产何种产品及生产产量和投产时间；在制订生产计划的同时还须对生产能力进行平衡，以保证生产计划能够实际完成；然后根据生产计划制订产品生产计划，规定每种产品的生产数量和生产时间；通过 KPI

对 MRP Ⅱ系统的绩效进行评价。

（3）从 MRP Ⅱ到 ERP

从 MRP 到 MRP Ⅱ的发展方向有两个：资源概念内涵的不断扩大、企业计划闭环的形成。

MRP Ⅱ的局限性有两个：资源集成局限于企业内部、决策方法局限于结构化问题。

ERP 产生的背景：需要将供应链中的供应商、客户等外部资源也作为管理对象，并实现订单、采购、库存、计划、生产制造、质量控制、运输、分销、服务与维护、财务、人事、工程技术等的有效管理。

（4）从 ROP 到 ERP 的演化过程

从 ROP 到 ERP 的演化过程为：库存管理中的再订货点（ROP）管理模式解决了何时订、订多少的问题，但是没有考虑物料的相关需求；当考虑了一大类物料的需求所表现出来的相关性时，就从 ROP 演化到开环 MRP ；当把能力需求加入到物料需求计划，同时，引入了包括更新周期和权限设置在内的反馈机制后，就从 IPOMRP 进化到闭环 MRP ；当立足于各项职能的集成时，就发生了质的变化，其结果就不再是单纯的物料需求计划，而是制造资源的集成解决方案；站在价值链的高度实现内外部资源的集成，就有了 ERP 的管理思路。

5. ERP

（1）ERP 的定义

ERP 是指通过数据库技术、图形用户界面、第四代查询语言、客户 / 服务器结构、网络通信、可移植的开放系统等信息技术，对企业的物流、人流、资金流、信息流实施高效、统一的管理，从而实现企业经济效益最大化的集成管理方案。

ERP 所体现的管理思想有三个："基于企业内部资源"向"面向供应链集成资源"过渡；从"面向职能配置资源"向"面向流程配置资源"过渡；从"以产品为中心"向"以客户为中心"过渡。

ERP 所集成的专业管理功能包括：经营预测、客户关系管理、营销管理、物料管理、运输管理、仓储管理、计划与调度、质量管理、技术管理、设备管理、成本管理、财务管理、人力资源管理、业务流程管理、产品数据管理等。

（2）ERP 系统的特点

ERP 系统的特点有四个：集功能之大成、可对市场做出快速响应、面向供应链、适用范围广。

（3）ERP 的功能模块

ERP 集成的八大典型功能为：营销管理、生产计划、产品研发、车间管理、采购管理、库存管理、财务管理、人力资源。

（4）ERP 系统建设的基本步骤

ERP 系统建设的基本步骤有五个：企业主要业务关系描述；确定项目预算；系统选型；系统开发与数据上线运行；系统的维护与完善。

ERP 数据上线运行的内容有四个：数据上线和数据核对；数据运行性能分析；错误监控能力测试；数据读写、运算、传递。

（5）ERP 系统的新发展

ERP 系统的新发展体现在以下三个方面：纳入产品数据管理功能；增加了工作流功能；增加了数据仓库和联机分析处理功能。

产品数据管理（PDM）是指将企业产品实现全过程中的各种数据和文档组织在一个统一的环境中，以实现设计数据、产品结构信息、工艺方案等的共享。

数据仓库是指为企业所有级别的决策提供相应类型数据支持的战略集合。

联机分析处理是指按照管理人员的要求，快速、灵活地进行大量数据的查询与处理，以使他们准确地掌握企业的经营状况，做出正确的决策。

11.2　习题与案例

11.2.1　习题

1. 名词解释

（1）独立需求；（2）相关需求；（3）物料需求计划（MRP）；（4）物料清单（BOM）/ 产品结构文件；（5）低位码；（6）总需求；（7）预期到货；（8）预期库存；（9）净需求；（10）计划订单入库；（11）计划订单下达；（12）能力需求计划（CRP）；（13）工作中心；（14）工作中心的能力；（15）已下达车间的任务单；（16）MRP 的计划订单；（17）工艺路线 / 工艺流程 / 加工路线；（18）工作日历；（19）工作中心文件；（20）开环 MRP/IPOMRP；（21）闭环 MRP/CLMRP；（22）制造资源计划 / 广义 MRP/MRP Ⅱ；（23）ERP；（24）产品数据管理（PDM）；（25）数据仓库；（26）联机分析处理。

2. 单选题（有且只有一个选项正确）

（1）对某一种物料，第 3 期的总需求为 1 000 个单位，期初有 200 个单位的库存，第 2、3、4、5 期分别有 100 个单位的到货，安全库存为 100 个单位。那么，第 3 期的净需求等于（　　）。

A. 800 个单位　　B. 700 个单位　　C. 600 个单位　　D. 500 个单位

（2）对某一种物料，第 4 期的总需求为 1 000 个单位，期初有 200 个单位的库存，第 2、3、4、5 期分别有 100 个单位的到货，安全库存为 100 个单位。那么，第 4 期的净需求等于（　　）。

A. 800 个单位　　B. 700 个单位　　C. 600 个单位　　D. 500 个单位

（3）MRP 所体现的管理思想表现为（　　）。

A. 按需供应，集中管控　　B. 根据需求，安排生产

C. 面向成本，产销平衡　　D. 按需生产，适度调整

3. 多选题（至少有一个选项正确）

（1）MRP 有多项输入，包括（　　）。

A. 主生产计划　　B. 物料清单　　C. 库存信息　　D. 预测信息

（2）关于 ERP，以下说法中错误的有（　　）。

A. 是一种软件　　B. 是一个信息管理系统

C. 是一个管理平台　　D. 是一个管理集成方案

4. 判断题（在括号中直接填写“对”或“错”，也可以打“√”或“×”）

（1）一种物料只可能出现在一个 BOM 的一个层级上。（　　）

（2）只要完成的功能是一样的，那么就称为同一种物料。（　　）

（3）物料需求计划是主生产计划的输入之一。（　　）

（4）在数量上，净需求总是等于计划订单入库。（　　）

（5）在 MRP 中，工艺路线文件是一个技术性文件，详细规定了产品的加工过程。（　　）

（6）与开环 MRP 相比，闭环 MRP 是一个相对封闭的系统。（　　）

5. 填空题

（1）归纳起来，物料需求计划要解决三个问题，即（　　）、（　　）、（　　）。

（2）MRP 的主要输入有三个，即（　　）、（　　）、（　　）。

（3）归纳起来，编制 CRP 所需的信息包括（　　）、（　　）、（　　）、（　　）、（　　）。

（4）计算 MRP 要考虑的变量有六个，即（　　）、（　　）、（　　）、（　　）、（　　）、（　　）。

（5）MRP 的主要输出有两部分，即（　　）、（　　）。

（6）ERP 的集成的典型功能有八个，即（　　）、（　　）、（　　）、（　　）、（　　）、（　　）、（　　）、（　　）。

6. 简答题

（1）简述 EOQ 用于解决相关需求问题的局限性。

（2）简述提出物料需求计划这一管理方法的背景。

（3）简述在 MRP 中，库存信息所包含的主要内容。

（4）简述计算 MRP 要考虑的因素。

（5）简述 MRP 的输出。

（6）以图示方式说明 MRP 的逻辑关系。

（7）简述工作中心的应用。

（8）简述工艺路线的作用。

（9）简述 CRP 要解决的问题。

（10）简述开环 MRP 的局限性。

（11）绘制 MRP Ⅱ的逻辑关系图。

（12）简述从 MRP 到 MRP Ⅱ的发展方向。

（13）简述 MRP Ⅱ的局限性。

（14）简述 ERP 产生的背景。

（15）图示从 ROP 到 ERP 的演化过程。

（16）简述 ERP 所体现的管理思想。

（17）简述 ERP 所集成的专业管理功能。

（18）简述 ERP 系统的主要特点。

（19）简述 ERP 系统建设的基本步骤。

（20）简述 ERP 数据上线运行的主要内容。

（21）简述 ERP 系统的新发展。

7. 计算题

顺德力文具有限公司生产一种变形金刚手摇铅笔刀，这款产品是该公司的主打产品。根据已落实的订单和需求预测，顺德力文具有限公司制订并下达了变形金刚手摇铅笔刀 1～2 月两个月的主生产计划，如表 11-1 所示。

表 11-1　变形金刚手摇铅笔刀 MPS　　（单位：个）

	0	1	2	3	4	5	6	7	8
计划出产			1 500		1 500	1 500	1 500	1 500	1 500
计划投入									

图 11-1 是变形金刚手摇铅笔刀 BOM。

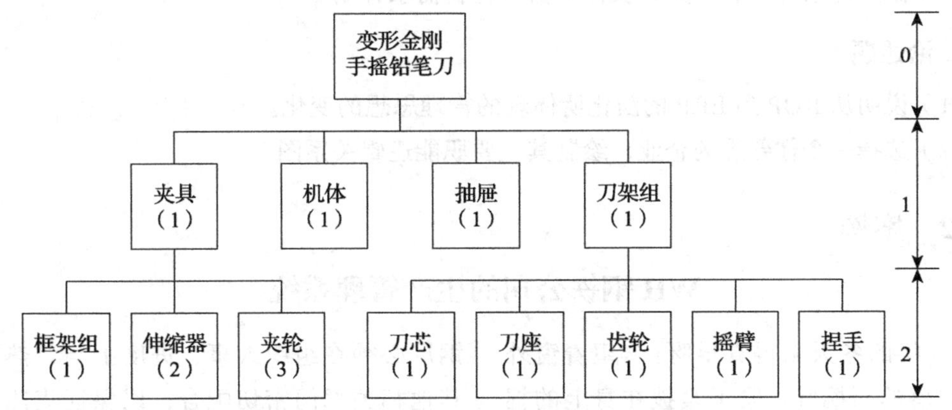

图 11-1　变形金刚手摇铅笔刀 BOM

顺德力文具有限公司向客户承诺：自客户下达订单到收到产品的周期是 1 周。

有关夹具及伸缩器的编码、提前期、安全库存、经济订货（生产）批量、已分配量等信息如表 11-2、表 11-3 所示。表中同时给出了各物料的预期库存与预期到货。除注明外，表中数据的单位均为个。

表 11-2 夹具 MRP

物料编码：	A1		提前期：		1		低位码：	1	
安全库存：	100		经济批量：		1 000		已分配量：	0	
	0	1	2	3	4	5	6	7	8
总需求									
预期到货		1 000							
预期库存	800								
净需求									
计划订单入库									
计划订单下达									

表 11-3 伸缩器 MRP

物料编码：	B2		提前期：		2		低位码：	2	
安全库存：	600		经济批量：		1 200		已分配量：	0	
	0	1	2	3	4	5	6	7	8
总需求									
预期到货		3 600							
预期库存	1 000								
净需求									
计划订单入库									
计划订单下达									

试根据上述条件，制订夹具及伸缩器的物料需求计划。

8. 论述题

（1）说明从 ROP 到 ERP 的演化所体现的管理思想的变化。

（2）选择一个你熟悉的企业，绘制其主要职能逻辑关系图。

11.2.2 案例

WH 钢铁公司的生产管理系统

“今年的冬天来得真早呀！”望着窗外不时飘落的梧桐叶，紧了紧披在身上的棉衣，三炼钢的李厂长感到阵阵凉意。

昨天，总公司召开了每周一次的集团公司 ERP 系统建设协调例会，会上做出了若干有关三炼钢的决议。其中两项决议不断敲击着李厂长的神经：①于本月月底前拿出基于 DHCR 的浇次计划方案；②三炼钢厂必须在组织人事、进度上与二热轧及其他相关部门密切配合，以保证集团公司 ERP 系统如期上线。

1. WH 钢铁公司的 ERP 系统

2001 年 3 月，为配合集团公司“管理变革和产品差异化”发展战略的实施，乘着二热轧工程建设的东风，WH 钢铁公司正式启动了 ERP 项目。该项目投资 2 亿元人民币，是截至目前中国在建的投资规模最大的ERP系统。这一系统上线后，将用信息化改造WH传统的经营模式，实现生产经营的物流、信息流和资金流的有效结合，从而使WH钢铁公司的管理高度集中、产销高度衔接、数据高度一致、信息高度共享、系统高度安全、人员精简高效，满足客户的个性化需求。

WH钢铁公司的ERP系统包括销售管理系统、技术质量管理系统、生产管理系统、存货与出货管理系统、财务管理系统这五大管理系统。核心是生产管理系统。

2. WH钢铁公司的二热轧DHCR系统

（1）二热轧工程与三炼钢厂

WH钢铁公司二热轧工程是国家重点建设项目，该项目的建设可以极大地提高WH钢铁公司的板带比水平，同时，可以更好地满足人们日益增长的汽车宽带需求，减少中国对宽带进口的依赖。

热轧系统的主要装置和技术是从国外引进的。轧线装备具有先进的粗轧和精轧调节系统，可以精确地控制带钢的厚度、凸度、平直度、宽度、终轧和卷取温度等。

WH钢铁公司三炼钢厂是国内现代化水平最高的大型复吹转炉－二次精炼－全连铸炼钢厂，有完善的铁水预处理系统，采用32吨鱼雷罐车运送铁水，在脱硫站鱼罐车内进行顶喷100%脱硫。三炼钢厂现有3座公称容量为250吨的顶底复合吹炼转炉，并设有炉后精炼制程。

（2）炼钢－连铸－热轧工艺路线

三炼钢与二热轧之间通过输送辊道直接相连，二热轧板坯可采用冷装CCR、热装HCR、直送热装DHCR等多种形式装入步进梁式加热炉进行生产，同时还考虑了以直接轧制HDR方式生产。对于轧线的各种生产模式而言，粗轧机组可以使用连续工作的定宽压力机，以获得灵活的宽度调节，而精轧机组将使用目前世界上最先进的板形控制系统，借助这两套系统，可实现必要的灵活轧制计划编制。炼钢－连铸－热轧工艺路线如图11-2所示。

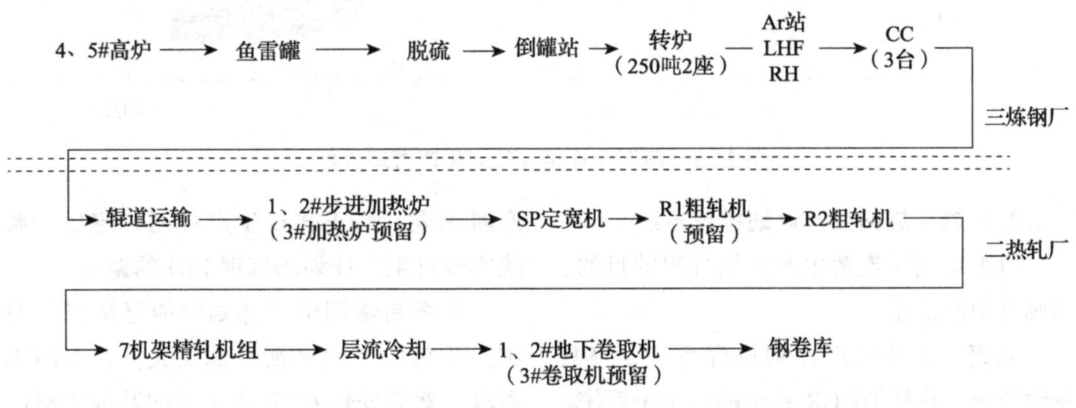

图11-2 炼钢－连铸－热轧工艺路线

（3）二热轧DHCR系统

二热轧DHCR系统是WH集团公司ERP项目生产管理系统的一个子系统，投资450万元，由开发商与WH钢铁公司合作开发。开发内容包括生产计划编制、产线跟踪和生产调度三大子系统。系统的功能主要在WH钢铁公司四级机上实现。系统要实现的技术目标为：热装温度为

800℃，直送率为 80%。

（4）WH 钢铁公司的生产管理流程

WH 钢铁公司的炼钢－连铸－轧制生产管理流程如图 11-3 所示。从图中可以看出，WH 钢铁公司是基于订单来实施生产管理的，总体以全连铸为中心，采用拉式生产方式，而当制订浇次计划后，又实行推式生产方式。这也说明了编制浇次计划的重要性和核心地位。

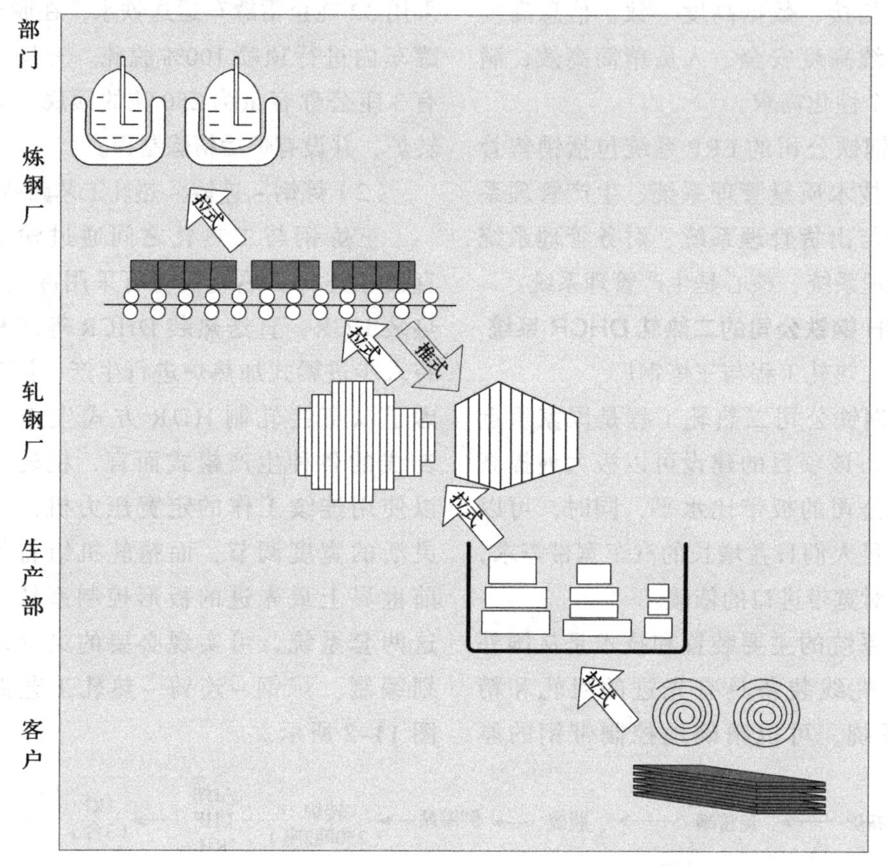

图 11-3 炼钢－连铸－轧制生产管理流程

3. 炼钢－连铸生产计划排程系统

（1）炼钢－连铸生产计划排程的目的、原则及功能描述

炼钢－连铸生产计划排程系统是 WH 钢铁公司二热轧 DHCR 系统的一个子系统。

五日和日生产计划排程的目的是从二热轧、一热轧、轧板厂等提出的板坯需求出发，根据三炼钢产能、设备检修计划、炉－机匹配原则编制三炼钢厂炼钢－连铸五日生产计划及日生产计划，并生成日生产时刻表。当正式日生产计划确定后，系统实现日生产计划和炼钢 PDI 的抛送。

在编制炼钢生产计划时应坚持以下原则：从总体产能平衡考虑优先安排 DHCR 需求，然后安排 CCR 需求及向其他成材厂的供料，把 CCR 和其他板坯需求作为一定的调节手段。在时序上，以全连铸为中心，在满足炉－机匹配原则的前提下，炼钢－连铸生产计划安排尽可能保证 DHCR 生产计划的执行顺序，通过调整 CCR 或其他板坯的生产时刻进行平衡。

在炼钢－连铸五日生产计划排程时，首先，根据设备检修大纲，编制设备检修计划；然后，根据DHCR浇次五日计划、二热轧CCR浇次五日计划以及其他板坯需求，编制炼钢－连铸五日生产计划，如有需要，生成炼钢－连铸五日生产计划报表。

炼钢－连铸日生产计划排程在炼钢－连铸五日生产计划排程的基础上进行。首先，编制浇次日生产计划，并生成浇次日生产时刻表；然后，根据炉－机匹配原则编制炉次日生产计划，并生成炉次日生产时刻表；最后，进行炼钢－连铸日生产计划仿真分析，以分析和判断浇次和炉次时刻的炉－机匹配性。当不满足炉－机时刻匹配性时，调整板坯开浇时刻，以满足炉－机时刻的匹配性。此外，炼钢－连铸生产计划排程系统还完成了有关生产计划排程信息的管理功能，如生产计划、炼钢生产实绩、设备检修计划等的在线查询以及冶炼周期表、熔钢驻留时间表和浇铸周期表的在线维护。

炼钢－连铸生产计划排程作业流程如图11-4所示。

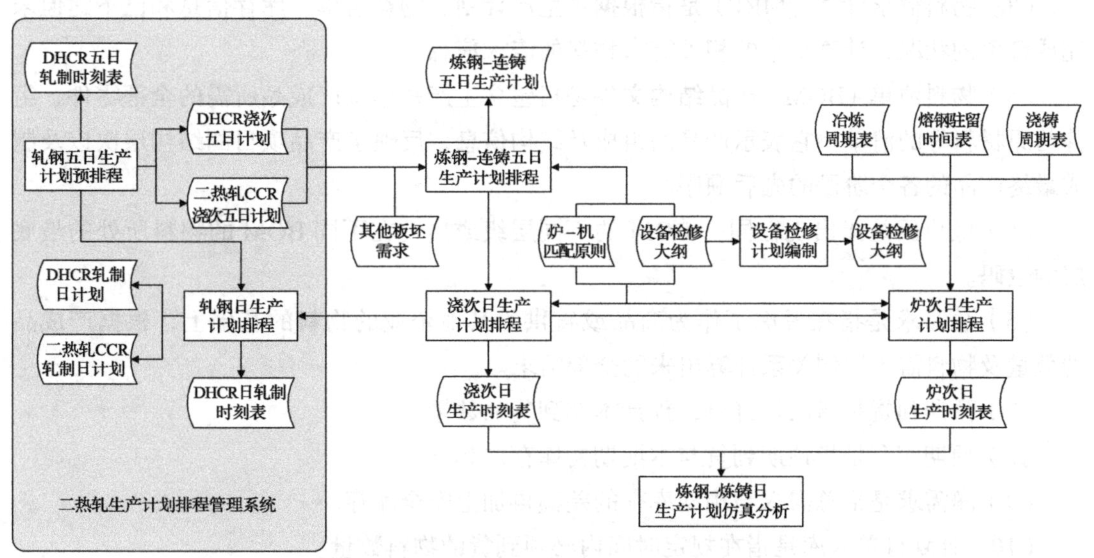

图11-4 炼钢－连铸生产计划排程系统流程图

4. 李厂长的难题

三炼钢厂，尤其是连铸工序在DHCR生产计划中起到承上启下的作用，DHCR的浇次计划又是核心的核心，不仅事关二热轧能否按技术要求轧制板坯，还关系着产品时序、质量和费用。

现在的问题是二热轧还未投产，所有的“板坯”需求均是虚拟的，但协调会又要求编制的DHCR浇次计划在DHCR系统一上线就是可行的，进而是较优的。另外，操作人员也好，工程技术人员也好，按传统方式组织生产的惯性实在是太大，动员会开了不知多少次，效果却不显著。

更要命的是，近期，计划科人员的工作热情低到了冰点。在人事组织上与二热轧及其他相关部门密切配合，说白了就是要裁减机构和人员。与他们相处这么些年，感情上无法接受！

问题

1. 试分析WH钢铁公司生产管理系统在该

公司 ERP 系统中的地位。

2. 试分析三炼钢厂炼钢 – 连铸生产计划管理在该公司生产管理中的地位。

3. 现代钢铁企业如何实现推拉结合的生产管理模式？

4. 试分析在中国大型企业中，规划建设 ERP 系统的必要性与可能遇到的阻力。

11.3 习题参考答案与案例使用说明

11.3.1 习题参考答案

1. 名词解释

（1）独立需求是指不依赖其他需求的自主需求。

（2）相关需求是指与其他需求有内在联系的需求。

（3）物料需求计划（MRP）是指根据主生产计划、物料清单、库存信息和已下达但未完成订单的状况，计算出来的相关需求物料的需求信息。

（4）物料清单（BOM）产品结构文件是指包含生产每单位产成品所需的全部零件、组件与原材料等的清单。它表示产品的组成及结构信息，反映了产品项目的结构层次以及制成最终产品的各个阶段的先后顺序。

（5）低位码是指出现在同一 BOM 的不同层级或出现在不同 BOM 的物料所处的最底层的位码。

（6）总需求是指在考虑了作为商品或直供给其他企业的物料的基础上，根据产成品的数量及物料需求比例关系计算出来的全部需求。

（7）预期到货是指已发订单，预计本期到货的数量。

（8）预期库存是指预期到货与本期期初库存之和。

（9）净需求是指总需求与预期库存的差额再加上安全库存。

（10）计划订单入库是指在规定时间内必须到货的物料数量。

（11）计划订单下达是指在规定的时间内必须发出的订单数量。

（12）能力需求计划（CRP）是指对 MRP 所需能力进行核算的一种计划管理方法，即通过计算各工作中心所需的各种资源，确定对人力、设备等资源的需求。

（13）工作中心是指各种生产或加工能力单元和成本单元的统称。

（14）工作中心的能力是指可用机器数或人数、每日工作班次、每班可用的工作小时、工作中心平均效率以及工作中心的利用率。

（15）已下达车间的任务单是指已授权并已下达车间的订单，它占用了一部分能力，所以在编制能力需求计划时必须从工作中心的定额能力中扣除。

（16）MRP 的计划订单是指 MRP 输出的尚未释放的订单，其中，需要本企业加工的物料将占用工作中心的能力。

（17）工艺路线 / 工艺流程 / 加工路线是描述某一项目加工方法及加工次序的文件。

（18）工作日历是指用于编制计划的特殊形式的日历，由普通日历去除每周的双休日、节假日、停工检修日等非工作日期。

（19）工作中心文件是指包含计算工作中心能力所需信息的文档。

（20）开环MRP（IPOMRP）是指根据MPS、产品结构、库存信息、预期到货、经济批量及提前期，确定原材料、外购件、零部件的采购计划，给出计划执行结果报告和例外报告等，但并不考虑全部能力需求计划，也不对内外部变化做出响应的物料管理方案。

（21）闭环MRP（CLMRP）是指在开环MRP的基础上，考虑全部能力需求计划，同时设置了对内外部变化响应机制的动态系统。CLMRP系统是一个集计划、执行、反馈于一体的综合系统。

（22）制造资源计划/广义MRP/MRP Ⅱ是指将生产、销售、财务、采购和工程技术紧密地结合在一起，组成一个包括销售、制造和财务等功能的全面生产管理集成优化系统。

（23）ERP是指通过数据库技术、图形用户界面、第四代查询语言、客户/服务器结构、网络通信、可移植的开放系统等信息技术，对企业的物流、人流、资金流、信息流实施高效、统一的管理，从而实现企业经济效益最大化的集成管理方案。

（24）产品数据管理（PDM）是指将企业产品实现全过程中的各种数据和文档组织在一个统一的环境中，以实现设计数据、产品结构信息、工艺方案等的共享。

（25）数据仓库是指为企业所有级别的决策提供相应类型数据支持的战略集合。

（26）联机分析处理是指按照管理人员的要求，快速、灵活地进行大量数据的查询与处理，以使他们准确地掌握企业的经营状况，做出正确的决策。

2. 单选题

（1）B　（2）C　（3）A

3. 多选题

（1）ABC　（2）BC

4. 判断题

（1）错　（2）错　（3）错　（4）错　（5）错　（6）错

5. 填空题

（1）需要什么　需要多少　何时需要

（2）主生产计划　物料清单　库存信息

（3）已下达车间的任务　MRP的计划订单下达　工艺路线　工作日历　工作中心文件

（4）总需求　预期到货　预期库存　净需求　计划订单入库　计划订单下达

（5）主报告　次报告

（6）营销管理　生产计划　产品研发　车间管理　采购管理　库存管理　财务管理　人力资源

6. 简答题

（1）①经济订货批量模型直接根据对某种物料的需求来确定订货时机及订货数量，

但相关需求的数量需要通过产品结构关系计算得出，而且经济订货批量模型也不能解决物料需求的时序问题；②经济订货批量模型假设需求是连续的、均衡的，但相关需求是成批的、非均衡的。

（2）①现代产品的结构极其复杂，常常由成千上万种零件和部件构成，用手工方法不可能在短期内确定如此多的零件部件及相应的制造资源的需要数量和需要时间。②根据产品的需求确定其组成物料的需求数量和需求时间是非常复杂的。为此，企业必须知道各种相关数据，如销售计划或顾客订单情况、物料的现有库存、各种产品的组成结构、材料消耗定额、自制零部件的生产周期、外购件和原材料的采购周期等。③由于企业处于不断变化的环境之中，实际情况必然偏离计划的要求。

（3）①供货商的信息；②供应或生产提前期；③订货批量；④预测到货量；⑤预期库存；⑥因入库、出库引起的库存变动；⑦盘存记录（如报亏报盈）。

（4）①最终产品及作为商品的中间配件的需求；②产品结构树的阶层和比例关系；③已有库存；④时序要求；⑤同一种物料出现在不同层次的可能性。

（5）①主报告，包括包含期量标准的计划订单入库，经由管理层授权的包括期量标准的计划订单下达，经由管理层授权的物料需求计划变更等；②次报告，包括计划执行结果报告、例外报告等。

（6）MRP 的逻辑关系如图 11-5 所示。

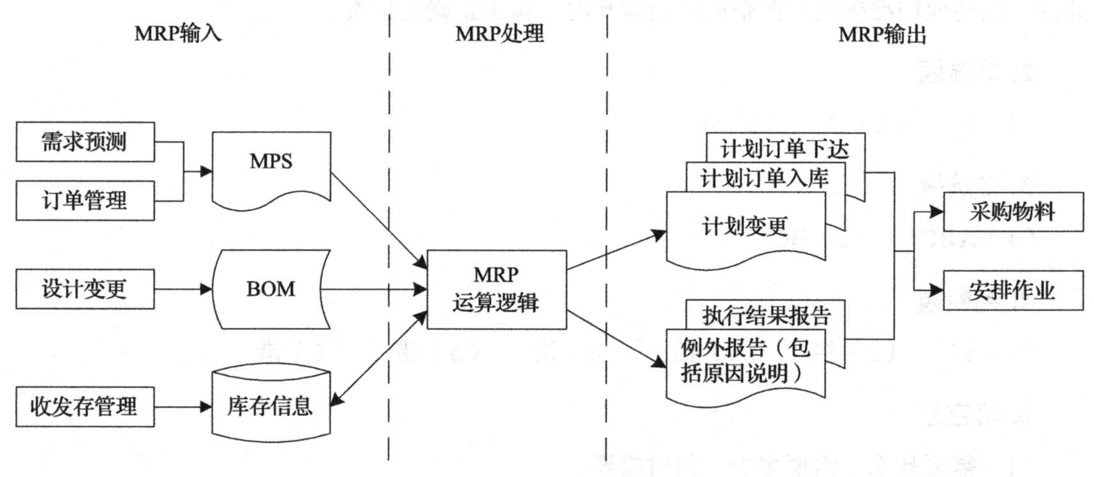

图 11-5 MRP 的逻辑关系

（7）工作中心是平衡负荷和能力的基本单元，是车间分配作业任务和安排详细进度计划的基本单元，是车间作业计划完成情况的数据采集点，是计算加工成本的基本单元。

（8）①工艺路线是能力需求计划的计算依据；②是计划排程的计算依据；③提供了计算加工成本的标准工时数据；④用于跟踪在制品。

（9）①生产什么？何时生产？②占用什么工作中心？何时占用？占用负荷是多少？③工作中心可用能力是多少？

（10）开环MRP基于的四个方面的假设在多数情况下是不成立的：①已有了主生产计划，并且主生产计划是可行的；②生产能力是可行的，即生产设备和人力能保证生产计划的实现；③物料采购计划是可行的，即供货能力和运输能力能保证完成物料的采购计划；④MRP的运行结果还需要人工介入进行判断，不具备反馈调节功能。

（11）MRP Ⅱ的逻辑关系如图11-6所示。

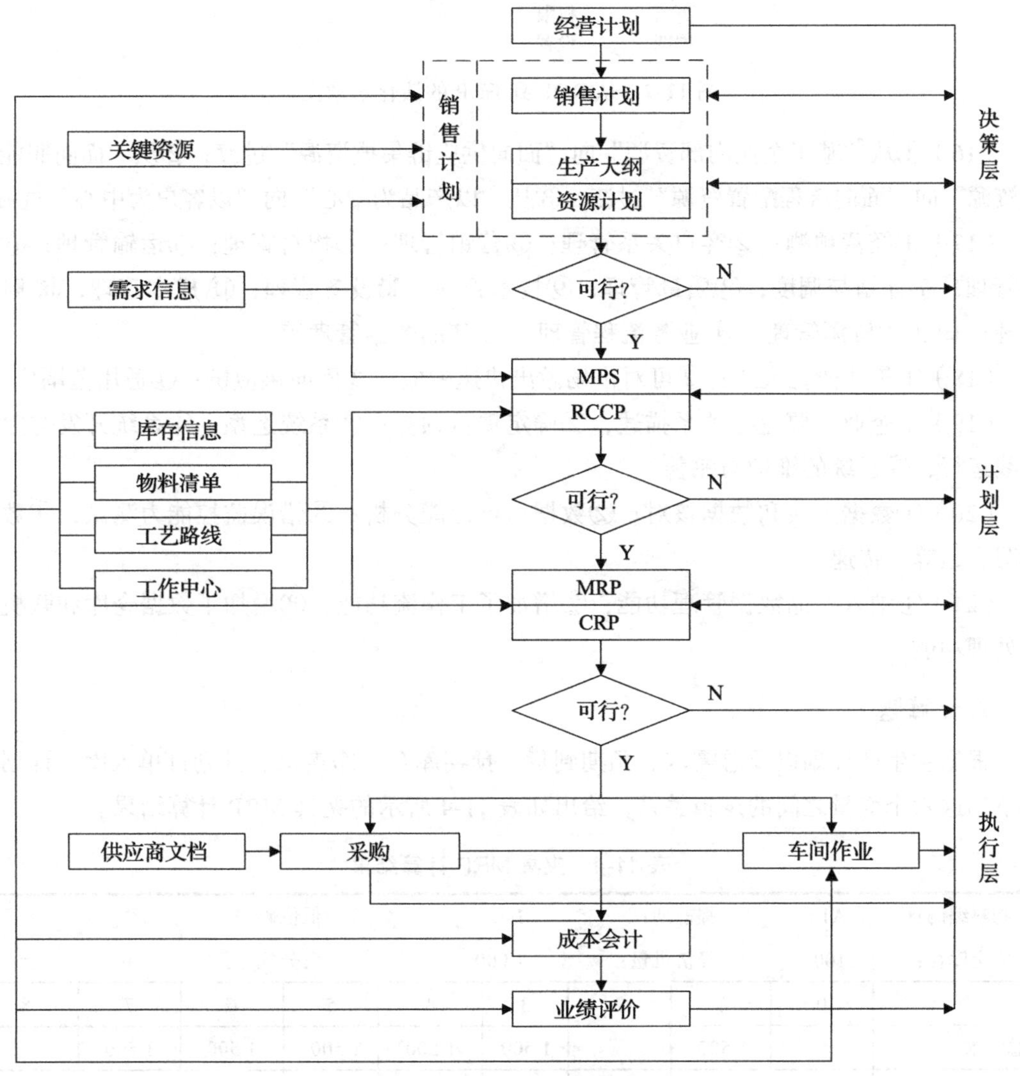

图11-6　MRP Ⅱ逻辑流程

（12）①资源概念内涵的不断扩大；②企业计划闭环的形成。

（13）①资源集成局限于企业内部；②决策方法局限于结构化问题。

（14）需要将供应链中的供应商、客户等外部资源也作为管理对象，并实现订单、采购、库存、计划、生产制造、质量控制、运输、分销、服务与维护、财务、人事、工程技术等的有效管理。

（15）从ROP到ERP的演化过程如图11-7所示。

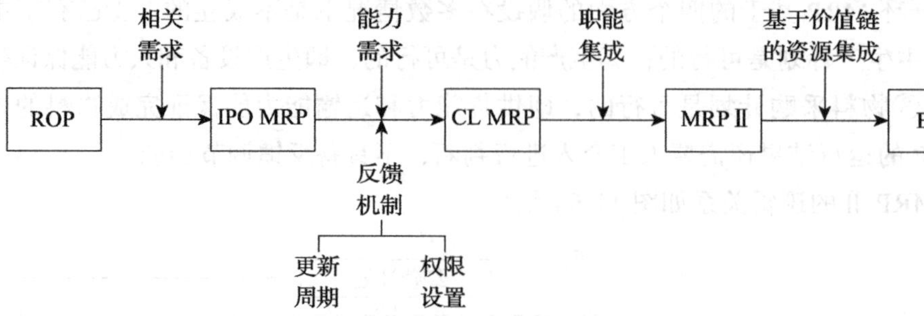

相关需求 能力需求 职能集成 基于价值链的资源集成
ROP → IPO MRP → CL MRP → MRPⅡ → ERP
反馈机制
更新周期 权限设置

图 11-7 从 ROP 到 ERP 的演化示意图

（16）①从“基于企业内部资源”向“面向供应链集成资源”过渡；②从“面向职能配置资源”向“面向流程配置资源”过渡；③从“以产品为中心”向“以客户为中心”过渡。

（17）①经营预测；②客户关系管理；③营销管理；④物料管理；⑤运输管理；⑥仓储管理；⑦计划与调度；⑧质量管理；⑨技术管理；⑩设备管理；⑪ 成本管理；⑫ 财务管理；⑬ 人力资源管理；⑭ 业务流程管理；⑮ 产品数据管理等。

（18）①集功能之大成；②可对市场做出快速响应；③面向供应链；④适用范围广。

（19）①企业主要业务关系描述；②确定项目预算；③系统选型；④系统开发与数据上线运行；⑤系统的维护与完善。

（20）①数据上线和数据核对；②数据运行性能分析；③错误监控能力测试；④数据读写、运算、传递。

（21）①纳入产品数据管理功能；②增加了工作流功能；③增加了数据仓库和联机分析处理功能。

7. 计算题

根据主生产计划以及总需求、预期到货、预期库存、净需求、计划订单入库、计划订单下达这六个变量之间的逻辑关系，给出如表 11-4 所示的夹具 MRP 计算结果。

表 11-4 夹具 MRP 计算结果

物料编码：	A1	提前期：	1			低位码：	1		
安全库存：	100	经济批量：	1 000			已分配量：	0		
	0	1	2	3	4	5	6	7	8
总需求		1 500		1 500	1 500	1 500	1 500	1 500	
预期到货		1 000							
预期库存	800	300	300	800	300	800	300	300	800
净需求				1 300	800	1 300	800	1 300	
计划订单入库				2 000	1 000	2 000	1 000	2 000	
计划订单下达			2 000	1 000	2 000	1 000	2 000		

根据夹具的计划订单下达以及 BOM 所确定的产品结构关系，给出如表 11-5 所示的伸缩器 MRP 计算结果。

表 11-5 伸缩器 MRP

物料编码：	B2		提前期：		2		低位码：	2	
安全库存：	600		经济批量：		1 200		已分配量：	0	
	0	1	2	3	4	5	6	7	8
总需求			4 000	2 000	4 000	2 000	4 000		
预期到货		3 600							
预期库存	1 000	4 600	600	1 000	600	1 000	600	600	600
净需求				2 000	3 600	2 000	3 600		
计划订单入库				2 400	3 600	2 400	3 600		
计划订单下达		2 400	3 600	2 400	3 600				

8. 论述题

（1）①体现了从单一项目的管理到综合业务的管理；②体现了从局限于企业内部延伸到企业外部的管理；③体现了从追求单一目标最优到追求综合目标最优；④从 ROP 到 ERP 的演化如图 11-7 所示。

（2）一般制造业八项基本职能的逻辑关系如图 11-8 所示。

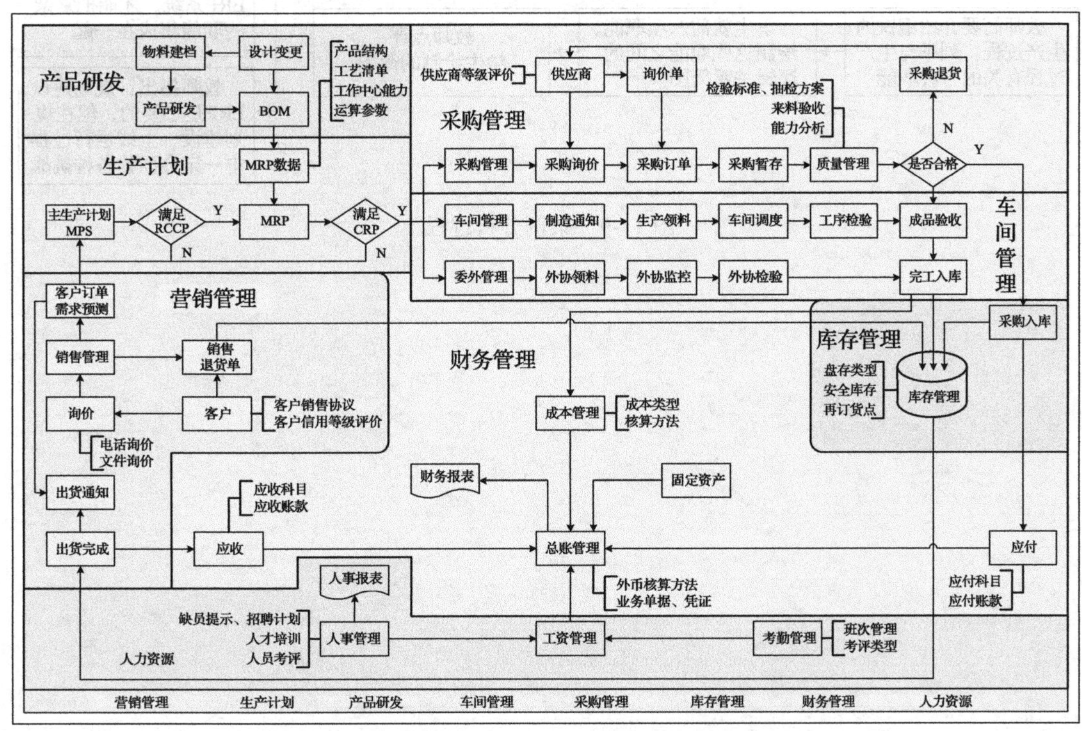

图 11-8 一般制造业八项基本职能逻辑关系图

11.3.2 案例使用说明

1. 案例分析目的

（1）让学生认识到 ERP 的规划建设或升级改造的重要性及可能面临的挑战。

（2）巩固有关 ERP 的知识点。

2. 案例分析步骤

（1）学生阅读案例文本，尝试回答后面的问题。

（2）教师简要介绍钢铁的生产过程，列举与生产过程有关的其他职能，如市场营销、计划编制、产品开发、采购管理、财务管理、车间管理、仓库管理、人力资源、采购、设备管理、质量管理、储运、人力资源等。

（3）学生就教师列举的前八项职能，绘制这些职能之间的逻辑关系简图。

（4）教师点评学生绘制的简图。

（5）教师强调：只有通过 ERP 系统，才能把这些复杂的职能集成在一起。

（6）教师指出：规划建设 ERP 系统是必要的，但在规划建设、上线运行过程中一定会面临各种挑战。其中，克服人的惯性或消除各级领导的既得利益最困难。

案例分析过程如图 11-9 所示。

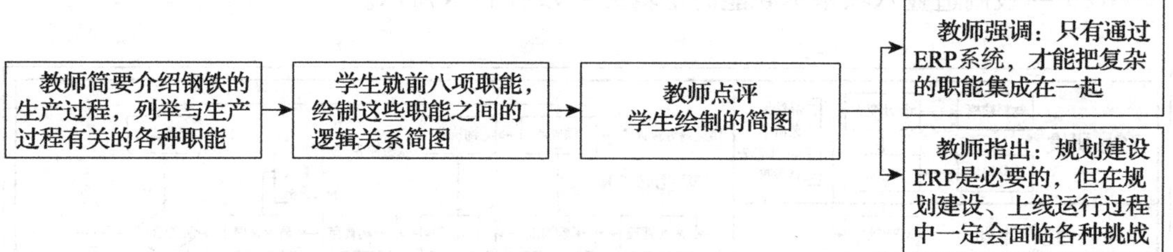

图 11-9 案例分析过程

第12章
CHAPTER 12

作业计划

12.1 知识点

12.1.1 知识点清单

- 作业计划
- 作业计划的目标
- 大量生产系统作业计划要完成的任务
- 成批生产系统作业计划的核心
- 单件小批生产系统作业计划要解决的主要问题
- 任务指派
- 排序
- 排序的目标
- 排序的任务
- 排序的准则
- 排序问题的种类（按机器的种类和数量）
- 排序问题的种类（按零件到达车间的情况）
- 排序问题的种类（按目标函数）
- 排序问题的种类（按参数性质）
- 排序问题的基本假设条件
- 先到先服务（FCFS）准则
- 交货期最早（SPT）优先准则
- 最短松弛时间（EDD）优先准则
- 最长剩余作业时间（MWKR）优先准则
- 最短剩余作业时间（LWKR）优先准则
- 最多剩余作业数（MOPNR）优先准则
- 最小临界比（SCR）优先准则
- 随机（random）准则
- 约翰逊和贝尔曼准则 /Johnson 准则
- Johnson 准则的算法程序
- 特殊条件下三个作业中心的排序问题
- 生产作业控制
- 生产进度控制
- 生产预计分析
- 差额推算法
- 差额推算法的步骤
- 生产均衡性控制
- 生产调度
- 生产调度的作用
- 生产调度的原则
- 生产调度的工作制度
- 影响服务业作业计划的因素
- 服务的易逝性对服务作业计划的影响
- 顾客参与服务过程对服务作业计划的影响

- 服务运营策略
- 服务作业计划的方法
- 安排顾客需求的方法
- 预约
- 预订
- 安排服务人员的方法
- 员工任务指派
- 解决员工任务指派问题的匈牙利算法

12.1.2 知识点解析

1. 作业计划要解决的问题及作业排序

（1）作业计划要解决的问题

作业计划就是把企业的作业任务分解为短期的具体任务，规定每个环节（如车间、工段、生产线和工作站）、每个单位时间（周、日、班或小时）的具体任务，并组织计划的实施。

作业计划的目标不仅在于安排并完成作业任务，而且要使每个作业环节达到均衡，进而全面完成各项技术经济指标。

大量生产系统作业计划要完成的任务有六个：最优化产品组合；采取预防性维修制度；授权；将质量问题降到最小；资材供应的精益化；多面手的培养与使用。

成批生产系统作业计划的核心是如何更经济地从一项作业转换到另一项作业，即如何确定每一种产品的生产批量，经济生产批量模型为这种生产方式找到了有效的解决方案。

单件小批生产系统作业计划要解决的主要问题有两个：任务指派、作业排序。

任务指派是指将加工任务分配到作业中心。

（2）排序问题描述

排序就是确定各个作业在作业中心的处理顺序。

排序的目标包括：满足顾客或下一道工序的交货期要求；流程时间最短；准备时间最短或成本最小；在制品库存最低。这些目标往往不能同时达到。

排序的任务包括：分配作业、机器、人员到作业中心或者其他特定地点；决定作业执行的顺序。

排序的准则包括：先到先服务（first come first served，FCFS）准则；最短作业时间（shortest processing time，SPT）优先准则；交货期最早（earliest due date，EDD）优先准则；最短松弛时间（shortest slack time，SST）优先准则；最长剩余作业时间（most work remaining，MWKR）优先准则；最短剩余作业时间（least work remaining，LWKR）优先准则；最多剩余作业数（most operations remaining，MOPNR）优先准则；最小临界比（smallest critical ratio，SCR）优先准则；随机（random）准则。

先到先服务（FCFS）准则是指优先选择最早进入可排序列的作业，也就是按照作业到达的先后顺序进行加工的准则。

最短作业时间（SPT）优先准则是指优先选择作业时间最短的作业的准则。

交货期最早（EDD）优先准则是指优先选择完工期限最紧的作业的准则。

最短松弛时间（SST）优先准则是指优先选择松弛时间最短的作业的准则。

最长剩余作业时间（MWKR）优先准则是指优先选择余下作业时间最长的作业的准则。

最短剩余作业时间（LWKR）优先准则是指优先选择余下作业时间最短的作业的准则。

最多剩余作业数（MOPNR）优先准则是指优先选择余下作业数最多的工件的准则。

最小临界比（SCR）优先准则是指优先选择临界比最小的作业的准则。

随机（random）准则是指随机地挑选出一项作业的准则。

排序问题按机器的种类和数量分为两种：单台机器排序、多台机器排序。

排序问题按零件到达车间情况分为两种：静态排序、动态排序。

排序问题按目标函数分为两种：单目标排序、多目标排序。

排序问题按参数的性质分为两种：确定型排序、随机型排序。

排序问题的基本假设条件有六个：一项作业不能同时在几个作业中心加工；作业在加工过程中采取平行移动方式，即当上一个作业中心加工完后，立即送到下一个作业中心加工；不允许中断，一项作业一旦开始加工，必须一直进行到完工，不得中途停止插入其他作业；每个作业过程只在一个作业中心完成；作业数、作业中心数和加工时间已知，加工时间与加工顺序无关；每个作业中心同时只能加工一项作业。

2. 单一作业中心的排序

单一作业中心排序最常用的准则有：FCFS 准则、SPT 准则、EDD 准则。

3. 两个作业中心的排序

（1）*n* 项作业在两个作业中心的排序

约翰逊和贝尔曼准则 /Johnson 准则是指约翰逊和贝尔曼提出的解决 *n* 项作业由两个作业中心来加工的排序问题，以获得最短加工周期的一种排序准则。

Johnson 准则的算法程序包括三个步骤。

步骤 1：在全部作业中，找出加工时间最短的作业（当有作业的加工时间相同时，任意选取其中的一项）。

步骤 2：如果最短的加工时间发生在第一个作业中心，则把相应的作业排在第一位；如果最短的加工时间发生在第二个作业中心，则把相应的作业排在最后一位。

步骤 3：把所确定的作业从作业序列中去掉，再重复步骤 1 和步骤 2，直至确定全部作业的加工顺序为止。

（2）特殊条件下三个作业中心的排序问题

特殊条件下三个作业中心的排序方案为：引入虚拟作业中心和虚拟作业时间，进而用两个作业中心的 Johnson 准则寻求最优排序。

4. 生产作业控制

（1）概述

生产作业控制就是对作业计划的实施情况进行监控，发现作业计划与实际完成情况之间的偏差，采取调节和校正措施，以确保计划目标的实现。

（2）生产进度控制

生产进度控制就是依照预先制订的作业计划，检查各种零部件的投入和产出时间、数量以及配套性，保证产品能准时装配出厂。

生产预计分析是指根据进度统计资料反映的计划完成进度和生产计划趋势，对本期计划指标可能完成的程度做一种预测，再根据预测结果，采取不同的调度措施，适时增加或减少资源的投入。

差额推算法是根据实际完成产量与计划产品的差额来对生产计划完成情况进行分析的方法。

差额推算法的步骤为：根据报告期已经完成的每日（或月）的生产统计数据，计算从报告期到当前时间为止实际累计与计划累计的差额以及计划完成的程度；初步预测期末生产计划完成的可能性；根据掌握的情况及生产发展趋势，调整初步预计数据。

生产均衡性控制的任务就是不仅要完成整个计划期的生产任务，而且要完成每个具体时段（如周、日、小时）的生产任务，即实现均衡生产。

（3）生产调度

生产调度是指生产调度部门行使调度权力，协助各级行政领导指挥生产，协调各部门工作，处理生产中出现的问题。

生产调度的作用有三个：检查作业计划的执行情况，掌握计划执行情况，及时采取必要的调整措施；检查作业的准备情况，督促和协调有关部门做好生产准备工作；根据生产需要，合理调配生产资源，保证各生产环节、各工作地协调、均衡地进行生产。

生产调度的原则有五个：计划性原则、预见性原则、集中性原则、关键点原则、及时性原则。

生产调度的工作制度有三项：值班制度、会议制度、报告制度。

5. 服务业的作业计划

（1）影响服务业作业计划的因素

影响服务业作业计划的主要因素有两大类：服务的易逝性、顾客参与服务过程。

服务的易逝性对服务业作业计划的影响体现在两个方面：计划内容、人员规模。

顾客参与服务过程对服务业作业计划的影响体现在三个方面：顾客的参与使得服务系统难以实现标准化，这在一定程度上影响了服务效率；有时为了满足顾客的心理需求，需要服务人员与之交谈，这就增加了控制服务时间的难度；对服务的评价往往是基于主观判断的，由于服务是无形的，服务质量与顾客的感觉有关，不准确的评价信息反馈影响员工的工作积极性，甚至影响服务质量的进一步提高。

（2）制订服务作业计划的方法

服务运营策略有两个：在顾客需求调查的基础上，提供模块化的服务产品；将部分作业与顾客分离。

服务作业计划的方法有两个：将顾客需求分配到服务能力的不同时间段内，即安排顾客需求；将服务人员安排到顾客需求的不同时间段内，即安排服务人员。

安排顾客需求就是根据不同时间可利用的服务能力来对顾客进行排序。

安排顾客需求的方法有三种：预约、预订、排队等候。

预约是指预先约定顾客的时间。

预订是指预先约定服务机构的时间。

安排服务人员就是将服务人员安排到顾客需求的不同时间段内。

（3）员工任务指派

员工任务指派是指把不同的任务分配给不同的工程小组。

员工任务指派的匈牙利算法最初是由 W. W. Kuhn 提出的，以获得总成本最低的员工任务指派方案的方法。

12.2　习题与案例

12.2.1　习题

1. 名词解释

（1）作业计划；（2）任务指派；（3）排序；（4）先到先服务（FCFS）准则；（5）最短作业时间（SPT）优先准则；（6）交货期最早（EDD）优先准则；（7）最短松弛时间（SST）优先准则；（8）最长剩余作业时间（MWKR）优先准则；（9）最短剩余作业时间（LWKR）优先准则；（10）最多剩余作业数（MOPNR）优先准则；（11）最小临界比（SCR）优先准则；（12）随机（random）准则；（13）约翰逊和贝尔曼准则 /Johnson 准则；（14）生产作业控制；（15）生产进度控制；（16）生产预计分析；（17）差额推算法；（18）生产调度；（19）预约；（20）预订；（21）员工任务指派；（22）员工任务指派的匈牙利算法。

2. 单选题（有且只有一个选项正确）

服务行业最常见的排队准则是（　　）。

A. FCFS　　B. SPT　　C. 随机性准则　　D. ABC 都不对

3. 多选题（至少有一个选项正确）

（1）表 12-1 给出了 5 项作业在 2 个加工中心的加工时间，按照 Johnson 准则，最优方案包括（　　）。

表 12-1　2 个加工中心加工时间表

加工中心	作业				
	作业 1（J_1）	作业 2（J_2）	作业 3（J_3）	作业 4（J_4）	作业 5（J_5）
Ⅰ	5	6	7	5	3
Ⅱ	2	8	2	4	4

A. $J_5 \to J_2 \to J_4 \to J_3 \to J_1$　　B. $J_1 \to J_2 \to J_4 \to J_3 \to J_1$

C. $J_5 \to J_2 \to J_4 \to J_1 \to J_3$　　D. $J_5 \to J_4 \to J_2 \to J_3 \to J_1$

（2）表 12-2 给出了 4 项作业在 3 个加工中心的加工时间，最优方案包括（　　）。

表 12-2　3 个加工中心加工时间表

加工中心	作业			
	作业 1（J_1）	作业 2（J_2）	作业 3（J_3）	作业 4（J_4）
Ⅰ	2	3	3	5
Ⅱ	3	2	1	4
Ⅲ	7	6	5	4

A. $J_1 \to J_2 \to J_3 \to J_4$　　B. $J_3 \to J_1 \to J_2 \to J_4$

C. $J_3 \to J_1 \to J_4 \to J_2$　　D. $J_3 \to J_2 \to J_1 \to J_4$

4. 判断题（在括号中直接填写“对”或“错”，也可以打“√”或“×”）

（1）按照 Johnson 准则确定的排序方案只有一个。（　　）

（2）按照员工任务指派的匈牙利算法确定的最优方案只有一个。（　　）

5. 填空题

（1）单件小批生产系统作业计划要解决的主要问题有两个，即（　　）、（　　）。

（2）常用的排序准则有八种，即（　　）、（　　）、（　　）、（　　）、（　　）、（　　）、（　　）、（　　）。

（3）排序问题按机器的种类和数量分为两种，即（　　）、（　　）。

（4）排序问题按零件到达车间的情况分为两种，即（　　）、（　　）。

（5）排序问题按目标函数分为两种，即（　　）、（　　）。

（6）排序问题按参数的性质分为两种，即（　　）、（　　）。

（7）生产调度的原则有五个，即（　　）、（　　）、（　　）、（　　）、（　　）。

（8）生产调度的工作制度有三项，即（　　）、（　　）、（　　）。

（9）安排顾客需求的方法有三种，即（　　）、（　　）、（　　）。

6. 简答题

（1）简述作业计划的目标。

（2）简述大量生产系统作业计划要完成的任务。

（3）简述成批生产系统作业计划的核心。

（4）简述单件小批生产系统作业计划要解决的主要问题。

（5）简述排序可能追求的目标。

（6）简述排序的任务。

（7）简述排序问题的基本假设条件。

（8）简述 Johnson 准则的算法步骤。

（9）简述就三个作业中心排序问题而言，当什么特殊条件成立时可以引用 Johnson 准则寻找最优方案，并简要说明基本操作步骤。

（10）简述生产作业控制的含义及管理意义。

（11）简述生产作业计划与生产作业控制的区别与联系。

（12）简述生产均衡性控制的任务。

（13）简述生产进度控制的两项主要内容。

（14）简述生产预计分析的差额推算法的操作步骤。

（15）简述生产均衡性控制的任务及常用方法。

（16）简述生产调度的作用。

（17）简述生产调度的原则。

（18）简述服务的易逝性对服务业作业计划的影响。

（19）简述顾客参与服务过程对服务业作业计划的影响。

（20）举例说明为减少服务的易逝性和顾客参与服务过程对服务作业计划的影响应采取的策略。

（21）简述服务作业计划的方法。

（22）简述安排顾客需求的常用方法。

（23）简述安排服务人员的主要任务及方法。

（24）简述员工任务指派要解决的管理问题。

（25）简述解决员工任务指派问题的匈牙利算法的步骤。

7. 计算题

（1）表 12-3 是需要在一种万能机床上加工的 8 个工件的加工时间（包含机器整理时间）与这些工件的预定交工时间。假设作业到达中心的顺序与表中顺序相同，即 A 工件最先到达，B 工件第二到达，H 工件最后到达。试分别利用 FCFS 优先准则、SPT 优先准则、EDD 优先准则确定 8 个工件的作业顺序，并分别从平均流程时间和平均延迟时间两个角度对排序方案进行评价。

表 12-3　8 个工件加工信息表

工件	加工时间（分钟）	预定交工时间①（分钟）
A	5	15
B	10	22
C	14	28
D	4	18
E	8	16
F	20	32
G	12	26
H	19	34

①预定交工时间为相对时间，例如，A 的预定交工时间是 12 分钟，即加工开始时间为第 1 分钟，第 12 分钟交工。

（2）表 12-4 给出了 5 个员工完成 5 项作业任务的成本数据，试给出最优任务分配方案，并计算最优分配方案对应的总成本。

表 12-4 不同组合成本

		员工				
		A	B	C	D	E
任务	1	4	5	9	8	7
	2	6	4	8	3	5
	3	7	3	10	4	6
	4	5	2	5	5	8
	5	6	5	3	4	9

8. 论述题

结合实例论述作业计划的复杂性及其管理思路。

12.2.2 案例

DR 柴油机修理厂的生产控制系统

DR 柴油机修理厂在各种柴油机发动机修理方面一直处于行业领先地位。该修理厂位于中原地区，成立于 1988 年，由十几个技术能手白手起家，起初主要修理汽车发动机、船用柴油机等。后来，修理范围逐渐扩大到修理各种类型的柴油机。由于柴油机型号不一，该修理厂只能按照客户提供的机型进行专项修理，常常造成修理周期过长、排队待修等现象。近几年，该修理厂开始注意适当减少柴油机的修理种类，并增加专用的修理设备，使人—机配合及效率达到最佳。

该修理厂针对柴油机配件的型号种类，从国外采购了先进的加工范围较大的曲轴车床和磨床，并与中科院合作，设计制造了万能凸轮轴磨床。此外，该修理厂采取“自己加工，有关配件外购”的方式，设计并组装了复合式柴油机试验台等。这些设备的投入使用，极大地提高了生产率和修理质量。但是在生产过程中，该修理厂仍采用传统的生产管理方式，各种设备和技术工人没有得到充分的利用，而且，因行业的集聚效应，该修理厂周围聚集了大量的修理厂，加剧了该行业的竞争。

近几个月来，许多老客户都在抱怨修理价格太高、服务较差，更糟糕的是，已经出现大客户转向其他修理厂的现象。为此，工厂邀请了一个咨询机构对其生产系统做了一次调研。

该咨询机构的诊断结论如下。

（1）各个车间内部基本上都具备生产加工修理能力，修理流水线上的各种条件基本具备。

（2）各种专用设备和加工人员的配备符合生产要求，但一些通用机床存在失修、接近报废的状况；同时，专用工装及夹具相当缺乏，导致柴油机的部分配件加工时间延长、质量下降。各专用重点设备存在使用不合理、时间安排混乱的现象。

（3）由于车间存在大量的生产失控的现象，因此必须进行有针对性的改进。生产控制系统中存在的问题主要表现在以下几个方面。

①在修件库存高，几乎所有车间生产

区内都堆满了修理件和加工件。

②在生产过程中，安排的急活、临时任务太多，严重影响了正常生产任务的完成。

③相关的修理件和加工件没有修理与加工记录，没有落实定置管理。

④车间管理人员生产安排的随意性较大。

⑤由于没有相关记录，找不到待修件和加工件的现象时有发生。

⑥加工件没有形成配套生产，计划没有分解到各工序，造成生产任务的安排极其烦琐。

⑦装配车间需要按统一时间、按台车配齐修理和加工好的配件，这样才能按时组装成一台完整的柴油机，缺一个螺钉都不行。但实际情况是，一方面配件积压，另一方面组装停工。

⑧生产部门人员职责安排不到位，未按最优的顺序安排计划；此外，生产人员还承担转运、交接等任务，并缺少相关记录。

⑨由于没有相应的记录，无法统计各个型号设备的修理完工时间。作业计划经常更改，无法确定交货期，造成经常加班赶任务的现象。

⑩售后服务部门与生产部门之间产生矛盾，没有统筹安排，当出厂的柴油机发生质量问题时，售后服务部门为缩小“三包”损失，常常拿走用于正常生产的配件，造成生产计划的混乱。

⑪由于缺少详细的记录，几乎所有的生产数据都缺乏真实性，造成无法确定生产周期，销售部门也没有可靠的数据来源，只是凭估计与顾客随意签订维修合同。

⑫从车间的生产管理人员到生产管理部门，都已经习惯口头传达各种生产指令，却把各种文字性的生产计划安排当成象征性工作，从不分析生产计划安排与实际进度的差距，在他们心目中，估计是最精确的。最后，生产计划安排成了一纸空文。

该咨询机构在分析了这些问题产生的原因后，认识到工厂主管对生产过程重视不够，工厂整个管理水平还停留在传统的方式上，虽然设备的添置改良在一定程度上影响了人员的相应调整，但系统规划不到位，即规模扩大了，但生产管理手段没有及时更新，从而导致目前生产计划和控制系统无法执行的现状。

针对该厂的现状，该咨询机构的方案要考虑可行性，以及如何分阶段、分步骤地建立生产计划与控制系统。

资料来源：陈荣秋. 生产运作管理习题及案例 [M]. 北京：机械工业出版社，2005.

问题

1. 概括修理厂的生产控制系统的基本特点。
2. 如果该修理厂要建立一个新的控制系统，需要哪些数据？
3. 该修理厂的控制系统应该是怎样的？在该系统中，生产部门和各个生产组装车间各承担什么职责？

12.3 习题参考答案与案例使用说明

12.3.1 习题参考答案

1. 名词解释

（1）作业计划是指把企业的作业任务分解为短期的具体任务，规定每个环节（如车间、工段、生产线和工作站)、每个单位时间（周、日、班或小时）的具体任务，并组织计划的实施。

（2）任务指派是指将加工任务分配到作业中心。

（3）排序就是确定各个作业在作业中心的处理顺序。

（4）先到先服务（FCFS）准则是指优先选择最早进入可排序列的作业，也就是按照作业到达的先后顺序进行加工的准则。

（5）最短作业时间（SPT）优先准则是指优先选择作业时间最短的作业的准则。

（6）交货期最早（EDD）优先准则是指优先选择完工期限最紧的作业的准则。

（7）最短松弛时间（SST）优先准则是指优先选择松弛时间最短的作业的准则。

（8）最长剩余作业时间（MWKR）优先准则是指优先选择余下作业时间最长的作业的准则。

（9）最短剩余作业时间（LWKR）优先准则是指优先选择余下作业时间最短的作业的准则。

（10）最多剩余作业数（MOPNR）优先准则是指优先选择余下作业数最多的工件的准则。

（11）最小临界比（SCR）优先准则是指优先选择临界比最小的作业的准则。

（12）随机（random）准则是指随机地挑选出一项作业的准则。

（13）约翰逊和贝尔曼准则 /Johnson 准则是指约翰逊和贝尔曼提出的解决 n 项作业由两个作业中心来加工的排序问题，以获得最短加工周期的一种排序准则。

（14）生产作业控制就是对作业计划的实施情况进行监控，发现作业计划与实际完成情况之间的偏差，采取调节和校正措施，以确保计划目标的实现。

（15）生产进度控制就是依照预先制订的作业计划，检查各种零部件的投入和产出时间、数量以及配套性，保证产品能准时装配出厂。

（16）生产预计分析是指根据进度统计资料反映的计划完成进度和生产计划趋势，对本期计划指标可能完成的程度做一种预测，再根据预测结果，采取不同的调度措施，适时增加或减少资源的投入。

（17）差额推算法是根据实际完成产量与计划产品的差额来对生产计划完成情况进行分析的方法。

（18）生产调度是指生产调度部门行使调度权力，协助各级行政领导指挥生产，协调各部门工作，处理生产中出现的问题。

（19）预约是指预先约定顾客的时间。

（20）预订是指预先约定服务机构的时间。

（21）员工任务指派是指把不同的任务分配给不同的工程小组。

（22）员工任务指派的匈牙利算法最初是由 W. W. Kuhn 提出的，以获得总成本最低的员工任务指派方案的方法。

2. 单选题

A

3. 多选题

（1）AC （2）BD

4. 判断题

（1）错 （2）错

5. 填空题

（1）任务指派 作业排序

（2）FCFS准则 SPT优先准则 EDD优先准则 SST优先准则 MWKR优先准则 LWKR优先准则 MOPNR优先准则 SCR优先准则 随机准则

（3）单台机器排序 多台机器排序

（4）静态排序 动态排序

（5）单目标排序 多目标排序

（6）确定型排序 随机型排序

（7）计划性原则 预见性原则 集中性原则 关键点原则 及时性原则

（8）值班制度 会议制度 报告制度

（9）预约 预订 排队等候

6. 简答题

（1）作业计划的目标不仅在于安排并完成工作任务，而且要使每个作业环节达到均衡，进而全面完成各项技术经济指标。

（2）①最优化产品组合；②采取预防性维修制度；③授权；④把质量问题降到最小；⑤资材供应的精益化；⑥多面手的培养与使用。

（3）如何更经济地从一项作业转换到另一项作业，即如何确定每一种产品的生产批量，经济生产批量模型为这种生产方式找到了有效的解决方案。

（4）①任务指派；②作业排序。

（5）①满足顾客或下一道工序的交货期要求；②流程时间最短；③准备时间最短或成本最小；④在制品库存最低。

（6）分配作业、机器、人员到作业中心或者其他特定地点；决定作业执行的顺序。

（7）①一项作业不能同时在几个作业中心加工；②作业在加工过程中采取平行移动方式，即当上一个作业中心加工完后，立即送到下一个作业中心加工；③不允许中断，一项作业一旦开始加工，必须一直进行到完工，不得中途停止插入其他作业；④每个作业过程只在一个作业中心完成；⑤作业数、作业中心数和加工时间已知，加工时间与加工顺序无关；⑥每个作业中心同时只能加工一项作业。

（8）步骤1：在全部作业中，找出加工时间最短的作业（当有作业的加工时间相同时，任意选取其中的一项）。步骤2：如果最短的加工时间发生在第一个加工中心，则把相应的作业排在第一位；如果最短的加工时间发生在第二个加工中心，则把相应的作业排在最后一位。步骤3：把所确定的作业从作业序列中去掉，再重复步骤1和步骤2，直至确定全部作业的加工顺序为止。

（9）特殊条件为：在第一个加工中心的所有时间中最短的时间不比在第二个加工中心的所有时间中最长的时间短，或者在第三个加工中心的所有时间中最短的时间不比在第二个加工中心的所有时间中最长的时间短。

当上述特殊条件满足时，寻找最优排序的操作步骤如下：①每项作业在第一个加工中心的加工时间加上其在第二个加工中心的加工时间，作为其在第一个虚拟加工中心的作业时间；②每项作业在第三个加工中心的加工时间加上其在第二个加工中心的加工时间，作为其在第二个虚拟加工中心的作业时间；③对这两个虚拟加工中心，按照两个加工中心的Johnson 准则寻求最优排序方案。

（10）①生产作业控制就是对作业计划的实施情况进行监控，发现作业计划与实际完成情况之间的偏差，采取调节和校正措施，以确保计划目标的实现；②生产作业控制是生产管理的重要职能，是实现生产计划和作业计划的重要手段。

（11）①区别：生产作业计划是根据需求和资源对生产进度事先做出安排；生产作业控制是根据实际生产进度对生产过程进行监督、调整等。②联系：生产作业控制的主要依据是所制订的生产作业计划。

（12）不仅要完成整个计划期的生产任务，而且要完成每个具体时段（如周、日、小时）的生产任务，即实现均衡生产。

（13）①生产预计分析。生产预计分析是指根据进度统计资料反映的计划完成进度和生产计划趋势，对本期计划指标可能完成的程度做一种预测，再根据预测结果，采取不同的调度措施，适时增加或减少资源的投入。

②生产均衡性控制。生产均衡性控制就是不仅要完成整个计划期的生产任务，而且要完成每个具体时段（如周、日、小时）的生产任务，即实现均衡生产。

（14）①根据报告期已经完成的每日（或月）的生产统计数据，计算从报告期到当前时间为止实际累计与计划累计的差额以及计划完成的程度。

②初步预测期末生产计划完成的可能性。计算到预计日（即报告期末）为止的计划完成和还需完成的计划产量，再按平均日（或月）产量的初步计划完成还需的日（或月）数和期末计划可能完成程度。

③根据所掌握的情况及生产发展趋势，调整初步预计数据。

（15）①生产均衡性控制的任务是不仅要完成整个计划期的生产任务，而且要完成每个具体时段（如周、日、小时）的生产任务，即实现均衡生产。

②图表法是生产均衡性控制的一种常用方法。图表法就是根据企业（或车间、工作地）在各时期的计划产量、实际产量和产量完成的百分数，绘制成产量动态曲线图和产量计划完成曲线图，以此反映生产均衡性。

（16）①检查作业计划的执行情况，掌握计划执行情况，及时采取必要的调整措施；②检查作业的准备情况，督促和协调有关部门做好生产准备工作；③根据生产需要，合理调配生产资源，保证各生产环节、各工作地协调、均衡地进行生产。

（17）①计划性原则；②预见性原则；③集中性原则；④关键点原则；⑤及时性

原则。

（18）服务的易逝性对服务业作业计划的影响体现在以下两个方面。

①计划内容。在服务业中，作业计划要规定服务交易的时间或地点，而在制造业中，作业排序仅涉及产品的生产加工过程。

②人员规模。因服务的易逝性，加之顾客的到达及服务时间都是随机的，所以，服务的输出与劳动力的最佳规模之间的关系很难确定；而在制造业中，两者之间有紧密的联系，因此可以通过计算寻求最优作业排序方案。

（19）顾客参与服务过程对服务业作业计划的影响体现在以下三个方面。

①顾客的参与使得服务系统难以实现标准化，这在一定程度上影响了服务效率。

②有时为了满足顾客的心理需求，需要服务人员与之交谈，这就增加了控制服务时间的难度。

③对服务的评价往往是基于主观判断的。由于服务是无形的，服务质量与顾客感觉有关，不准确的评价信息反馈影响员工的工作积极性，甚至影响服务质量的进一步提高。

（20）①在顾客需求调查的基础上，提供模块化的服务产品；②将部分作业与顾客分离。

（21）①将顾客需求分配到服务能力的不同时间段内，即安排顾客需求；②将服务人员安排到顾客需求的不同时间段内，即安排服务人员。

（22）①预约。通过预约给予顾客特定的服务时间，这种方法的优点是能为顾客提供及时的服务并提高服务系统和服务人员的效率。

②预订。预订系统类似于预约系统，但它通常被用于顾客接受服务时需占据或使用相关的服务设施的情况。

③排队等待。由于顾客到达的随机性与服务时间的随机性，即使服务能力再充分的系统也会出现排队现象。

（23）①安排服务人员的主要任务是将服务人员安排到顾客需求的不同时间段内，即通过适当安排服务人员来调整服务能力，以满足不同时间段内的不同服务要求。

②安排服务人员的具体做法是首先制订全年、每个月以至每周的人员需求计划，然后在此基础上，通过作业排序方法把人员计划转换成每个人的日常轮班计划。

（24）有数个工程项目，可以由几个工程小组来完成，但每个工程小组完成不同工程项目的成本或效率不同，如何把不同的任务分配给不同的工程小组。

（25）①找到每行的最小数，每行数减去对应的最小数，得到一个新表。

②就新表而言，找到每列的最小数，每列数减去对应的最小数，得到一个新表。

③用总数最少的横线或竖线覆盖最新得到的表中所有的零，如果横线与竖线的数量之和等于表的行数，得到最优表，转向⑥，否则，转向④。

④表中所有未被覆盖的数减去其中的最小数，并将这个最小数加到横线与竖线交叉点上的数上，被覆盖的其他非交叉点上的数不变，得到一个新表。

⑤重复③和④，直到获得最优表，即覆盖其中所有零的横线与竖线之和等于表的

行数。

⑥从只有 1 个零的行或列开始，这个零所对应的行与列就给出了一个分配方案，把这个零所对应的行与列划去。重复这一步骤，直到将全部任务都分配完毕。

7. 计算题

（1）

① FCFS 准则。排序方案为：A-B-C-D-E-F-G-H，实际交工时间与延迟时间如表 12-5 所示。

表 12-5 FCFS 准则对应的实际交工时间与延迟时间

工件	加工时间（分钟）	实际交工时间（分钟）	预定交工时间（分钟）	延迟时间
A	5	5	15	0
B	10	15	22	0
C	14	29	28	1
D	4	33	18	15
E	8	41	16	25
F	20	61	32	29
G	12	73	26	47
H	19	92	34	58

平均流程时间为：(5+15+29+33+41+61+73+92)/8 ≈ 43.63（分钟）。

平均延迟时间为：(0+0+1+15+25+29+47+58)/8 ≈ 21.88（分钟）。

② SPT 优先准则。排序方案为：D-A-E-B-G-C-H-F，实际交工时间与延迟时间如表 12-6 所示。

表 12-6 SPT 优先准则对应的实际交工时间与延迟时间

工件	加工时间（分钟）	实际交工时间（分钟）	预定交工时间（分钟）	延迟时间
D	4	4	18	0
A	5	9	15	0
E	8	17	16	1
B	10	27	22	5
G	12	39	26	13
C	14	53	28	25
H	19	72	34	38
F	20	92	32	60

平均流程时间为：(4+9+17+27+39+53+72+92)/8 ≈ 39.13（分钟）。

平均延迟时间为：(0+0+1+5+13+25+38+60)/8 ≈ 17.75（分钟）。

③ EDD 优先准则。排序方案为：A-E-D-B-G-C-F-H，实际交工时间与延迟时间如表 12-7 所示。

表 12-7　EDD 优先准则对应的实际交工时间与延迟时间

工件	加工时间（分钟）	实际交工时间（分钟）	预定交工时间（分钟）	延迟时间
A	5	5	15	0
E	8	13	16	0
D	4	17	18	0
B	10	27	22	5
G	12	39	26	13
C	14	53	28	25
F	20	73	32	41
H	19	92	34	58

平均流程时间为：(5+13+17+27+39+53+73+92)/8 ≈ 39.88（分钟）。

平均延迟时间为：(0+0+0+5+13+25+41+58)/8 ≈ 17.75（分钟）。

从三个准则计算结果可以看出，SPT 优先准则对应的方案是最优的，平均流程时间约为 39.13 分钟，平均延迟时间约为 17.75 分钟。

（2）第一步，在表 12-4 中，找到每行的最小数，每行的数减去最小数，得到一个新表，如表 12-8 所示。

表 12-8　不同组合成本（第一步的结果）

		员工				
		A	B	C	D	E
任务	1	0	1	5	4	3
	2	3	1	5	0	2
	3	4	0	7	1	3
	4	3	0	3	3	6
	5	3	2	0	1	6

第二步，就表 12-8，找到每列的最小数，每列的数减去最小数，得到一个新表，如表 12-9 所示。

表 12-9　不同组合成本（第二步的结果）

		员工				
		A	B	C	D	E
任务	1	0	1	5	4	1
	2	3	1	5	0	0
	3	4	0	7	1	1
	4	3	0	3	3	4
	5	3	2	0	1	4

第三步，用总数最少的横线或竖线覆盖最新得到的表格中所有的零，如表 12-10 所

示。线条总数为 4，少于表中的行数，转向第四步。

表 12-10 不同组合成本（第三步的结果）

		员工				
		A	B	C	D	E
任务	1	0	1	5	4	1
	2	3	1	5	0	0
	3	4	0	7	1	1
	4	3	0	3	3	4
	5	3	2	0	1	4

第四步，把表 12-10 中所有未被覆盖的数减去其中的最小数（非零），并将这个最小数加到横线与竖线交叉点上的数上，被覆盖的其他非交叉点上的数不变，得到一个新表，如表 12-11 所示。

表 12-11 不同组合成本（第四步的结果）

		员工				
		A	B	C	D	E
任务	1	0	2	6	4	1
	2	3	2	6	0	0
	3	3	0	7	0	0
	4	2	0	3	2	3
	5	2	2	0	0	3

要想覆盖表 12-11 中所有的零，至少需要 5 条线，线条的总数等于行数。所以，表 12-11 是最优表。

第五步，从只有 1 个零的行或列开始，这个零所对应的行与列就给出了一个分配方案，把这个零所对应的行与列划去。重复这一步骤，直到全部任务都分配完毕。就本例而言，最优分配方案为:（1，A）、（2，E）、（3，D）、（4，B）、（5，C）或者（1，A）、（2，D）、（3，E）、（4，B）、（5，C）。（1，A）的意思是把第 5 项任务交给员工 A 完成，以此类推。

最优分配方案对应的总成本为：4+3+6+2+3=4+5+4+2+3=18（单位费用）。

8. 论述题

以大学排课为例，排课的复杂性表现在以下几个方面。

第一，涉及班级、课程、教师、教室、时段等诸多因素（或变量），而这些变量又不能冲突。

第二，如果考虑学生往返距离近、前后课程衔接以及教师有足够的休息时间、前后课程衔接等要求，排课将变得更为复杂。

管理思路是首先设定排课计划的决策目标，然后根据硬约束条件寻找最佳排课方案。当课程很多时，通常借助专业软件寻求最优方案。但是，软件的运算逻辑总是在一定的假设条件下进行的。同时，运算逻辑不能把所有因素都考虑在内。所以，通常要在专业软件给出的方案的基础上进行人工调整。

12.3.2　案例使用说明

1. 案例分析目的

（1）让学生认识到生产作业控制的重要性与复杂性。

（2）尝试给出 DR 柴油机修理厂的生产作业控制整体解决方案。

（3）巩固有关生产作业控制、生产调度、员工任务指派的知识点。

2. 案例分析步骤

（1）教师简要介绍 DR 柴油机修理厂的主要业务。

（2）学生归纳整理该修理厂存在的问题，针对所归纳的问题，提出解决方案。

（3）学生做案例分析报告。

（4）教师指出：①问题必须归类（作业计划管理规范、装备配置与使用、机配件采购与制造、作业班次及临时作业组的建立、现场管理规范、生产过程记录的生成与使用、临时任务下达与执行规范等）；②针对问题给出具体解决方案。

（5）教师强调：要从根本上解决该修理厂的问题，一方面要进行包括组织机构重构、流程优化在内的管理创新；另一方面，要采用包括 ERP、自动化程度高的机床在内的先进技术与装备。

案例分析过程如图 12-1 所示。

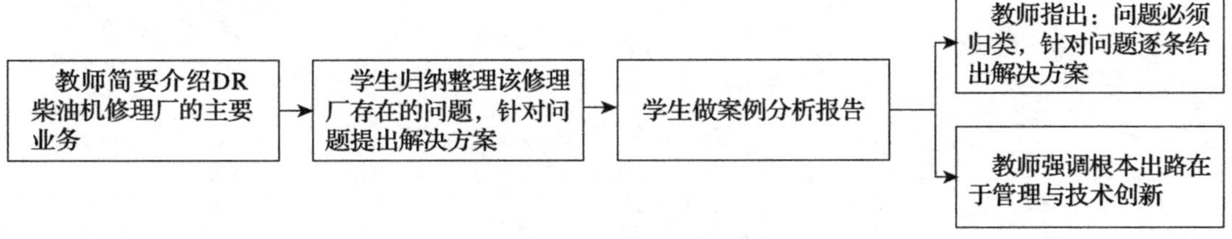

图 12-1　案例分析过程

第四篇
PART 4

运营系统的更新与改善

第 13 章
CHAPTER 13

项目管理

13.1 知识点

13.1.1 知识点清单

- 项目
- 项目的特点
- 项目生命周期的阶段
- 项目管理的产生与发展
- 项目管理
- 项目管理知识体系（PMBOK）
- 项目管理的五大过程组
- 项目管理的十大知识领域
- 启动过程组
- 规划过程组
- 执行过程组
- 监控过程组
- 收尾过程组
- 项目整合管理
- 项目整合管理所包含的过程组
- 项目范围管理
- 项目范围管理所包含的过程组
- 项目时间管理
- 项目时间管理所包含的过程组
- 项目成本管理
- 项目成本管理所包含的过程组
- 项目质量管理
- 项目质量管理所包含的过程组
- 项目人力资源管理
- 项目人力资源管理所包含的过程组
- 项目沟通管理
- 项目沟通管理所包含的过程组
- 项目风险管理
- 项目风险管理所包含的过程组
- 项目采购管理
- 项目采购管理所包含的过程组
- 项目干系人管理
- 项目干系人管理所包含的过程组
- 项目计划
- 项目计划的步骤或内容
- 需求分析
- 项目需求的类型
- 基本需求

- 附加需求
- 确定项目目标的 SMART 原则
- 工作分解结构（WBS）
- 资源规划
- 作业计划的内容
- 工作说明
- 甘特图
- 任务和责任分派
- 项目控制的一般方法
- 关键路径法（CPM）
- 计划评审技术（PERT）
- CPM 与 PERT 的区别
- 网络计划技术
- 网络计划技术的步骤
- 网络图
- 网络图的形式
- 箭线式网络图
- 节点式网络图
- 网络图的组成要素
- 活动
- 事件
- 路线
- 网络图的绘制原则
- 活动时间
- 单一时间估计法
- 三种时间估计法 / 三点估计法
- 节点时间
- 节点最早开始时间
- 节点最迟结束时间
- 活动最早开始时间
- 活动最早结束时间
- 活动最迟结束时间
- 活动最迟开始时间
- 活动总时差
- 活动自由时差
- 关键活动
- 关键路线
- 工期
- 控制关键路线的意义
- 关键链
- 利用关键链进行项目管理的步骤
- 时间 – 成本优化
- 直接成本
- 间接成本
- 时间 – 成本优化的步骤
- 时间 – 资源优化
- 时间 – 资源优化的思路（资源一定）
- 时间 – 资源优化的思路（工期一定）
- MS-Project 的特点
- MS-Project 的功能

13.1.2　知识点解析

1. 概述

（1）项目的概念与特点

项目是指在特定的时间、预算、资源限定内，按照一定规范完成的一种独特而复杂的活动。

项目的特点有八个：目标性、多元性、新颖性、计划性、时限性、聚散性、排己性、生命周期性。

项目生命周期的阶段有四个：识别需求、提出方案、实施项目、结束项目。

（2）项目管理的产生与发展

项目管理的产生与发展的过程为：起始于第二次世界大战；20 世纪 50 年代，在美国，以关键路线法（critical path method，CPM）和计划评审技术（program evaluation and review technique，PERT）为代表的网络计划技术被提出，并在60年代得到应用；1950～1980年，项目管理主要应用于国防建设部门和建筑公司；从80年代开始，项目管理的应用扩展到其他工业领域（行业），如制药、电信、软件开发等。

（3）项目管理的内容

项目管理是在一个确定的时间范围内，为了完成一个既定的目标，临时性组织在特殊的运行机制下，通过有效的计划、组织、领导与控制，充分利用既定有限资源的一种系统管理方法。

项目管理知识领域（PMBOK）是指对项目管理五大过程组、十大知识领域所需知识与技能的描述。

项目管理的五大过程组是指：启动过程组、规划过程组、执行过程组、监控过程组、收尾过程组。

项目管理的十大知识领域是指：项目整合管理、项目范围管理、项目时间管理、项目成本管理、项目质量管理、项目人力资源管理、项目沟通管理、项目风险管理、项目采购管理、项目干系人管理。

启动过程组是定义一个新项目或现有项目的一个新阶段，授权开始该项目或阶段的一组过程。

规划过程组是明确项目范围，优化目标，为实现目标制订行动方案的一组过程。

执行过程组是完成项目管理计划确定的工作，以满足项目规范要求的一组过程。

监控过程组是跟踪、审查和调整项目进展与绩效，识别必要的计划变更并启动相应变更的一组过程。

收尾过程组是完结所有过程组的所有活动，正式结束项目或阶段的一组过程。

项目整合管理是为了协调项目的所有组成部分而进行的对各个过程的集成，其核心是在多个互相冲突的目标和方案之间做出权衡，以便满足项目利益相关者的要求。

项目整合管理所包含的过程组有六个：制定项目章程、制订项目管理计划、指导与管理项目工作、监控项目工作、实施整体变更控制、结束项目或阶段。

项目范围管理是确保项目完成而且仅仅完成全部规定的任务，以最终达到项目目标的一个知识领域，其要点是在做什么与不做什么之间划清界限。

项目范围管理所包含的过程组有六个：规划范围管理、收集需求、定义范围、创建WBS、确认范围、控制范围。

项目时间管理是确保项目按时完成。

项目时间管理所包含的过程组有七个：规划进度管理、定义活动、排列活动顺序、估算活动资源、估算活动持续时间、制订进度计划、控制进度。

项目成本管理是保证在批准的预算内完成项目。

项目成本管理所包含的过程组有四个：规划成本管理、估算成本、制定预算、控制成本。

项目质量管理是保证项目能够满足原来设定的各种要求。

项目质量管理所包含的过程组有三个：规划质量管理、实施质量保证、控制质量。

项目人力资源管理是保证最有效地使用项目参与者的能力。

项目人力资源管理所包含的过程组有四个：规划人力资源管理、组建项目团队、建设项目团队、管理项目团队。

项目沟通管理是保证及时、准确地提取、收集、传播、存储以及处理项目信息。

项目沟通管理所包含的过程组有三个：规划沟通管理、管理沟通、控制沟通。

项目风险管理是把有利事件的积极结果尽量扩大，把不利事件的后果降低到最低限度。

项目风险管理所包含的过程组有六个：规划风险管理、识别风险、实施定性风险分析、实施定量风险分析、规划风险应对、控制风险。

项目采购管理是保证从项目组织外部获取物资或服务。

项目采购管理所包含的过程组有四个：规划采购管理、实施采购、控制采购、结束采购。

项目干系人管理即识别、规划、管理、控制干系人参与项目管理。

项目干系人管理所包含的过程组有四个：识别干系人、规划干系人管理、管理干系人参与、控制干系人参与。

2. 项目管理的计划与控制

（1）项目计划

项目计划是指通过回答以下问题来确定项目的范围、进度和费用的活动：

①什么（what），项目经理与项目团队应当完成哪些工作；

②怎样（how），如何完成这些工作；

③谁（who），确定承担工作分解结构中的每项工作的具体人员；

④何时（when），确定各项工作何时开始，需要多长时间，需要哪些资源等；

⑤多少（how much），确定工作分解结构中每一项需要多少经费；

⑥哪里（where），确定各项工作在什么地方进行。

项目计划的步骤或内容有五个：需求分析、确定项目目标、任务分解、资源规划、作业计划。

需求分析就是明确市场对项目的需求和业主对项目的要求。

项目的需求有两类：基本需求、附加需求。

基本需求是指对项目的范围、质量、成本、进度四项核心内容的要求。此外，法律法规方面的要求也属于基本要求。

附加需求是指对市场开辟、争取支持等方面的要求。

确定项目目标的 SMART 原则是指对项目目标明确（specific）、可度量（measurable）、可实现（achievable）、成果驱动（result driven）、时间性（time）等方面的要求。

工作分解结构（WBS）是一种将项目最终交付的硬件、软件或服务等成果，分解为各自的组成要素，再将各组成要素（或子系统）一直分解到能够描述项目任务之间关系的数据结果，并对其编码的工具。

资源规划就是确定实施项目活动需要哪些有形资源（人力、设备、材料）以及每种资源需要多少的活动。资源包括自然资源和人造资源、内部资源和外部资源、有形资源和无形资源。

作业计划的内容有四个：工作说明、确定活动顺序、任务和责任分派、项目预算和成本估算。

工作说明是对需要进行的每项工作的一个精确说明。

甘特图就是通过活动列表和时间刻度直观地表示项目活动的顺序与持续时间的条状图。

任务和责任分派是将 WBS 中规定的各项任务和 SOW 中规定的任务要求，分派给组织中的部门或个人。

（2）项目控制

项目控制的一般方法有三个：建立文件体系、建立会议制度、建立信息控制制度。

建立项目管理信息系统的必要性：在大型项目中，资源昂贵，技术条件复杂，涉及的人数、机构和职能相互依存程度高，传统的专业或职能信息系统不能满足要求。

WBS 在项目控制中的应用：对细分化的所有项目要素统一编码，使其代码化，WBS 还可以充当一种共同的信息交换语言，在此基础上实现信息系统之间所有信息的沟通。

3. 网络计划技术

（1）网络计划方法及其步骤

关键路径法（CPM）是用网络图表示项目的各项活动之间的相互关系，找出决定工期的关键路线，在一定的工期、成本、资源条件下获得最优项目计划方案的一种网络计划技术。

计划评审技术（PERT）是用乐观时间、最可能时间和悲观时间的加权值来估计活动时间的一种网络计划技术。

CPM 与 PERT 的主要区别：CPM 利用最可能值来估计活动时间，而 PERT 用乐观时间、最可能时间和悲观时间的加权值来估计活动时间。

网络计划技术就是利用网络图表示计划任务的进度安排和各项活动之间的关系，在此基础上进行网络分析，计算网络时间值，确定关键路线；利用时差，不断改进网络计划，求得工期、资源与成本的优化。

网络计划技术的步骤有五个：应用前的准备工作、绘制网络图、计算网络时间、网络的优化、项目控制。

（2）网络图

网络图是一种由活动、事件和路线三要素组成的图体模型。

网络图的形式有两种：箭线式网络图、节点式网络图。

箭线式网络图是以箭线表示活动的网络图。

节点式网络图是以节点表示活动的网络图。

网络图的组成要素有三个：活动、事件、路线。

活动是指一项工作（工序）或一项作业，它需要消耗一定的资源（人力、物力、财力）和时间。

事件指一项活动的开始或结束的瞬间，不消耗资源，也不占用时间，用圆圈表示，是两条或两条以上箭线的交接点，又称节点。

路线是从网络始点事件开始，沿箭线方向，到网络终点事件为止的路径，中间有一系列首尾相接的节点和箭线组成的通道。

网络图的绘制原则有五个：方向性、活动有始有终、两点一线、顺序编号、源汇合一。

（3）网络时间计算

活动时间是指完成一项活动所需的时间。

确定活动时间的方法有两种：单一时间估计法、三种时间估计法。

单一时间估计法 / 单点估计法是指活动时间只确定一个时间值，以可能性最大的活动时间为准。

三种时间估计法 / 三点估计法是指对于不确定性较大的问题，可以预先估计最乐观时间、最保守时间和最可能时间三个时间值，应用概率的方法计算活动时间的平均值和方差。

节点时间是指某项工作在某一时刻开始或结束的时间。

节点最早开始时间是以该节点开始的各项活动最早可能开始的时间。

节点最迟结束时间是以该节点为结束的各项活动最迟必须结束的时间。

活动最早开始时间是指代表活动的箭线的箭尾节点最早开始时间。

活动最早结束时间是指代表活动可能结束的最早时间。

活动最迟结束时间是指代表活动的箭线的箭头节点最迟结束时间。

活动最迟开始时间是指为不影响紧后活动如期开工而最迟必须开始的时间。

活动总时差是指在不影响整个项目完工时间的条件下，某项活动的最迟开始时间与最早开始时间之差。

活动自由时差是指在不影响紧后活动在其最早开始时间开工的前提下，本活动的完工期可能有的机动时间。

关键活动是指时差为零的活动。

关键路线是指按顺序把关键活动连接起来所得到的从起始节点到终止节点的路线。

工期是指关键路线上全部活动时间之和。

控制关键路线的意义体现在：在关键路线上如果各项活动时间提前或延迟一天，则整个计划任务的完工日期便会提前或延迟一天。

（4）关键链

关键链是利用有限的资源来实现项目计划管理，通过设置缓冲来达到整个项目的有效执行的项目计划管理技术。

关键链与传统项目计划管理技术的区别表现在：①关键链技术不仅考虑了任务间的紧前、紧后约束关系，还考虑了任务间的资源冲突；②关键链技术充分考虑了项目周期的制约因素和资源瓶颈，为项目管理人员缩短项目周期指明了方向；③关键链技术通过项目缓冲、汇入缓冲和资源缓冲机制来消除项目中不确定因素对执行项目计划所造成的影响，以保证项目计划的有效执行；④关键链技术强调把行为学理论，如帕金森定律、“学生综合征”等应用于项目管理，真正实现了项目管理中的技术与人力资源的有效结合。

利用关键链技术进行项目管理的步骤有六个：建立计划框架（WBS）；定义活动；绘制网络图；识别约束，确定关键链；设置缓冲；编制基准进度计划。

4. 项目计划优化

（1）时间 – 成本优化

时间 – 成本优化就是在考虑工期和费用之间关系的前提下，寻求以最低的项目总费用获得最佳工期的一种方法。

直接成本是指人工、材料、能源等费用。

间接成本是指管理费用、销售费用等费用。

时间 – 成本优化的步骤有九个：绘制网络图；找出关键路线，计算工期；计算正常的时间成本，即在不赶工的情况下，总的直接成本与间接成本之和；计算网络计划中各项活动的成本斜率；选取关键路线上成本斜率最低的活动作为赶工对象进行赶工，在压缩工期时，确保本活动所在路线仍为关键路线；寻找新的关键路线，并计算赶工后的工期；计算赶工后的总成本，赶工后的总成本等于直接成本、间接成本与赶工成本之和；重复以上步骤，计算各种改进方案的成本；确定总成本最低的工期。

（2）时间 – 资源优化

时间 – 资源优化就是寻求时间与资源的最佳结合。

时间 – 资源优化的思路（资源一定）为：缩短关键路线上活动的活动时间；采取组织措施，关键路线活动交叉作业；利用时差，从非关键活动抽调资源用于关键活动。

时间 – 资源优化的思路（工期一定）为：按规定的工期和工作量，计算所需资源，做出日程安排；将资源优先分配给关键路线活动，并尽量均衡、连续地投入；充分利用时差，错开非关键活动的开工时间，以避开资源需求高峰；必要时调整工期，以保证资源的合理利用。

5.MS–Project 及其应用

目前，有很多软件可以用来辅助项目管理，其中比较流行的是 MS-Project。该软件是微软公司推出的项目规划与管理软件，是 MS-Office 系列产品中的重要一员。

MS-Project 的特点有六个：操作简单，与其他软件兼容；提供了一种方法论及逻辑计划结构，一套规范的日常用语，一系列范例；允许不同用户共享项目计划和项目状态，方便项目成员之间的沟通；自动生成多层次详细报表和汇总报表；可以标示约束冲突的发生，并支持“what-if”场景；能够生成不同类别的视图。

MS-Project 的功能有四个：分配资源、比较不同的计划版本、评估变更、进度跟踪。

13.2　习题与案例

13.2.1　习题

1. 名词解释

（1）项目；（2）项目管理；（3）项目管理知识领域（PMBOK）；（4）启动过程组；（5）规划过程组；（6）执行过程组；（7）监控过程组；（8）收尾过程组；（9）项目整合管理；（10）项目范围管理；（11）项目时间管理；（12）项目成本管理；（13）项目质量管理；（14）项目人力资源管理；（15）项目沟通管理；（16）项目风险管理；（17）项目采购管理；（18）项目干系人管理；（19）需求分析；（20）基本需求；（21）附加需求；（22）工作分解结构（WBS）；（23）资源规划；（24）工作说明；（25）甘特图；（26）任务和责任分派；（27）关键路径法（CPM）；（28）计划评审技术（PERT）；（29）网络计划技术；（30）网络图；（31）箭线式网络图；（32）节点式网络图；（33）活动；（34）事件；（35）路线；（36）活动时间；（37）单一时间估计法；（38）三种时间估计法 / 三点估计法；（39）节点时间；（40）节点最早开始时间；（41）节点最迟结束时间；（42）活动最早开始时间；（43）活动最早结束时间；（44）活动最迟结束时间；（45）活动最迟开始时间；（46）活动总时差；（47）活动自由时差；（48）关键活动；（49）关键路线；（50）工期；（51）关键链；（52）时间 – 成本优化；（53）直接成本；（54）间接成本；（55）时间 – 资源优化。

2. 单选题（有且只有一个选项正确）

（1）PMBOK 确定的项目管理的过程组有（　　）。

A. 4 个　　B. 5 个　　C. 6 个　　D. 7 个

（2）PMBOK 确定的项目管理的知识领域有（　　）。

A. 8 个　　B. 9 个　　C. 10 个　　D. 11 个

（3）系统地提出关键链技术的是（　　）。

A. 甘特　　B. 高德拉特　　C. 瓦特　　D. 福特

（4）关键链技术将一种重要的管理理论应用到了项目计划管理，这种重要的管理理论是（　　）。

A. 排队论　　B. 项目生命周期理论

C. 约束理论　　D. 决策论

3. 多选题（至少有一个选项正确）

（1）以下选项中，属于项目的有（　　）。

A. 建造一栋大楼　　B. 饮料公司每天灌装饮料

C. 召开一次研讨会　　D. 拟订一个专项工作计划方案

（2）以下选项中，属于网络图基本要素的有（　　）。

A. 方向　　B. 活动　　C. 事件　　D. 路线

4. 判断题（在括号中直接填写“对”或“错”，也可以打“√”或“×”）

（1）一个网络图中一定只有一条关键路线。（　　）

（2）直接成本是直接发生的费用，间接成本是因产生某项费用而带来的间接损失。（　　）

5. 填空题

（1）项目的特点有八个，即（　　）、（　　）、（　　）、（　　）、（　　）、（　　）、（　　）、（　　）。

（2）项目生命周期一般包括四个阶段，即（　　）、（　　）、（　　）、（　　）。

（3）项目管理知识体系（PMBOK）把项目管理分为五大过程组，即（　　）、（　　）、（　　）、（　　）、（　　）。

（4）项目管理知识体系（PMBOK）把项目管理分为十大知识领域，即（　　）、（　　）、（　　）、（　　）、（　　）、（　　）、（　　）、（　　）、（　　）、（　　）。

（5）项目整合管理所包含的过程组有六个，即（　　）、（　　）、（　　）、（　　）、（　　）、（　　）。

（6）项目范围管理所包含的过程组有六个，即（　　）、（　　）、（　　）、（　　）、（　　）、（　　）。

（7）项目时间管理所包含的过程组有七个，即（　　）、（　　）、（　　）、（　　）、（　　）、（　　）、（　　）。

（8）项目成本管理所包含的过程组有四个，即（　　）、（　　）、（　　）、（　　）。

（9）项目质量管理所包含的过程组有三个，即（　　）、（　　）、（　　）。

（10）项目人力资源管理所包含的过程组有四个，即（　　）、（　　）、（　　）、（　　）。

（11）项目沟通管理所包含的过程组有三个，即（　　）、（　　）、（　　）。

（12）项目风险管理所包含的过程组有六个，即（　　）、（　　）、（　　）、（　　）、（　　）、（　　）。

（13）项目采购管理所包含的过程组有四个，即（　　）、（　　）、（　　）、（　　）。

（14）项目干系人管理所包含的过程组有四个，即（　　）、（　　）、（　　）、（　　）。

（15）项目需求有两类，即（　　）、（　　）。

（16）项目的需求分析就是明确市场对项目的需求和业主对项目的要求，其中基本需求有四项核心内容，即（　　）、（　　）、（　　）、（　　）。

（17）确定项目目标的 SMART 原则有五个，即（　　）、（　　）、（　　）、（　　）、（　　）。

（18）网络图的形式有两种，即（　　）、（　　）。

（19）网络图的组成要素有三个，即（　　）、（　　）、（　　）。

（20）网络图的绘制原则有五个，即（　　）、（　　）、（　　）、（　　）、（　　）。

（21）确定活动时间的方法有两种，即（　　）、（　　）。

（22）MS-Project 的主要功能有四个，即（　　）、（　　）、（　　）、（　　）。

6. 简答题

（1）简述项目管理的产生与发展过程。

（2）以表格的形式描述 PMBOK 十大知识领域包含的过程及其工作内容。

（3）简述有关项目计划 4W2H 的含义。

（4）简述项目计划的步骤或内容。

（5）简述作业计划的内容。

（6）以图示方法描述工作分解结构。

（7）假设你正在策划学院的新年文艺演出，给出这一项目工作分解结构的基本思路。

（8）简述项目控制的一般方法。

（9）说明建立项目管理信息系统的必要性。

（10）简述 WBS 在项目控制中的应用。

（11）简述 CPM 与 PERT 的主要区别。

（12）简述网络计划技术的步骤。

（13）简述绘制网络图的原则。

（14）简述控制关键路线的意义。

（15）简述关键链与传统项目计划管理技术的区别。

（16）简述利用关键链技术进行项目管理的步骤。

（17）以图示的方法来描述直接成本、间接成本与时间的关系。

（18）简述时间 – 成本优化的步骤。

（19）简述时间 – 资源优化的思路（资源一定）。

（20）简述时间 – 资源优化的思路（工期一定）。

（21）简述 MS-Project 的特点。

7. 计算题

（1）已知某工程项目的活动构成及其时间如表 13-1 所示。

表 13-1　工程项目活动构成及其时间

活动代码	紧前活动	活动时间（天）
A	—	1
B	A	2
C	A	6
D	B	3
E	C	7
F	D，E	4
G	C	8
H	G	9
I	F，H	5

①绘制网络图。

②计算节点时间。

③计算活动时间。

④确定关键路线。

⑤计算工期。

（2）CCC公司经过市场调查和预测，认为笔记本电脑将逐渐代替台式机成为主流，而该公司现有的产品设计在体积、重量、尺寸及部分性能方面均不符合用户的要求，为此公司专门成立了一个“设计、开发和制造新型笔记本电脑样机”的项目小组。表13-2给出了活动描述、活动代码、活动顺序、活动时间。

表 13-2 工程项目活动构成及其时间

活动描述	活动代码	紧前活动	活动时间（天）
设计样机	A	—	21
样机试制	B	A	4
设备与工艺调查、评估	C	A	7
样机检测	D	B	2
编写设备工艺调查报告	E	C、D	5
编写试制报告	F	C、D	8
编写项目总结报告	G	E、F	2

①绘制网络图。

②计算节点时间。

③计算活动时间。

④确定关键路线。

⑤计算工期。

（3）某工程由七道工序构成，有关资料如表13-3所示。该工程间接费用为每周1 000元，在正常作业时间，人力、物力投入的直接费用为40 000元。绘制网络图，确定关键路线和正常工期，进行时间–成本优化，以确定成本最低的工期。

表 13-3 某工程的工序、作业时间及费用

工序名称	紧前工序	作业时间（周）		直接费用（千元）		赶工费用（千元/周）=增加的直接费用/压缩工期
		正常	赶工	正常	赶工	
A	—	6	5	5	7	2.00
B	A	3	1	4	5	0.50
C	A	8	4	6	9	0.75
D	B	4	3	3	5	2.00
E	B	5	3	8	11	1.50
F	C，D	7	4	10	12	0.66
G	E，F	2	1	4	6	2.00

8. 论述题

分析时间－资源优化要解决的管理问题及其基本思路。

13.2.2 案例

世纪之交东方的“泰坦尼克号”

1. 项目基本情况

ZY项目是利用世界银行贷款和国内配套资金建设的医药项目，是国家“八五”重点建设项目，是我国医药行业中第一个全面按照GMP标准设计建设的工程。

项目的设计规模为年加工玉米15万吨，年生产商品淀粉（药用级）3.3万吨、变性淀粉（工业级）1万吨，一水葡萄糖（食品级）1.5万吨、无水葡萄糖（药用级）1万吨，70%山梨醇1.5万吨，维生素C（药用级）0.5万吨。

项目的主要生产装置有：淀粉、葡萄糖、山梨醇、维生素C，还有自备水厂、热电站、废水处理装置、铁路专用线等公用辅助工程。

该项目在还没有完全建成的情况下就已停产关门，除留下300多人看护设备外，其余2 000多人自找门路或放假待岗。

这就是ZY项目——世纪之交东方的“泰坦尼克号”！

2. 项目失败的原因分析

造成ZY项目失败，陷入目前这种进退维谷的困境，主要有两大方面的原因。

（1）设计、建设存在缺陷，项目先天不足

①工艺、技术、设备。该项目工艺、技术、设备问题重重，工厂还未建成投产，便投入很大精力进行整改。边开边改，改了开，开了再改。维生素C招标失败。维生素C装置引进的是瑞士ENCO公司的专有技术。该技术是实验室的小试技术，未曾进行过中试生产，更没有工业化大生产的实例。该装置在外商调试未果束手无策撤离的情况下，工厂实施了一轮又一轮的整改，但都因未找到问题的真正症结而不了了之。无论生产负荷、产品质量，还是原材料、能源消耗、收率都与设计水平相差甚远。

变性淀粉及无水葡萄糖生产线根本未生产出产品。除此之外，其他装置或生产线也都存在或多或少的问题。

上述装置生产的产品是ZY项目的高附加值产品。这些装置形不成生产能力，不但自身没有效益，而且影响先行装置和后续装置的生产负荷、效益，从而影响整个项目的效益。

②规模不经济。巨额的项目投资，不但没有形成优势，反倒成了工厂的负担。原规划是要建设一个现代化的医药城、维生素C及其深加工产品生产基地。但是，由于一期工程没有建好，这一规划未能付诸实施。因此，巨额投资造成了ZY项目目前这种原料单一、产品品种少、产品附加值低、生产经营风险大的局面。巨额投资靠几个低附加值产品难以承担，难以实现企业效益。回收投资无望。

③公用、辅助工程不配套。公用工程过于庞大，负担沉重，形成“大马拉小车”的局面。几年来的试车实践表明：主要品种的水、电、汽、气余量大。即使生产装置全线开通，水、电、汽、气实际需要量

也仅为公用工程装置生产能力的 1/4～1/3。

在配套工程中，山梨醇装置用氢气（主要原料之一）由附近的一家化工厂供应。化工厂的开停严重制约着 ZY 项目山梨醇装置，进而制约着维生素 C 装置的开车。而且，即使该化工厂满负荷开车，氢气的供应量也只能满足山梨醇装置满负荷用量的一半。废水处理装置的投资为 5 000 多万元人民币。处理废水能力为生产线满负荷开车时排放量的 1.4 倍。铁路专用线的投资为 1 300 万元人民币。该专用线大部分时间闲置。

④设计上项目大而全，工厂办社会。生活服务等设施过于庞杂，投资过大。生活服务设施投资多达 2 600 万元人民币。工厂背着沉重包袱，不能轻装上阵，快步前进。由于大量人员从事三产服务，加上管理人员多，工厂直接从事产品生产的人员只占总人员的 50% 多一点。

（2）项目建设过程中管理混乱，有些条件没有积极创造，项目后天失调

①管理混乱。内部管理上，从项目论证、技术引进到设计、施工各阶段；从领导班子配备、管理体制的确定到物资供应、生产组织各环节，都存在严重的管理问题。

项目论证只顾眼前，回避矛盾。将可行性研究报告编制成“可批性研究报告”，给项目留下了隐患。从目前的行情看，主要原料玉米的价格比立项时上涨了 8 倍，主要产品维生素 C 的价格下跌超过 50%。如果按 80% 的负荷开车，工厂每年的成本仅玉米一项就上升 1 亿元之多；而维生素 C 产品则使工厂每年减少收入 2 亿元之多。一反一正就是近 4 亿元之巨！如此关键的市场预测，在可行性研究报告中竟然以市场前景良好的结论代替了。

维生素 C 招标失败，变性淀粉、无水葡萄糖生产线不成熟，归根到底是人为原因。在对 ZY 项目进行后评价时，问及引进这些技术是谁拍的板、谁签的字时，得到的回答竟是不清楚或推脱说是会上定的。项目法人地位不确定，法定代表人不明确，多头投资，多层领导必然导致这类问题的出现。

设计贪大求全。这不是天灾，而是人祸。在 ZY 项目东南方向 5 公里左右即为一家大型热电厂。在 ZY 项目立项的同时，热电厂二期扩建工程也以国家“八五”重点项目确定下来。就是在这种情况下，依然批建了 ZY 项目自备电站。近 1 亿元投资建成的热电站不但没有给 ZY 项目带来任何便利，反倒成了甩不掉的包袱。庞大的生活设施、铁路专用线以及为二期预留的配套能力更使 ZY 项目雪上加霜。

项目建设无序，未按基建程序办事。可行性研究规定建设工期为 42 ～ 48 个月，而施工合同上写明工期仅为 27 个月。许多单项工程均是边设计、边施工、边修改的“三边”工程。工程缺陷多、返工多、浪费多。工程质量低劣，后患无穷。

关于工厂的管理体制、内部组织，ZY 项目曾聘请中国企协咨询服务中心的专家进行论证设计。上下结合，历时近两年建立起来的符合工厂实际的责任中心制及其配套制度在执行过程中竟一再打折扣。当新的领导班子上任后，更是推倒从来。就是这样，机构分了合、合了分。

②因循守旧，不创造条件调整工厂产品结构。一些领导自开工建设、试生产至今始终抱定要搞大原料、大维生素 C。就在维生素 C 装置的技术整改没有任何结果，其产品价格急剧下跌的情况下，仍有地方

领导授意工厂生产维生素 C，并说什么，“赔也赔出个英雄”！在这种“赔”的指导思想下，工厂想方设法争取到了维生素 C 的 8 000 万元整改资金，结果是：整改、投料、失败；再整改、再投料、再失败！事实上，ZY 项目的几个品种都有高附加值的下游产品。开发这些产品，少则投资几万元，多则也不过投资几十万元。从玉米浸泡液中提取菲酊、饲料的精细加工、开发精制玉米油礼品型小包装都可以给工厂带来可观的经济效益。袋装无水葡萄糖大输液更是投资少、能耗低、见效快，属于四季常青的高、精、尖项目。

③头痛医头，脚痛医脚，贻误了综合治理，使问题越积越多。为救活 ZY 项目，地方政府和工厂采取了一些措施：争取整改资金，解决项目缺陷。工厂先后投入上千万元资金实施以维生素 C 为重点的技术整改，谋求对外合资（合作）。先后同世行国际金融公司、瑞士罗氏公司、锦宏公司进行了广泛接触，并同香港锦宏公司达成了合资协议；在没有交工验收的情况下，在不到两年的时间里，在地方政府的主导下，先后同意让河南莲花味精集团公司和河南开普集团公司兼并。再后来，ZY 项目先后谋求与郑州热力、神马集团、中国蓝星集团等的合作，最近的消息是 ZY 项目与上海复星重组基本敲定。但人们今天看到的结局是：整改没成效，对内对外合作均无结论。之所以这些措施失当，劳民伤财，就在于没有对 ZY 项目的问题进行全面分析，没有找到 ZY 项目的症结所在。原来的问题没解决，又带来了新的问题。如今，厂区蒿草丛生。机器设备长时间不开，已锈迹斑斑。工厂为了每月 20 万元的看厂费用，不得不变卖库存物资。时至今日，原材料、备品、备件已几近于无。每位职工心里都明白，工厂再次启动，谈何容易。

问题

1. ZY 项目的特点是什么？
2. ZY 项目在建设过程中存在哪些主要问题？
3. 如何才能解决 ZY 项目的现实问题？
4. 从这一项目中你得到了什么启示？

13.3　习题参考答案与案例使用说明

13.3.1　习题参考答案

1. 名词解释

（1）项目是指在特定的时间、预算、资源限定内，按照一定的规范完成的一种独特而复杂的活动。

（2）项目管理是指在一个确定的时间范围内，为了完成一个既定的目标，临时性组织在特殊的运行机制下，通过有效的计划、组织、领导与控制，充分利用既定有限资源的一种系统管理方法。

（3）项目管理知识领域（PMBOK）是指对项目管理五大过程组、十大知识领域所需知识与技能的描述。

（4）启动过程组是定义一个新项目或现有项目的一个新阶段，授权开始该项目或阶段的一组过程。

（5）规划过程组是明确项目范围，优化目标，为实现目标制订行动方案的一组过程。

（6）执行过程组是完成项目管理计划确定的工作，以满足项目规范要求的一组过程。

（7）监控过程组是跟踪、审查和调整项目进展与绩效，识别必要的计划变更并启动相应变更的一组过程。

（8）收尾过程组是完结所有过程组的所有活动，正式结束项目或阶段的一组过程。

（9）项目整合管理是为了协调项目的所有组成部分而进行的对各个过程的集成，其核心是在多个互相冲突的目标和方案之间做出权衡，以便满足项目利益相关者的要求。

（10）项目范围管理是确保项目完成而且仅仅完成全部规定的任务，以最终达到项目目标的一个知识领域，其要点是在做什么与不做什么之间划清界限。

（11）项目时间管理是确保项目按时完成。

（12）项目成本管理是保证在批准的预算内完成项目。

（13）项目质量管理是保证项目能够满足原来设定的各种要求。

（14）项目人力资源管理是保证最有效地使用项目参与者的能力。

（15）项目沟通管理是保证及时、准确地提取、收集、传播、存储以及处理项目信息。

（16）项目风险管理是把有利事件的积极结果尽量扩大，把不利事件的后果降低到最低限度。

（17）项目采购管理是保证从项目组织外部获取物资或服务。

（18）项目干系人管理即识别、规划、管理、控制干系人参与项目管理。

（19）需求分析就是明确市场对项目的需求和业主对项目的要求。

（20）基本需求是指对项目的范围、质量、成本、进度四项核心内容的要求。此外，法律法规方面的要求也属于基本要求。

（21）附加需求是指对市场开辟、争取支持等方面的要求。

（22）工作分解结构（WBS）是一种将项目最终交付的硬件、软件或服务等成果，分解为各自的组成要素，再将各组成要素（或子系统）一直分解到能够描述项目任务之间关系的数据结果，并对其编码的工具。

（23）资源规划就是确定实施项目活动需要哪些有形资源（人力、设备、材料）以及每种资源需要多少的活动。资源包括自然资源和人造资源、内部资源和外部资源、有形资源和无形资源。

（24）工作说明是对需要进行的每项工作的一个精确说明。

（25）甘特图就是通过活动列表和时间刻度直观地表示项目活动的顺序与持续时间的条状图。

（26）任务和责任分派是将 WBS 中规定的各项任务和 SOW 中规定的任务要求，分派给组织中的部门或个人。

（27）关键路径法（CPM）是用网络图表示项目的各项活动之间的相互关系，找出决定工期的关键路线，在一定的工期、成本、资源条件下获得最优项目计划方案的一种网络计划技术。

（28）计划评审技术（PERT）是用乐观时间、最可能时间和悲观时间的加权值来估计活动时间的一种网络计划技术。

（29）网络计划技术就是利用网络图表示计划任务的进度安排和各项活动之间的关系，在此基础上进行网络分析，计算网络时间值，确定关键路线；利用时差，不断改进网络计划，求得工期、资源与成本的优化。

（30）网络图是指一种由活动、事件和路线三要素组成的图体模型。

（31）箭线式网络图是以箭线表示活动的网络图。

（32）节点式网络图是以节点表示活动的网络图。

（33）活动是指一项作业（工序）或作业。

（34）事件是指一项活动的开始或结束的瞬间。

（35）路线是指从网络始点事件开始，沿箭线方向，到网络终点事件为止的路径。

（36）活动时间是指完成一项活动所需的时间。

（37）单一时间估计法又称单点估计法，是指活动时间只确定一个时间值，以可能性最大的活动时间为准。

（38）三种时间估计法 / 三点估计法是指对于不确定性较大的问题，可以预先估计最乐观时间、最保守时间和最可能时间三个时间值，应用概率的方法计算活动时间的平均值和方差。

（39）节点时间是指某项工作在某一时刻开始或结束的时间。

（40）节点最早开始时间是以该节点开始的各项活动最早可能开始的时间。

（41）节点最迟结束时间是以该节点为结束的各项活动最迟必须结束的时间。

（42）活动最早开始时间是指代表活动的箭线的箭尾节点最早开始时间。

（43）活动最早结束时间是指代表活动可能结束的最早时间。

（44）活动最迟结束时间是指代表活动的箭线的箭头节点最迟结束时间。

（45）活动最迟开始时间是指为不影响紧后活动如期开工而最迟必须开始的时间。

（46）活动总时差是指在不影响整个项目完工时间的条件下，某项活动的最迟开始时间与最早开始时间之差。

（47）活动自由时差是指在不影响紧后活动在其最早开始时间开工的前提下，本活动的完工期可能有的机动时间。

（48）关键活动是指时差为零的活动。

（49）关键路线是指按顺序把关键活动连接起来所得到的从起始节点到终止节点的路线。

（50）工期是指关键路线上全部活动时间之和。

（51）关键链是利用有限的资源来实现项目计划管理，通过设置缓冲来达到整个项目的有效执行的项目计划管理技术。

（52）时间 – 成本优化就是在考虑工期和费用之间关系的前提下，寻求以最低的项目总费用获得最佳工期的一种方法。

（53）直接成本是指人工、材料、能源等费用。

（54）间接成本是指管理费用、销售费用等费用。

（55）时间－资源优化就是寻求时间与资源的最佳结合。

2. 单选题

（1）B （2）C （3）B （4）C

3. 多选题

（1）ACD （2）BCD

4. 判断题

（1）错 （2）错

5. 填空题

（1）目标性 多元性 新颖性 计划性 时限性 聚散性 排己性 生命周期性

（2）识别需求 提出方案 实施项目 结束项目

（3）启动过程组 规划过程组 执行过程组 监控过程组 收尾过程组

（4）项目整合管理 项目范围管理 项目时间管理 项目成本管理 项目质量管理 项目人力资源管理 项目沟通管理 项目风险管理 项目采购管理 项目干系人管理

（5）制定项目章程 制订项目管理计划 指导与管理项目工作 监控项目工作 实施整体变更控制 结束项目或阶段

（6）规划范围管理 收集需求 定义范围 创建 WBS 确认范围 控制范围

（7）规划进度管理 定义活动 排列活动顺序 估算活动资源 估算活动持续时间 制订进度计划 控制进度

（8）规划成本管理 估算成本 制定预算 控制成本

（9）规划质量管理 实施质量保证 控制质量

（10）规划人力资源管理 组建项目团队 建设项目团队 管理项目团队

（11）规划沟通管理 管理沟通 控制沟通

（12）规划风险管理 识别风险 实施定性风险分析 实施定量风险分析 规划风险应对 控制风险

（13）规划采购管理 实施采购 控制采购 结束采购

（14）识别干系人 规划干系人管理 管理干系人参与 控制干系人参与

（15）基本需求 附加需求

（16）范围 质量 成本 进度

（17）明确（specific） 可度量（measurable） 可实现（achievable） 成果驱动（result driven）时间性（time）

（18）箭线式网络图 节点式网络图

（19）活动 事件 路线

（20）方向性 活动有始有终 两点一线 顺序编号 源汇合一

（21）单一时间估计法 三种时间估计法

（22）分配资源 比较不同的计划版本 评估变更 进度跟踪

6. 简答题

（1）①人们通常认为，项目管理是第二次世界大战的产物。

② 20 世纪 50 年代，在美国，以关键路线法（critical path method，CPM）和计划评审技术（program evaluation and review technique，PERT）为代表的网络计划技术被提出，并在 60 年代得到应用。

③ 1950～1980 年，项目管理主要应用于美国国防建设部门和建筑公司。从 20 世纪 80 年代开始，项目管理的应用扩展到其他工业领域（行业），如制药、电信、软件开发等。

④目前有两大项目管理的研究体系：以欧洲为代表的体系——国际项目管理协会（IPMA）；以美国为代表的体系——美国项目管理协会（PMI），它们分别制定了项目管理知识体系。国际标准化组织制定了关于项目管理的国际标准 ISO 10006。

⑤中国一些高校于 20 世纪 70 年代末开始项目管理的研究工作，到 1991 年成立了全国性的项目管理研究会。在实践上，80 年代后，我国项目管理体制首先在建设项目上有所突破。随着中国工业化进程的加快，项目管理在我国必将越来越受到关注。

（2）PMBOK 十大知识领域包含的过程组及其工作内容如表 13-4 所示。

表 13-4　PMBOK 十大知识领域、所包含的过程及其工作内容

领域	过程	过程组	工作内容
项目整合管理	制定项目章程	启动	编写一份正式批准项目并授权项目经理使用组织资源的文件
	制订项目管理计划	规划	定义、准备和协调所有子计划，并把它们整合为一份综合项目管理计划
	指导与管理项目工作	执行	为实现项目目标而执行项目管理计划所确定的工作，并实施已批准的变更
	监控项目工作	监控	跟踪、审查和调整项目进展，以实现项目管理计划中确定的绩效目标
	实施整体变更控制	监控	审查所有变更请求，批准变更，并管理对可交付成果、组织过程资产、项目文档和项目管理计划的变更，并对变更结果进行沟通
	结束项目或阶段	收尾	完结所有项目管理过程组的所有活动，以正式结束项目或阶段
项目范围管理	规划范围管理	规划	创建范围管理计划，书面描述将如何定义、确认和控制项目范围
	收集需求	规划	为实现项目目标而确定、记录并管理干系人的需要和需求
	定义范围	规划	给出项目和产品的详细描述
	创建 WBS	规划	把项目可交付成果和项目工作分解成较小的、更易于管理的组成部分
	确认范围	监控	正式验收项目已完成的可交付的成果
	控制范围	监控	监督项目和产品的范围状态、管理范围基准的变更
项目时间管理	规划进度管理	规划	为规划、编制、管理、执行和控制项目进度而制定政策、程序和文档
	定义活动	规划	识别和记录为完成项目可交付的成果而需要采取的具体行动
	排列活动顺序	规划	识别和记录项目活动之间的关系
	估算活动资源	规划	估算执行各项活动所需的材料、人员、设备或用品的种类和数量

（续）

领域	过程	过程组	工作内容
项目时间管理	估算活动持续时间	规划	根据资源估算的结果，估算完成单项活动所需的工作时段
	制订进度计划	规划	分析活动顺序、持续时间、资源需求和进度约束，创建项目进度模型
	控制进度	监控	监督项目状态，以更新项目进展，管理进度基准的变更，以实现计划
项目成本管理	规划成本管理	规划	为规划、管理和控制成本而制定政策、程序和文档
	估算成本	规划	对完成项目活动所需的资金进行近似估算
	制定预算	规划	汇总所有单个活动或工作包的估算成本，建立一个经批准的成本基准
	控制成本	控制	监督项目状态，以更新项目成本，管理成本基准的变更
项目质量管理	规划质量管理	规划	识别项目及其可交付成果的质量要求和 / 或标准，并书面描述项目将如何证明符合质量要求
	实施质量保证	执行	审计质量要求和质量控制测量结果，确保采用合理的质量标准和规范
	控制质量	控制	监测并记录执行质量活动的执行结果，以便评估绩效并推荐必要的变更
项目人力资源管理	规划人力资源管理	规划	识别和记录项目角色、职责、所需技能以及报告关系，并编制人员配备管理计划
	组建项目团队	执行	确认人力资源的可用情况，并为开展项目活动组建团队
	建设项目团队	执行	提高工作能力，促进团队互动和改善团队氛围，以提高项目绩效
	管理项目团队	执行	跟踪团队成员的工作表现，提供反馈，解决问题并管理团队变更，以优化项目绩效
项目沟通管理	规划沟通管理	规划	根据干系人对信息的需求及组织可用资产的情况，制订合适的项目沟通方式和计划
	管理沟通	执行	根据沟通管理计划，生成、收集、分发、储存、检索及最终处置项目信息
	控制沟通	控制	在整个项目生命周期中对沟通进行监督和控制，以确保满足项目干系人对信息的需求
项目风险管理	规划风险管理	规划	定义如何实施项目风险管理活动
	识别风险	规划	判断哪些风险会影响项目并记录其特征
	实施定性风险分析	规划	评估并综合分析风险发生的概率和影响，对风险进行排序，从而为后续分析或行动提供基础
	实施定量风险分析	规划	就已识别风险对项目整体目标的影响进行定量分析
	规划风险应对	规划	针对项目目标，制订提高机会、降低威胁的方案和措施
	控制风险	控制	在整个项目中，实施风险应对计划，跟踪已识别风险，监测残余风险，识别新风险和评估风险过程的有效性
项目采购管理	规划采购管理	规划	记录项目采购决策，明确采购方法，识别潜在卖方
	实施采购	执行	获取卖方应答，选择卖方并授予合同
	控制采购	控制	管理采购关系，监督合同执行情况，并根据需要实施变更和采取纠正措施
	结束采购	收尾	完成单次项目采购

（续）

领域	过程	过程组	工作内容
项目干系人管理	识别干系人	启动	识别能影响项目决策、活动或结果的个人、群体或组织，以及被项目决策、活动或结果所影响的个人、群体或组织，并分析和记录它们的相关信息
	规划干系人管理	规划	基于对干系人需要、利益及对项目成功的潜在影响的分析，制定合适的管理策略，以有效调动干系人参与整个项目生命周期
	管理干系人参与	执行	在整个项目生命周期中，与干系人进行沟通和协作，以满足其需要与期望，解决实际出现的问题，并促进干系人合理地参与项目活动
	控制干系人参与	控制	全面监督项目干系人之间的关系，调整策略和计划，以调动干系人的参与

（3）①什么（what），项目经理与项目团队应当完成哪些工作；②怎样（how），如何完成这些工作；③谁（who），确定承担工作分解结构中的每项工作的具体人员；④何时（when），确定各项工作何时开始，需要多长时间，需要哪些资源等；⑤多少（how much），确定工作分解结构中的每一项需要多少经费；⑥哪里（where），确定各项工作在什么地方进行。

（4）①需求分析；②确定项目目标；③任务分解；④资源规划；⑤作业计划。

（5）①工作说明；②确定活动顺序；③任务和责任分派；④项目预算和成本估算。

（6）工作分解结构示意图如图 13-1 所示。

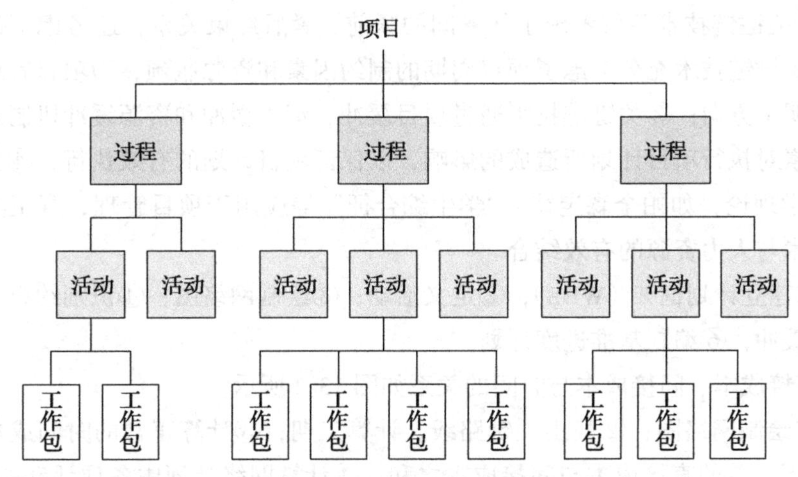

图 13-1　工作分解结构示意图

（7）①将学院新年文艺演出分为几个典型的活动；②确定每项活动的开始与结束时间；③根据分解的活动及其开始与结束时间绘制对应的甘特图。

（8）①建立文件体系；②建立会议制度；③建立信息控制制度。

（9）在大型项目中，资源昂贵，技术条件复杂，涉及的人数、机构和职能相互依存程度高，传统的专业或职能信息系统不能满足要求。

（10）对细分化的所有项目要素统一编码，使其代码化，WBS 还可以充当一种共同的信息交换语言，在此基础上实现信息系统之间所有信息的沟通。

（11）CPM 利用最可能值来估计活动时间，而 PERT 用乐观时间、最可能时间和悲观时间的加权值来估计活动时间。

（12）①应用前的准备工作；②绘制网络图；③计算网络时间；④网络的优化；⑤项目控制。

（13）①方向性。各项活动从左到右，不能反向。②活动有始有终。箭线的首尾必须有节点，不能从一条箭线中间引出另一条箭线。③两点一线。相邻两个节点之间只能由一条箭线直接相连，如存在两个以上的活动，其余活动应使用虚活动。④顺序编号。从小到大，从左到右，不能重复。⑤源汇合一。在一个网络图中，只能有一个始点事件和一个终点事件，如出现几道工序同时开始或结束，可用虚箭线把始点事项或终点事项连接起来。

（14）①在关键路线上如果各项活动时间提前或延迟一天，则整个计划任务的完工日期便会提前或延迟一天；②在网络图中，有时可能出现多条关键路线，关键路线越多，工期紧张的工作越多，越要严格控制，以保证计划任务如期完成；③关键路线是在一定条件下形成的，不是固定不变的，关键路线和非关键路线有时是可以互相转化的；④计算时差就是为了更好地掌握网络图中各条路线在时间上的轻重缓急，使项目管理者心中有数，必要时利用路线时差，抽调非关键路线上的人力、物力，以确保关键路线如期实现。

（15）①关键链技术不仅考虑了任务间的紧前、紧后约束关系，还考虑了任务间的资源冲突；②关键链技术充分考虑了项目周期的制约因素和资源瓶颈，为项目管理人员缩短项目周期指明了方向；③关键链技术通过项目缓冲、汇入缓冲和资源缓冲机制来消除项目中不确定因素对执行项目计划所造成的影响，以保证项目计划的有效执行；④关键链技术强调把行为学理论，如帕金森定律、“学生综合征”等应用于项目管理，真正实现了项目管理中的技术与人力资源的有效结合。

（16）①建立计划框架（WBS）；②定义活动；③绘制网络图；④识别约束，确定关键链；⑤设置缓冲；⑥编制基准进度计划。

（17）直接成本、间接成本与时间的关系如图 13-2 所示。

（18）①绘制网络图；②找出关键路线，计算工期；③计算正常的时间成本，即在不赶工的情况下，总的直接成本与间接成本之和；④计算网络计划中各项活动的成本斜率；⑤选取关键路线上成本斜率最低的活动作为赶工对象进行赶工，在压缩工期时，确保本活动所在路线仍为关键路线；⑥寻找新的关键路线，并计算赶工后的工期；⑦计算赶工后的总成本，赶工后的总成本等于直接成本、间接成本与赶工成本之和；⑧重复以上步骤，计算各种改进方案的成本；⑨确定总成本最低的工期。

（19）缩短关键路线活动的活动时间；采取组织措施，关键路线活动交叉作业；利用时差，从非关键活动抽调资源用于关键活动。

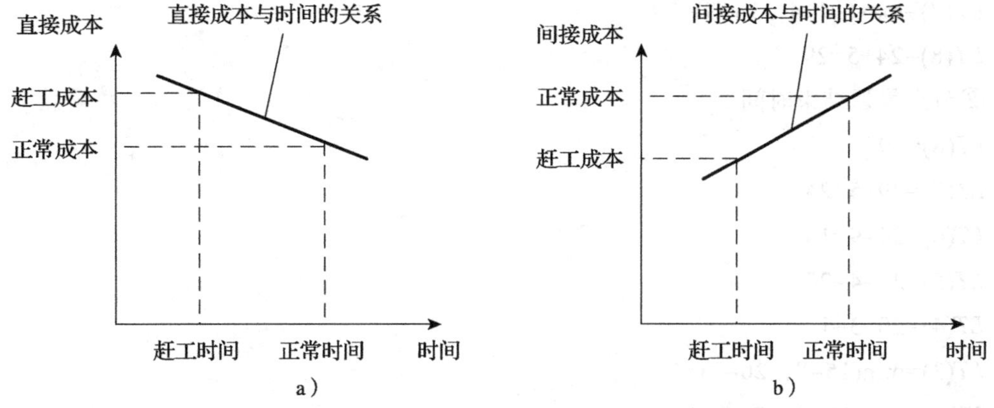

图 13-2　直接成本、间接成本与时间的关系

（20）按规定的工期和工作量，计算所需资源，做出日程安排；将资源优先分配给关键路线活动，并尽量均衡、连续地投入；充分利用时差，错开非关键活动的开工时间，以避开资源需求高峰；必要时调整工期，以保证资源的合理利用。

（21）①操作简单，与其他软件兼容；②提供了一种方法论及逻辑计划结构，一套规范的日常用语，一系列范例；③允许不同用户共享项目计划和项目状态，方便项目成员之间的沟通；④自动生成多层次详细报表和汇总报表；⑤可以标示约束冲突的发生，并支持“what-if”场景；⑥能够生成不同类别的视图。

7. 计算题

（1）网络图如图 13-3 所示。

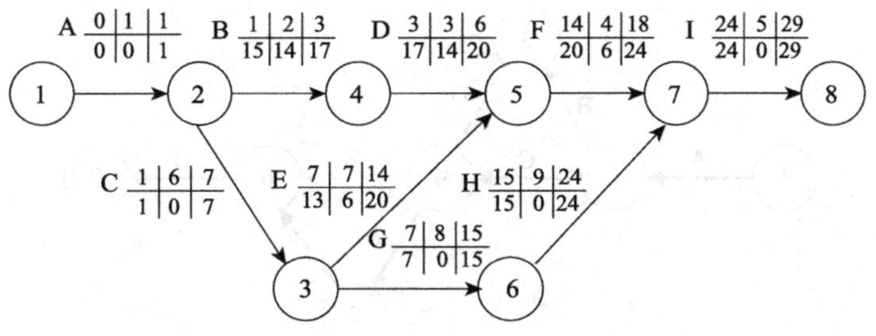

图 13-3　工程项目网络图

节点时间计算结果如下：

①节点最早开始时间

$ET(1)=0$

$ET(2)=0+1=1$

$ET(3)=1+6=7$

$ET(4)=1+2=3$

$ET(5)=\max(7+7，3+3)=14$

$ET(6)=7+8=15$

$ET(7)$=max(14+4，15+9)=24

$ET(8)$=24+5=29

②节点最迟结束时间

$LT(8)$=29

$LT(7)$=29−5=24

$LT(6)$=24−9=15

$LT(5)$=24−4=20

$LT(4)$=20−3=17

$LT(3)$=min(15−8，20−7)=7

$LT(2)$=min(17−2，7−6)=1

$LT(1)$=1−1=0

每个活动有 4 个时间，最早开始时间，即 $ES(i, j)=ET(i)$；最早结束时间，即 $ES(i, j)+t(i, j)$；最迟结束时间，即 $LF(i, j)=LT(j)$；最迟开始时间，即 $LF(i, j)-t(i, j)$。根据节点时间的计算结果，以及 4 个时间的计算公式，可以计算出全部 9 个活动中每个活动的 4 个时间。计算结果如图 13-3 所示。例如，活动 B 的最早开始时间为 1、最早结束时间为 15、最迟结束时间为 17、最迟开始时间为 3。

最早开始时间与最迟开始时间（最迟结束时间与最早结束时间）相等的活动即为关键活动，关键活动连接的路线即为关键路线。在本例中，关键路线为：A-C-G-H-I。

关键路线上全部活动时间之和即为工期。在本例中，工期为：1+6+8+9+5=29（天）。

（2）网络图如图 13-4 所示。

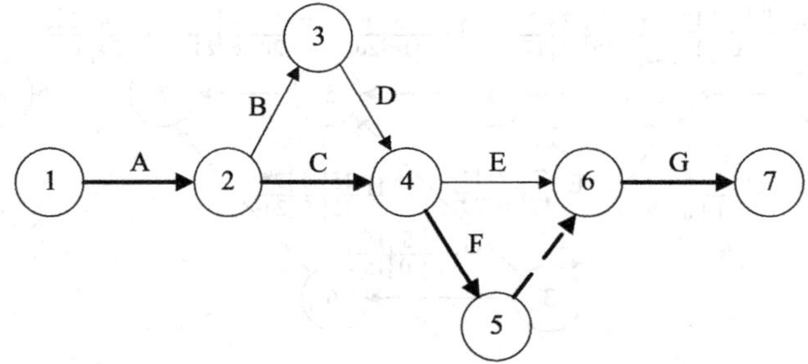

图 13-4　新型笔记本电脑样机研制网络图

节点时间计算结果如下：

①节点最早开始时间

$ET(1)$=0

$ET(2)$=0+21=21

$ET(3)$=21+4=25

$ET(4)$=max(21+7，25+2)=28

$ET(5)$=28+8=36

$ET(6)$=max(28+5，36+0)=36

$ET(7)=36+2=38$

②节点最迟结束时间

$LT(7)=38$

$LT(6)=38-2=36$

$LT(5)=36-0=36$

$LT(4)=\min(36-5, 36-8)=28$

$LT(3)=28-2=26$

$LT(2)=\min(28-7, 26-4)=21$

$LT(1)=21-21=0$

每个活动有 4 个时间，最早开始时间，即 $ES(i, j)=ET(i)$；最早结束时间，即 $ES(i, j)+t(i, j)$；最迟结束时间，即 $LF(i, j)=LT(j)$；最迟开始时间，即 $LF(i, j)-t(i, j)$。根据节点时间的计算结果，以及 4 个时间的计算公式，可以计算出全部 7 个活动中每个活动的 4 个时间。计算结果如表 13-5 所示。

表 13-5 还给出了 7 项活动的总时差，总时差为零的即为关键活动。

表 13-5 7 项活动时间及时差计算结果表

活动代号	紧前活动	活动时间	最早开始时间	最早结束时间	最迟开始时间	最迟结束时间	总时差	关键活动
A	—	21	0	21	0	21	0	*
B	A	4	21	25	22	26	1	
C	A	7	21	28	21	28	0	*
D	B	2	25	27	26	28	1	
E	C，D	5	28	33	31	36	3	
F	C，D	8	28	36	28	36	0	*
G	E，F	2	36	38	36	38	0	*

关键活动连接起来的路线即为关键路线，关键路线为：A-C-F-G。

关键路线上全部活动的活动时间之和即为工期，工期为：21+7+8+2=38（天）。

（3）绘制网络图、确定关键路线及工期：

根据工序之间的逻辑关系，绘制如图 13-5 所示的网络图。

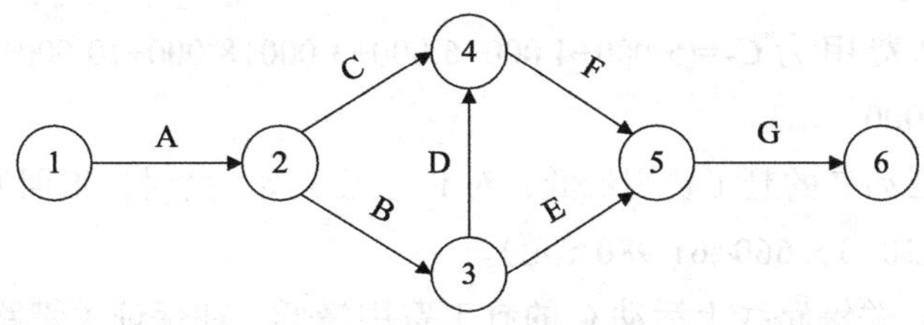

图 13-5 某工程项目网络图

网络图中 6 个节点的时间计算结果如下

①节点最早开始时间

$ET(1)=0$

$ET(2)=0+6=6$

$ET(3)=6+3=9$

$ET(4)=\max(6+8，9+4)=14$

$ET(5)=\max(9+5，14+7)=21$

$ET(6)=21+2=23$

②节点最迟结束时间

$LT(6)=23$

$LT(5)=23-2=21$

$LT(4)=21-7=14$

$LT(3)=\min(21-5，14-4)=10$

$LT(2)=\min(14-8，10-3)=6$

$LT(1)=6-6=0$

每个活动有 4 个时间，最早开始时间，即 $ES(i,j)=ET(i)$；最早结束时间，即 $ES(i,j)+t(i,j)$；最迟结束时间，即 $LF(i,j)=LT(j)$；最迟开始时间，即 $LF(i,j)-t(i,j)$。根据节点时间的计算结果，以及 4 个时间的计算公式，可以计算出全部 7 个活动中每个活动的 4 个时间。计算结果如表 13-6 所示。

表 13-6 7 项活动时间及时差计算结果表

活动代号	紧前活动	活动时间	最早开始时间	最早结束时间	最迟开始时间	最迟结束时间	总时差	关键活动
A	—	6	0	6	0	6	0	*
B	A	3	6	9	7	10	1	
C	A	8	6	14	6	14	0	*
D	B	4	9	13	10	14	1	
E	B	5	9	14	16	21	7	
F	C，D	7	14	21	14	21	0	*
G	E，F	2	21	23	21	23	0	*

关键活动连接起来的路线即为关键路线，关键路线为：A-C-F-G。

关键路线上全部活动的活动时间之和即为正常工期，正常工期为：6+8+7+2=23（周）。

时间 – 成本优化

正常工期的总费用为 C_T=(5 000+4 000+6 000+3 000+8 000+10 000+4 000)+1 000 × 23= 40 000+23 000= 63 000（元）。

①关键路线上活动 F 的赶工费用最低，对 F 赶工 3 周。此时，工期为 20 周，总费用为 C_T=40 000+1 000 × 20+3 × 660=61 980（元）。

②除活动 F 外，关键路线上活动 C 的赶工费用最低，在保证关键路线不变的情况下，对 C 赶工 1 周，此时，有两条关键路线 A-C-F-G、A-B-D-F-G，工期为 19 周，总费用为 C_T=40 000+1 000 × 19+3 × 660+1 × 750=61 730（元）。

③除活动 F 外，在同时赶工 C 和 B、同时赶工 C 和 D、赶工 G 这三个选项中，同时赶工 C 和 B 的赶工费用之和最低，为 750+500=1 250（元 / 周）。同时赶工 C 和 B 一

天后工期为 18 周，总费用为 C_T=40 000+1 000×18+3×660+1×750+1×750+1×500=61 980（元）。

总费用开始增加。所以最优工期为 19 天，对应的总费用为 61 730 元。

8. 论述题

包括人力、物力以及财力在内的资源是影响项目进度的主要因素。在一定条件下，增加投入的资源，可以加快项目进度，缩短工期；减少资源，则会延缓项目进度，拉长工期。资源利用得好，分配合理，就能带来好的经济效益。

时间 – 资源优化通常包括以下两种情况。

第一，资源一定，寻求工期最短。主要途径有：缩短关键路线活动的活动时间；采取组织措施，关键路线活动交叉作业；利用时差，从非关键活动抽调资源用于关键活动。

第二，在工期一定的条件下，通过平衡资源，求得工期与资源的最佳结合。制订网络计划时，对资源平衡的要求是：按规定的工期和工作量，计算所需资源，做出日程安排；将资源优先分配给关键路线活动，并尽量均衡、连续地投入；充分利用时差，错开非关键活动的开工时间，以避开资源需求高峰；必要时调整工期，以保证资源的合理利用。

对于有限资源约束条件下的日程安排是一项十分复杂的问题。由于项目涉及资源众多，一般采用启发式算法，找到较优的方案。

13.3.2　案例使用说明

1. 案例分析目的

（1）从项目管理的视角，分析 ZY 项目失败的原因，复盘 ZY 项目，给出该项目的重点节点，如规划设计、建设安装、投料试车、日常运维等的管控方案。

（2）巩固有关项目管理的知识点。

2. 案例分析步骤

（1）学生阅读案例文本，尝试回答后面的问题。

（2）教师介绍 ZY 项目的立项、规划设计、建设安装、投料试车、日常运维等情况。

（3）学生以小组为单位，归纳总结 ZY 项目失败的主要原因。

（4）复盘 ZY 项目，给出该项目重要节点的管理方案，并做案例分析报告。

（5）教师点评学生的案例分析结果，强调项目管理的复杂性，指出只有用科学的方法进行项目管理，才能避免像 ZY 项目这样的灾难发生。

案例分析过程如图 13-6 所示。

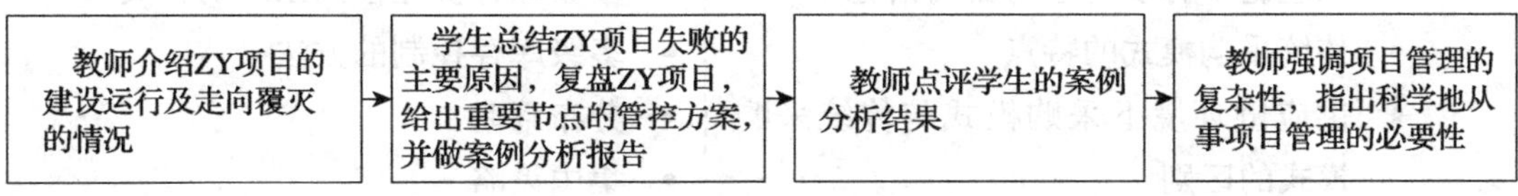

图 13-6　案例分析过程

第 14 章
CHAPTER 14

供应链管理

14.1 知识点

14.1.1 知识点清单

- 供应链
- 供应链管理
- 供应链管理的必要性
- 供应链管理的新发展
- 物联网（IoT）
- 物联网的体系架构
- 物联网的主要特征
- 物联网对供应链产生的影响
- 物流
- 物流管理
- 物流在供应链管理中的重要作用
- 供应链中物流的表现形式
- 供应链中物流管理的目标
- 供应链中有效管理物流的可能性
- 供应链中有效管理物流的措施
- 传统采购模式的特点
- 供应链环境下采购模式与传统采购模式的区别
- 竞争关系模式
- 双赢关系模式
- 双赢关系对企业运营管理的积极作用
- 双赢关系有效管理的条件
- 供需双方信息共享与交流的工作内容
- 采购员的道德守则
- 选择自制或外购要考虑的因素
- 供应商管理库存（VMI）
- 实施 VMI 的基本原则
- 实施 VMI 的条件
- 托付订单处理模式
- 联合库存管理（JMI）
- 牛鞭效应
- 无库存模式
- 第三方物流（TPL）
- TPL 的主要风险来源
- 多级库存优化控制系统的种类
- 多级库存控制的方法
- 分布策略
- 集中策略
- 供应链绩效评价
- 供应链绩效评价的作用

- 供应链绩效评价的原则
- 供应链运营参考模型（SCOR）
- 交货能力
- 订货满足率
- 订货提前期
- 订单完全执行率
- 供应链响应时间
- 生产柔性
- 供应链管理总成本
- 产品销售成本
- 增值生产率
- 担保成本或退货处理成本
- 可供应存货天数
- 现金周转期
- 资产周转率
- 供应链激励模式
- 供应链金融
- 供应链金融的内在逻辑
- 供应链金融的基础
- 供应链金融的融资模式

14.1.2　知识点解析

1. 概述

（1）供应链管理的概念

供应链就是通过物流、资金流和信息流联系起来的从供货商到制造商、分销商、零售商直至最终用户的联合体。

供应链管理就是对供应链中的信息流、物流和资金流实行计划、组织与控制。

（2）管理供应链的必要性

管理供应链的必要性体现在以下两个方面：全球经济一体化与外部环境剧变的要求；不断提高运营水平的要求。

（3）供应链管理的新发展

供应链管理的新发展表现在以下四个方面：供应链的扩展又有了新的内涵；更加注重供应链的响应速度；降低供应链成本有了新思路；绿色供应链从理论变成实践。

物联网（IoT）是在互联网的基础上，利用无线射频识别（RFID）、二维码识读、红外感应、激光扫描、全球定位等信息传感技术，把人员、设备、商品、信息等以全新的方式连在一起，实现物体智能化识别、定位、跟踪、监控与管理的一种新型网络。

物联网的体系架构有三层：以 RFID、传感器、二维码为主的用于识别物体和采集信息的感知层；通过互联网及其他网络实现数据传输、分类、聚合的网络层；通过信息技术与专业技术的深度融合实现行业智能化管理的应用层。

物联网的主要特征有四个：物联网最广泛地应用了各种感知技术；物联网是建立在互联网基础上的泛在网络；物联网实现了用户间的实时互动；物联网具备了智能处理能力。

物联网对供应链产生的影响体现在以下四个环节：采购环节、制造环节、配送环节、售后环节。

2. 物流管理

（1）物流管理发展简介

物流是指为满足顾客需求而发生的从供应起点到需求终点的物质、服务及信息的流转过程。

物流管理就是对物流进行计划、组织和控制。

（2）供应链中的物流管理

物流在供应链管理中的重要作用体现在：供应链管理离不开物流、信息流、资金流的集成，其中，物流对供应链管理的影响最大；信息流和资金流都可以不受空间的限制，可以在不改变空间位置的情况下完成交换，但是物流一定要发生物理上的位移才能实现其功能。

供应链中物流的表现形式有三种：物流的物质表现形式、价值表现形式、信息表现形式。

供应链中物流管理的目标是把恰当的产品（right product），按恰当的数量（right quantity）和恰当的条件（right condition），在恰当的时间（right time），用恰当的成本（right cost）送到位于恰当的地点（right place）的恰当顾客（right customer）手中，即人们通常所说的7R。

供应链中有效管理物流的可能性体现在：信息共享使物流管理更为有效。

供应链中有效管理物流的措施为：在充分共享信息的基础上，通过规划物流网络系统、快速重组与优化业务流程可以有效地降低物流成本，提高物流系统的敏捷性。

3. 基于供应链的采购管理

（1）传统的采购模式

传统采购模式的特点有五个：采购活动完全由采购商主导；供需双方不能充分分享彼此的信息；物资验收难度大；供需双方多是临时性的或短时期的合作关系，而且竞争多于合作；对最终用户的需求响应滞后。

（2）供应链环境下的采购管理

在供应链环境下，采购模式与传统采购模式的区别有三个：从基于库存采购到基于订单采购；从单纯的采购管理转变为外部资源管理；从一般买卖关系转变为战略协作伙伴关系。

（3）供应商管理

竞争关系模式是指基于价格驱动的供应商管理模式，表现为以下三个方面：采购商同时向若干供应商购货，通过供应商之间的竞争获得价格好处，同时保证供应的连续性；买方通过在供应商之间分配采购数量对供应商加以控制；买方与供应商保持的是一种短期合同关系。

双赢关系模式是指基于互惠互利和相互信任的供应商管理模式，表现为以下四个方面：采购商对供应商予以协助，帮助供应商降低成本、改进质量、加快产品开发进度；通过建立相互信任的关系提高效率，减少交易成本；通过长期的信任合作取代短期的合同；强调在供需双方之间分享信息，通过合作和协商协调双方的行为。

双赢关系对企业运营管理的积极作用体现为：双赢关系建立在互惠互利和相互信任的基础之上，供需双方表现出了更多的诚意，合作更加持久，其结果是双方在供应活动中赢得利益。

双赢关系有效管理的条件有三个：合理的供应商评价方法、信息的交流与共享、供应商的激励机制。

供需双方信息交流与共享的工作内容有五个方面：供需双方之间经常进行有关成本、作业计划、质量控制信息的交流与沟通，保持信息的一致性和准确性；在产品设计中引入新的理念，采用新的开发技术；建立联合任务小组；形成供需双方互访制度；先进信息技术的应用。

（4）采购中的道德问题

采购员的道德守则有七条：永远忠于雇主，一切从雇主的立场出发，不做损害雇主利益的事情；不接受来自供应商的礼物或服务；保守雇主和供应商的机密；遵守当地的法律和风俗习惯；避免采购血汗产品；避免私下达成限制自由竞争的互惠协定；支持小型、弱势或少数民族公司。

（5）自制或外购

选择自制或外购要考虑的因素有六个：企业已有的运营能力、专业技术、产品质量、需求特性、成本、风险。

4. 基于供应链的库存控制

（1）供应商管理库存

供应商管理库存（VMI）就是一种以最低成本为目的，在一个共同协议下由供应商管理库存，并不断监督协议执行情况和修正协议内容，以持续改进库存管理的合作性策略。

实施 VMI 的基本原则有四个：合作精神、最小化交易成本、目标一致性原则、持续改进原则。

实施 VMI 的条件有四个：建立顾客情报信息系统、建立物流网络管理系统、达成供需双方的合作框架协议、进行相应的组织机构变革。

托付订单处理模式是指由供需双方一起商定订单业务处理流程所需的信息和库存控制参数，据此建立一种订单处理标准格式（如 EDI 标准报文），将订货、交货和票据处理各个业务功能集成在供应商的管理模式。

（2）联合库存管理

联合库存管理（JMI）是一种在 VMI 基础上发展起来的上下游企业责、权、利对等和风险共担的库存管理模式。

牛鞭效应是指沿着需求信息的流动方向，在供应链上各个阶段产生的需求变化逐级放大的现象。

无库存模式是指由供应商直接向核心企业的生产线小批量、多频次地补充物料，从而实现“在需要的时候把所需品种和数量的物料配送到需要的地点”。

（3）第三方物流系统

第三方物流（TPL）是指由生产经营企业把核心业务以外的物流活动，以合同方式委托给专业物流服务企业，同时通过先进的信息技术与物流企业保持密切的联系，掌握物流全过程状态的一种物流管理模式。

TPL 的主要风险来源为：托付储运的产品保管不善、收货或交货延迟。

（4）多级库存的优化与控制

多级库存优化与控制系统的种类有六种：串行系统、并行系统、纯组装系统、树形系统、无回路系统、一般系统。

多级库存控制的方法有两种：基于分布策略的方法、基于集中策略的方法。

分布策略是各个库存点独立地制定、实施各自的库存策略。

集中策略是在考虑各个库存点相互关系的前提下，同时确定所有库存点的控制参数，通过协调获得库存优化的策略。

5. 供应链绩效评价

（1）供应链绩效评价的作用

供应链绩效评价就是对供应链的运行状况进行必要的测评，并根据测评结果对供应链的运行绩效进行评价，针对所出现的问题提出改进方案，不断提高绩效水平。

供应链绩效评价的作用有三个：掌握整个供应链的运行效果、奖优罚劣、促进节点企业之间的合作。

（2）供应链绩效评价应遵循的原则

供应链绩效评价的原则有三个：评价指标的全局性原则、重点突出原则、动态性原则。

（3）供应链运营参考模型与绩效评价指标

供应链运营参考模型（SCOR）是将组织最高层的四个基本商业流程（计划、资源获取、制造、交付）逐层分解，采用流程参考模式，通过分析公司目标和流程现状，量化作业绩效，对照目标数据，寻求改进机会的运营参考模型。

交货能力是指按照客户要求的日期，或在客户要求的日期之前，或在原计划的交货日期之前执行订单的百分比。

订货满足率是指在收到订单的 24 小时内用库存发货的订单百分比。

订货提前期是指从客户放单到收到订货实际所需的平均时间。

订单完全执行率是指满足全部交货要求的订单完成百分比。

供应链响应时间是指供应链系统对需求的非正常或显著变化的响应时间。

生产柔性是指达到企业所能承受的非计划的 20% 增产能力所需要的天数（对上游企业来说），在没有存货或成本损失的情况下，在交货期 30 天之前企业所能承受的订货减少百分比（对下游企业来说）。

供应链管理总成本是指供应链相关成本的总和，包括管理信息系统、财务、计划、存货、物料采购和订单管理等成本。

产品销售成本是指购买原材料和加工制造成本，包括直接成本和间接成本。

增值生产率是指人均增值率，即产品销售总额减去物料采购总成本，再除以用工总人数。

担保成本或退货处理成本是指物料、劳动力和产品缺陷的问题诊断成本，或退货处理成本。

可供应存货天数是指以计提超储和过期损失之前的标准成本计算的存货总值。

现金周转期是指存货供应天数，加上销售未付款天数，减去采购原料的平均付款天数。

资产周转率即产品销售总额除以净资产总额。

（4）供应链激励模式

供应链的激励模式有六种：价格激励、订单激励、商誉激励、信息激励、淘汰“激励”、共同投资和开发新产品 / 新技术。

6. 供应链金融

供应链金融是指将供应链上的核心企业和上下游企业结合在一起，在对供应链的商流、物流、资金流、信息流进行管理的基础上，提供系统性金融产品和服务。

供应链金融的内在逻辑为：从风险管控角度来看，供应链金融业务源于核心企业的资信拉动，在此基础上，以金融科技创新和银行产品设计来推动金融业务的顺利开展。

供应链金融的基础有两个：信用建立、信息共享。

供应链金融的融资模式有三种：采购阶段的预付款融资、运营阶段的存货融资、销售阶段的应收账款融资。

14.2　习题与案例

14.2.1　习题

1. 名词解释

（1）供应链；（2）供应链管理；（3）物联网；（4）物流；（5）物流管理；（6）竞争关系模式；（7）双赢关系模式；（8）供应商管理库存（VMI）；（9）托付订单处理模式；（10）联合库存管理（JMI）；（11）牛鞭效应；（12）无库存模式；（13）第三方物流（TPL）；（14）分布策略；（15）集中策略；（16）供应链绩效评价；（17）供应链运营参考模型；（18）交货能力；（19）订货满足率；（20）订货提前期；（21）订单完全执行率；（22）供应链响应时间；（23）生产柔性；（24）供应链管理总成本；（25）产品销售成本；（26）增值生产率；（27）担保成本 / 退货处理成本；（28）可供应存货天数；（29）现金周转期；（30）资产周转率；（31）供应链金融。

2. 单选题（有且只有一个选项正确）

（1）在供应链上形成的，由供方到需方的单向流是（　　）。

A. 信息流　　B. 人流　　C. 物流　　D. 资金流

（2）在供应链上形成的，由需方到供方的单向流是（　　）。

A. 信息流　　B. 人流　　C. 物流　　D. 资金流

3. 多选题（至少有一个选项正确）

（1）为了有效实施供应商管理库存（VMI），需要坚持一些基本原则，以下选项中属于这些原则的有（ ）。

A. 合作精神　　B. 目标一致性

C. 持续改进　　D. 库存核心企业利润最大化

（2）针对供应链环境下库存的新特点，人们提出了一些库存管理的新策略或方法，以下选项中属于这些新策略或方法的有（ ）。

A. VIM　　B. JMI　　C. TPL　　D. EOQ

4. 判断题（在括号中直接填写“对”或“错”，也可以打“√”或“×”）

（1）JMI 是指由供应商和用户联合管理库存。（ ）

（2）牛鞭效应是指沿着从供应商到制造商，直到最终客户，在供应链上各个阶段产生的需求变化逐级放大的现象。（ ）

5. 填空题

（1）实施 VMI 的基本原则有四个，即（ ）、（ ）、（ ）、（ ）。

（2）TPL 的主要风险来源有两个，即（ ）、（ ）。

（3）多级库存优化与控制系统的种类有六种，即（ ）、（ ）、（ ）、（ ）、（ ）、（ ）。

（4）多级库存控制的方法有两种，即（ ）、（ ）。

（5）供应链绩效评价的原则有三个，即（ ）、（ ）、（ ）。

（6）可以把 SCOR 评价指标分为五类，即（ ）、（ ）、（ ）、（ ）、（ ）。

（7）常用的供应链激励模式有六种，即（ ）、（ ）、（ ）、（ ）、（ ）、（ ）。

（8）供应链金融的基础有两个，即（ ）、（ ）。

（9）供应链金融的融资模式有三种，即（ ）、（ ）、（ ）。

6. 简答题

（1）绘制供应链示意图。

（2）简述管理供应链的必要性。

（3）简述供应链管理的新发展。

（4）简述物联网的体系架构。

（5）简述物联网的主要特征。

（6）简述物联网对供应链所产生的影响。

（7）简述物流管理的发展过程。

（8）简述物流在供应链管理中的重要作用。

（9）简述供应链中物流的表现形式。

（10）简述供应链中物流管理的目标。

（11）简述供应链中有效管理物流的可能性。
（12）简述供应链中有效管理物流的措施。
（13）简述传统采购模式的特点。
（14）简述供应链环境下的采购管理与传统采购模式的主要区别。
（15）简述竞争关系模式的表现。
（16）简述双赢关系模式的表现。
（17）简述双赢关系对企业运营管理的积极作用。
（18）简述实现双赢关系有效管理的条件。
（19）简述供需双方信息交流与共享的主要内容。
（20）简述采购员应坚守的七条道德守则。
（21）简述企业在自制或外购之间做出选择时要考虑的因素。
（22）简述实施 VMI 的基本原则。
（23）简述实施 VMI 的条件。
（24）简述联合库存管理的优点。
（25）简述牛鞭效应的危害。
（26）简述无库存模式的效果及管理要求。
（27）简述第三方物流的效果。
（28）简述多级库存的优化与控制的策略。
（29）简述供应链绩效评价的作用。
（30）简述供应链价格激励的意义及需要注意的事项。
（31）简述供应链订单激励的含义及需要注意的事项。
（32）简述供应链商誉激励的含义。
（33）简述供应链信息激励的含义。
（34）简述供应链淘汰“激励”的含义。
（35）简述供应链共同投资和开发新产品 / 新技术的意义。
（36）简述供应链金融的内在逻辑。

7. 计算题

无

8. 论述题

试比较分析 VMI、JMI、TPL 三种库存管理模式。

14.2.2　案例

HP 公司台式打印机的供应链

1. HP 公司及其台式打印机

惠普（Hewlett-Packard，HP）公司成立于 1939 年。HP 台式机于 1988 年进入市场，并成为 HP 公司的主要成功产品之一。

但台式机销售量的稳步上升（1990年，销售量达到600 000台，销售额达4亿美元），也带来了库存的增长。在实施供应链管理之后，这种情况得到了改善。

DeskJet打印机是HP公司的主要产品之一。该公司有5个位于不同地点的分支机构来负责这种打印机的生产、装配和运输。从原材料到最终产品，生产周期为6个月。根据以往的生产和管理方式，各成品厂装配好通用打印机之后直接进行客户化包装，为了保证98%的顾客订单即时满足率，各成品配送中心需要保有大量的安全库存（一般需要7周的库存量）。产品分别销往美国、欧洲和亚洲。

2. 存在的问题

HP打印机的生产、研究开发节点分布在16个国家，销售服务部门节点分布在110个国家，其产品种类超过22 000种。欧洲和亚洲地区对于台式打印机电源供应（电压110伏和220伏的区别，以及插件的不同）、语言（操作手册）等有不同的要求。以前这些事都由温哥华的公司完成，北美、欧洲和亚太地区是它的三个分销中心。这样一种生产组织策略，我们称之为"工厂本地化"（factory localization）。HP公司的分销商都希望尽可能地降低库存，同时尽可能快地满足客户的需求。这导致HP公司有很大的压力去保证供货的及时性，从而不得不采用备货生产（make-to-stock）的模式以保证对分销商供货准时的高可靠性，因而分销中心成为有大量安全库存的库存点。制造中心是拉动式的，计划的生成是为了通过JIT模式满足分销中心的目标安全库存，同时它本身也必须建立一定的零部件、原材料安全库存。

零部件原材料的交货质量（存在到货时间推迟、错误到货等问题）、内部业务流程、需求等的不确定性是影响供应链运作的主要因素。这些因素导致不能及时补充分销中心的库存，需求的不确定性导致库存堆积或者分销中心的重复订货。

将产品海运到欧洲和亚太分销中心需要大约一个月的时间，这么长的提前期导致分销中心没有足够的时间对快速变化的市场需求做出反应，欧洲和亚太地区只能以大量的安全库存来保证对用户需求的满足。

占用了大量的流动资金，若某一地区产品缺货，为了应急，可能会将原来为其他地区准备的产品拆开重新包装，从而造成更大的浪费。如何提高产品需求预测的准确性，是一个主要难点。

3. 任务

减少库存，同时提供高质量的服务成为HP公司（温哥华）管理的重点，着重于供应商管理，以降低供应的不确定性，并缩短机器闲置时间。

企业管理者希望在不牺牲顾客服务水平的前提下改善这一状况。

4. 解决方案

供应商、制造点（温哥华）、分销中心、经销商和消费者组成HP台式打印机供应链的各个节点，供应链是一个由采购原材料，把它们转化为中间产品和最终产品，最后交到用户手中的过程所组成的网络。重新设计的供应链如图14-1所示。

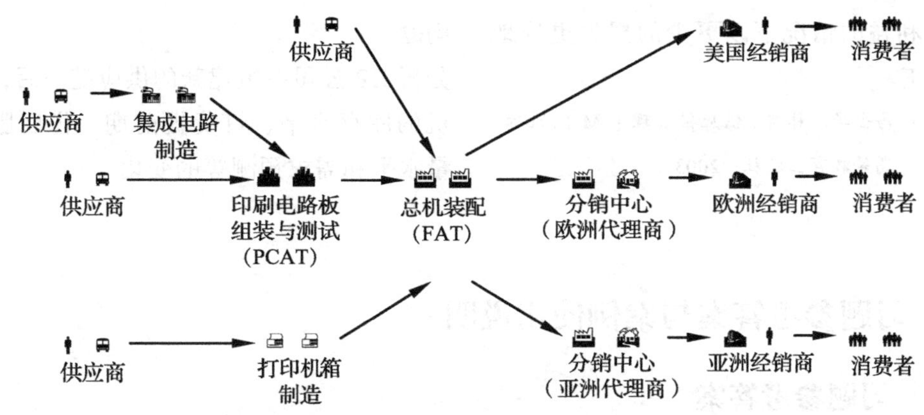

图 14-1　HP 公司 DeskJet 打印机的供应链

在这个新的供应链中，主要的生产制造过程由在温哥华的 HP 公司完成，包括印刷电路板组装与测试（printed circuit board assembly and test, PCAT）和总机装配（final assembly and test，FAT）。在 PCAT 过程中，电子组件（诸如 ASIC、ROM 和粗印刷电路板）组装成打印头驱动板，并进行相关的测试；在 FAT 过程中，电动机、电缆、塑料底盘和外壳、齿轮、印刷电路板总装成打印机，并进行测试。其中各种零部件原材料由 HP 公司的子公司或分布在世界各地的供应商供应。在温哥华生产通用打印机，在通用打印机运输到欧洲和亚洲后，再由当地的分销中心或代理商加上与地区需求一致的变压器、电源插头和用当地语言写成的说明书，完成整机包装后由当地经销商送到消费者手中。通过将客户化工作推迟到分销中心进行（“延迟”策略），实现了根据不同的用户需求生产不同型号的产品。这样一种生产组织策略，我们称之为“分销中心本地化”（DC-localization），并且在产品设计上做出了一定的改变，电源等客户化需求的部件设计成了即插即用的组件。

这样就改变了以前由温哥华的总机装配厂生产不同型号的产品，保持大量的库存以满足不同需求的情况，并且大大减少了库存量，原来需要 7 周的成品库存量以满足 98% 的订货服务目标，现在只需要 5 周的库存量就可以满足生产需求，一年大约可以节约 3 000 万美元，电路板组装与总装厂之间也基本实现了无库存生产。同时，打印机总装厂对分销中心实施 JIT 供应，以使分销中心保持目标库存量（预测销售量 + 安全库存量）。通过供应链管理，HP 公司实现了降低打印机库存量的目标。同时，实施供应链管理，还改善了 HP 公司的服务水平，通过改进供应商管理，减少了因原材料供应而导致的生产不确定性，缩短了停工等待时间。

5. 效果

安全库存周期减少为 5 周，库存总投资减少了 18%，仅这一项改进每年便可节省 3 000 万美元的存储费用。由于通用打印机的价值低于同等数量的客户化产品，从而进一步节省了运输、关税等费用。除了降低成本以外，客户化延迟使得产品在企业内的生命周期缩短，从而对需求预测的不准确性或外界的需求变化都具有很好的适应性，一旦发现决策错误，可以在不影响顾客利益的情况下以更少的损失更快地进行纠正。

资料来源：马士华，林勇．供应链管理[M].北京：高等教育出版社，2003.

问题

分析HP公司在组建新的供应链前后，打印机的库存水平、订货提前期、售后服务质量水平和需求预测等的变化。

14.3 习题参考答案与案例使用说明

14.3.1 习题参考答案

1. 名词解释

（1）供应链是指围绕核心企业，通过对信息流、物流、资金流的控制，从采购原材料开始，制成中间产品以及最终产品，最后由销售网络把产品送到消费者手中的将供应商、制造商、分销商、零售商直到最终用户整合成一个整体的功能网络结构模式。

（2）供应链管理是对供应链中的信息流、物流和资金流实行计划、组织与控制。

（3）物联网是在互联网的基础上，利用无线射频识别（RFID）、二维码识读、红外感应、激光扫描、全球定位等信息传感技术，把人员、设备、商品、信息等以全新的方式连在一起，实现物体智能化识别、定位、跟踪、监控与管理的一种新型网络。

（4）物流是指为满足顾客需求而发生的从供应起点到需求终点的物质、服务及信息的流转过程。

（5）物流管理是指以买主为起点，有计划地将原材料、零部件和制成品在相关企业之间加以转运，最后到达最终用户，并对期间的一切活动实施控制的过程。

（6）竞争关系模式是指基于价格驱动的供应商管理模式。

（7）双赢关系模式是指基于互惠互利和相互信任的供应商管理模式。

（8）供应商管理库存（VMI）是指一种以最低成本为目的，在一个共同协议下由供应商管理库存，并不断监督协议执行情况和修正协议内容，以持续改进库存管理的合作性策略。

（9）托付订单处理模式是指由供需双方一起商定订单业务处理流程所需的信息和库存控制参数，据此建立一种订单处理标准格式（如EDI标准报文），将订货、交货和票据处理各个业务功能集成在供应商的管理模式。

（10）联合库存管理（JMI）是指一种在VMI基础上发展起来的上下游企业责、权、利对等和风险共担的库存管理模式。

（11）牛鞭效应是指沿着需求信息的流动方向，在供应链上各个阶段产生的需求变化逐级放大的现象。

（12）无库存模式是指由供应商直接向核心企业的生产线小批量、多频次地补充物料，从而实现“在需要的时候把所需品种和数量的物料配送到需要的地点”。

（13）第三方物流（TPL）是指由生产经营企业把核心业务之外的物流活动，以合同方式委托给专业物流服务企业，同时通过先进的信息技术与物流企业保持密切的联系，以掌握物流全过程状态的一种物流管理模式。

（14）分布策略是各个库存点独立地制定、实施各自的库存策略。

（15）集中策略是在考虑各个库存点相互关系的前提下，同时确定所有库存点的控制参数，通过协调获得库存优化的策略。

（16）供应链绩效评价就是对供应链的运行状况进行必要的测评，并根据测评结果对供应链的运行绩效进行评价，针对所出现的问题提出改进方案，不断提高绩效水平。

（17）供应链运营参考模型是指将组织最高层的四个基本商业流程（计划、资源获取、制造、交付）逐层分解，采用流程参考模式，通过分析公司目标和流程现状，量化作业绩效，对照目标数据，寻求改进机会的运营参考模型。

（18）交货能力是指按照客户要求的日期，或在客户要求的日期之前，或在原计划的交货日期之前执行订单的百分比。

（19）订货满足率是指在收到订单的 24 小时内用库存发货的订单百分比。

（20）订货提前期是指从客户放单到收到订货实际所需的平均时间。

（21）订单完全执行率是指满足全部交货要求的订单完成百分比。

（22）供应链响应时间是指供应链系统对需求的非正常或显著变化的响应时间。

（23）生产柔性是指达到企业所能承受的非计划的 20% 增产能力所需要的天数（对上游企业来说），在没有存货或成本损失的情况下，在交货期 30 天之前企业所能承受的订货减少百分比（对下游企业来说）。

（24）供应链管理总成本是指供应链相关成本的总和，包括管理信息系统、财务、计划、存货、物料采购和订单管理等成本。

（25）产品销售成本是指购买原材料和加工制造成本，包括直接成本和间接成本。

（26）增值生产率是指人均增值率，即产品销售总额减去物料采购总成本，再除以用工总人数。

（27）担保成本 / 退货处理成本是指物料、劳动力和产品缺陷的问题诊断成本，或退货处理成本。

（28）可供应存货天数是指以计提超储和过期损失之前的标准成本计算的存货总值，计算为（原材料和在制品 + 厂内制成品 + 厂外制成品和样品 + 其他）× 365 天 ÷ 产品销售成本。

（29）现金周转期是指存货供应天数，加上销售未付款天数，减去采购原料的平均付款天数。

（30）资产周转率即产品销售总额除以净资产总额。

（31）供应链金融是指将供应链上的核心企业和上下游企业结合在一起，在对供应链的商流、物流、资金流、信息流进行管理的基础上，提供系统性金融产品和服务。

2. 单选题

（1）C　（2）A

3. 多选题

（1）ABC （2）ABC

4. 判断题

（1）错 （2）错

5. 填空题

（1）合作精神 最小化交易成本 目标一致性原则 持续改进原则

（2）托付储运的产品保管不善 收货或交货延迟

（3）串行系统 并行系统 纯组装系统 树形系统 无回路系统 一般系统

（4）基于分布策略的方法 基于集中策略的方法

（5）评价指标的全局性原则 重点突出原则 动态性原则

（6）供应链交货的可靠性 供应链的响应性 供应链的柔性 供应链的成本 供应链的资产管理效率

（7）价格激励 订单激励 商誉激励 信息激励 淘汰"激励" 共同投资和开发新产品 / 新技术

（8）信用建立 信息共享

（9）采购阶段的预付款融资 运营阶段的存货融资 销售阶段的应收账款融资

6. 简答题

（1）供应链如图 14-2 所示。

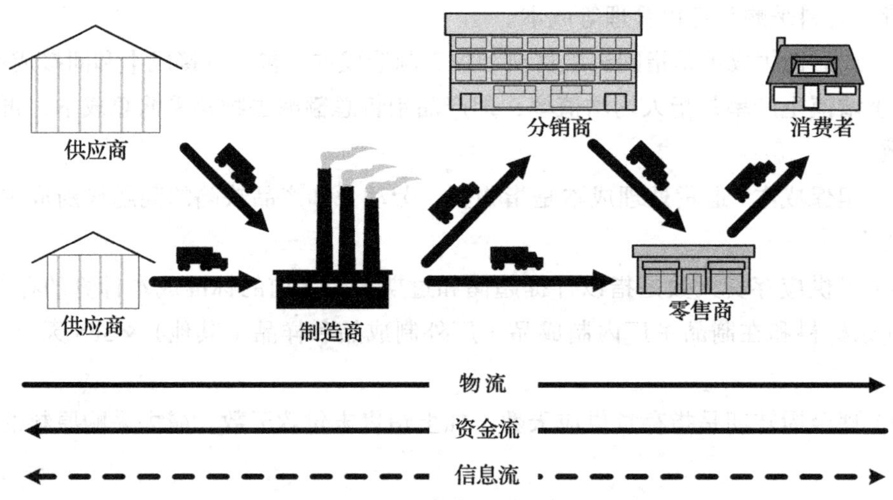

图 14-2 供应链示意图

（2）①全球经济一体化与外部环境剧变的要求；②不断提高运营水平的要求。

（3）①供应链的扩展又有了新的内涵；②更加注重供应链的响应速度；③降低供应链成本有了新思路；④绿色供应链从理论变成实践。

（4）物联网的体系架构有三层：①以 RFID、传感器、二维码为主的用于识别物体和采集信息的感知层；②通过互联网及其他网络实现数据传输、分类、聚合的网络层；③通过信息技术与专业技术的深度融合实现行业智能化管理的应用层。

（5）①物联网最广泛地应用了各种感知技术；②物联网是建立在互联网基础上的泛在网络；③物联网实现了用户间的实时互动；④物联网具备了智能处理能力。

（6）①采购环节：物联网中感知技术的全方位应用，减少了人员操作所造成的误差，同时，源头跟踪功能实现了产品的可追溯性。②制造环节：在制造过程中设置质量监控点，并部署传感器，实现生产过程的自动、实时、动态管控，保证了产品的质量。③配送环节：物联网通过全程信息编码和 GPS 定位系统，根据客户下达的订单，对装卸、运输、仓储实行全程监控，确保按时、按地将货物送达客户。④售后环节：通过手机和互联网及时获取顾客的反馈，处理异议更快捷、更准确。

（7）①后勤管理在物流管理的起源和发展过程中扮演了重要的角色；②后勤管理走出军事应用领域，成为企业管理体系的重要内容；③后勤管理逐渐发展为物流管理，到了 20 世纪 90 年代，企业开始考虑企业之间的物流集成，从而使物流管理成为供应链管理的一个重要部分。

（8）①供应链管理离不开物流、信息流、资金流的集成，其中，物流对供应链管理的影响最大；②信息流和资金流都可以不受空间的限制，可以在不改变空间位置的情况下完成交换，但是物流一定要发生物理上的位移才能实现其功能。

（9）①物流的物质表现形式；②价值表现形式；③信息表现形式。

（10）将恰当的产品（right product），按恰当的数量（right quantity）和恰当的条件（right condition），在恰当的时间（right time），用恰当的成本（right cost）送到位于恰当地点（right place）的恰当顾客（right customer）手中，即人们通常所说的 7R。

（11）信息共享使物流管理更为有效。

（12）在充分共享信息的基础上，通过规划物流网络系统、快速重组与优化业务流程可以有效地降低物流成本，提高物流系统的敏捷性。

（13）①采购活动完全由采购商主导；②供需双方不能充分分享彼此的信息；③物资验收难度大；④供需双方多是临时性的或短时期的合作关系，而且竞争多于合作；⑤对最终用户的需求响应滞后。

（14）①从基于库存采购到基于订单采购；②从单纯的采购管理转变为外部资源管理；③从一般买卖关系转变为战略协作伙伴关系。

（15）①采购商同时向若干供应商购货，通过供应商之间的竞争获得价格好处，同时保证供应的连续性；②买方通过在供应商之间分配采购数量对供应商加以控制；③买方与供应商保持的是一种短期合同关系。

（16）①采购商对供应商予以协助，帮助供应商降低成本、改进质量、加快产品开发进度；②通过建立相互信任的关系提高效率，减少交易成本；③通过长期的信任合作取代短期的合同；④强调在供需双方之间分享信息，通过合作和协商协调双方的行为。

（17）①对供应商：增加对整个供应链业务活动的共同责任感和利益分享；增加对未来需求的可预见性和可控能力，长期的合同关系使供应更加稳定；高质量的产品增强了供应商的竞争力。②对采购商：增加对采购业务的控制能力；通过长期的、相互信任的订货合同满足了采购要求；减少和消除了不必要的到货物资的检查活动。

（18）①合理的供应商评价方法；②信息的交流与共享；③供应商的激励机制。

（19）①供需双方之间经常进行有关成本、作业计划、质量控制信息的交流与沟通，保持信息的一致性和准确性；②在产品设计中引入新的理念，采用新的开发技术；③建立联合任务小组；④形成供需双方互访制度；⑤先进信息技术的应用。

（20）①永远忠于雇主，一切从雇主的立场出发，不做损害雇主利益的事情；②不接受来自供应商的礼物或服务；③保守雇主和供应商的机密；④遵守当地的法律和风俗习惯；⑤避免采购血汗产品；⑥避免私下达成限制自由竞争的互惠协定；⑦支持小型、弱势或少数民族公司。

（21）①企业已有的运营能力；②专业技术；③产品质量；④需求特性；⑤成本；⑥风险。

（22）①合作精神，供需双方要相互信任，共享彼此的信息，以建立良好的合作关系；②最小化交易成本，VMI的侧重点不是如何在供需双方之间分配成本，而是致力于减少整个供应链的库存成本，使双方都能获益；③目标一致性原则，双方都明确各自的职责，不但在观念上有一致的目标，而且明确库存的存放位置、支付时机以及保管费用的核定与分配；④持续改进原则，供需双方共同努力，不断消除浪费，不断提高库存管理水平。

（23）①供应商必须获得顾客的需求信息，并且通过建立顾客信息管理系统来分析、处理这些信息；②必须建立完善的物流网络管理系统，保证物资信息流和物流的畅通，MRP Ⅱ或ERP系统集成了物流管理功能，为有效实施VMI奠定了基础；③供需双方经过协商，就订单处理的业务流程、库存信息的传递方式以及库存控制的有关参数，如再订货点、最低库存水平等达成一致；④组织机构的变革和职能的重新划分。

（24）联合库存管理的最大优点是削弱了牛鞭效应的影响。它强调双方同时参与，共同制订库存计划，使供应链过程中的每个库存管理者（供应商、制造商、分销商）都从相互之间的协调性考虑，使供应链上相邻的两个节点之间的库存管理者对需求的预期保持一致，从而减弱了需求变动放大的现象，有效地规避了牛鞭效应的影响。

（25）牛鞭效应直接影响供应链上各级供应商的库存量和库存时间，使库存成本大大增加，此外，还影响到产品的生产过程和交付时间，最终降低了顾客满意度。

（26）①效果：由于取消了库存，所以效率更高，成本更低。②管理要求：这种模式对供应商和核心企业运营的标准化、配合程度、协作精神都有很高的要求。

（27）①把库存管理的部分功能委托给第三方物流系统管理，可以使企业把更多的精力集中在自己的核心业务；②降低了成本，进一步发挥了企业的强势，获得了更充分的市场信息，获得了一流的物流咨询，改进了服务质量，更加快速地进入国际市场等；

③对整个供应链来说，面向协调中心的第三方物流系统使供需双方都取消了各自独立的库存，增加了供应链的敏捷性和协调性，极大地改善了供应链的用户服务水平和运营效率。

（28）①分布策略。各个库存点独立地制定实施各自的库存策略。这种策略在管理上比较简单，其有效性取决于信息共享的程度。如果供应链节点企业信息共享的程度较低，就不能保证供应链的整体优化，只能得到次优结果。②集中策略。在考虑各个库存点相互关系的前提下，同时确定所有库存点的控制参数，通过协调获得库存的优化。但是，集中策略在管理上协调的难度大。特别是当供应链的层次较多时，更增加了协调控制的难度。

（29）①掌握整个供应链的运行效果；②奖优罚劣，通过评价节点企业，培植、扶持优良企业，剔除不良企业；③促进节点企业之间的合作。

（30）①价格激励就是通过价格调整来调动节点企业的积极性。在供应链环境下，节点企业在战略上是相互合作的关系，但是，不能忽视各个企业的自身利益。供应链各个企业间的利益分配主要体现在价格上。②值得注意的是：价格激励本身隐藏着一定的风险，如果制造商在谈判中过分强调价格，往往会选中报价较低的供应商，而将一些整体素质较好的企业排除在外，其结果将影响产品质量、交货期等。

（31）①能够获得更多的订单是一种极大的激励。制造商拥有不止一个供应商，制造商能够给出更多的订单是对供应商的一种激励。②订单激励也存在风险，供应商在接收订单之前一定要调查和评估制造商的持续经营能力。如果下游企业缺乏持续经营能力，上游企业盲目接收一时到来的大订单带来的可能不是商机，而是风险。

（32）商誉是企业极其重要的无形资产。来自供应链内合作伙伴的评价和在公众中的声誉反映了企业的社会与经济地位。声誉越好，订单越多，收益越大。

（33）在信息时代，企业获得更多的信息意味着其拥有更多的资源和机会，企业因此而获得激励。信息激励虽然是间接的，但其作用不可低估。如果能够获得合作企业的供需信息，就能主动采取措施提供优质服务，结果会大大提高合作方的满意度。

（34）淘汰“激励”即淘汰机制，是一种负激励。优胜劣汰是生存的自然法则。为了使供应链的整体竞争力保持在一个较高的水平，必须在供应链中建立起对成员企业的淘汰机制。淘汰机制是供应链系统形成的一种危机制度，让所有合作者都有一种危机感，防止短期行为，减少供应链群体风险。

（35）共同投资和开发新产品 / 新技术也是一种激励机制。通过共同开发可以使合作企业全面掌握新产品的开发信息，有利于新产品 / 新技术的推广和应用。供应链管理实施得好的企业都将供应商、制造商、经销商甚至用户整合到产品的研究和开发中来，按照团队的工作方式展开全面的合作。

（36）从风险管控角度来看，供应链金融业务源于核心企业的资信拉动，在此基础上，以金融科技创新和银行产品设计来推动金融业务的顺利开展。

7. 计算题

无

8. 论述题

对于 VMI，VMI 的基本思想是供应商在用户的许可下设立库存，确定库存水平和补给策略，行使对库存的控制权。精心设计与开发的 VMI 系统，不仅可以降低供应链的整体库存水平，而且用户可以得到更好的服务，进而更好地满足下游和终端用户的需求。实施 VMI 的意义在于它体现了上下游企业的合作精神，最小化交易成本，使管理水平得到持续改进。

对于 JMI，JMI 的基本思路是强调上下游企业责、权、利对等和风险共担，更加强调供需双方的合作，体现了战略供应商联盟的新型合作关系。实施 JMI 的意义在于它强调双方同时参与，共同制订库存计划，使供应链过程中的每个库存管理者（供应商、制造商、分销商）都从相互之间的协调性考虑，使供应链上相邻的两个节点之间的库存管理者对需求的预期保持一致，从而减弱了需求变动放大的现象，有效地规避了牛鞭效应的影响。

对于 TPL，TPL 的管理思想是由生产经营企业把核心业务之外的物流活动，以合同方式委托给专业物流服务企业，同时通过先进的信息技术与物流企业保持密切的联系，以掌握物流全过程状态的一种物流。实施 TPL 的意义在于面向协调中心的第三方物流系统使供需双方都取消了各自独立的库存，增加了供应链的敏捷性和协调性，极大地改善了供应链的用户服务水平和运营效率。

14.3.2 案例使用说明

1. 案例分析目的

（1）根据库存水平、订货提前期、需求预测精度、订货履行等关键指标，分析 HP 公司重构通用打印机供应链前后的绩效。

（2）巩固有关供应链管理的知识点。

2. 案例分析步骤

（1）调查正在使用或使用过 HP 或其他品牌打印机的学生或老师，总结他们使用这类产品及售后服务的体验。

（2）从供应链体系架构和关键绩效指标两个方面，对比分析重构 HP DeskJet 打印机供应链前后的变化。

（3）查阅有关供应链结构优化的文献，给出进一步优化 HP 通用打印机供应链结构的建议方案（链式结构、驱动模式、流程结构等）。

（4）教师点评学生的案例分析结果。特别地，对学生提出的任何优化建议方案以鼓励为主。

（5）教师强调供应链绩效评价与单个企业绩效评价的区别。

案例分析过程如图 14-3 所示。

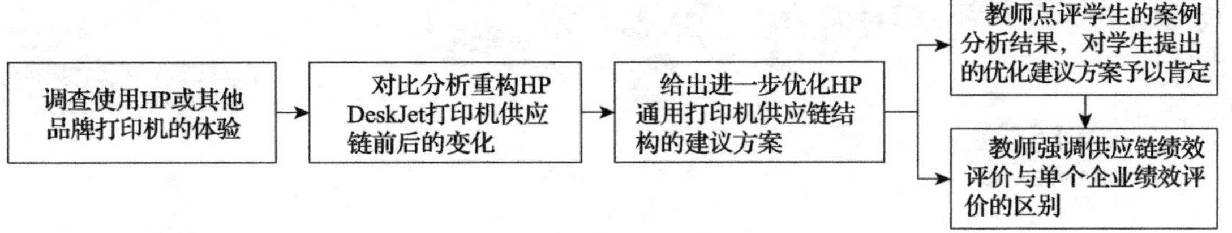

图 14-3　案例分析过程

第 15 章
CHAPTER 15

新型运营方式

15.1 知识点

15.1.1 知识点清单

- 精益生产
- 丰田生产系统（TPS）
- TPS 的两大支柱
- 精益生产的目标
- 精益生产体系
- TPS 的含义
- 多余的库存是万恶之源的管理含义
- 看板
- 看板的种类
- 生产指示看板
- 取货看板
- 其他看板
- 看板的使用原则
- 拉式生产系统
- 推式生产系统
- 并行工程
- 实现精益生产的条件
- 价值流图
- 敏捷制造
- 敏捷制造的技术基础
- 敏捷制造的实施步骤
- 大规模定制
- 大规模定制的类型
- 大规模定制的两个策略
- 大规模定制的实施条件
- 收益管理
- 实施收益管理的基本条件
- 实施收益管理的基本策略
- 互联网运营与一般企业运营的区别
- 互联网运营的内容
- 用户运营
- 用户运营的目的
- 产品运营
- 产品运营的目的
- 内容运营
- 内容运营的目的
- 活动运营
- 活动运营的目的

- 数据运营
- 数据运营的目的
- 互联网运营主要内容之间的内在联系

15.1.2　知识点解析

1. 精益生产

（1）精益生产的概念与目标

精益生产是以多功能团队活动与持续改进为基础，以丰田生产系统（Toyota production system，TPS）、并行工程的产品开发和稳定快捷的供应链为支撑，通过精准定义价值，让没有浪费环节的价值流真正流动起来，最终实现卓越绩效的生产模式。

丰田汽车生产系统（TPS）是在生产的各个层面上，采用能完成多种作业的工人和通用性强、自动化程度高的机器，以质量的持续改进为基础，通过实施准时制生产和多品种混流生产，不断减少各种浪费，获得显著经济效益的生产方式。

TPS 两大支柱：准时制（JIT）、自动化（Jidoka）。

精益生产的目标是致力于消除生产过程中的一切浪费，最终目标是卓越的绩效。

（2）精益生产体系

精益生产体系是指以多功能团队活动与持续改进为基础，以 TPS、并行工程的产品开发和稳定快捷的供应链为支撑的生产体系。

TPS 的含义为：在企业生产系统的各个环节、工序，只在需要的时候，按需要的量，生产所需要的产品。

多余的库存是万恶之源的管理含义为：多余的库存会掩盖甚至滋生各种管理问题。

看板泛指能够传递信息的各类指示板、公告栏、卡片、空物料筐、空推车等标示物。

看板的种类有三种（按作用）：生产指示看板、取货看板、其他看板。

生产指示看板是用来传递生产指示信息的，载有详细生产指示的看板。

取货看板是标有详细的取货信息的看板。

其他看板是指只有当出现缺件的紧急情况时才投入使用的紧急看板和用于满足临时增产需要的临时看板。

看板的使用原则有五个：后工序在需要的时候到前工序取零件，没有看板不能取零件，数量不能超过看板规定的数量；每道工序按被取走的量生产，必须做到按看板出现的顺序及其规定的数量生产；不良品绝对不能流入下一道工序；应使看板数量最少，以降低生产系统的库存水平；利用看板的微调功能，通过增减看板的数量适应产量的小幅度变化。

拉式生产系统是指信息流方向与物流方向相反，实际生产数量与计划生产数量相一致的一种生产系统。

推式生产系统是指信息流方向与物流方向相同，实际生产数量大于计划生产数量，在中间环节产生一些库存的一种生产系统。

并行工程是指由设计人员、工艺人员、生产人员、市场销售人员和检测人员等组成跨部门、多学科的开发团队，集成地、并行地设计产品及其相关的各种过程（包括制造过程和支持过程）的系统方法或综合技术。

（3）实现精益生产的条件

实现精益生产的条件有四个：产品设计、工艺流程设计、人员要素、生产计划与控制。

（4）价值流图

价值流图是指用统一的图标，以可视化的方式把产品从最早的原料采购到加工制造，再到产品配送到客户的全部流动过程及信息流描述出来的图形。

2. 敏捷制造

（1）敏捷制造的概念

敏捷制造是指通过建立一种市场竞争力强的制造组织，对用户需求的产品和服务做出快速响应，满足各种顾客的个性化要求的生产模式。

（2）敏捷制造的技术基础

敏捷制造的技术基础有三个：敏捷化信息系统、敏捷化工具集、敏捷化制造技术。

（3）敏捷制造的实施

敏捷制造的实施步骤有三个：敏捷制造的总体规划、敏捷化企业的构建、企业敏捷化管理与运行。

3. 大规模定制

（1）大规模定制的概念

大规模定制是指以满足顾客个性化需求为目标，以顾客愿意支付的价格，并以能够获得一定利润的成本高效率地进行定制，从而提高企业适应市场需求变化的灵活性和快速响应能力的先进生产方式。

（2）大规模定制的类型

大规模定制的类型有四种：合作型定制、透明型定制、装饰性定制、适应性定制。

（3）实施大规模定制的方法

大规模定制的策略有两个：设计与制造的模块化、定制的延迟化。

大规模定制的实施条件有四个：以顾客需求深度调查为基础的客户关系管理；以最先进的信息技术为支撑的电子商务；以价值链为核心的供应链管理；基于流程优化或流程再造的精益 6σ。

4. 收益管理

（1）收益管理方法的提出和含义

收益管理是指利用时间的“一维性”特征，在市场细分、消费者行为模式分析、供求关系预测的基础上，通过市场、产品、价格多种组合方案提高运营能力利用率，进而提高收益。

（2）实施收益管理的基本条件

实施收益管理的条件有六个：固定投资较大，运营能力不易改变；单位可变成本较低；

可对市场进行细分；产品不易储存；产品可预售；需求波动较大。

（3）实施收益管理的基本策略

实施收益管理的基本策略有四个：市场细分；为不同的细分市场提供不同的产品；基于市场需求定价而非成本加成定价；业务流程优化基础上的超额预售。

5. 互联网运营

（1）互联网运营问题的提出

互联网运营与一般企业运营的区别体现为：一般企业的能力规划、选址规划、库存管理等显得不再那么重要；用户运营、产品运营、内容运营、活动运营、数据运营在互联网运营中变得极其重要。

（2）互联网运营的主要内容

互联网运营的内容包括：用户运营、产品运营、内容运营、活动运营、数据运营。

用户运营是指创建包含组织管理、流程优化、指标监控、技术规划在内的用户管控体系，确定目标用户，针对不同的目标客户挖掘其真正需求，准确表述用户需求，分析用户心理与行为，收集用户反馈意见，提出改进用户服务的建议，配合产品运营、内容运营、活动运营、数据运营，实现拉新、留存、促活、转化，借助数据运营结果，勾勒用户画像，撰写用户分析报告。

用户运营的目的是通过开源节流提高用户的黏性。

产品运营是指创建包含组织管理、流程优化、指标监控、技术规划在内的产品管控体系，规划互联网产品线，与用户运营相结合，针对目标用户的需求，组织实施互联网产品的设计和开发，与产品经理协作，结合新品上线与竞品分析，提出不断增强用户体验的建议。

产品运营的目的是设计出满足用户真正需要的产品或内容。

内容运营是指创建包含组织管理、流程优化、指标监控、技术规划在内的内容管控体系，例行性地采集、创作、编辑、包装、呈现与互联网产品或活动有关的文字、图片、音频、视频，针对热点事件创作、整理、撰写相关话题内容，通过社区引导用户生产高质量内容，进行内容与用户和产品的匹配性分析。

内容运营的目的是提升产品的价值，提高活动的效果。

活动运营是指创建包含组织管理、流程优化、指标监控、技术规划在内的活动管控体系，针对特定的产品或内容策划、实施活动，并对所实施的活动效果进行评估，借助数据运营结成，提出典型的活动流程优化及风险管控方案，挖掘用户深层次的需求，制订并实施差异化的活动运营方案。

活动运营的目的是改善关键绩效指标（KPI），如日活（DAU）/ 月活（MAU）、用户量、交易额等。

数据运营是指创建包含组织管理、流程优化、指标监控、技术规划在内的数据管控体系，监测、收集、整理有关用户及其需求与行为、产品价格及其交易、内容及其被使用情况、活动及其效果、业务及其开展情况、渠道及其流通情况、合作伙伴及其动态等方面的数据，编写并提交数据运营分析报告。

数据运营的目的是把互联网的各项业务定量化，为业务优化乃至战略决策提供支撑。

（3）互联网运营主要内容之间的内在联系

互联网运营主要内容之间的内在联系体现在五个方面：用户运营是互联网运营的出发点和归宿；只有通过产品运营和内容运营，才能为互联网用户提供值得信赖的产品或内容；在互联网公司，产品运营与内容运营往往是密不可分的；活动运营不但可以尽快达成互联网运营的关键指标，还可以提升产品和内容的价值；数据运营是对用户运营、产品运营、内容运营、活动运营的支撑，反过来，数据运营又促进了用户运营、产品运营、内容运营、活动运营的开展。

15.2 习题与案例

15.2.1 习题

1. 名词解释

（1）精益生产；（2）丰田生产系统（TPS）；（3）精益生产体系；（4）看板；（5）生产指示看板；（6）取货看板；（7）其他看板；（8）拉式生产系统；（9）推式生产系统；（10）并行工程；（11）价值流图；（12）敏捷制造；（13）大规模定制；（14）收益管理；（15）用户运营；（16）产品运营；（17）内容运营；（18）活动运营；（19）数据运营。

2. 单选题（有且只有一个选项正确）

（1）精益生产的基础是（　　）。

A. 多功能团队活动与持续改进　　B. 先进的管理理念

C. 科学方法的应用　　D. 完善的管理制度

（2）“多余的库存是万恶之源”，这句话的确切含义是（　　）。

A. 多余的库存会占用不必要的资金

B. 多余的库存需要占用额外的仓库

C. 多余的库存掩盖甚至滋生了各种管理问题

D. ABC 都不对

3. 多选题（至少有一个选项正确）

（1）敏捷制造的基本特征有（　　）。

A. 智能　　B. 快速　　C. 个性化生产　　D. 小批生产

（2）实施大规模定制的基本策略有（　　）。

A. 规模化　　B. 定制化　　C. 模块化　　D. 延迟化

4. 判断题（在括号中直接填写“对”或“错”，也可以打“√”或“×”）

（1）“多余的库存是万恶之源”，这句话的真正含义是多余的库存会产生包括资金成本、

保管费用、保险等在内的额外费用。(　　)

(2)"多余的库存是万恶之源",这句话的真正含义是多余的库存会掩盖甚至滋生各种管理问题。(　　)

(3)在拉式生产系统中,信息流方向与物流方向相同,实际生产数量与计划生产数量相一致。(　　)

(4)在推式生产系统中,信息流方向与物流方向相同,实际生产数量与计划生产数量相一致。(　　)

(5)收益管理的实质是淡季旺季策略。(　　)

(6)不同的细分市场有不同的特性,企业可以把完全相同的产品或服务提供给不同的顾客,无须做任何差异化设计。(　　)

5. 填空题

(1)TPS 有两大支柱,即(　　)、(　　)。

(2)精益生产有三大支柱,即(　　)、(　　)、(　　)。

(3)根据看板在生产控制中的作用,通常把看板分为三类,即(　　)、(　　)、(　　)。

(4)实现精益生产的条件有四个,即(　　)、(　　)、(　　)、(　　)。

(5)敏捷制造的技术基础有三大基石,即(　　)、(　　)、(　　)。

(6)大规模定制有四种基本类型,即(　　)、(　　)、(　　)、(　　)。

(7)大规模定制的策略有两个,即(　　)、(　　)。

(8)互联网运营的主要内容有五项,即(　　)、(　　)、(　　)、(　　)、(　　)。

6. 简答题

(1)简述精益生产的目标。

(2)精益生产致力于消除生产过程中的一切浪费,谈谈你对浪费的理解。

(3)绘制精益生产体系示意图。

(4)简述生产指示看板、取货看板和其他看板的作用。

(5)简述看板的使用原则。

(6)以生产指示看板和取货看板为例,绘制看板使用方法示意图。

(7)简述并行工程的效果。

(8)简述敏捷制造的实施步骤。

(9)简述企业敏捷化管理与运行的实施方案。

(10)简述大规模定制的两个策略得以实施的条件。

(11)简述实施收益管理的基本条件。

(12)简述实施收益管理的基本策略。

(13)简述实施收益管理应注意的事项。

(14)简述互联网运营与一般企业运营的区别。

(15)简述互联网运营中用户运营、产品运营、内容运营、活动运营、数据运营各自的目的。

（16）简述互联网运营主要内容之间的内在联系。

7. 计算题

（1）某加工中心每天消耗 500 个零件，每个标准容器最多可以装 50 个零件。每个容器从收到看板开始到被取空的平均时间为 0.4 天。设定 0.20 的安全系数。试计算所需的生产批示看板数量。

（2）某酒店根据历史数据统计分析发现，顾客爽约的概率分布如表 15-1 所示。每少出售一个房间，酒店的损失为 500 元，因顾客预订而没有房间酒店将付出的代价为 800 元。试计算：

表 15-1 顾客爽约的概率分布

爽约数	0	1	2	3	4	5	6	7	8	9	10
概率	0.02	0.06	0.10	0.15	0.20	0.16	0.10	0.08	0.06	0.04	0.03

①最佳超额预订房间的数量。

②最佳超额预订房间数量对应的机会成本。

8. 论述题

（1）就你所熟悉的某一作业流程，应用价值流图描述其现状，寻找改善爆发点，绘制未来状态图。

（2）举例说明大规模定制的背景、含义、意义、策略、条件。

15.2.2 案例

中国铁路总公司的收益管理

2013 年 3 月 10 日，根据国务院机构改革和职能转变方案，实行铁路政企分开，组建中国铁路总公司。已有 60 多年历史的铁道部悄然退出历史舞台。

近年来，中国铁路建设如日中天。2007 年 4 月，全国铁路实施第六次大提速和新的列车运行图。中国开始有了时速 200～250 公里的列车。“和谐号”动车组从此驶入了百姓的生活。随后，时速达 350 公里的高铁的开通，更是让世界感受到了什么叫中国速度——中国的列车运行速度、中国铁路的建设速度！目前，我国的铁路营业里程已超过 10 万公里，其中高铁营业里程超过 1 万公里，铁路运输能力总体上大幅提升。但是，铁路运输能力和需求之间的矛盾依然存在。在春运高峰期和小长假高峰时期，这种矛盾尤为突出。

春运这个中国独有的名词牵动着十几亿人的心弦。2014 年的春运于 2014 年 1 月 16 日拉开帷幕，持续至 2 月 24 日，共 40 天。客运量达到 36.23 亿人次，比 2013 年增加 2 亿人次。铁路将发送乘客 2.58 亿人次。客运最高峰在春节前，在这期间，务工流、探亲流、学生流高度叠加。中国铁路总公司迎来了首场大考。

40 天的春运结束后，还有暑假和“十一”黄金周两个客运高峰。

中国铁路总公司如何应对这三次客运

高峰，让乘客上得去、走得了。在非高峰的正常月份里，中国铁路总公司又该如何做好日常的运营，才能既让乘客满意，又能提高自己的收益。这些问题必须面对，不能回避。

问题

1. 中国铁路客运现状如何？
2. 铁路客运行业的基本特征是什么？
3. 收益管理应用于中国铁路客运管理的可能性何在？可能的方案是什么？

15.3　习题参考答案与案例使用说明

15.3.1　习题参考答案

1. 名词解释

（1）精益生产是以多功能团队活动与持续改进为基础，以丰田生产系统（Toyota production system，TPS）、并行工程的产品开发和稳定快捷的供应链为支撑，通过精准定义价值，让没有浪费环节的价值流真正流动起来，最终实现卓越绩效的生产模式。

（2）丰田汽车生产系统（TPS）是在生产的各个层面上，采用能完成多种作业的工人和通用性强、自动化程度高的机器，以质量的持续改进为基础，通过实施准时制生产和多品种混流生产，不断减少各种浪费，获得显著经济效益的生产方式。

（3）精益生产体系是指以多功能团队活动与持续改进为基础，以 TPS、并行工程的产品开发和稳定快捷的供应链为支撑的生产体系。

（4）看板泛指能够传递信息的各类指示板、公告栏、卡片、空物料筐、空推车等标示物。

（5）生产指示看板是用来传递生产指示信息的，载有详细生产指示的看板。

（6）取货看板是标有详细的取货信息的看板。

（7）其他看板是指只有当出现缺件的紧急情况时才投入使用的紧急看板和用于满足临时增产需要的临时看板。

（8）拉式生产系统是指信息流方向与物流方向相反，实际生产数量与计划生产数量相一致的一种生产系统。

（9）推式生产系统是指信息流方向与物流方向相同，实际生产数量大于计划生产数量，在中间环节产生一些库存的一种生产系统。

（10）并行工程是指由设计人员、工艺人员、生产人员、市场销售人员和检测人员等组成跨部门、多学科的开发团队，集成地、并行地设计产品及其相关的各种过程（包括制造过程和支持过程）的系统方法或综合技术。

（11）价值流图是指用统一的图标，以可视化的方式把产品从最早的原料采购到加工制造，再到产品配送到客户的全部流动过程及信息流描述出来的图形。

（12）敏捷制造是指通过建立一种市场竞争力强的制造组织，对用户需求的产品和服务做出快速响应，满足各种顾客的个性化要求的生产模式。

（13）大规模定制是指以满足顾客个性化需求为目标，以顾客愿意支付的价格，并以能够获得一定利润的成本高效率地进行定制，从而提高企业适应市场需求变化的灵活性和快速响应能力的先进生产方式。

（14）收益管理是指利用时间的“一维性”特征，在市场细分、消费者行为模式分析、供求关系预测的基础上，通过市场、产品、价格多种组合方案提高运营能力利用率，进而提高收益。

（15）用户运营是指创建包含组织管理、流程优化、指标监控、技术规划在内的用户管控体系，确定目标用户，针对不同的目标客户挖掘其真正需求，准确表述用户需求，分析用户心理与行为，收集用户反馈意见，提出改进用户服务的建议，配合产品运营、内容运营、活动运营、数据运营，实现拉新、留存、促活、转化，借助数据运营结果，勾勒用户画像，撰写用户分析报告。

（16）产品运营是指创建包含组织管理、流程优化、指标监控、技术规划在内的产品管控体系，规划互联网产品线，与用户运营相结合，针对目标用户的需求，组织实施互联网产品的设计和开发，与产品经理协作，结合新品上线与竞品分析，提出不断增强用户体验的建议。

（17）内容运营是指创建包含组织管理、流程优化、指标监控、技术规划在内的内容管控体系，例行性地采集、创作、编辑、包装、呈现与互联网产品或活动有关的文字、图片、音频、视频，针对热点事件创作、整理、撰写相关话题内容，通过社区引导用户生产高质量内容，进行内容与用户和产品的匹配性分析。

（18）活动运营是指创建包含组织管理、流程优化、指标监控、技术规划在内的活动管控体系，针对特定的产品或内容策划、实施活动，并对所实施的活动效果进行评估，借助数据运营结成，提出典型的活动流程优化及风险管控方案，挖掘用户深层次的需求，制订并实施差异化的活动运营方案。

（19）数据运营是指创建包含组织管理、流程优化、指标监控、技术规划在内的数据管控体系，监测、收集、整理有关用户及其需求与行为、产品价格及其交易、内容及其被使用情况、活动及其效果、业务及其开展情况、渠道及其流通情况、合作伙伴及其动态等方面的数据，编写并提交数据运营分析报告。

2. 单选题

（1）A　（2）C

3. 多选题

（1）AB　（2）CD

4. 判断题

（1）错　（2）对　（3）错　（4）错　（5）错　（6）错

5. 填空题

（1）准时制（JIT）　自动化（Jidoka）

（2）丰田生产系统　并行工程的产品开发　稳定快捷的供应链

（3）生产指示看板　取货看板　其他看板

（4）产品设计　工艺流程设计　人员要素　生产计划与控制

（5）革新的组织和管理机构　柔性技术　具有知识和技艺的员工

（6）合作型定制　透明型定制　装饰性定制　适应性定制

（7）设计与制造的模块化　定制的延迟化

（8）用户运营　产品运营　内容运营　活动运营　数据运营

6. 简答题

（1）精益生产所追求的目标是废品量最低（零废品）、库存量最低（零库存）、更换作业时间最短、搬运量最低、生产提前期最短和批量最小，即致力于消除生产过程中的一切浪费。精益生产的最终目标是提升企业的竞争力，实现卓越的绩效。

（2）浪费包括只增加成本不创造价值的一切要素和活动，如过量生产、无为的搬运、多余的库存、多余的操作或动作、次品等。

（3）精益生产体系如图 15-1 所示。

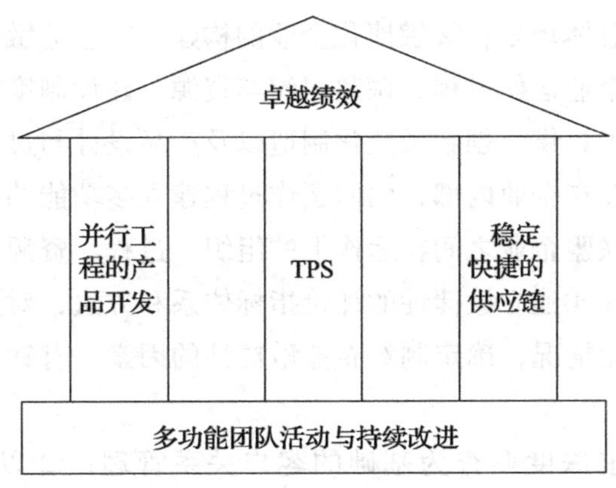

图 15-1　精益生产体系

（4）①生产指示看板是用来传递生产指示信息的，载有详细的生产指示，是各个工序进行生产的依据；②取货看板上标有详细的取货信息；③其他看板用作临时增产的指令。

（5）①后工序在需要的时候到前工序取零件，没有看板不能取零件，数量不能超过看板规定的数量；②每道工序按被取走的量生产，必须做到按看板出现的顺序及其规定的数量生产；③不良品绝对不能流入下一道工序；④应使看板数量最少，以降低生产系统的库存水平；⑤利用看板的微调功能，通过增减看板的数量适应产量的小幅度变化。

（6）看板使用方法如图 15-2 所示。

（7）按照并行工程，通过实时信息交换，及早发现并协同解决设计阶段的错误，使产品具有良好的可制造性、可装配性、可检测性、可生产性（按需要进行批量生产产品时，企业的设备、人力资源能否满足要求）、可使用性、可维修性，实现设计一次成功，达到缩短开发周期、降低产品成本和提高产品质量的目的。

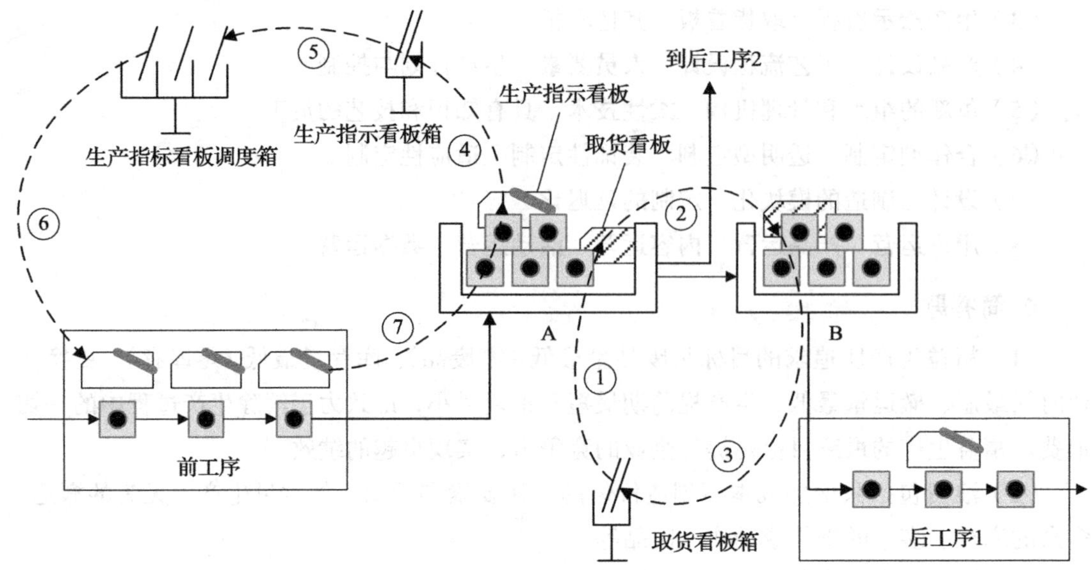

图 15-2 看板使用方法示意图

（8）①敏捷制造的总体规划；②敏捷化企业的构建；③企业敏捷化管理与运行。

（9）①分析与重组企业运作过程，调整组织与资源，建设制度及文化；②建设敏捷化信息系统，整合敏捷化工具集，创新敏捷化制造以及产品设计与过程开发技术，并对员工进行相应的技术培训；③在企业内部，面向运作过程建立多功能的工作团队，实施并行工程和协同工作，协调好联盟企业之间在运作上的组织、过程、资源和能力，确保联盟具有敏捷性，实现敏捷制造；④建立敏捷性的评价指标体系和方法，对运作过程进行评价，确认企业的敏捷性及其变化情况，确定制约企业敏捷性的因素，有针对性地采取措施提高企业的敏捷性。

（10）①以顾客需求深度调查为基础的客户关系管理；②以最先进的信息技术为支撑的电子商务；③以价值链为核心的供应链管理；④基于流程优化或流程再造的精益 6σ。

（11）①固定投资较大，运营能力不易改变；②单位可变成本较低；③可对市场进行细分；④产品不易储存；⑤产品可预售；⑥需求波动较大。

（12）①市场细分；②为不同的细分市场提供不同的产品；③基于市场需要定价而非成本加成定价；④业务流程基础上的超额预售。

（13）①对顾客需求把握不准而错误地细分了市场，或者没有注意到顾客需求特性发生了变化；②产品变化不明显，而价格差异化过大，即没有做好价格屏蔽；③价格变动过于频繁；④超额预售不是建立在流程优化的基础之上。

（14）一般企业的能力规划、选址规划、库存管理等显得不再那么重要；用户运营、产品运营、内容运营、活动运营、数据运营在互联网运营中变得极其重要。

（15）①用户运营的目的是通过开源节流提高用户的黏性；②产品运营的目的是设计出满足用户真正需要的产品或内容；③内容运营的目的是提升产品的价值，提高活动的效果；④活动运营的目的是改善关键绩效指标（KPI），如日活（DAU）/ 月活（MAU）、用户量、交易额等；⑤数据运营的目的是把互联网的各项业务定量化，为业务优化乃至战略决策提供支撑。

（16）①用户运营是互联网运营的出发点和归宿；②只有通过产品运营和内容运营，才能为互联网用户提供值得信赖的产品或内容；③在互联网公司，产品运营与内容运营往往是密不可分的；④活动运营不但可以尽快达成互联网运营的关键指标，还可以提升产品和内容的价值；⑤数据运营是对用户运营、产品运营、内容运营、活动运营的支撑，反过来，数据运营又促进了用户运营、产品运营、内容运营、活动运营的开展。

7. 计算题

（1）$N=\dfrac{500\times0.4\times(1+0.20)}{50}\approx5$（个）。

（2）超额预订房间成本计算结果如表 15-2 所示。

表 15-2　超额预订成本计算结果

爽约数量	概率	超额预订房间数量										
		0	1	2	3	4	5	6	7	8	9	10
0	0.02	0	800	1 600	2 400	3 200	4 000	4 800	5 600	6 400	7 200	8 000
1	0.06	500	0	800	1 600	2 400	3 200	4 000	4 800	5 600	6 400	7 200
2	0.10	1 000	500	0	800	1 600	2 400	3 200	4 000	4 800	5 600	6 400
3	0.15	1 500	1 000	500	0	800	1 600	2 400	3 200	4 000	4 800	5 600
4	0.20	2 000	1 500	1 000	500	0	800	1 600	2 400	3 200	4 000	4 800
5	0.16	2 500	2 000	1 500	1 000	500	0	800	1 600	2 400	3 200	4 000
6	0.10	3 000	2 500	2 000	1 500	1 000	500	0	800	1 600	2 400	3 200
7	0.08	3 500	3 000	2 500	2 000	1 500	1 000	500	0	800	1 600	2 400
8	0.06	4 000	3 500	3 000	2 500	2 000	1 500	1 000	500	0	800	1 600
9	0.04	4 500	4 000	3 500	3 000	2 500	2 000	1 500	1 000	500	0	800
10	0.03	5 000	4 500	4 000	3 500	3 000	2 500	2 000	1 500	1 000	500	0
机会成本（元）		2 305	1 831	1 435	1 169	1 098	1 287	1 684	2 211	2 842	3 551	4 312

①从表 15-2 中可以看出，超额预订 4 个房间，对应的超额预订机会成本最低。所以，该酒店的最佳超额预订房间的数量为 4 个。

②最佳超额预订房间数量对应的总成本为 1 098 元。

8. 论述题

（1）①以某一标准团餐制作为例，应用规范的图标，如顾客 / 供应商、加工过程、运输、库存、手工信息、电子信息、推、拉、作业人员、看板位置等描述其现状。

②标明加工步骤和物流、用于计划和实现控制的信息流、人员、每天可用时间、提前

期、加工时间、换产时间、停滞时间、平均库存等信息。

③以价值创造为切入点，识别改善爆发点。

④绘制改进后的价值流图。

⑤对改进效果进行量化评估。

（2）①背景。以服装为例，随着生活质量水平的提高，顾客越来越追求服饰的个性化与品位，一款成衣的生产批量越来越小。但现实的问题是，实现每一款服饰的高度定制化并不经济。

②含义。所谓大规模定制，就是以满足顾客服饰个性化需求为目标，以顾客愿意支付的价格，并以能够获得一定利润的成本高效率地进行定制，从而提高企业适应市场需求变化的灵活性与快速响应能力的先进生产方式。

③意义。更高的价格，更低的运营成本，进而获得更高的利润空间。

④策略。模块化与延迟化。以服装为例，模块化是指在服饰设计与制造过程中采用标准化的模块，以实现规模生产。延迟化是指把顾客的定制延迟到最后，例如服饰的面料未必是定制的，而颜色与板型是定制的。

⑤条件。以顾客需求深度调查为基础的客户关系管理；以最先进的信息技术为支撑的电子商务；以价值链为核心的供应链管理；基于流程优化或流程再造的精益 6σ。

15.3.2 案例使用说明

1. 案例分析目的

（1）结合中国铁路客运的具体情况，给出未来铁路客运收益管理解决方案。

（2）巩固有关收益管理的知识点。

（3）指导个别对这类问题特别有兴趣的学生，尝试就某一行业收益管理做一些创新研究。

2. 案例分析步骤

（1）学生阅读案例文本，尝试回答后面的问题。

（2）组建小组，调查中国铁路客运现状，总结铁路客运的基本特征。

（3）给出中国铁路客运收益管理方案。

（4）抽取两个小组，汇报其所制订的收益管理方案。

（5）教师点评学生的案例分析结果，强调收益管理的核心是最优价格组合方案的制订与实施。

案例分析过程如图 15-3 所示。

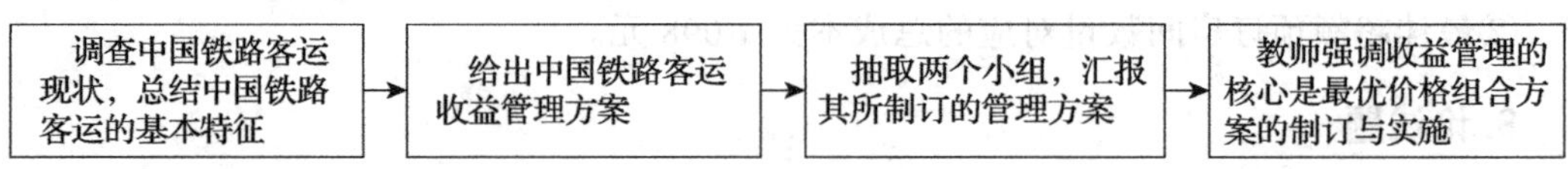

图 15-3 案例分析过程

附　录

Appendix

模拟试题及参考答案与试题解析

模拟试题

模拟试题一

一、名词解析（本大题共 10 分，每小题 2 分）

1. 运营管理
2. 竞争力
3. 学习效应
4. 重心法
5. 过程能力

二、单项选择题（本大题共 10 分，每小题 1 分）

1. 科学管理原理的创始人是（　　）。

A. 亚当・斯密　　B. 泰勒

C. 惠特尼　　D. 吉尔布雷斯

2. 使命位于战略金字塔的层级是（　　）。

A. 第 1 层级　B. 第 2 层级　C. 第 3 层级　D. 第 4 层级

3. 在设置安全库存时，需要考虑的一个重要因素是服务水平，这里所说的服务水平是指（　　）。

A. 仓库保管员的服务水平

B. 与物料运输有关的人员的工作能力

C. 提前期内库存需求不超过库存供给的可能性

D. ABC 都不对

4. 制订综合计划的表上作业法所体现的管理思想表现在（ ）。

A. 根据生产，满足需求　　B. 根据需求，安排生产

C. 面向成本，产销平衡　　D. 按需生产，适度调整

5. 某一种物料，第 2 期的总需求为 1 000 个单位，期初有 200 个单位的库存，第 2、3、4、5 期分别有 100 个单位的到货，安全库存为 100 个单位。那么，第 2 期的净需求等于（ ）。

A. 800 个单位　　B. 700 个单位

C. 600 个单位　　D. 500 个单位

6. PMBOK 确定的项目管理的过程组有（ ）。

A. 4 个　　B. 5 个　　C. 6 个　　D. 7 个

7. 在供应链上形成的，由供方到需方的单向流是（ ）。

A. 信息流　　B. 人流　　C. 物流　　D. 资金流

8. "多余的库存是万恶之源"，这句话的确切含义是（ ）。

A. 多余的库存会占用不必要的资金

B. 多余的库存需要占用额外的仓库

C. 多余的库存掩盖甚至滋生了各种管理问题

D. ABC 都不对

9. 大规模定制的基本策略为（ ）。

A. 规模化与标准化　　B. 模块化与延迟化

C. 系统化与集成化　　D. 数据化与定量化

10. 互联网运营中居于核心地位的是（ ）。

A. 用户运营　　B. 产品运营　　C. 活动运营　　D. 数据运营

三、多项选择题（本大题共 10 分，每小题 2 分）

1. 企业组织的三个基本职能是指（ ）。

A. 运营　　B. 人力资源　　C. 财务管理　　D. 市场营销

2. 应用作业流程图进行业务流程优化时，应致力于减少的作业包括（ ）。

A. 操作　　B. 搬运　　C. 储存　　D. 迟延

3. 制造业设施布置的基本类型有（ ）。

A. 工艺专业化布置　　B. 产品专业化布置

C. 固定位置布置　　D. 移动式布置

4. 包括订货策略在内的库存管理方案是在考虑与库存有关的费用的基础上给出的。这些费用包括（ ）。

A. 持有费用　　B. 订货费用　　C. 缺货费用　　D. 库存物资成本

5. 下表给出了五项作业在两个加工中心的加工时间，按照 Johnson 准则，最优方案包括（ ）。

加工中心	作业				
	作业 1（J_1）	作业 2（J_2）	作业 3（J_3）	作业 4（J_4）	作业 5（J_5）
Ⅰ	5	6	7	5	3
Ⅱ	2	8	2	4	4

A. $J_5 \to J_2 \to J_4 \to J_3 \to J_1$　　B. $J_1 \to J_2 \to J_4 \to J_3 \to J_1$

C. $J_5 \to J_2 \to J_4 \to J_1 \to J_3$　　D. $J_5 \to J_4 \to J_2 \to J_3 \to J_1$

四、判断题（本大题共 10 分，每小题 2 分）

1. 企业赢得并保持竞争优势的出路是通过资本运作扩大企业规模。（　　）
2. 组织的愿景是至高无上的。（　　）
3. 在工作研究中，时间研究是基础，方法研究是目的。（　　）
4. 应把质量管理的重点放在消除必然性原因上。（　　）
5. 与开环 MRP 相比，闭环 MRP 是一个相对封闭的系统。（　　）

五、填空题（本大题共 10 分，每小题 2 分）

1. 运营管理作为一门独立的学科出现的标志性事件是两本著作的面世，即（　　）、（　　）。
2. 影响生产率的因素有四个，即（　　）、（　　）、（　　）、（　　）。
3. SERVQUAL 将服务质量分为五个维度来测评服务差距，这五个维度即（　　）、（　　）、（　　）、（　　）、（　　）。
4. 匹配需求与能力的策略有两个，即（　　）、（　　）。
5. 供应链绩效评价的原则有三个，即（　　）、（　　）、（　　）。

六、简答题（本大题共 10 分，每小题 5 分）

1. 简述企业赢得竞争优势的途径。
2. 简述戴明“PDCA 循环”（戴明环）四个阶段八个步骤的主要内容。

七、计算题（本大题共 30 分，每小题 15 分）

1. 已知某零件的内径要求为 80mm ± 0.5mm，每隔 1 小时抽取 5 件，共 20 个样本进行检测，测得数据列于下表。A_2、D_4、D_3、d_2 等有关控制界限参数已给出。

样本数据表　　（单位：mm）

样本序号	测定值				
	x_1	x_2	x_3	x_4	x_5
1	79.9	80.1	80.2	79.9	80.3
2	80.3	80.0	79.9	80.1	79.9
3	80.1	80.2	80.0	80.4	80.4
4	80.0	80.4	80.1	80.0	79.9

（续）

样本序号	测定值				
	x_1	x_2	x_3	x_4	x_5
5	79.8	80.1	79.7	79.8	80.0
6	80.1	79.9	80.0	80.1	79.9
7	79.7	80.1	79.9	79.6	80.0
8	79.7	79.6	79.8	79.6	79.7
9	80.0	79.9	80.1	80.0	80.3
10	80.2	80.4	80.4	80.3	80.2
11	80.2	80.0	80.1	80.2	79.9
12	79.6	80.1	80.0	79.6	79.6
13	80.0	80.2	80.1	80.0	79.8
14	80.1	79.9	80.1	80.2	79.7
15	80.3	80.0	80.0	80.3	80.1
16	80.0	79.9	79.9	80.0	80.2
17	79.8	80.2	80.1	80.1	79.8
18	80.1	80.4	80.0	80.1	79.9
19	79.9	80.0	80.3	79.9	80.0
20	80.3	80.1	79.9	80.2	79.8

控制界限参数表

n	2	3	4	5	6	7	8	9	10
A_2	1.880	1.023	0.729	0.577	0.483	0.419	0.373	0.337	0.308
D_4	3.267	2.575	2.282	2.115	2.004	1.924	1.864	1.816	1.777
D_3	0.000	0.000	0.000	0.000	0.000	0.076	0.136	0.184	0.223
d_2	1.128	1.693	2.059	2.326	2.534	2.704	2.847	2.970	3.078

（1）计算均值控制图的控制界限。

（2）计算极差控制图的控制界限。

（3）绘制均值与极差控制图。

（4）对过程状态进行判断。

（5）计算过程能力指数。

（6）分析过程能力。

（7）给出提高质量水平的建议。

2. 某城建公司近期抽取了有关砂料需求的样本数据，统计结果表明，提前期内对砂料的需求服从日平均值为 15 吨、标准差为 5 吨的正态分布，订货提前期为 4 天。管理者设置的服务水平为 97%，即缺货风险不超过 3%。

该城建公司的工作制度为每年 300 天。这种砂料的单位持有费用为 20 元 / 吨，每次订货费用为 200 元。

试计算：

（1）经济订货批量。

（2）订货点。

（3）每年大概订货次数。

八、论述题（本大题 10 分）

论述工业 4.0 将如何重构运营管理模式。

模拟试题二

一、名词解释（本大题共 10 分，每小题 2 分）

1. 使命
2. 生产率
3. 产品专业化布置
4. 工作研究
5. 持有费用

二、单项选择题（本大题共 10 分，每小题 1 分）

1. 最早提出劳动分工概念的是（　　）。
   A. 亚当・斯密　B. 泰勒　C. 惠特尼　D. 福特
2. 价值观位于战略金字塔的层级是（　　）。
   A. 第 1 层级　B. 第 2 层级　C. 第 3 层级　D. 第 4 层级
3. 在建造质量屋的过程中，市场评价的主体是（　　）。
   A. 市场人员　B. 研发人员　C. 质量人员　D. 顾客
4. 设计能力形成的阶段为（　　）。
   A. 规划设计　B. 建设安装　C. 日常运维　D. ABC 都不对
5. 办公室布置的首要原则是（　　）。
   A. 便于办公人员交流　B. 提高办公人员的私密性
   C. 提高办公人员的舒适性　D. 提高工作效率
6. 制订主生产计划的方法所体现的管理思想表现在（　　）。
   A. 根据生产，满足需求　B. 根据需求，安排生产
   C. 面向成本，产销平衡　D. 按需生产，适度调整
7. 某一种物料，第 3 期的总需求为 1 000 个单位，期初有 200 个单位的库存，第 2、3、4、5 期分别有 100 个单位的到货，安全库存为 100 个单位。那么，第 3 期的净需求等于（　　）。
   A. 800 个单位　B. 700 个单位　C. 600 个单位　D. 500 个单位
8. PMBOK 确定的项目管理的知识领域有（　　）。
   A. 8 个　B. 9 个　C. 10 个　D. 11 个
9. 在供应链上形成的，由需方到供方的单向流是（　　）。
   A. 信息流　B. 人流　C. 物流　D. 资金流
10. 最早成功应用收益管理的行业是（　　）。
   A. 酒店　B. 旅游　C. 演艺　D. 航空客运

三、多项选择题（本大题共 10 分，每小题 2 分）

1. 企业的竞争优势会有各种表现，最终将体现的指标有（　　）。
   A. 柔性　B. 质量　C. 成本　D. 准时交货率

2. 某饮料公司，一天生产 100 箱饮料，产品售价为 200 元 / 箱。为灌装这些饮料，投入了 100 个标准工时，标准工时费用为 20 元 / 小时。关于这家饮料公司劳动生产率的计算，正确的有（　　）。

A. 1 箱 / 工时　B. 0.05 箱 / 工时费用　C. 200 元 / 工时　D. 10 元 / 工时费用

3. 以下活动中，由质量控制人员来完成的有（　　）。

A. 对原材料进行抽样检验　B. 对半成品进行检验

C. 对产成品进行检验　D. 制定质量规范

4. 安全库存是在考虑一些影响因素的基础上确定的，包括（　　）。

A. 库存的安全性　B. 需求波动的大小

C. 提前期的长短　D. 服务水平的高低

5. 实施大规模定制的基本策略有（　　）。

A. 规模化　B. 定制化　C. 模块化　D. 延迟化

四、判断题（本大题共 10 分，每小题 2 分）

1. 顾客感知（PS）比顾客期望（ES）越大，顾客越满意，所以可以通过减少顾客期望（ES）来增加顾客满意度。（　　）

2. 学习率越大，学习效应越明显。（　　）

3. 当 ATP 小于紧急订单时，能否接受紧急订单应遵循的准则是时间围栏。（　　）

4. 牛鞭效应是指沿着从供应商到制造商，直到最终客户，在供应链上各个阶段产生的需求变化逐级放大的现象。（　　）

5. 在拉式生产系统中，信息流方向与物流方向相同，实际生产数量与计划生产数量相一致。（　　）

五、填空题（本大题共 10 分，每小题 2 分）

1. 按照管理重点的不同，通常将运营管理的发展历程划分为三个阶段，即（　　）、（　　）、（　　）。

2. 商业模式有九大要素，即（　　）、（　　）、（　　）、（　　）、（　　）、（　　）、（　　）、（　　）、（　　）。

3. 建立能力柔性的途径有三种，即（　　）、（　　）、（　　）。

4. 全面质量管理可以概括为三全一多样，三全是指（　　）、（　　）、（　　）。

5. 计算 MRP 要考虑的变量有六个，即（　　）、（　　）、（　　）、（　　）、（　　）、（　　）。

六、简答题（本大题共 10 分，每小题 5 分）

1. 简述运营战略与商业模式的关系。

2. 简述 ERP 所体现的管理思想。

七、计算题（本大题共 30 分，每小题 15 分）

1. 为降本增效，华北联合电力有限公司近期在全公司范围内推广应用先进管理模式。

在库存管理方面，物资供应部的刘部长决定选择某种型号的阻垢剂进行详细的成本分析，以确定更好的订货策略。

考虑到周末、节假日以及设备大修等，该电厂每年的运行时间约为 8 000 小时。

根据近几年的统计，公司对这种阻垢剂的需求量相对稳定，即 0.005 吨 / 小时。公司物资供应部的采购经理一直以来都采取固定批量订购模式采购这种阻垢剂，即 2 吨 / 次。

目前，这种阻垢剂的市场价格为 5 000 元 / 吨，并且没有数量折扣。经过测算，保管这种阻垢剂的年度成本为其价格的 5%。这种阻垢剂的订货成本约为 200 元 / 次，而且这一成本与订货批量关系不大。

（1）当应用定量盘存系统来管理库存时，阻垢剂的经济订货批量是多少？对应的总成本（总库存持有费用与总订货费用之和）是多少？

（2）按照目前的订购策略，即每次订购 2 吨，全年的总成本（总库存持有费用与总订货费用之和）是多少？按照经济订货批量订购，仅这种型号的阻垢剂，每年可以为该电厂节省多少成本？

2. 某电冰箱制造厂，生产 3 种不同规格的冰箱。根据企业以往的订单情况预测，160 升冰箱 4 月的需求为 200 台，5 月为 240 台。已知 4、5 两个月落实的顾客订单情况如下表所示。4 月期初库存为 54 台，该企业按固定批量（经济生产批量）80 台安排生产。

160 升电冰箱的库存与需求信息表 （单位：台）

期初库存：54	4 月				5 月			
	周次				周次			
	1	2	3	4	5	6	7	8
需求预测	50	50	50	50	60	60	60	60
顾客订单	33	25	18	20	40	0	0	0
预期库存								
主生产计划								
待分配库存								

（1）请在表中填写 4、5 月 160 升冰箱的 MPS。

（2）如果编制完 MPS 后，陆续又有 2 个新订单签约：1 号订单为第 1 周交货，订货量为 30 台；2 号订单为第 5 周交货，订货量为 50 台。如果选择确认一个订单的话，你更倾向于确认哪个订单？为什么？

八、论述题（本大题 10 分）

论述企业质量文化建设的必要性。

模拟试题三

一、名词解析（本大题共 10 分，每小题 2 分）

1. 运营战略
2. 服务
3. 质量管理
4. 主生产计划
5. 物料需求计划（MRP）

二、单项选择题（本大题共 10 分，每小题 1 分）

1. 愿景位于战略金字塔的层级是（　　）。
   A. 第 1 层级　B. 第 2 层级　C. 第 3 层级　D. 第 4 层级
2. 在建造质量屋的过程中，技术评价的主体是（　　）。
   A. 市场人员　B. 研发人员　C. 质量人员　D. 顾客
3. 有效能力形成的阶段为（　　）。
   A. 规划设计　B. 建设安装　C. 日常运维　D. ABD 都不对
4. 超市行走路线布置的目的是（　　）。
   A. 最大限度地方便顾客行走
   B. 将滚动扶梯布置在顾客不易找到的地方，以增加顾客在超市停留的时间
   C. 让顾客有更多的机会接触商品
   D.ABC 都不对
5. 被称为“动作研究之父”的是（　　）。
   A. 泰勒　B. 吉尔布雷斯　C. 法约尔　D. 德鲁克
6. 时间研究的主要目的是（　　）。
   A. 制定工作标准　B. 确定标准作业时间
   C. 现行作业时间测定　D. ABC 都不对
7. 公司派出人员对车间的在制品对照标准规范进行检验，这些人员主要来自（　　）。
   A. 技术部　B. QA 部　C. QC 部　D. 制造部
8. 提出 6σ 管理方法的公司是（　　）。
   A. IBM　B. 微软　C. 摩托罗拉　D. GE
9. MRP 所体现的管理思想表现在（　　）。
   A. 按需供应，集中管控　B. 根据需求，安排生产
   C. 面向成本，产销平衡　D. 按需生产，适度调整
10. 某一种物料，第 4 期的总需求为 1 000 个单位，期初有 200 个单位的库存，第 2、3、4、5 期分别有 100 个单位的到货，安全库存为 100 个单位。那么，第 4 期的净需求等于（　　）。
   A. 800 个单位　B. 700 个单位　C. 600 个单位　D. 500 个单位

三、多项选择题（本大题共 10 分，每小题 2 分）

1. 企业的竞争优势会有各种表现，最终将体现的指标有（　　）。

A. 柔性　　B. 质量　　C. 成本　　D. 准时交货率

2. 以下活动中，属于朱兰“三部曲”工作内容的有（　　）。

A. 质量计划　　B. 质量保证　　C. 质量控制　　D. 质量改进

3. MRP 有多项输入，包括（　　）。

A. 主生产计划　　B. 物料清单　　C. 库存信息　　D. 预测信息

4. 下表给出了 4 项作业在 3 个加工中心的加工时间，最优方案包括（　　）。

加工中心	作业			
	作业 1（J_1）	作业 2（J_2）	作业 3（J_3）	作业 4（J_4）
Ⅰ	2	3	3	5
Ⅱ	3	2	1	4
Ⅲ	7	6	5	4

A. $J_1 \to J_2 \to J_3 \to J_4$　　B. $J_3 \to J_1 \to J_2 \to J_4$

C. $J_3 \to J_1 \to J_4 \to J_2$　　D. $J_3 \to J_2 \to J_1 \to J_4$

5. 以下选项中，属于网络图基本要素的有（　　）。

A. 方向　　B. 活动　　C. 事件　　D. 路线

四、判断题（本大题共 10 分，每小题 2 分）

1. 经营安全率越大越好。（　　）

2. 节拍与生产周期实际上是一个概念的两种表达方式。（　　）

3. 对产品进行检测，单位缺陷数（DPU）=8，这一指标意味着检出了 8 件不合格品。（　　）

4. 需求量越大，安全库存水平越高。（　　）

5. 收益管理的实质是淡季旺季策略。（　　）

五、填空题（本大题共 10 分，每小题 2 分）

1. 发展战略要呈现四个方面的内容，即（　　）、（　　）、（　　）、（　　）。

2. 区块链的主要特征有四个，即（　　）、（　　）、（　　）、（　　）。

3. 影响质量的因素可归纳为 5M1E，即（　　）、（　　）、（　　）、（　　）、（　　）、（　　）。

4. 影响安全库存的因素有三个，即（　　）、（　　）、（　　）。

5. 项目的特点有八个，即（　　）、（　　）、（　　）、（　　）、（　　）、（　　）、（　　）、（　　）。

六、简答题（本大题共 10 分，每小题 5 分）

1. 简述质量屋的构成。

2. 简述控制关键路线的意义。

七、计算题（本大题共 30 分，每小题 15 分）

1. 顺德力文具有限公司生产各种文具，其中包括近 10 种型号的手摇铅笔刀。手摇铅笔刀的市场需求、生产能力和成本数据如下表所示。每年 2 月春季学期和 9 月秋季学期开学前夕为文具需求旺季，所以第 1 季度和第 3 季度对手摇铅笔刀的需求较高。此外，由于这第一季节容易招到临时工人，所以第一季度的生产能力可以高于其他季度，这里假设生产能力可以达到 50 000 个。下表还给出了期初与期末库存信息。请根据已知信息，应用表上作业法制定该公司下一年手摇铅笔刀的生产大纲。

市场需求、生产能力、库存、成本信息表

		计划期			
		1	2	3	4
市场需求（个）		60 000	50 000	65 000	50 000
生产能力（个）	正常生产	50 000	45 000	45 000	45 000
	加班生产	10 000	9 000	9 000	9 000
	外协	3 000	3 000	3 000	3 000
库存信息（个）	期初	1 000			
	期末				5 000
单位成本（元）	正常生产	10			
	加班生产	15			
	外协	19			
	单位持有费用	3			

2. 顺德力文具有限公司生产一种变形金刚手摇铅笔刀，这款产品是该公司的主打产品之一。根据已落实的订单和需求预测，顺德力文具有限公司制订并下达了变形金刚手摇铅笔刀 1～2 月两个月的主生产计划，如下表所示。

变形金刚手摇铅笔刀 MPS　　　　（单位：个）

	0	1	2	3	4	5	6	7	8
计划出产			1 500		1 500	1 500	1 500	1 500	1 500
计划投入									

下图是变形金刚手摇铅笔刀的 BOM。

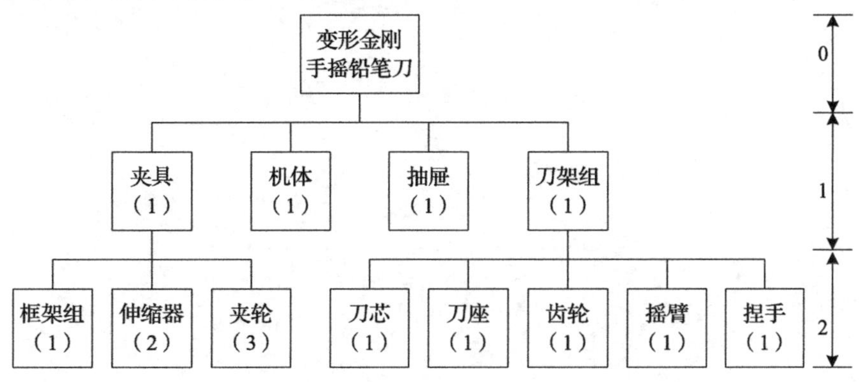

顺德力文具有限公司向客户承诺：自客户下达订单到收到产品的周期是1周。

有关夹具及伸缩器的编码、提前期、安全库存、经济订货（生产）批量、已分配量等信息如下表所示。表中同时给出了各物料的预期库存与预期到货。除注明外，表中数据的单位均为个。

试根据上述条件，制订夹具及伸缩器的物料需求计划。

夹具 MRP

物料编码： A1　　提前期： 1　　低位码： 1

安全库存： 100　　经济批量： 1 000　　已分配量： 0

	0	1	2	3	4	5	6	7	8
总需求									
预期到货		1 000							
预期库存	800								
净需求									
计划订单入库									
计划订单下达									

伸缩器 MRP

物料编码： B2　　提前期： 2　　低位码： 2

安全库存： 600　　经济批量： 1 200　　已分配量： 0

	0	1	2	3	4	5	6	7	8
总需求									
预期到货		3 600							
预期库存	1 000								
净需求									
计划订单入库									
计划订单下达									

八、论述题（本大题10分）

举例说明大规模定制的背景、含义、意义、策略、条件。

模拟试题参考答案与试题解析

模拟试题一参考答案与试题解析

一、名词解析（本大题共 10 分，每小题 2 分）

1. 参考答案：运营管理是对提供产品或服务的运营系统进行规划、设计、组织与控制。

评分标准：答出管理对象给 1 分，答出管理职能给 1 分。

难易程度：易。

对应的知识点：运营系统、运营管理。

2. 参考答案：竞争力是企业在自由和公平的市场环境下生产优质产品或提供优质服务，创造附加价值，从而维持和增加企业实际收入的能力。

评分标准：答出生产优质产品或提供优质服务、创造附加价值等竞争力的表现至少给 1 分。

难易程度：中。

对应的知识点：竞争力。

3. 参考答案：学习效应是指随着工人熟练程度的提高，加工单位产品所需的劳动时间呈现出递减趋势的一种效应。

评分标准：答出单位时间递减至少给 1 分。

难易程度：易。

对应的知识点：学习效应。

4. 参考答案：重心法是指根据重心在物理上的含义，借助重心来辅助选择经济中心（如物流配送中心、仓储中心、销售中心、社区医院等）的地理位置，使从该经济中心到各个配送目的地的总配送成本最低的一种方法。

评分标准：答出重心法追求的目标至少给 1 分。

难易程度：中。

对应的知识点：选址规划、重心法。

5. 参考答案：过程能力是指过程的加工质量满足技术标准的能力。

评分标准：答出加工质量或技术标准即给 1 分。

难易程度：中。

对应的知识点：过程能力。

二、单项选择题（本大题共 10 分，每小题 1 分）

1. 参考答案：B

评分标准：其他选项均不得分。

难易程度：易。

对应的知识点：科学管理原理。

2. 参考答案：A。

评分标准：其他选项均不得分。

难易程度：易。

对应的知识点：使命、战略金字塔。

3. 参考答案：C。

评分标准：其他选项均不得分。

难易程度：中。

对应的知识点：安全库存、服务水平。

4. 参考答案：C。

评分标准：其他选项均不得分。

难易程度：中。

对应的知识点：表上作业法所体现的管理思想。

5. 参考答案：A。

评分标准：其他选项均不得分。

难易程度：中。

对应的知识点：总需求、预期到货、预期库存、净需求。

6. 参考答案：B。

评分标准：其他选项均不得分。

难易程度：中。

对应的知识点：项目管理知识体系（PMBOK）、项目管理五大过程组。

7. 参考答案：C。

评分标准：其他选项均不得分。

难易程度：中。

对应的知识点：供应链。

8. 参考答案：C。

评分标准：其他选项均不得分。

难易程度：难。

对应的知识点：多余的库存是万恶之源的管理含义。

9. 参考答案：B。

评分标准：其他选项均不得分。

难易程度：中。

对应的知识点：大规模定制的两个策略。

10. 参考答案：A。

评分标准：其他选项均不得分。

难易程度：难。

对应的知识点：互联网运营的内容、用户运营、产品运营、内容运营、活动运营、数据运营。

三、多项选择题（本大题共 10 分，每小题 2 分）

1. 参考答案：ACD。

评分标准：多选、少选、错选均不得分。
难易程度：难。
对应的知识点：企业组织的三个基本职能。
2. 参考答案：BD。
评分标准：多选、少选、错选均不得分。
难易程度：中。
对应的知识点：作业流程图。
3. 参考答案：AB。
评分标准：多选、少选、错选均不得分。
难易程度：中。
对应的知识点：设施布置的基本类型、产品专业化布置、工艺专业化布置。
4. 参考答案：ABCD。
评分标准：多选、少选、错选均不得分。
难易程度：中。
对应的知识点：持有费用、订货费用、缺货费用、库存物资成本。
5. 参考答案：AC。
评分标准：多选、少选、错选均不得分。
难易程度：中。
对应的知识点：约翰逊和贝尔曼准则 /Johnson 准则、Johnson 准则的算法程序。

四、判断题（本大题共 10 分，每小题 2 分）

1. 参考答案：错。
评分标准：略。
难易程度：难。
对应的知识点：竞争优势、赢得竞争优势的途径、赢得并保持竞争优势的出路。
2. 参考答案：错。
评分标准：略。
难易程度：难。
对应的知识点：使命、愿景。
3. 参考答案：错。
评分标准：略。
难易程度：中。
对应的知识点：工作研究、方法研究、时间研究、工作研究与方法研究的关系。
4. 参考答案：对。
评分标准：略。
难易程度：中。
对应的知识点：质量散差的偶然性原因 / 随机性原因 / 不可避免的原因、质量散差的

必然性原因 / 系统性原因 / 可以避免的原因。

5. 参考答案：错。

评分标准：略。

难易程度：难。

对应的知识点：开环 MRP（IPOMRP）、开环 MRP 的局限性、闭环 MRP（CLMRP）。

五、填空题（本大题共 10 分，每小题 2 分）

1. 参考答案：爱德华·鲍曼（Edward Bowman）和罗伯特·法特（Robert Fetter）的《生产与运作管理分析》 埃尔伍德·布法（Elwood S. Buffa）的《现代生产管理》。

评分标准：填对 1 项得 1 分。

难易程度：难。

对应的知识点：运营管理作为一门独立的学科出现的标志性事件。

2. 参考答案：管理 资本 质量 技术。

评分标准：填对 1 项不得分，填对 2～3 项得 1 分，填对 4 项得 2 分。

难易程度：中。

对应的知识点：影响生产率的主要因素。

3. 参考答案：有形性 可靠性 响应性 保证性 移情性。

评分标准：填对 1 项不得分，填对 2～4 项得 1 分，填对 5 项得 2 分。

难易程度：难。

对应的知识点：SERVQUAL、SERVQUAL 的维度。

4. 参考答案：追逐策略 平准策略

评分标准：填对 1 项得 1 分。

难易程度：中。

对应的知识点：匹配需求与能力的基本策略、追逐策略、平准策略。

5. 参考答案：评价指标的全局性原则 重点突出原则 动态性原则。

评分标准：填对 1～2 项得 1 分，填对 3 项得 2 分。

难易程度：难。

对应的知识点：供应链绩效评价的原则。

六、简答题（本大题共 10 分，每小题 5 分）

1. 参考答案：①企业可能通过运营、财务、营销、人力资源等赢得竞争优势；②财务、营销、人力资源等与运营有或多或少的联系；③运营是企业赢得并保持竞争优势的唯一出路。

评分标准：答对一项得 2 分，满分 5 分。

难易程度：难。

对应的知识点：赢得竞争优势的途径、赢得并保持竞争优势的出路。

2. 参考答案：①四个阶段是指：计划（plan）、实施（do）、检查（check）和处理（action），四个阶段构成一次完整的循环过程。②八个步骤是指：找出所存在的问题；寻找问题存在的原因；找出其中的主要原因；针对主要原因，研究、制定措施；贯彻和执行措施，即按规定的目标和方法实实在在地去做；调查执行效果，即检查计划实施的结果是否与计划阶段所制定的目标相一致；巩固措施，即总结成功的经验和失败的教训，形成标准（即制度化和规范化），指出应该怎样做和不应该怎样做；对遗留问题，提交到下一个循环解决。

评分标准：答对一项得 3 分，满分 5 分。

难易程度：中。

对应的知识点：戴明“PDCA 循环”（戴明环）、戴明“PDCA 循环”的四个阶段与八大步骤。

七、计算题（本大题共 30 分，每小题 15 分）

1. 参考答案：

（1）均值控制图的控制界限为：UCL=80.23，CL=80.02，LCL=79.80。

（2）极差控制图的控制界限为：UCL=0.79，CL=0.37，LCL=0.00。

（3）均值与极差控制图如下。

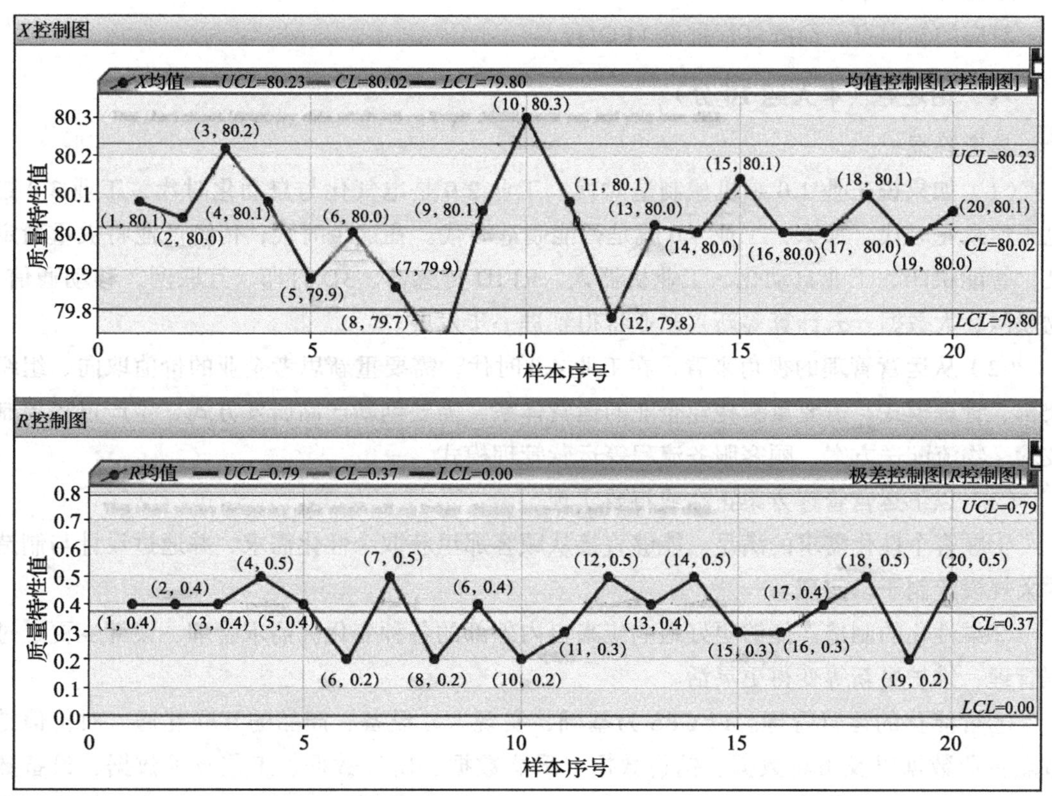

（4）过程严重失控。

（5）过程能力指数 C_{p_k}=0.967。

（6）过程能力严重不足。

（7）提高质量水平的建议如下：进一步调查，从 5M1E 六个方面找到造成质量问题的必然性（系统性）原因，针对找到的原因，特别是关键原因，提出并实施改进措施，然后对改进效果进行测评。

评分标准：前 6 问每答对 1 问得 2 分，答对第 7 问得 3 分。计算部分，如果只有计算结果，没有任何计算过程，不得分。

难易程度：难。

对应的知识点：控制图、质量散差的必然性原因 / 系统性原因 / 可以避免的原因、计量特性值控制图、均值控制图 $\bar{x}$ 控制图、极差控制图 /*R* 控制图、过程能力、过程能力的决定因素、过程能力指数、过程能力等级。

2. 参考答案：

（1）*EOQ*=300（吨）。

（2）*ROP*=78.8（吨）。

（3）订货次数为 15 次。

评分标准：每答对 1 问得 5 分。计算部分，如果只有计算结果，没有任何计算过程，不得分。

难易程度：中。

对应的知识点：经济订货批量（EOQ）。

八、论述题（本大题 10 分）

参考答案：

（1）如果说工业 1.0 是机械制造时代，工业 2.0 是电气化与自动化时代，工业 3.0 是电子信息化时代。那么，工业 4.0 就是智能制造时代。在这个时代，传统产业将被重新定义，智能机床、工业自动化、工业机器人、RFID 传感器、3D 打印、互联网、移动通信、物联网、大数据、云计算等新兴产业将得到进一步发展。

（2）从运营管理的视角来看，在工业 4.0 时代，需要重新思考企业的价值取向、组织架构、管理模式，需要重新构建企业的运营体系，需要创新产品研发方式、生产过程控制技术、物流配送方案、顾客服务流程等运营管理模式。

（3）以下运营管理方案正在或将要实现。

①顾客个性化需求的满足。能够直接从顾客那里获取个性化需求，并通过设计与制造的大规模定制予以实现。

②柔性化的制造。能够更好地响应来自内外部的各种变化。需求管理、设计变更、过程管理、维护更新等变得更灵活。

③智能化的运营管理。以 CPS 为基础，实现人、设备、产品的互联互通，对价值链节点企业数据以及市场数据、销售数据、采购数据、研发数据、工艺技术数据、设备数据、生产过程实时数据、产品与服务数据、物流配送数据等进行深度挖掘，以给出更加科学的运营管理方案。

评分标准：每答出前 2 点的 1 点得 3 分，答出第 3 点得 4 分。

难易程度：难。

对应的知识点：工业 4.0、工业 4.0 给运营管理带来的影响。

模拟试题二参考答案与试题解析

一、名词解析（本大题共 10 分，每小题 2 分）

1. 参考答案：使命是指组织存在的原因和基础。

评分标准：答出存在的原因或基础得 2 分。

难易程度：中。

对应的知识点：使命。

2. 参考答案：生产率即投入产出比。

评分标准：答出投入产出关键词至少得 1 分。

难易程度：易。

对应的知识点：生产率。

3. 参考答案：产品专业化布置是指按照产品的工艺流程，即加工路线或加工顺序安排生产单位或设备的一种生产组织形式。

评分标准：答出具有相同含义的定义即得 2 分。

难易程度：中。

对应的知识点：设施布置的基本类型、产品专业化布置。

4. 参考答案：工作研究是指运用系统分析的方法，在现有工作条件下，详尽地分析某一特定的操作或动作，排除其中不合理、不经济、混乱的因素，寻求更简捷、更经济、更有效的作业方法，建立工作标准，确定标准作业时间。

评分标准：答出工作方法改进关键词至少得 1 分。

难易程度：中。

对应的知识点：工作研究。

5. 参考答案：持有费用包括因库存资金占用而产生的资金成本、保管费用、保险费和税费（地区不同，税率不同）。

评分标准：答出资金成本、保管费用、保险费和税费三项费用即得 2 分。

难易程度：难。

对应的知识点：持有费用。

二、单项选择题（本大题共 10 分，每小题 1 分）

1. 参考答案：A。

评分标准：其他选项均不得分。

难易程度：易。

对应的知识点：劳动分工。

2. 参考答案：B。

评分标准：其他选项均不得分。

难易程度：中。

对应的知识点：价值观、战略金字塔。

3. 参考答案：D。

评分标准：其他选项均不得分。
难易程度：中。
对应的知识点：质量屋、质量屋的主要构成部分、建造质量屋的技术路线。
4. 参考答案：A。
评分标准：其他选项均不得分。
难易程度：中。
对应的知识点：运营能力、设计能力。
5. 参考答案：D。
评分标准：其他选项均不得分。
难易程度：中。
对应的知识点：办公室布置的首要原则。
6. 参考答案：D。
评分标准：其他选项均不得分。
难易程度：中。
对应的知识点：主生产计划（MPS）、MPS 编制方法所体现的管理思想。
7. 参考答案：B。
评分标准：其他选项均不得分。
难易程度：中。
对应的知识点：总需求、预期到货、预期库存、净需求。
8. 参考答案：C。
评分标准：其他选项均不得分。
难易程度：中。
对应的知识点：项目管理知识体系（PMBOK）、项目管理的十大知识领域。
9. 参考答案：A。
评分标准：其他选项均不得分。
难易程度：中。
对应的知识点：供应链。
10. 参考答案：D
评分标准：其他选项均不得分。
难易程度：中。
对应的知识点：收益管理。

三、多项选择题（本大题共 10 分，每小题 2 分）

1. 参考答案：BCD。
评分标准：多选、少选、错选均不得分。
难易程度：难。
对应的知识点：竞争力、竞争力的最终体现、质量、成本、准时交货率。
2. 参考答案：ABCD。

评分标准：多选、少选、错选均不得分。

难易程度：中。

对应的知识点：生产率、单要素生产率。

3. 参考答案：ABCD。

评分标准：多选、少选、错选均不得分。

难易程度：难。

对应的知识点：质量管理、质量控制。

4. 参考答案：BCD。

评分标准：多选、少选、错选均不得分。

难易程度：难。

对应的知识点：安全库存、服务水平、决定安全库存的因素、服务水平与安全库存的关系。

5. 参考答案：CD。

评分标准：多选、少选、错选均不得分。

难易程度：中。

对应的知识点：大规模定制、大规模定制的两个策略。

四、判断题（本大题共 10 分，每小题 2 分）

1. 参考答案：错。

评分标准：略。

难易程度：难。

对应的知识点：服务质量 5GAP 模型。

2. 参考答案：错。

评分标准：略。

难易程度：中。

对应的知识点：学习效应、学习率。

3. 参考答案：对。

评分标准：略。

难易程度：中。

对应的知识点：待分配库存（ATP）、MPS 的时间围栏。

4. 参考答案：错。

评分标准：略。

难易程度：中。

对应的知识点：牛鞭效应。

5. 参考答案：错。

评分标准：略。

难易程度：难。

对应的知识点：拉式生产系统。

五、填空题（本大题共 10 分，每小题 2 分）

1. 参考答案：关注成本　关注质量　关注定制。

评分标准：填对 1～2 项得 1 分，填对 3 项得 2 分。

难易程度：中。

对应的知识点：运营管理发展的历程。

2. 参考答案：客户细分　客户关系　渠道通路　价值主张　核心资源　关键业务　重要伙伴　成本结构　收入来源。

评分标准：填对 1～2 项不得分，填对 3～7 项得 1 分，填对 8～9 项得 2 分。

难易程度：难。

对应的知识点：商业模式　商业模式九大要素　商业模式画布。

3. 参考答案：建设标准厂房，灵活配置设备　培养多面手　建立机动灵活的聘用制度。

评分标准：填对 1～2 项得 1 分，填对 3 项得 2 分。

难易程度：难。

对应的知识点：能力柔性、能力柔性的途径。

4. 参考答案：全过程　全方位　全员。

评分标准：填对 1～2 项得 1 分，填对 3 项得 2 分。

难易程度：中。

对应的知识点：费根堡姆“全面质量管理”(TQM)。

5. 参考答案：总需求　预期到货　预期库存　净需求　计划订单入库　计划订单下达。

评分标准：填对 1 项不得分，填对 2～4 项得 1 分，填对 5～6 项得 2 分。

难易程度：中。

对应的知识点：计算 MRP 要考虑的因素、总需求、预期到货、预期库存、净需求、计划订单入库、计划订单下达。

六、简答题（本大题共 10 分，每小题 5 分）

1. 参考答案：①商业模式解决的是为谁提供产品和服务，提供什么产品和服务，如何提供产品和服务，成本收益如何等，是对企业的整体布局；运营战略则重点考虑了目标市场定位、价值主张、核心能力的培养、产品服务的提供等。②运营战略所考虑的目标市场定位、价值主张、核心能力的培养以及产品和服务的提供等均是商业模式中的关键要素。

评分标准：答对 1 项得 3 分，满分 5 分。

难易程度：中。

对应的知识点：运营战略、商业模式。

2. 参考答案：①从“基于企业内部资源”向“面向供应链集成资源”过渡；②从“面向职能配置资源”向“面向流程配置资源”过渡；③从“以产品为中心”向“以客户为中心”过渡。

评分标准：答对 1 项得 2 分，满分 5 分。

难易程度：难。

对应的知识点：ERP 所体现的管理思想。

七、计算题（本大题共 30 分，每小题 15 分）

1. 参考答案：

（1）EOQ=8 吨，CT=2 000 元。

（2）4 250 元，2 250 元。

评分标准：答对第 1 问得 7 分，答对第 2 问得 8 分。计算部分，如果只有计算结果，没有任何计算过程，不得分。

难易程度：中。

对应的知识点：持有费用、订货费用、经济订货批量（EOQ）。

2. 参考答案：

（1）

160 升电冰箱主生产计划表（单位：台）

期初库存：54	4 月				5 月			
	周次				周次			
	1	2	3	4	5	6	7	8
需求预测	50	50	50	50	60	60	60	60
顾客订单	33	25	18	20	40	0	0	0
预期库存	4	34	64	14	34	54	74	14
主生产计划		80	80		80	80	80	
待分配库存	21	55	42		40	80	80	

（2）接收 2 号订单；时间围栏原则。

评分标准：答对第 1 问得 7 分，答对第 2 问得 8 分。计算部分，如果只有计算结果，没有任何计算过程，不得分。

难易程度：难。

对应的知识点：主生产计划（MPS）、MPS 的计算逻辑、预期库存（POH）、待分配库存（ATP）、MPS 的时间围栏。

八、论述题（本大题 10 分）

参考答案：

企业质量文化决定着企业产品或服务的质量水平，决定着能否达到或超越顾客满意，是实现卓越绩效的基础，是企业履行社会责任的保证。

（1）社会经济发展的必然要求。质量文化的形成与演变是以社会经济发展为背景的。随着社会进步和科学技术的长足发展，必须不断优化和提升企业质量文化。

就中国企业而言，目前企业质量文化建设仍集中在质量理念或意识的探索中，缺乏科学的、系统的规划与实施。具体表现为：重理念探索，轻物质建设；重口号标语，轻实际操作；重结果检验，轻过程控制；重定性描述，轻定量分析。企业质量文化建设的这种现状与国际社会经济发展现状和现代企业发展水平不相匹配。

（2）企业生存和发展的必然要求。今天，随着人们可支配收入和自由时间的增多以及价值观的改变，人们对产品或服务的需求日益呈现出多样化，同时对产品或服务的质量提出了越来越严格的要求。企业要想满足甚至超越顾客的需求，从而赢得生存和发展空间，就必须重塑企业质量文化。

（3）中国企业存在的典型问题是：重现实效益，轻长期磨炼；重被动满足，轻主动超越。现实效益的逐利性使得改变企业的经营方向具有太大的随意性。同时，也正是由于现实效益的导向性，不少企业只愿意满足已知的顾客需求，不愿意挖掘潜在的顾客需求。

评分标准：答对 1 点得 4 分，满分 10 分。

难易程度：难。

对应的知识点：企业质量文化、企业质量文化建设的必要性。

模拟试题三参考答案与试题解析

一、名词解析（本大题共 10 分，每小题 2 分）

1. 参考答案：运营战略就是在使命、价值观、愿景、发展战略的引领下，对目标市场定位、价值主张、核心能力的培养、产品和服务的提供等所做出的中长期谋划。

评分标准：答对在使命、愿景、价值观与发展战略的引领下，至少得 1 分，答对运营战略规划的范畴至少得 1 分。

难易程度：难。

对应的知识点：使命、价值观、愿景、发展战略、运营战略。

2. 参考答案：服务是为顾客提供的一种便利。

评分标准：答出是一种便利至少得 1 分。

难易程度：中。

对应的知识点：服务。

3. 参考答案：质量管理是指组织为了使产品质量能够满足不断更新的质量要求，达到顾客满意而开展的策划、组织、实施、控制、检查、审核和改进等所有相关管理活动的总和。

评分标准：答对满足质量要求，达到顾客满意得 1 分，答对策划、组织、实施、控制等活动得 1 分。

难易程度：答对主要内容至少得 1 分。

对应的知识点：质量管理。

4. 参考答案：主生产计划是指根据预期产品到达量、订货提前期和现有库存等因素而确定的计划期内必须完成的具体产品的数量和进度。

评分标准：答对“数量、进度”两个关键词至少得 1 分。

难易程度：中。

对应的知识点：主生产计划。

5. 参考答案：物料需求计划（MRP）是指根据主生产计划、物料清单、库存信息和已下达但未完成订单的情况，计算出来的相关需求物料的需求信息。

评分标准：答对编制 MRP 的依据至少得 1 分。

难易程度：中。

对应的知识点：物料需求计划（MRP）。

二、单项选择题（本大题共 10 分，每小题 1 分）

1. 参考答案：C。

评分标准：其他选项均不得分。

难易程度：中。

对应的知识点：愿景、战略金字塔。

2. 参考答案：B。

评分标准：其他选项均不得分。

难易程度：中。

对应的知识点：质量屋、质量屋的主要构成部分、建造质量屋的技术路线。

3. 参考答案：B。

评分标准：其他选项均不得分。

难易程度：中。

对应的知识点：运营能力、有效能力。

4. 参考答案：C。

评分标准：其他选项均不得分。

难易程度：中。

对应的知识点：顾客行走路线设计的出发点。

5. 参考答案：B。

评分标准：其他选项均不得分。

难易程度：中。

对应的知识点：吉尔布雷斯砌砖方法研究。

6. 参考答案：B。

评分标准：其他选项均不得分。

难易程度：中。

对应的知识点：时间研究 / 作业测定、时间研究的目的、标准作业时间（ST）。

7. 参考答案：C。

评分标准：其他选项均不得分。

难易程度：难。

对应的知识点：质量管理、质量控制。

8. 参考答案：C。

评分标准：其他选项均不得分。

难易程度：中。

对应的知识点：提出 6σ 管理的背景、6σ 管理。

9. 参考答案：A。

评分标准：其他选项均不得分。

难易程度：中。

对应的知识点：编制 MRP 所体现的管理思想。

10. 参考答案：C。

评分标准：其他选项均不得分。

难易程度：中。

对应的知识点：总需求、预期到货、预期库存、净需求。

三、多项选择题（本大题共 10 分，每小题 2 分）

1. 参考答案：BCD。

评分标准：多选、少选、错选均不得分。

难易程度：难。

对应的知识点：竞争优势、竞争优势的最终体现。

2. 参考答案：ACD。

评分标准：多选、少选、错选均不得分。

难易程度：中。

对应的知识点：朱兰“质量三部曲”。

3. 参考答案：ABC。

评分标准：多选、少选、错选均不得分。

难易程度：中。

对应的知识点：MRP 的主要输入、主生产计划（MPS）、物料清单（BOM）/ 产品结构文件、库存信息。

4. 参考答案：BD。

评分标准：多选、少选、错选均不得分。

难易程度：中。

对应的知识点：约翰逊和贝尔曼准则 /Johnson 准则、特殊条件下三个作业中心的排序方案。

5. 参考答案：BCD。

评分标准：多选、少选、错选均不得分。

难易程度：中。

对应的知识点：网络图、活动、事件、路线。

四、判断题（本大题共 10 分，每小题 2 分）

1. 参考答案：对。

评分标准：略。

难易程度：中。

对应的知识点：运营能力、盈亏平衡点（BEP）、经营安全率。

2. 参考答案：错。

评分标准：略。

难易程度：中。

对应的知识点：节拍、生产周期。

3. 参考答案：错。

评分标准：略。

难易程度：中。

对应的知识点：单位缺陷数（DPU）。

4. 参考答案：错。

评分标准：略。

难易程度：难。

对应的知识点：安全库存。

5. 参考答案：错。

评分标准：略。

难易程度：中。

对应的知识点：收益管理、实施收益管理的基本策略。

五、填空题（本大题共 10 分，每小题 2 分）

1. 参考答案：发展方向 发展目标 发展重点 发展能力。

评分标准：填对 2 项得 1 分。

难易程度：中。

对应的知识点：发展战略。

2. 参考答案：去中心化 信任创建机制 信息公开 内容不可篡改。

评分标准：填对 2 项得 1 分。

难易程度：难。

对应的知识点：区块链、区块链的主要特征。

3. 参考答案：人员（man） 机器设备（machine） 原材料（material） 方法（method） 测量（measurement） 环境（environment）。

评分标准：填对 1 项不得分，填对 2～3 项得 1 分，填对 4～5 项得 2 分。

难易程度：中。

对应的知识点：质量散差、质量散差的主要来源。

4. 参考答案：需求波动的大小 提前期的长短 服务水平的高低。

评分标准：填对 1～2 项得 1 分，填对 3 项得 2 分。

难易程度：难。

对应的知识点：安全库存、服务水平、决定安全库存的因素、服务水平与安全库存的关系。

5. 参考答案：目标性 多元性 新颖性 计划性 时限性 聚散性 排己性 生命周期性。

评分标准：填对 1～2 项不得分，填对 3～6 项得 1 分，填对 7～8 项得 2 分。

难易程度：难。

对应的知识点：项目、项目的特点。

六、简答题（本大题共 10 分，每小题 5 分）

1. 参考答案：①左墙：顾客需求；②右墙：竞争力评价表；③天花板：技术要求；④房间：关系矩阵表；⑤地板：质量规格；⑥地下室：技术评价表；⑦屋顶：技术要求之间的相关矩阵。

评分标准：答对 1 项得 1 分，满分 5 分。

难易程度：中。

对应的知识点：质量屋、建造质量屋的技术路线。

2. 参考答案：①在关键路线上如果各项活动时间提前或延迟一天，则整个计划任务的完工日期便会提前或延迟一天；②在网络图中，有时可能出现多条关键路线，关键路线越多，工期紧张的工作越多，便更要严格控制，以保证计划任务的如期完成；③关键路线是在一定条件下形成的，不是固定不变的，关键路线和非关键路线有时是可以互相转化的；④计算时差就是为了更好地掌握网络图中各条路线在时间上的轻重缓急，使项目管理者心中有数，必要时利用线路时差，抽调非关键路线上的人力、物力，以确保关键路线如期实现。

评分标准：答出前 3 点每点得 1 分，答出第 4 点得 2 分。

难易程度：难。

对应的知识点：关键路线。

七、计算题（本大题共 30 分，每小题 15 分）

1. 参考答案：

生产大纲测算表如下所示。

			计划期								生产能力（千个）	
计划期			1		2		3		4		未用	全部
期初库存			1	0		3		6		9	0	1
计划期	1	正常生产	50	10		13		16		19	0	50
		加班生产	9	15		18	1	21		24	0	10
		外协		19		22		25		28	3	3
	2	正常生产			45	10		13		16	0	45
		加班生产			5	15	4	18		21	0	9
		外协				19	3	22		25	0	3
	3	正常生产					45	10		13	0	45
		加班生产					9	15		18	0	9
		外协					3	19		22	0	3
	4	正常生产							45	10	0	45
		加班生产							9	15	0	9
		外协							1	19	2	3
市场需求（千个）			60		50		65		55		5	235

生产大纲（草案）如下表所示。

计划期	1	2	3	4
正常生产	50 000	45 000	45 000	45 000
加班生产	10 000	9 000	9 000	9 000
外协	0	3 000	3 000	1 000
周转库存	1 000	8 000	0	5 000

评分标准：给出“生产大纲测算表”得 8 分，给出“生产大纲（草案）表”得 7 分。计算部分，如果只有计算结果，没有任何计算过程，不得分。

难易程度：难。

对应的知识点：表上作业法、正常成本、加班成本、外协成本、持有费用、表上作业法的步骤。

2. 参考答案：

夹具 MRP 如下表所示。

夹具 MRP

物料编码：	A1		提前期：	1			低位码：	1	
安全库存：	100		经济批量：	1 000			已分配量：	0	
	0	1	2	3	4	5	6	7	8
总需求		1 500		1 500	1 500	1 500	1 500	1 500	
预期到货		1 000							
预期库存	800	300	300	800	300	800	300	300	800
净需求				1 300	800	1 300	800	1 300	
计划订单入库				2 000	1 000	2 000	1 000	2 000	
计划订单下达			2 000	1 000	2 000	1 000	2 000		

伸缩器 MRP 如下表所示。

伸缩器 MRP

物料编码：	B2		提前期：	2			低位码：	2	
安全库存：	600		经济批量：	1 200			已分配量：	0	
	0	1	2	3	4	5	6	7	8
总需求			4 000	2 000	4 000	2 000	4 000		
预期到货		3 600							
预期库存	1 000	4 600	600	1 000	600	1 000	600	600	600
净需求				2 000	3 600	2 000	3 600		
计划订单入库				2 400	3 600	2 400	3 600		
计划订单下达		2 400	3 600	2 400	3 600				

评分标准：给出“夹具 MRP”得 8 分，给出“伸缩器 MRP”得 7 分。计算部分，如果只有计算结果，没有任何计算过程，不得分。

难易程度：难。

对应的知识点：MRP 的主要输入、主生产计划（MPS）、物料清单（BOM）/ 产品结构文件、低位码（LLC）、库存信息、计算 MRP 要考虑的因素、计算 MRP 要参考的变量、总需求、预期到货、预期库存、净需求、计划订单入库、计划订单下达。

八、论述题（本大题 10 分）

参考答案：

（1）背景。以服装为例，随着人们生活质量的提高，顾客越来越追求服饰的个性化与品位，一款成衣的生产批量越来越小。但现实的问题是实现每一款服饰的高度定制化并不经济。

（2）含义。所谓大规模定制，就是以满足顾客服饰个性化需求为目标，以顾客愿意支付的价格，并以能够获得一定利润的成本高效率地进行定制，从而提高企业适应市场需求变化的灵活性与快速响应能力的先进生产方式。

（3）意义。更高的价格，更低的运营成本，进而获得更高的利润空间。

（4）策略。模块化与延迟化。以服装为例，模块化是指在服饰设计与制造过程中采用标准化的模块，以实现规模生产。延迟化是指把顾客的定制延迟到最后，例如服饰的面料未必是定制的，而颜色与板型是定制的。

（5）条件。以顾客需求深度调查为基础的客户关系管理；以最先进的信息技术为支撑的电子商务；以价值链为核心的供应链管理；基于流程优化或流程再造的精益 6σ。

评分标准：答出 1 点得 2 分。

难易程度：难。

对应的知识点：大规模定制、大规模定制的两个策略、大规模定制的实施条件。

参考文献

[1] 陈荣秋，马士华 . 生产运作管理［ M ］.5 版 . 北京：机械工业出版社，2017.

[2] 张群，等 . 生产与运作管理［ M ］.3 版 . 北京：机械工业出版社，2014.

[3] 马士华，林勇 . 供应链管理［ M ］.6 版 . 武汉：华中科技大学出版社，2016.

[4] 马士华，等 . 生产运作管理：习题 · 案例 · 课程实验［ M ］. 北京：科学出版社，2008.

[5] 陈荣秋 . 生产运作管理习题及案例［ M ］. 北京：机械工业出版社，2005.

[6] 史蒂文森，张群，张杰，马风才 . 运营管理（原书第 13 版）[M ］. 北京：机械工业出版社，2019.

[7] 雅各布斯，蔡斯 . 运营管理（原书第 14 版）[M ］. 任建标，译 . 北京：机械工业出版社，2015.

[8] 戴维斯，海内克 . 运营管理基础（原书第 5 版）[M ］. 汪蓉，编译 . 北京：机械工业出版社，2014.

[9] 泰勒 . 科学管理原理［ M ］. 马风才，译 . 北京：机械工业出版社，2007.

[10] 施罗德 . 施罗德运营管理（原书第 4 版）［ M ］. 任建标，译 . 北京：中国人民大学出版社，2008.

[11] Jay H，Barry B. Operations Management[M]. 7th ed. Upper Saddle River，New Jersey：Pearson Education，Inc.，2003.

[12] David A C，James R E.Operations Management: Good，Services And Value Chains[M]. 2nd ed. Thomson South-Western，2007.

[13] 许正 . 工业互联网：互联网 + 时代的产业转型［ M ］. 北京：机械工业出版社，2015.

[14] 刘源张 . 效率与效益：中国工业生产率的问题［ M ］. 北京：科学出版社，2014.

[15] 陈维贤 . 跟小贤学运营［ M ］. 北京：机械工业出版社，2017.

[16] 郝志中 . 用户力［ M ］. 北京：机械工业出版社，2015.

[17] 金璞，张仲荣 . 互联网运营之道［ M ］. 北京：电子工业出版社，2016.